mage Recognition
Natural Language Processing
Computer Vision
Chatbot
Deep Learning
TOOLS
Voice Recognition
ARTIFICIAL INTELLIGENCE
GN
TION
S
Semantic Web
Neural Network
Fuzzy Logic
Expert System
AI
Industry 4.0
Heuristics
Turing Test
Genetic Algorithm
ROBOT
Machine Translation

개정판

인공지능

이론 및 실제

Artificial Intelligence Theory and practice

양기철 · 김명철 지음

홍릉과학출판사

저자소개

양기철 목포대학교 교수

- 미국 University of Iowa 석사
- 미국 University of Missouri 박사
- 스위스 University of Zurich 방문연구
- 스웨덴 Linköping University 방문연구
- 영국 Heriot-Watt University 객원교수
- 독일 University of Hamburg 방문학자

김명철 성공회대학교 교수

- 한국과학기술원 전산학과 박사
- 미국 UMKC 방문교수
- 관심분야 : 정보검색, 인공지능
- 저서 : 〈최신정보검색론〉 1판 번역
  〈최신정보검색론〉 2판 번역

인공지능 개정판
이론 및 실제

2014년 8월 25일 초　판 1쇄
2018년 2월 28일 개정판 1쇄
2022년 8월 10일 개정판 2쇄

저　자 : 양기철 · 김명철
발행인 : 송 준
발행처 : 도서출판 홍릉
주　소 : 01093 서울시 강북구 인수봉로 50길 10
등　록 : 1976년 10월 21일 제5-66호

전　화 : 02-999-2274~5
팩　스 : 02-905-6729
e-mail : hongpub@hongpub.co.kr
http://www.hongpub.co.kr
ISBN : 979-11-5600-570-4(93000)

정　가 : 30,000원

Preface

머리말

2016년 바둑에서 인공지능 알파고가 세계 챔피언인 이세돌을 이긴 이후, 4차 산업혁명의 붐과 더불어 그 핵심기술인 인공지능에 대한 관심이 대학생을 비롯하여 일반인들에게도 고조되었다. 또, 자율주행차, 음성 비서, 로봇에 이르기까지 그동안 영화에서나 등장하던 인공지능 시스템들이 현실화되고 있고 가까운 미래에 인간을 넘어서서 인간을 위협하는 수준이 될 것으로 예측되고 있다.

이 책은 대학의 학부 학생이나 대학원 학생들이 처음 인공지능을 공부할 때 교재로 사용하거나, 인공지능에 관심이 있는 일반인들이 인공지능에 대하여 쉽게 접근 하는데 도움이 되고자 기획되었다. 따라서 이 책은 인공지능을 처음으로 공부하는 사람들을 대상으로 하는 입문서로서 너무 어려운 문제를 깊이 설명하기 보다는 인공지능의 여러 가지 중요한 기법이나 응용분야들을 될 수 있으면 다양하게 다루고 이해하기 쉽게 서술하였다.

책은 크게 인공지능의 기초이론을 설명한 PART I 부분과 인공지능의 여러 응용분야를 설명한 PART II 부분으로 구성되어 있다. 그리고 부록에 인공지능 프로그래밍언어 중의 하나인 LISP에 대하여 설명하였다. 특히 이번 개정판에서는 4차 산업혁명 시대를 맞이하여 4차 산업혁명에 관한 내용과 이 시대에 새로운 인공지능 부흥기를 이끌고 있는 딥러닝에 대한 설명을 추가 하였다. 이렇게 하여 다양한 분야가 있는 인공지능에 대한 기본 개념들을 편향됨이 없이 접하고 체계적으로 이해할 수 있도록 하였다. 여기서 더 깊은 내용을 공부하고자 하는 독자들은 참고문헌이나 각 응용분야의 전문도서를 참고하기 바란다.

나름대로 열심히 노력하였으나 부족한 점이나 실수가 있으면 독자 여러분의 아낌없는 지도와 편달을 바라며 이 책이 독자들에게 많은 도움이 되기를 감히 기대해 본다. 이 책이 완성되기까지 도움을 주신 여러분들과 홍릉과학출판사 관계자 분들께 감사를 드린다.

Contents

차례

PART I 인공지능 기초 이론

CHAPTER 01 인공지능의 소개

1.1. 인공지능이란? ······ 3
1.2. 인공지능과 자연지능 ······ 5
1.3. 인공지능 시스템과 일반 컴퓨터 시스템 ······ 6
1.4. 인공지능의 간단한 역사 ······ 9
1.5. 인공지능의 응용분야 ······ 13
1.6. 인공지능의 분류 ······ 18

CHAPTER 02 지식표현

2.1. 형식적 지식표현의 필요성 ······ 23
2.1.1 지식표현 방식 ······ 24
2.1.2 지식표현시 고려 사항 ······ 24

2.2. 지식표현 기법 ······ 25
2.2.1 논리 ······ 25
2.2.2 프레임 ······ 26
2.2.3 의미망 ······ 28
2.2.4 개념그래프 ······ 29
2.2.5 삼차원 개념그래프 ······ 37
2.2.6 스크립트 ······ 39
2.2.7 규칙 ······ 40
2.2.8 다중 지식표현 ······ 42

CHAPTER 03 탐색

3.1. 무정보 탐색기법 ········ 46
3.1.1 깊이우선 탐색 ········ 46
3.1.2 너비우선 탐색 ········ 50

3.2. 휴리스틱 탐색 기법 ········ 52
3.2.1 언덕등반 탐색 ········ 54
3.2.2 최고우선 탐색 ········ 57
3.2.3 A* 알고리즘 ········ 60
3.2.4 A* 알고리즘의 허용성과 단조 증가성 ········ 63

3.3. 게임과 탐색 ········ 64
3.3.1 Minimax 기법 ········ 64
3.3.2 알파베타 절단기법 ········ 67

3.4. 탐색 프로그램 구현 ········ 69

CHAPTER 04 논리와 자동논증

4.1. 명제논리 ········ 75
4.2. 술어논리 ········ 78
4.2.1 구문 ········ 78
4.2.2 의미론 ········ 79
4.2.3 추론규칙 ········ 81
4.2.4 단일화 ········ 83

4.3. 자동논증 ········ 86
4.3.1 논리융합 ········ 87
4.3.2 논리융합을 위한 전략 ········ 91
4.3.3 논리융합 반박을 이용한 질의응답 ········ 94
4.3.4 자동논증 시스템 ········ 95

CHAPTER 05 불확실성과 퍼지논리

5.1. 불확실성 ········ 101
5.2. 확률 ········ 103
5.2.1 조건확률과 Bayes 정리 ········ 104

5.3. 확신인자 ········ 106

5.4. 퍼지 집합 이론 ········ 110
5.4.1 퍼지 집합 ········ 111
5.4.2 퍼지 수 ········ 115
5.4.3 퍼지 관계 ········ 120
5.4.4 퍼지 논리 ········ 123
5.4.5 퍼지 제어 ········ 125

CHAPTER 06 계획수립

6.1. 계획과 상자 쌓기 ········ 131
6.2. STRIPS ········ 139
6.3. 계층적 계획 수립 ········ 147

CHAPTER 07 기계학습과 유전 알고리즘

7.1. 기계학습에 관련된 요소 ········ 158
7.2. 귀납적 학습의 예 ········ 160
7.3. 일반화와 개념공간 ········ 162
7.4. 버전공간 탐색 ········ 164
7.5. ID3 알고리즘 ········ 167
7.6. 귀납적 편향 ········ 169
7.7. 설명 기반 학습 ········ 170
7.8. 유추에 의한 학습 ········ 172
7.9. 비지도 학습 ········ 173
7.9.1 응집성 군집화 ········ 174
7.9.2 K-Means Clustering 알고리즘 ········ 175
7.9.3 개념적 군집화 ········ 178
7.10. 강화 학습 ········ 179
7.11. 유전 알고리즘과 유전 프로그래밍 ········ 182
7.11.1 유전 알고리즘의 예 ········ 183
7.11.2 유전 프로그래밍 ········ 187

CHAPTER 08 인공 신경망과 딥러닝

8.1. 인공 신경망 ········ 193
8.2. 심층 신경망과 딥러닝 ········ 202

8.3. 인공 신경망의 특성과 도구 ··· 209
8.3.1 인공 신경망의 특성 ··· 209
8.3.2 인공 신경망의 도구 ··· 209

PART II 인공지능 응용

CHAPTER 09 전문가 시스템

9.1. 전문가 시스템의 간단한 역사 ··· 216
9.2. 전문가 시스템의 구조 ··· 219
9.3. 추론엔진 ··· 220
9.3.1 전향추론 ··· 221
9.3.2 후향추론 ··· 222
9.3.3 모델 기반 논증 ··· 223
9.3.4 사례 기반 논증 ··· 223
9.4. 전문가 시스템의 개발 절차 ··· 224
9.4.1 개발 준비 단계 ··· 225
9.4.2 시스템 분석 및 설계 단계 ··· 225
9.4.3 원형 개발 단계 ··· 226
9.4.4 시스템 개발 단계 ··· 227
9.4.5 구현 단계 ··· 229
9.4.6 유지보수 단계 ··· 229
9.5. 전문가 시스템의 실행 예 ··· 230
9.6. 전문가 시스템의 특성 및 개발 도구 ··· 232
9.6.1 전문가 시스템의 특성 ··· 233
9.6.2 전문가 시스템의 개발도구 ··· 234

CHAPTER 10 자연어 처리

10.1. 자연어 처리의 응용분야 ··· 240
10.1.1 기계번역 ··· 240
10.1.2 정보검색 ··· 241
10.1.3 자연어 인터페이스 ··· 241
10.2. 관련지식 및 처리절차 ··· 242

10.3. 구문분석 245
10.3.1 문법 246
10.3.2 파싱 248
10.3.3 구문 분석기 구현 249
10.3.4 상향식 구문 분석기 구현 253

10.4. 의미분석 257
10.5. 상황분석 258
10.6. 자연어 생성 260
10.7. 음성인식 262

CHAPTER 11 컴퓨터 시각

11.1. 영상 획득 268
11.1.1 디지털 신호의 생성 270

11.2. 영상 처리 271
11.2.1 잡음제거 271
11.2.2 명암 척도 변환 273

11.3. 영상 분석 274
11.3.1 경계검출 274
11.3.2 경계선 다듬기와 영역 찾기 276
11.3.3 입체 정보 분석 277

11.4. 영상 이해 279
11.4.1 원형 매칭 279
11.4.2 특성 매칭 281

11.5. 컴퓨터 시각의 응용 283

CHAPTER 12 에이전트와 로봇

12.1. 소프트웨어 에이전트 293
12.1.1 에이전트의 분류 293
12.1.2 에이전트의 예 295
12.1.3 에이전트의 특성 296
12.1.4 다중 에이전트 시스템 296
12.1.5 에이전트를 이용한 시스템 통합 298

12.2. 로봇 ··· 300
12.2.1 산업용 로봇 ··· 301
12.2.2 자율 이동 로봇 ··· 305
12.2.3 인간형 로봇 ··· 305
12.2.4 그 밖의 로봇 ··· 307

CHAPTER 13 시맨틱 웹

13.1. 시맨틱 웹이란 무엇인가? ··· 313
13.2. 시맨틱 웹의 구조 ··· 316
13.2.1 Internet Level ··· 317
13.2.2 Structure Level ··· 317
13.2.3 Meta Data Level ··· 319
13.2.4 Ontology Level ··· 321
13.2.5 Logic&Trust Level ··· 322
13.3. 시맨틱 웹 개발 도구 ··· 322
13.4. 시맨틱 웹 응용 분야 및 관련 연구 ··· 327
13.4.1 응용 분야 ··· 327
13.4.2 관련 연구 ··· 328

CHAPTER 14 4차 산업혁명과 인공지능

14.1. 산업혁명의 역사 ··· 331
14.2. 4차 산업혁명과 인공지능 ··· 335
14.3. 인공지능의 미래 ··· 338

부록 LISP

A.1 LISP 데이터 ··· 349
A.2 LISP에서의 계산 ··· 350
A.3 기본적인 LISP의 함수들 ··· 353
A.4 새로운 함수 만들기 ··· 363
A.5 그 밖의 함수들 ··· 371
A.6 입력과 출력 ··· 380
A.6.1 입력에 필요한 함수 ··· 380
A.6.2 출력에 필요한 함수 ··· 383

A.7 디버깅 388

참고문헌 394

찾아보기 403

PART Ⅰ
인공지능 기초 이론

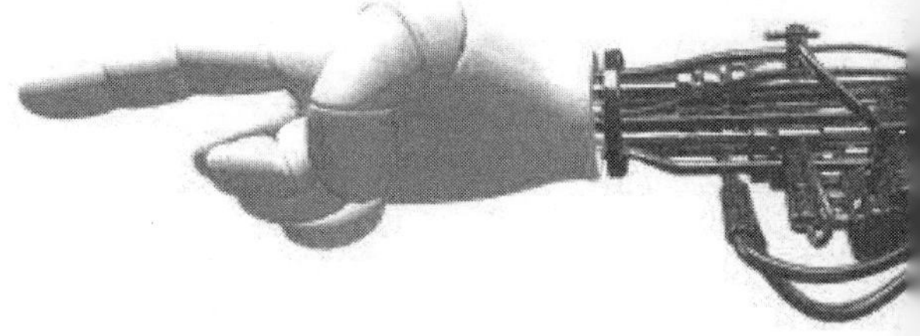

01 인공지능의 소개

컴퓨터가 사람처럼 지능을 가지고 문제를 해결할 수 있도록 하는 데에는 인공지능이 필요하다. 본 장에서는 인공지능이 무엇이며 어디에 응용할 수 있는지를 알아본다. 또한 지능이란 무엇이며 인공지능과 자연지능에는 어떤 차이가 있는지도 인공지능의 간단한 역사와 함께 알아본다. 마지막으로 인공지능을 목적, 방법론 측면에서 분류하고 현재 개발상황을 정리해 본다.

1.1. 인공지능이란?

인공지능(Artificial Intelligence)은 범위가 넓은 분야로 각각의 분야에서 서로 다르게 생각할 수 있다. 여기서는 컴퓨터 과학(Computer Science)의 한 분야로 생각하고 설명하기로 한다. 인공지능은 그 정의가 다양하지만 쉽게 말하자면 컴퓨터로 하여금 지능이 필요한 일을 할 수 있도록 하는 것이다. 즉 지능적 행동을 할 수 있는 컴퓨터를 만드는 작업이라고 말할 수 있을 것이다. 따라서 인공지능은 사람(지능적 동물)처럼 생각하고, 말하고, 듣고, 보며 움직이고 작업하는 그런 컴퓨터를 만드는데 필요한 소프트웨어나 하드웨어를 만드는데 관련된 이론과 기술을 다룬다. 여기에는 컴퓨터과학 뿐만 아니라 심리학, 철학, 전자공학, 언어학, 경영학 등 다양한 분야의 학문들이 관련이 되고 응용분야로는 자연어처리(Natural Language Processing), 로보틱스(Robotics), 컴퓨터 시각(Computer Vision), 자동 프로그래밍(Automatic Programming), 전문가 시스템(Expert System), 기계학습(Machine Learning), 게임

(Game), 지능형 학습 시스템(Intelligent Tutoring System), 시맨틱 웹(Semantic Web), 스마트 폰 응용 시스템, 무인자동차 등 여러 분야가 있다. 다음은 몇몇 사람이 말한 인공지능에 대한 정의이다.

- Charniak & McDermott
  AI is the study of mental faculties through the use of computational models.
- Winston
  AI is the study of ideas that enable computers to be intelligent.
- Minsky
  AI is getting a machine to do something which, if done by a human, is thought to require intelligence.
- Nils J. Nilsson
  The goal of work in artificial intelligence is to build machines that perform tasks normally requiring human intelligence.
- George W. Ernst and Allen Newell
  Artificial intelligence is defined generally as the attempt to construct mechanism hat perform tasks requiring intelligence when performed by humans.
- Edward A Feigenbaum and Julian Feldman
  The goal of artificial intelligence is "to construct computer programs which exhibit behavior that we call 'intelligent behavior' when we observe it in human beings".
- Ginsberg
  AI is the enterprise of constructing a physical symbol system that can reliably pass the Turing Test.

위에서 보듯이 모든 사람이 동의하는 인공지능에 대한 유일한 정의는 없다. 하지만 여러 사람들의 인공지능에 대한 정의에서 공통적으로 의미하는 바는 '지능을 인공적으로 구현한다'는 것을 쉽게 이해 할 수 있다.

여기서 지능(Intelligence)이란 무엇인지 생각해 보기로 하자. 지능 또한 한마디로 정의하기 어렵다. 지능을 이해하기 위하여 지능이 있을 때 할 수 있는 일들을 생각해 보면 지능을 이해하는데 도움이 될 수 있을 것이다. 지능이 있을 때 할 수 있는 일들에는 다음과 같은 것들이 있다.

- 경험을 이용한 학습이나 이해

- 생각하고 추론 하는 것
- 새로운 상황에 신속히 대처 하는 것
- 새로운 지식의 습득 및 응용

Alan Turing

하지만 어떤 컴퓨터가 지능적인지를 가려내기는 쉽지 않다. 하나의 방법으로 튜링 테스트(Turing Test)라는 것이 있다. 튜링 테스트는 영국 수학자인 Alan Turing이 1950년경 제안한 실험적 방식이다. 그는 이 방식으로 테스트 하면 어떤 기계가 지능적인지 아닌지를 가려 낼 수 있다고 하고 이를 '모방게임(Imitation Game)'이라고 불렀다. 튜링 테스트를 위해서는 [그림 1.1]에서 보는 것처럼 분리된 두 방이 있고 한 방에는 테스트 하는 사람 그리고 다른 방에는 사람과 컴퓨터가 있다. 그리고 테스트 하는 사람이 지금 자신이 대화(통신) 하고 있는 상대가 사람인지 컴퓨터 인지를 구분하지 못하면 그 컴퓨터는 지능적이라고 가정할 수 있다는 것이다.

그림 1.1 튜링 테스트

1.2. 인공지능과 자연지능

인공지능을 쉽게 이해하기 위해서 사람의 지능, 즉 자연지능과 인공지능의 장단점을 비교하여 보기로 하자. Kaplan에 의하면 인공지능은 사람에 비하여 다음과 같은(상업적) 장점이 있다.

- **인공지능은 복사나 확산이 쉽다.**

  의사나 변호사, 컴퓨터 프로그래머 같은 전문가를 양산 하기는 쉽지 않다. 이는 사람이 가지고 있는 지식을 다른 사람에게 전수하기가 쉽지 않기 때문이다. 하지만 컴퓨터에 있는 지식은 쉽게 다른 컴퓨터에 복사가 가능하다.

- **인공지능은 오래간다.**

  사람은 이직이나 이동이 많으나 인공지능을 이용한 시스템은 오래도록 사용 가능하다.

- **인공지능을 이용하면 비용이 적게 든다.**

  의사나 변호사, 컴퓨터 프로그래머 같은 전문가를 양성 하려면 시간과 비용이 많이 들고 인건비도 비싸다. 하지만 인공지능을 이용한 시스템은 한 번 만들어 지면 추가 비용 없이 오래 사용할 수 있다. 장기적인 면에서 인공지능 시스템을 이용하는 것이 저렴하다.

- **인공지능을 이용한 컴퓨터 시스템은 일관성이 있다.**

  사람은 인공지능에 비하여 변동성이 심하다. 사람은 감정이나 환경변화에 따라 작업결과가 달라질 수 있다. 그에 반하여 인공지능을 이용한 컴퓨터 시스템은 같은 일을 여러 번 반복하여도 변동성이 없다.

- **인공지능을 이용하여 처리한 일은 문서화가 쉽다.**

  컴퓨터가 내린 결정에 대해서는 그 결정과정을 추적하기 쉽고 문서화하기 쉽다. 사람의 결정과정은 쉽게 재구성하기 어렵고 같은 일에 대해서도 매번 결정과정이 다를 수 있다.

반면 자연지능을 갖고 있는 사람은 창조성 면에서 우월하며 감각정보를 직접적으로 쉽게 활용할 수 있다. 또한 인공지능시스템이 좁은 영역지식을 가지고 있는데 반하여 사람은 다방면의 경험을 활용하여 문제를 해결한다.

1.3. 인공지능 시스템과 일반 컴퓨터 시스템

다음 몇 가지 점에 대하여 인공지능 시스템과 일반 컴퓨터 시스템을 비교하여 보기로 하자.

- **입력 및 출력정보**

  일반 컴퓨터 시스템의 입력정보는 완전하지 않으면 결과가 나오지 않지만 인공지능 시스템의 입력정보는 부족하더라도 결과의 생성이 가능하다. 물론 부족한 입력정보를 이용하여 생성한 출력결과는 부정확할 수 있다.

• **탐색 기법**

일반 컴퓨터 시스템은 대부분 순서적/알고리즘적인 탐색 기법을 이용하나 인공지능 시스템은 대부분 휴리스틱(경험적) 탐색 기법을 이용한다. 휴리스틱 탐색 기법을 사용하면 탐색 공간을 축소하여 탐색 시간을 줄일 수 있고 실용적인 근사치를 빨리 찾을 수 있다.

• **추론기능**

일반 컴퓨터 시스템은 추론기능을 갖지 않으나 인공지능 시스템은 추론기능이 있어 지식베이스에 직접 표현되지 않은 지식이라도 추론에 의해 사용이 가능하다. 예를 들어 컴퓨터에 A = B와 B = C 라는 정보가 들어 있다면 일반 컴퓨터 시스템은 A와 C가 같은가? (i.e., A = C ?) 라는 질문에 No 라고 답한다. 하지만 인공지능 시스템은 같은 질문에 Yes 라고 답할 수 있다. 이는 인공지능 시스템은 추론을 할 수 있기 때문이다.

• **설명기능**

시스템이 내린 결론에 대하여 사용자가 '왜 그런 결론을 내렸는지?' 물으면 인공지능 시스템은 설명이 가능하나 일반 컴퓨터 시스템은 대부분 그렇지 못하다. 예를 들어 전문가 시스템에서 나온 결론에 대해 사용자가 그 이유를 물으면 전문가 시스템은 그 결론을 내릴 때 사용한 규칙을 보여 줄 수 있다.

• **시스템 구조**

일반 컴퓨터 시스템은 자료와 프로그램이 하나로 구성되어 있으나 인공지능 시스템은 지식베이스와 추론엔진이 구분되어 있어 전체적인 프로그램을 바꾸지 않고도 지식베이스를 쉽게 갱신할 수 있다. 따라서 인공지능 시스템은 유지/보수가 용이하다.

• **지식**

일반 컴퓨터 시스템은 주로 자료(Data)나 정보(Information)를 사용하나 인공지능 시스템은 주로 지식(Knowledge)을 사용한다. 자료는 아직 특정한 목적에 대해서 평가되지 않은 단순한 사실(Fact)이고, 정보는 이것을 일정한 기준에 따라서 처리 가공함으로써 특정한 목적을 달성하는데 도움이 되는 것이다. 지식은 교육, 학습, 숙련 등을 통해 사람이 재활용할 수 있는 정보와 기술 등을 포괄하는 의미이다.

• **지능**

지능(Intelligence)은 이런 지식을 자동으로 대량 학습하여 새로운 상황에 대처할 수 있게 해준다. 최근에는 한 사람뿐 아니라 집단이 재활용할 수 있는 정보와 기술을 집단 지능(Collective Intelligence, 예: 위키피디어)이라고 부른다.

[그림 1.2]는 자료, 정보, 지식, 지능에 대하여 양과 추상화 정도를 비교하여 놓은 것이다.

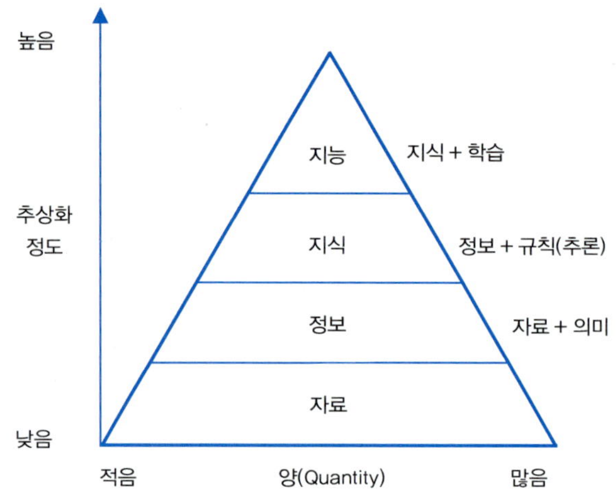

그림 1.2 자료, 정보, 지식, 지능의 비교

많은 양의 자료를 가공하여 정보를 얻고, 정보에서 필요한 지식을 얻고 이 지식을 자동 학습하여 지능을 얻음으로 양적인 면에서 보자면 자료가 가장 많고 정보와 지식, 지능은 그 양이 점점 줄어든다. 한편, 추상화 정도를 비교해 보면 양과는 반대임을 알 수 있다. 즉, 지능이 추상화 정도가 가장 높고 자료는 추상화 정도가 가장 낮다.

자료는 입력장치나 센서로부터 들어오는 모든 값으로 사람의 오감(시각, 청각, 촉각, 미각, 후각)에 입력되는 데이터에 비유할 수 있다. 이런 자료에 의미를 부여해 누군가에게 유용하게 되면 정보가 되고, 아닌 것들은 노이즈 자료가 된다. 예를 들어, 입시 자료는 수험생에게 유용한 정보이지만, 다른 사람들에게는 노이즈가 된다. 또, 이런 정보 중에서 사실(Fact)에 해당되는 정보와 이를 일반화한 규칙으로 구성한 것을 지식이라고 한다. 예를 들어, '동물은 생물이다'와 '식물은 생물이다'라는 사실이 있고, '모든 생물은 죽는다'는 규칙이 있으면, '동물이나 식물은 생물이므로 죽는다' 라는 새로운 사실을 추론해낼 수 있다. 이렇게 규칙과 사실을 분리해 저장해 놓은 것을 지식베이스라고 하며, 지식 영역에 따라 구축할 수 있고 변경도 가능하다. 마지막으로 규칙과 사실로 정의하기 어려운 최근 알파고의 바둑 지식이나 구글의 고양이 인식 지식은 수많은 빅데이터를 자동 학습하여 얻은 지능이라고 할 수 있다.

이를 하나의 예로 설명하면, 증권회사의 상황판에 나타나 있는 각 회사의 주가는 자료이며 이러한 주가를 시간대 별로 또는 회사의 종류 별로 정리하여 재구성해 놓으면 정보가 된다. 그리고 여기에 주식전문가의 경험이나 규칙 등이 더해지면 투자에 활용할 수 있는 지식이 된다. 또, 과거의 주가 추이, 현재의 상황 등을 자동 학습하여 투자 가능한 주식을 추천하는 수준이 되면 지능이라고 할 수 있다.

1.4. 인공지능의 간단한 역사

길지 않은 인공지능의 역사는 크게 3차 부흥기로 나눌 수 있는데, 1950년대 인공지능 용어의 탄생부터 1차 좌절을 맞는 1960년대까지의 1차 부흥기, 1980년대에서 1990년대 중반까지의 전문가 시스템을 필두로 한 2차 부흥기, 2010년 이후 딥러닝, 제4차 산업혁명과 함께 현재도 진행 중인 3차 부흥기로 나누어 볼 수 있다.

1차 부흥기인 1950년대 초, 컴퓨터가 탄생하기도 전에 튜링 테스트가 제안되고 미국의 Nobert Wiener는 Feedback 이론을 체계화 하였으며 1955년 Newell과 Simon은 The Logic Theorist를 개발하였다. Feedback 이론은 모든 지능적 행동은 Feedback 작용의 결과로 나온다는 것을 이론화한 것이며 The Logic Theorist 프로그램은 문제를 트리형태로 표현해 놓고 최선의 답이 있을 법한 곳을 찾아 가면서 문제를 푸는데, 〈수학원리〉라는 책의 52개 정리 중 38개를 자동으로 증명하였다. 이들은 인공지능 발전에 초석이 되었다. 1956년 Dartmouth College에서 열린 학회에서 John McCarthy가 처음으로 '인공지능(Artificial Intelligence)'이라는 용어를 사용하였다. 그때 학회에 참석 했던 사람 중에는 앞으로 10년 후에는 사람처럼 지능적인 컴퓨터가 나올 것이라고 섣부른 예측을 하기도 했다. 그리고 나서 MACSYMA처럼 수학적 계산을 잘하는 시스템이나 도형문제를 해결하는데 사용되는 시스템 등이 개발되었다. 이러한 프로그램 개발 성공으로 지능적인 컴퓨터의 출현에 대한 희망은 더욱 커졌다.

John McCarthy

1957년에는 The Logic Theorist 프로그램을 만들었던 Newell과 Simon은 General Problem Solver(GPS)라는 프로그램을 만들었다. GPS는 Wiener의 Feedback 이론을 이용하여 상식을 필요로 하는 문제도 풀 수 있도록 고안된 일반적인 문제 해결 프로그램이다. 1958년에 John McCarthy는 인공지능 프로그램 개발에 많이 사용된 프로그래밍 언어인 LISP(LISt Processing)를 개발 하였다.

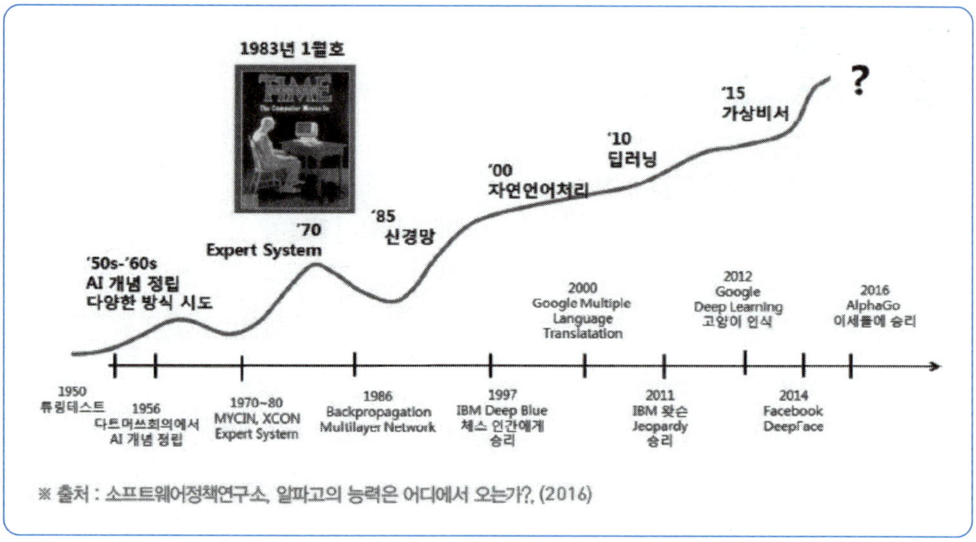

그림 1.3 인공지능 발전 주요 역사

또 앞에서 소개한 튜링 테스트가 발표된 이래로 현재까지도 사람처럼 대화하는 인공지능 시스템을 개발하기 위한 여러 시도들이 있어 왔다. 1966년 MIT의 바이첸바움 교수가 개발한 일라이저(Eliza) 시스템은 정신과 상담을 해주는 프로그램인데, 일라이저 대화와 규칙 예는 [그림 1.4]와 같다. 일라이저는 영국 극작가 조지 버나드 쇼가 1913년에 발표한 희곡 〈피그말리온〉의 여자 주인공 이름으로 하층민을 교육시켜 귀족부인 행세를 하게 함으로써 말의 억양에 의해 개인의 사회적 위치가 결정되는 20세기 초 영국의 계급사회를 풍자하고 있다. 실제 일라이저 시스템은 비교적 간단한 규칙으로 자연스러운 대화를 이끌어 가는 효과를 주어 사용자인 인간이 상대방인 프로그램에 인간적인 의미를 부여하기도 했는데, 이를 '일라이저 효과'라고 한다. 한편, 일라이저 시스템은 대화의 의미를 이해하지 않고 속임수를 쓴 것에 불과하다고 반인공지능파가 즐겨 드는 예가 되었다.

이후 튜링 테스트는 1990년 미국의 발명가이자 사회운동가인 뢰브너와 케임브리지 행동과학연구소와 함께 세계대회로 매년 개최되고 있으며, 튜링 테스트 통과 프로그램에게는 뢰브너상과 10만달러 상금을 걸어 놓았다. 실제, 알란 튜링 사후 60주년이었던 2014년에 영국 레딩대에서 개발한 '유진 구스트만'이라는 챗봇이 심사의원의 3분의 1을 속임으로써 첫 번째 수상작이 되었다.

✔ 일라이저 대화 예
- 의사 : 환자분 가족에 대해 말해보세요.
- 환자 : 엄마는 늘 저한테 잘해 주세요.
- 의사 : 가족 중 누가 또 환자분에게 잘 해 주나요?
- 환자 : 아버지요.
- 의사 : 아버지.
- 환자 : 선생님도 저희 아버지 같은 부분이 좀 있네요.
- 의사 : 어떤 점이 닮았나요?
- . . .

✔ 일라이저 규칙
- 만약 환자가 "나는 X가 필요해요" 라고 말하면 다음 중 하나로 대답
  - 왜 X가 필요한가요?
  - 만약 X가 있으면 정말 도움이 될까요?
  - 정말 X가 꼭 있어야 한다고 행각하세요?
- 규칙 적용 불가능한 말에 대한 대답
  - 계속 말씀해 보세요.
  - 정말 흥미롭군요.
  - 알겠습니다.
  - 그래요. 그게 무슨 뜻인 거 같나요?

그림 1.4 정신상담 프로그램 일라이저(Eliza)의 대화와 규칙 예

이 시기(1965-1970)에 MIT의 테리 위노그라드가 개발한 SHRDLU는 삼각뿔, 사각기둥들을 사용자의 자연어(영어) 명령에 따라 이동 시킬 수 있는 등 간단한 실험용 인공지능 프로그램이 개발되기도 하였지만, 지능적 컴퓨터를 만들기는 예상처럼 쉽지 않았고 연구성과도 적었다. 1966년 기계번역 프로젝트를 지원하던 미국의 ALPAC이 부정적인 보고서를 냄으로써 인공지능은 1차 겨울의 시대를 맞이했다.

그 후 의료용 전문가 시스템인 MYCIN이 개발되는 등 인공지능이 다시 사람들의 관심을 끌면서 2차 부흥기(1980~1995)를 맞는다. MYCIN은 1970년 스탠포드대학에서 개발한 전문가 시스템으로 박테리아 감염에 의한 질환을 진단하고 적절한 항생제를 추천하는 데, 69%의 환자에 대한 적합한 처방을 함으로써 당시 인간 의사보다 더 정확했다고 한다. 전문가 지식은 단지 600여개의 규칙으로 구성되어 있었는데, 실제 의사들의 불신으로 인해 의과대학의 교육용으로만 사용되었다.

1972년 PROLOG(PROgramming in LOGic)라는 또 다른 인공지능 프로그래밍 언어가 개발되었다. 그리고 1975년부터 1980년경에는 인공지능 연구에 심리학이나 언어학 등 다양한 분야의 기여를 받아들이기 시작하였다. 그 후로 인공지능에 많은 발전이 있어 왔고 퍼지논리(Fuzzy Logic)를 응용한 세탁기 등 인공지능을 이용한 여러 생활용품까지 등장하

여 인공지능이 실험실에만 머무르지 않고 우리 일상생활과 매우 가까워 졌다. 또 다른 전문가 시스템으로 1978년 카네기멜론대학과 DEC가 공동 개발한 XCON은 컴퓨터 조립에 필요한 부품을 선별하는데, 2500개의 규칙을 활용하여 95%이상의 정확도로 부품을 선정하여 연간 2500만 달러를 절감하였다.

이런 성공에 힘입어 세계 각국이 앞 다투어 인공지능 프로젝트를 지원하였는데, 일본 정부의 '제5세대 컴퓨터 프로젝트'(1982~1991)가 대표적이었다. 그러나 대량의 지식 서술과 관리의 어려움으로 인해 인공지능은 다시 2차 겨울을 맞이하게 되었다.

2010년 이후 인공지능은 대규모 자동 학습이 가능한 딥러닝 기술과 무인자동차 등 제 4차 산업혁명의 핵심 기술이 되면서 현재까지 3차 부흥기를 맞고 있다. 딥러닝 이전에 해결하지 못한 여러 문제들이 크게 세 가지 분야에서 개선되었는데, 첫째로 2000년대 이후 활발해진 SNS등에 의해 생산된 빅데이터를 충분한 학습 데이터로 확보하게 되었고, 둘째로 그동안 해결하지 못했던 딥러닝 알고리즘이 개발되어 특징 표현 학습이 가능하게 되었다. 마지막으로 대량학습이나 데이터 처리에 필요한 하드웨어인 GPU(Graphic Processing Unit) 속도 향상에 따라 학습 시간과 처리 시간을 현저히 줄일 수 있게 되었다.

이런 3차 부흥기 인공지능 시스템의 예로는 2011년 미국의 대중적인 퀴즈 프로그램인 '제퍼디'에서 인간 챔피온들을 물리치고 우승한 IBM의 왓슨이 있다[그림 1.5].

그림 1.5 컴퓨터 '왓슨'

왓슨은 정형화되지 않은 유머 또는 반어법이 섞인 질문 속에서 정확한 답을 찾아내는 능력을 가지고 있다. 이는 프로그램이 질문자의 말을 알아듣고 수많은 정보 속에서 질문자의 의도에 가장 가까운 답을 찾아내어 말할 수 있는 능력을 갖추었다는 것을 의미한다. 왓슨의 추리 방법은 질문의 키워드를 자체 배경 지식 데이터베이스(약 15 Terra Byte 분량)에서 검색하여 답을 찾아내는 것 외에, 찬스를 예측하거나 가장 좋은 버저 타이밍 선택 등의 전략 모듈을 가지고 있었다. 그러나 이미 다른 참여자가 제시한 오답을 다시 제시하는 등의 한계도 있었지만, 월등한 상금 차이로 우승을 하여 세계를 놀라게 하였다. 현재 왓슨은 암 진단 등 의료분야, 금융분야로 그 응용분야를 확대하고 있다.

이 외에, 2012년 구글의 고양이 사진 인식은 인간 수준이 되었으며, 자율주행차, 자동번역, 애플의 '시리(siri)' 음성 대화 시스템 등이 있다. 2016년 구글 딥마인드의 알파고는 인간이 컴퓨터보다 우세하다고 여겨져 왔던 바둑에서 인간 우승자인 '이세돌'을 이김으로써 세계를 다시 한 번 깜짝 놀라게 하였다.

그림 1.6 구글 딥마인드의 알파고와 이세돌

1.5. 인공지능의 응용분야

본 절에서는 인공지능의 여러 가지 응용분야 중 몇 가지를 간단히 살펴보기로 한다.

전문가 시스템

전문가 시스템(Expert System)은 의사나 판사처럼 전문 지식을 가지고 있는 사람이 할 수 있는 일을 하도록 하는 컴퓨터 시스템이다. 전문지식인은 인건비가 비싸고 그 수도 적다. 또한 사람은 열악한 환경에서는 일하기 어려우며 장시간 쉬지 않고 일하기도 어렵다. 하지만 전문가 시스템은 언제 어디서나 쉬지 않고 일할 수 있으며 필요하면 몇 개(copy)든지 만들어 낼 수 있다.

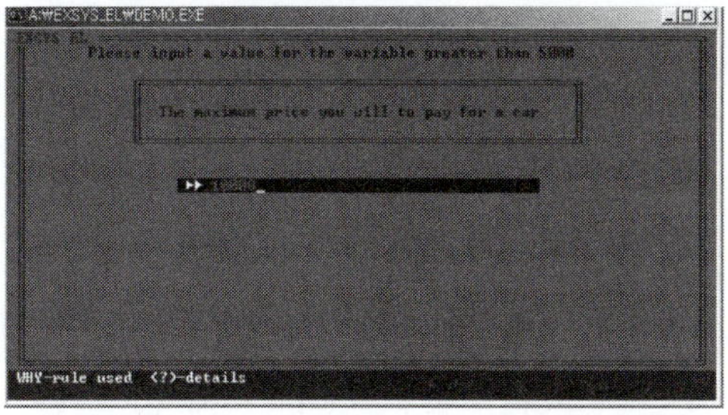

또한 사람처럼 상태가 좋거나 나빠지는 일도 없고 일하는데 감정이 개입되지도 않는다. 이

러한 장점 때문에 전문가 시스템은 진단, 설계, 예측 등 다양한 용도로 여러 분야에서 사용되고 있다.

자연어 처리

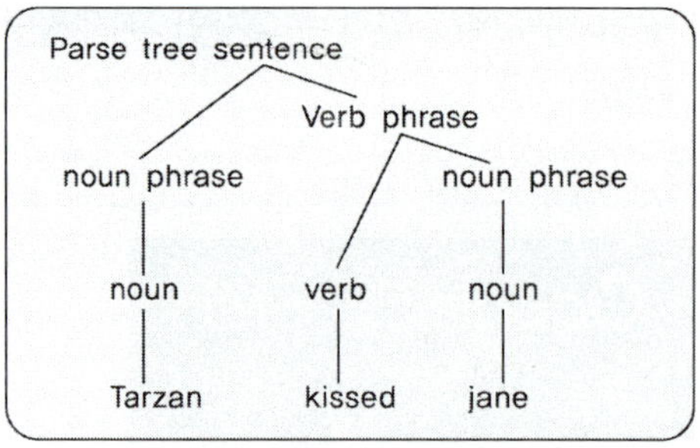

자연어는 사람들 간에 의사소통을 위하여 사용하는 언어로 한국어, 영어, 중국어, 불어 등 여러 가지가 있다. 이러한 언어를 컴퓨터가 이해하면 사람은 별도의 컴퓨터 언어를 배우지 않아도 자기가 사용하는 자연어로 컴퓨터와 의사소통을 할 수 있게 된다. 뿐만 아니라 하나의 자연어(e.g., 한국어)를 다른 자연어(e.g., 영어)로 번역하거나 자연어로 쓰여진 문서를 요약할 수도 있게 된다. 이처럼 컴퓨터에 의한 자연어 처리(Natural Language Processing)가 잘 이루어지면 사람은 컴퓨터를 보다 쉽게 사용할 수 있게 된다.

음성인식 및 음성합성

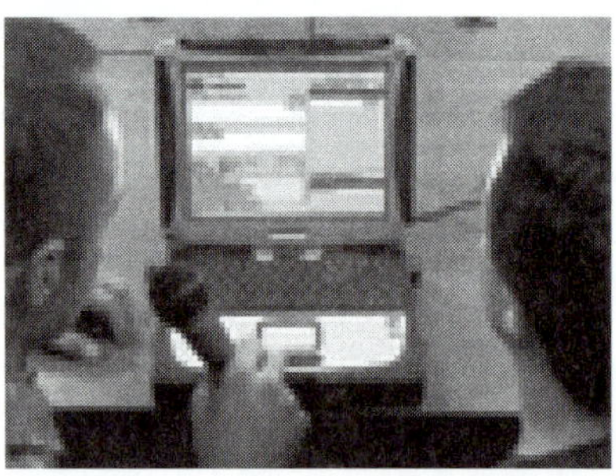

음성인식(Speech Recognition)은 컴퓨터가 사람의 말소리를 인식할 수 있도록 하는 기술이다. 이는 어떤 단어를 말 했는지를 알아내는 음성인식(Speech Recognition) 분야와 말한 내용을 이해하는 음성이해(Speech Understanding) 분야로 더 세분할 수 있다. 음성인식 기술을 이용하면 음성 타자기를 만들 수도 있고 앞에서 설명한 자연어 처리 기술과 연계하면 자동통역 시스템 등과 같은 더욱 유용한 시스템을 만들 수 있다. 실제로 음성을 음성으로 번역하여 주는 시스템(SRI's IraqComm™)이 미군과 이라크 주민들 간의 통역을 위하여 이라크에서 사용되기도 하였다. 또, 최근 주목을 받고 있는 챗봇(대화 로봇)에 음성 사용자 인터페이스(VUI: Voice User Interface)는 필수 기능이 되고 있다.

로보틱스

로봇은 프로그램으로 조작 가능한 기계이며 여러 가지 물리적 작업을 수행하기 위해 만들어 졌다. 로봇에는 이동할 수 있는 것과 이동할 수 없는 것이 있다. 예를 들어 자동차 조립 시 사용되는 용접용 로봇이나 페인트를 칠하는 로봇은 이동하지 않고 한곳에 고정되어 팔만 움직여 작업을 한다. 한편 짐을 나르거나 탐사(e.g., 화성이나 해저탐사)를 수행

하는 로봇은 이동이 가능 하여야 한다. 로봇은 움직이는 기계이기 때문에 충돌을 회피할 수 있어야 하고 변화하는 상황에 대처할 수 있어야 한다. 이를 위해서는 시각이나 촉각 등을 인식할 수 있는 인식 시스템이 필요하다. 이처럼 단순이동이나 작업보다는 환경을 인식하고 변화에 대처할 수 있는 지능형 로봇이 만들어 지면 보다 복잡하고 어려운 일도 할 수 있을 것이다.

컴퓨터 시각

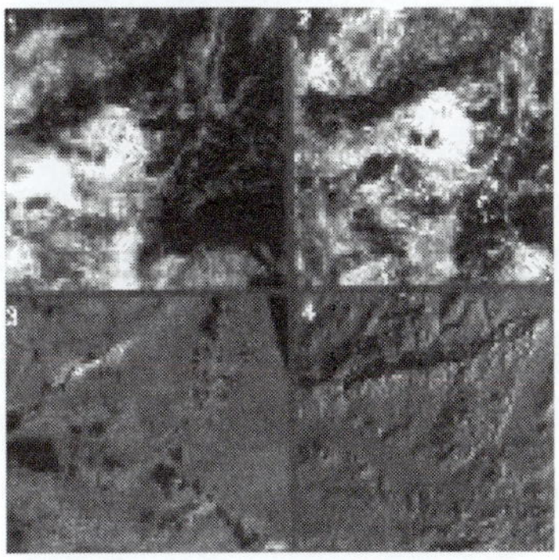

컴퓨터 시각(Computer Vision) 시스템은 카메라와 같은 센서(Sensor)를 통해 입력받은 영상 정보를 해석하는 시스템이다. 예를 들어 인공위성에서 찍은 사진을 보고 지형이나 작물의 성장 상태 광물의 분포 등을 알아 낼 수 있다. 또한 작업대에서 불량품을 가려낸다든지 침입 탐지 등을 수행할 수 도 있다. 이러한 컴퓨터 시각 기술은 로보틱스나 다른 인공지능 기술과 연계하면 더욱 실용적인 시스템을 개발할 수 있다.

자동 프로그래밍

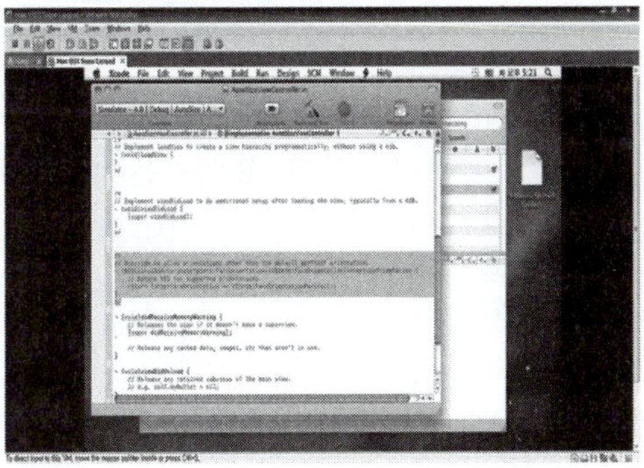

자동 프로그래밍(Automatic Programming)의 최종 목표는 프로그램 개발자가 준 스펙(Specification) 만 가지고 자동으로 프로그램을 작성하는 시스템을 만드는 것이다. 프로그램 설계, 코딩, 테스트, 디버깅 등 여러 가지 작업이 필요한 프로그래밍은 현재까지도 사람들에게 용이한 작업이 아니다.

컴퓨터 게임

서양장기(체스)나 오목은 물론이고 스타크래프트나 리니지등 여러 가지 게임들이 활발히 개발되고 있다. 이러한 컴퓨터 게임(Computer Game)을 개발하기 위해서는 여러 인공지능 기법들이 필요하다. 서양장기만 하더라도 컴퓨터가 인간 챔피언을 이기기 위해서는 초당 200만개의 위

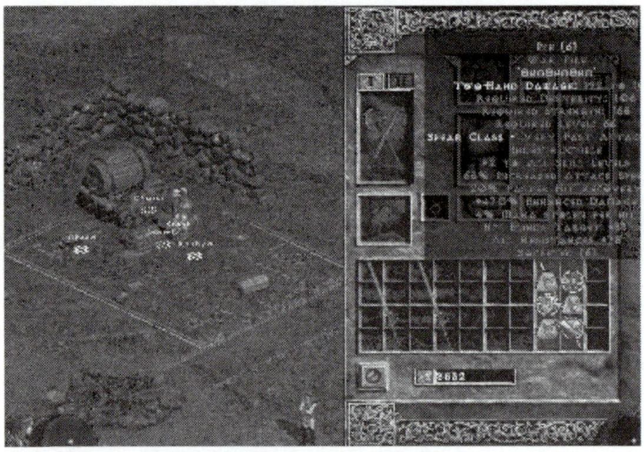

치를 확인할 수 있는 속도가 필요하다. 또한 게임내 캐릭터가 길을 찾거나 전략을 세우는데도 인공지능 기법이 필요하다.

지능형 학습 시스템

지능형 학습 시스템(Intelligent Tutoring System)은 Intelligent Computer Aided Instruction(ICAI)이라고도 하는 능동적 학습 시스템이다. 책과 같은 수동적인 것이 아니라 교사처럼 학생의 상태나 수준 등을 고려하여 수준별 개별학습, 개인별 진도 관리 등이 가능한 학습 시스템이다. 이러한 시스템은 인터넷을 이용한 가상학습이나 사내 연수 등 다양한 용도로 활용 가능하다.

시맨틱 웹

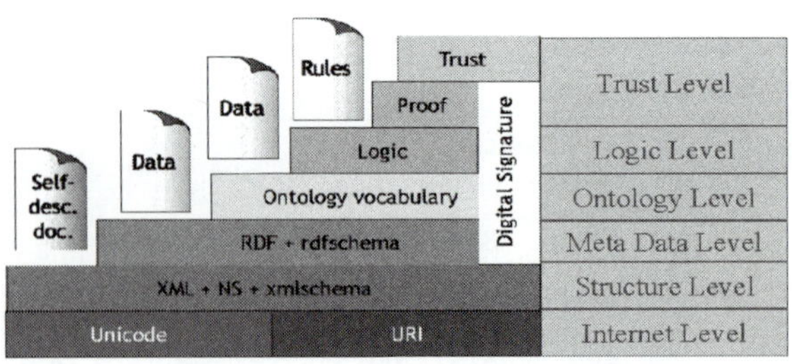

현재의 웹은 대부분 HTML이나 XML로 작성되어 있어 기계에 의한 내용의 처리는 불가능하고 단지 보여주는데 그치고 있다. 하지만 인터넷은 사람만이 사용하는 것이 아니라 여러 소프트웨어에 의해서 사용되기도 한다. 이러한 소프트웨어들은 정보검색, 정보추출, 데이터 마이닝등 여러 기능을 효율적으로 수행하는데 필수적인 소프트웨어이며, 앞으로는 이러한 소프트웨어에 의한 인터넷의 사용이 기하급수적으로 증가할 것이다.

따라서 이러한 소프트웨어들이 내용(의미)을 잘 이해할 수 있는 형태의 웹 표현이 필요하다. 이를 위하여 국제조직인 W3C에서는 기계가 의미를 쉽게 이해할 수 있도록 웹을 작성할 수 있는 표현 형태인 Resource Description Framework(RDF)를 표준으로 제안하였다. 이는 온톨로지와 메타데이터를 이용하여 개념을 표현하며 Uniform Resource Identifier(URI)

를 이용한 Name Space에 의하여 모호성을 해소하고 있다. 이처럼 기계가 의미를 파악할 수 있는 형태로 작성된 웹을 시맨틱 웹(Semantic Web)이라 한다[Ber01].

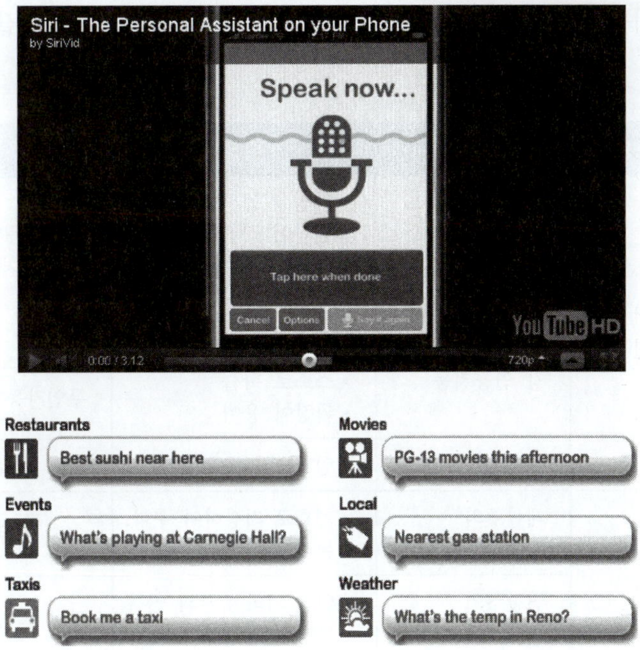

그림 1.7 Siri

여기에 소개되지 않은 응용분야로 우주항공, 인터넷, 의학, 법학, 농업, 광업, 비즈니스 분야 등 여러 곳에서 인공지능 기술이 중요한 역할을 하고 있다. 최근에 널리 쓰이고 있는 스마트폰에서도 인공지능 기술이 많이 응용 되고 있는데 그 중 [그림 1.7]은 Siri라는 응용 프로그램이다. Siri는 스마트폰에 사용자가 하는 말을 인식하여 식당이나 이벤트, 영화 등에 관련된 정보를 제공해 주는 개인 비서와 같은 역할을 할 수 있는 인공지능 프로그램이다.

이상에서 살펴 본 바와 같이 인공지능은 우리의 일상생활과 아주 가까우며 우리가 의식하지 못하는 상태에서 이미 사용하고 있는 것들이 많다. 이러한 인공지능 기술이 발전하고 새로운 응용분야가 계속 출현한다면 우리의 생활도 그 만큼 편리해 질 것이다.

1.6. 인공지능의 분류

인공지능을 목적 측면과 방법론 측면으로 분류하면 [표 1.1]과 같다.

표 1-1 인공지능의 분류

구분	분류	특징	예
목적 측면	약 인공지능	• 단일 기능 • 인간이 직접 설계 • 지도 학습 • 확장이 어려움	문자 / 음성 인식, 청소로봇, 딥블루(체스),알파고(바둑) 등
	강 인공지능	• 범용 (인간 수준) • 스스로 학습 • 확장이 용이	IBM 왓슨(퀴즈풀이, 의료, 금융 응용), 무인자동차 등
	슈퍼 인공지능	• 인간보다 우수	영화 속 로봇(터미네이터 등)
방법론 측면	계산주의 (철학적 관점)	• 기호로 저장하여 수학, 논리 계산	GPS, 전문가 시스템 등
	연결주의 (생물학적 관점)	• 인간 뇌의 뉴론과 연결 모방	인공 신경망, 딥러닝 등

인공지능을 목적 측면에서 분류하는 '강 인공지능(Strong AI)'과 '약 인공지능(Weak AI)'으로 구분하게 된 것은 John R. Searle의 논문[Searle80, 99]에서 비롯되었다. Searle이 말하는 강 인공지능은 인간의 지능과 유사하거나 더 나은 지능을 말하고, 약 인공지능은 특정 문제의 해결을 위하여 필요한 지능을 말한다. 약 인공지능은 '좁은 인공지능'(Narrow AI) 또는 '응용 인공지능(Applied AI)' 이라고도 불린다. 약 인공지능은 철학적 측면에서 볼 때 기계가 지능을 보여 줄 수는 있지만 꼭 인간이 가지고 있는 정신, 마음, 의식 등은 가질 필요가 없다는 것이다. 여기에 인간보다 우수한 인공지능을 슈퍼 인공지능(Super AI)이라고 분류하기도 하는데, 인공지능이 자의식, 자가 향상, 초인적 능력, 과학적 창조성, 사회적 감성을 가지고 스스로 새로운 알고리즘을 생성할 수 있는 능력을 가진다. 이에 대해 미래학자인 레이 커즈와일(Ray Kurzweil)은 기술이 인간을 초월하는 특이점(Singularity)이 2050년경에 올 것이라 예측하고 이 때가 되면 인공지능이 폭발적으로 진화할 것이라고 내다보았다.

Searle은 '중국인의 방(Chinese room) 문제'를 예로 들어 강 인공지능과 약 인공지능을 구분하여 생각했다. '중국인의 방'문제는 [그림 1.8]과 같이 사람이 방 문 밑으로 중국어로 쓰인 쪽지를 밀어 넣어 주면 방안에서 그걸 읽고 적정한 답을 중국어로 적어 밖으로 내

보내 준다고 할 때, 방안에서 그 일을 하는 사람이나 기계가 정신이나 마음 또는 의식 등을 가지고 중국어를 '이해' 해야 할 필요가 있느냐 하는 것이다. 즉, 중국어를 모르는 사람이 방 안에서 컴퓨터처럼 잘 짜인 알고리즘에 따라 답을 내 보내 줄 수도 있다. 그러면 방 안의 사람이나 컴퓨터가 중국어를 이해하지 못했지만 밖에서는 적정한 답을 얻을 수 있다. 이처럼 기계가 보통 사람들이 하는 것처럼 '이해' 하지 않고도 그 작업을 수행할 수 있다는 것이다. 즉, 기계가 정신이나 마음 또는 의식 등을 가지지 않고도 지능적으로 작업을 수행할 때 필요한 지능을 '약 인공지능'이라하고, 사람 또는 그 이상으로 정신이나 마음 또는 의식 등을 가지고 지능적 작업을 수행할 때 필요한 지능을 '강 인공지능' 또는 '슈퍼 인공지능'이라고 한다.

그림 1.8 중국인의 방(Chinese room) 문제

한편, 인공지능을 방법론 측면에서 분류하면 계산모델(Computational Model)과 연결모델(Connection Model)로 분류할 수 있다. 계산모델은 인간의 뇌가 개념과 정보를 기호로 저장하고 수학적, 논리적 계산에 의해 문제를 해결하거나 사고한다는 철학적 관점에서 이성(Rationality, Reasoning, Logos) 구현이 목표가 된다. 즉, 계산모델 관점의 인공지능은 무엇(What)을 해결할 것인지가 중요하며, 인공지능 역사의 1, 2차 부흥기에 주로 시도되었다. 반면, 연결모델은 인간의 뇌가 생물학적 시스템(뉴론)과 연결에 의해 인식하고 기능한다는 생물학적 관점에서 뉴런이 어떻게 연결되고 활성화되느냐에 따라 외부세계에 대한 감각, 사실을 종합하는 인식, 추상적 사고, 감정과 마음까지도 결정한다는 감각(시각, 청각 등) 구현이 목표가 된다. 즉, 무엇을 해결할 지 보다 어떻게(How) 해결하는 지가 중요하며, 3차 부흥기에 시도되고 있다. 그러나 실제 인간의 뇌는 위 두 기능을 모두 수행하는데, 생물학적 뉴론 중에 개념 뉴론은 신경망 안에 구현된 일종의 기호라고 볼 수 있다[유신 2014].

인간의 지능과 인공지능을 비교한 '모라벡의 역설(Paradox)'이 있는데, 인공지능 컴퓨터에게 체스 경기와 '사람처럼 걷기' 두 가지 임무 중 어느 것이 더 어려울까? 사람에게는 체스가 더 어렵게 느껴지나, 인공지능에게는 사람처럼 걷는 것이 더 어렵다. 그 이유는 체스 경기처럼 고도의 추상적, 논리적 작업은 상대적으로 얼마 안 되는 계산량으로 수행이 가능하나, 걷기처럼 운동 능력이나 감각 능력을 사용하는 작업의 계산량은 엄청나게 많기 때문이다.

결론적으로 인공지능을 목적에 따른 분류(가로축 - 약 인공지능, 강 인공지능 / 슈퍼 인공지능)와 방법론에 따른 분류(세로축 - 계산 모델, 연결 모델)로 나누고 이 위에 그동안 개발되어온 인공지능 시스템을 위치시키면 [그림 1.9]와 같이 나타낼 수 있다.

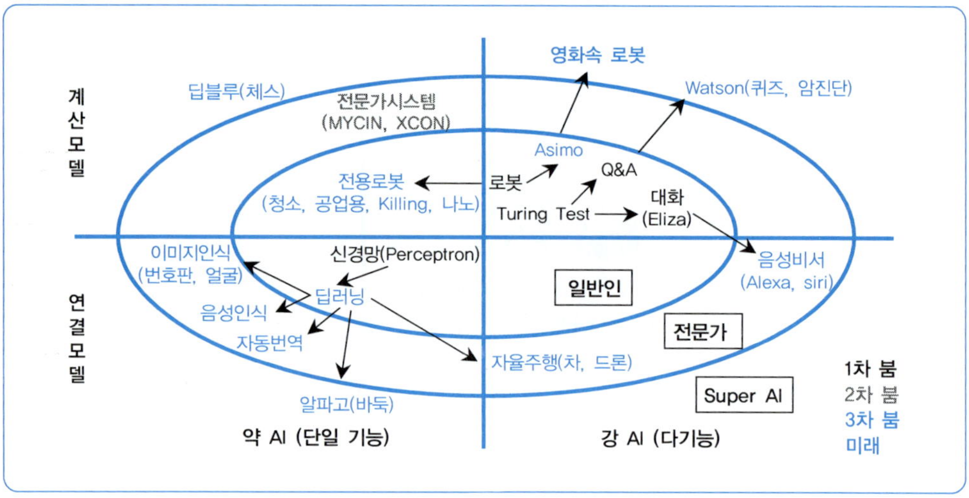

그림 1.9 인공지능의 역사와 현황 분포

여기서 그림의 가운데 작은 타원은 일반인 수준의 지능을 나타내며, 큰 타원은 전문가 수준을, 큰 타원 밖은 인간을 넘어서는 Super AI를 나타낸다. 오른쪽 상단은 강 AI-계산모델로 규칙기반의 다기능 AI 응용인 대화 시스템, 범용 로봇 등이 해당되며 AI 1차 붐부터 많이 시도되다가 최근에 왓슨이 전문가 수준을 넘어서는 단계에 와 있다. 왼쪽 상단은 약 AI-계산모델로 규칙기반 단일 기능 AI 응용인 전문가 시스템, 전용 로봇, 딥블루(체스)등이 해당되며, AI 2차 붐에 주로 시도되었다. 왼쪽 하단은 약 AI-연결모델로 신경망과 딥러닝을 이용한 단일 AI 응용인 이미지/음성 인식, 자동번역, 알파고(바둑)등이 해당되며, 오른쪽 하단은 강 AI-연결모델로 이미지/음성 인식을 결합한 자율주행차나 드론, 음성 비서 시스템등이 해당되는데 이들 모두 AI 3차 붐에 주류를 이루고 있다. 그림에서 알 수 있듯이, 현재 AI 수준은 부분적으로 사람의 지능을 넘어서는 단계에 있으며, 향후에는 연결모델과 계산모델을 융합한 Super AI인 영화속의 로봇처럼 인간을 능가하는 수준에 도달할 것이다.

연습문제

1 다음 용어를 설명하시오.

1) 튜링 테스트　2) 특이점(Singularity)　3) 일라이저(Eliza) 효과

4) 모라벡의 역설　5) 중국인의 방　6) 딥러닝

2 자료, 정보, 지식, 지능을 비교 설명하시오.

3 지능이란 무엇인지 팀을 이루어 토론하시오.

4 인공지능에 대한 개인적 정의를 말하시오.

5 인공지능 시스템과 일반 컴퓨터 시스템과의 차이점을 세 가지 이상 설명하시오.

6 인공지능과 자연지능의 차이점을 설명하시오.

7 인공지능 응용분야를 세 가지 이상 설명하시오.

8 인공지능의 새로운 응용가능 분야를 찾아보시오.

9 우리주위에 인공지능 기법이 응용되고 있는지 현장이 있는지 찾아보시오.

10 인공지능을 목적(가로축)과 방법론(세로축)으로 분류한 [그림 1.9] 위에 앞 9번의 시스템을 위치시키고 그 이유를 설명하시오.

02 지식표현

본 장에서는 인공지능 시스템이 주로 사용하는 지식을 컴퓨터에서 효과적으로 사용하기 위해 필요한 지식표현 기법에 관련된 내용을 기술한다. 여러 가지 지식표현 기법 중 효율적인 시스템 개발을 위해서는 해결해야 할 문제의 종류에 따라 어떤 지식표현 기법을 사용할 것인가를 결정하여야 한다. 이를 위하여 지식표현의 필요성, 여러 가지 지식표현 기법들 그리고 지식표현에 관련된 주의사항 등을 살펴본다.

2.1. 형식적 지식표현의 필요성

실세계의 문제를 컴퓨터를 사용하여 지능적으로 해결하기 위해서는 많은 양의 지식을 필요로 한다. 이러한 지식을 어떻게 효율적으로 표현하고 활용할 것인가 하는 것은 인공지능에서 다루는 중요한 연구 분야 중의 하나이다. 컴퓨터가 지식을 이용하기 위해서는 필요한 지식이 컴퓨터가 효율적으로 이해할 수 있는 형식언어(Formal Language)로 기술되어야 한다. 이처럼 지식을 컴퓨터에 표현하는데 사용되는 형식언어를 지식표현언어(Knowledge Representation Language)라고 하고 지식표현언어를 이용하여 지식베이스(Knowledge Base)를 만든다. 지식베이스는 최종적으로 C, Java, 파스칼 같은 일반 프로그래밍 언어로 구현될 수 있겠지만 지식표현언어를 사용하면 이러한 작업들을 쉽게 할 수 있다. 다음은 지식베이스에 대한 하나의 정의이다.

지식베이스는 실세계 문제영역내의 객체나 관계를 프로그램내의 계산에서 사용하는 객체나 관계들로 매핑 시키는 것이다[Bobrow75].

좋은 지식표현언어는 지식베이스의 구축을 용이하게 하지만 부적절한 지식표현 언어를 사용하는 경우에는 지식베이스의 구축이 어렵다. 예를 들어 술어논리는 자동추론에는 효율적이지만 시각 시스템(Vision System)을 위해서는 그렇지 못하다.

2.1.1 지식표현 방식

일반적으로 지식표현 방식들을 다음과 같이 네 가지 형태로 구분할 수 있다.

❶ 논리적 지식표현 방식 : 형식적인 논리식을 이용하여 지식베이스를 구축한다.

예 명제논리, 술어논리, Temporal Logic, Modal Logic 등

❷ 절차적 지식표현 방식 : 지식을 문제해결을 위해 필요한 명령어(Instruction)들의 집합으로 표현한다.

❸ 망 표현 방식 : 지식을 그래프 형태로 표현한다. 그래프 내의 노드는 객체나 개념을 나타내고 아크는 그들의 관계를 나타낸다.

예 의미망(Semantic Network)

❹ 구조적 지식표현 방식 : 망 표현 방식을 확장하여 노드들이 다양한 데이터구조를 갖을 수 있도록 한 것이다. 각 노드는 숫자처럼 단순 데이터이거나 다른 노드로 연결되는 포인터 또는 프로시듀어(Procedure) 일 수 있다.

예 프레임, 객체(Object)

2.1.2 지식표현시 고려 사항

다음은 지식표현시 고려하여야 할 몇 가지 사항을 기술한 것이다.

❶ 어떤 객체와 관계를 어떻게 정확히 표현할 것인지?

예 술어논리 표현에서 has-color(car1, red) 일 때 car2가 더 붉다(red)는 것을 어떻게 표현할 것인가?

❷ 메타지식은 어떻게 표현할 것인가?

메타지식은 지식에 관한 지식으로 지식표현 언어의 객체나 구조에 관한 지식이다.

예 A는 B가 C를 한국인이라고 알고 있는 것을 믿는다.

❸ 지식베이스 내에서 클래스의 계층구조를 어떻게 만들 것인가?

객체 끼리나 객체와 클래스, 클래스와 서브 클래스 또는 클래스간의 관계를 어떻게

표현할 것인가?

예 모든 새는 날 수 있다. 펭귄은 새다. 그러면 펭귄은 날 수 있나?

❹ 기본값과 예외는 어떻게 표현할 것인가?

예 모든 새가 날 수 있는 것은 아니다. 하지만 각각의 새를 모두 따로따로 표현하는 것 보다 전체를 하나로 '새는 날 수 있다'로 표현하고 펭귄처럼 예외인 경우만 특수 표시를 하는 것이 효율적일 것이다.

2.2. 지식표현 기법

본 절에서는 인공지능 분야에서 널리 사용되고 있는 몇 가지 지식표현 기법에 대하여 알아본다.

2.2.1 논리

지식표현 기법에는 여러 가지가 있는데, 예로부터 널리 사용되어온 것으로 논리가 있다. 기본적인 논리에는 명제논리와 술어논리가 있다. 명제논리는 참이나 거짓중 하나를 값으로 가질 수 있는 명제문장을 기반으로 추론을 수행할 수 있도록 하는 형식적 논리 체계이다.

명제논리는 간단하기는 하지만 명제문장의 내부가 어떻게 구성되어 있는지 알 수 없다. 예를 들어 '철수는 영희를 사랑한다'라는 문장을 명제논리에서는 P라는 단위기호(Atomic Symbol)로 표현할 수 있다. 따라서 P가 참인지 거짓인지만을 알 수 있을 뿐이고 P가 철수와 영희라는 구성요소를 포함하고 있는지는 알 수 없다. 그러므로 명제문장내의 개별요소는 분리하여 추출할 수 없다.

이러한 단점을 해결할 수 있는 논리가 술어논리이다. 술어논리에서는 문장내의 개별요소를 분리하여 추출할 수 있을 뿐만 아니라 변수를 사용할 수 있어 여러 개의 문장을 하나로 간결하게 표현할 수 있다. 예를 들어, X가 우리 반에 있는 30명의 학생을 나타낼 수 있는 변수라고 하면 '사랑하다(철수, X)' 라는 술어문장은 30개의 명제문장을 하나로 표현할 수 있는 것이다. 또한, 술어논리에서는 한정자(Quantifier)를 사용할 수 있다. 한정자에는 ∀로 표시하고 전체를 나타내는 전체한정자(Universal Quantifier)가 있고 ∃로 표시하고 존재를 나타내는 존재한정자(Existential Quantifier)가 있다. 이들은 문장내 변수들의 영역을 한정하는 역할을 한다. 논리에 대한 자세한 사항은 4장에서 다루기로 한다.

2.2.2 프레임

프레임은 Marvin Minsky가 발표한 지식표현(Knowledge Representation)의 한 방법이며 [Minsky74] 나중에 객체지향(Object Oriented) 개념으로 발전하였다. 프레임은 다음절에 설명할 의미망과 유사한 배치 구조를 가진다. 다음은 [이재규 96]에 나오는 프레임에 대한 설명이다.

> "프레임은 영화의 한 장면을 기억할 때, 우리는 정보들을 보다 구조화하여 하나의 틀을 만들어 기억하게 된다. 예를 들어 영화의 어떤 장면 중 주인공이 어느 집 앞에 있는 장면이 있다고 하자. 이때 집의 크기, 창문의 위치, 배경하늘, 정원의 형태, 배경음악 등을 하나의 틀로서 기억한다. 그리고 집안으로 들어가는 장면에서 현관의 크기, 초인종의 소리 등이 떠오르고 다시 주인공이 안으로 들어갔을 때 거실의 탁자, 벽걸이 장식, 마루 등의 모습이 한 화면으로 연상된다. 이렇듯 영화의 한 장면처럼 프레임이란 '어떤 대상, 객체에 대한 여러 개의 상황정보들을 하나의 구조화된 틀로서 표현할 수 있는 자료구조'이다." [이재규1996]

프레임은 레코드와 같은 정적인 자료구조로 볼 수 있다. 프레임은 특정 객체나 개념에 대한 모든 정보를 표시할 수 있다. 각 프레임은(Slot, Filler) 쌍으로 구성되어 있다. 다음은 자동차에 대한 프레임의 한 예이다.

내 자동차	
제작사	현대
수용인원	5
색상	검정색
바퀴 수	4

그림 2.1 내 자동차 프레임

위의 프레임은 프레임 이름이 '내 자동차'이고 Slot으로 제작사, 수용인원, 색상, 바퀴 수 등을 가지고 있고 각각의 Slot에 대한 Filler(값)로 현대, 5, 검정색, 4 등을 가지고 있다. 또 다른 프레임으로 '철수의 자동차' 프레임을 만들어 보면 [그림 2.2]와 같다.

2

철수의 자동차	
제작사	삼성
수용인원	7
색상	초록색
바퀴 수	4

그림 2.2 철수의 자동차 프레임

프레임이 여러 개 있을 때는 프레임간의 관계를 설정할 수 있다. 한 예로 의미망에서 사용하는 상속관계를 나타내고자 하면 [그림 2.3]과 같이 프레임 내에 유형 Slot을 추가한다.

내 자동차	
유형	승용차
제작사	현대
수용인원	5
색상	검정색
바퀴 수	4

철수의 자동차	
유형	승용차
제작사	삼성
수용인원	7
색상	초록색
바퀴 수	4

그림 2.3 유형 Slot이 추가된 프레임

이처럼 '내 자동차'와 '철수의 자동차' 프레임에 유형 Slot을 추가하고 동일한 '승용차'를 그 Slot의 값으로 가지면 두 개의 프레임(i.e., '내 자동차' 프레임과 '철수의 자동차' 프레임)은 '승용차'라는 상위 프레임에 저장된 공통된 정보를 상속 받을 수 있다. 예를 들어 승용차는 대부분 바퀴 수가 4 이다. 따라서 '바퀴 수'와 같은 정보는 각각의 개별 프레임에 저장할 것이 아니라 '승용차'라는 상위 프레임에 한 번만 저장하고 그 밑에 있는 '내 자동차' 프레임과 '철수의 자동차' 프레임 등에서는 '바퀴 수'라는 Slot 없이 프레임을 만든다. 이때의 프레임 구조와 프레임간의 관계는 다음과 같다.

그리고 '철수의 자동차' 프레임을 사용하는 도중에 '바퀴 수'에 관한 정보가 필요하면 '유형' Slot의 값이 '승용차' 임으로 '승용차' 프레임으로 가서 '바퀴 수'에 관한 정보를 얻을 수 있다. 이처럼 자신의 프레임에 없는 정보를 상위 프레임에서 가져오는 것을 상속(Inheritance)이라 한다.

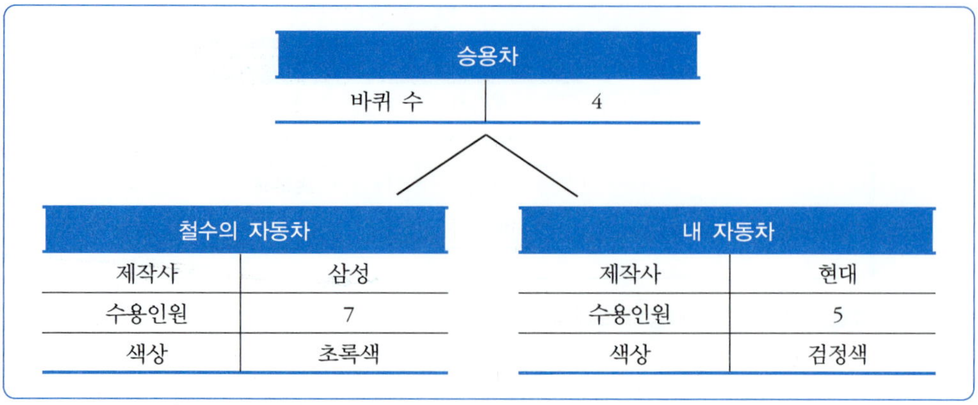

그림 2.4 프레임간의 관계

상속은 개체지향 개념의 중요한 속성 중의 하나이기도 하며, 꼭 하나의 상위 프레임에서만 받을 수 있는 것은 아니다. 따라서 어떤 프레임의 상위 프레임이 하나 이상 있을 수 있는데 이러한 경우에는 다중상속이 가능하다. 다중상속이 가능한 경우에는 충돌이 발생할 수 있다. 이때 상위 프레임에 우선순위를 정하여 놓는 것이 충돌회피의 한 가지 방법이다.

2.2.3 의미망

의미망(Semantic Network)은 1960년대에 영어 단어의 의미를 표현하기 위하여 개발되었고 요즘에는 일반적 지식 표현에도 많이 사용되고 있다. 의미망은 의미 정보의 표현을 위해 각종 개념과 그 사이의 관계를 각각 노드와 아크의 레이블로 나타낸 네트워크로 다음 [그림 2.5]에서 보는 바와 같이 그래프 형태로 지식을 표현한다.

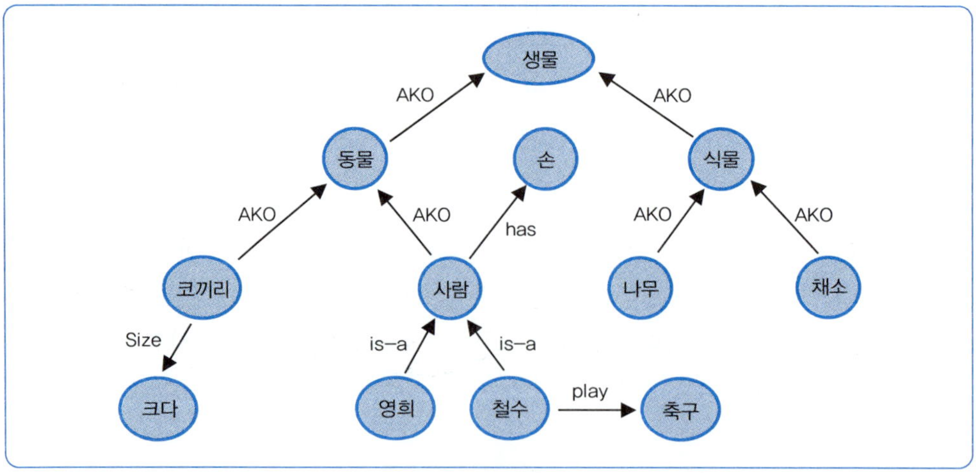

그림 2.5 간단한 의미망

그래프 내의 노드는 개념을 나타내고 화살표로 표현된 아크는 개념간의 관계를 나타낸다. 위의 의미망에는 '크기가 큰 동물은 코끼리이다', '사람은 손을 가지고 있다', '철수와 코끼리는 모두 동물이다', '나무는 식물이다' 등의 사실이 표현되어 있음을 알 수 있다.

여기에서 한 가지 주목 할 것은 노드들이 클래스(Class)와 서브 클래스(Subclass)인 AKO(A Kind Of)관계를 가질 수 있다는 것이다. 즉, 사람은 동물의 서브 클래스가 되며 영희와 철수는 사람이라는 클래스에 속한 인스턴스(Instance), is-a 관계이다. 즉 클래스에는 공통된 특성을 갖는 여러 개의 객체가 존재하고 더 이상 구분되지 않는 개별 객체(Induvidual object)는 인스턴스라 한다. 따라서 하나의 의미망에서 자신의 노드 밑에 딸린 노드가 없으면 그 노드는 인스턴스라 할 수 있고 자신의 노드 밑에 딸린 노드가 있으면 클래스가 된다.

이러한 관계를 이용하여 '철수는 손을 가지고 있다'라는 사실이 위의 의미망에 직접 표현되지 않았더라도 상속(Inheritance)에 의해 '철수는 사람이고 사람은 손을 가지고 있으므로 철수는 손을 가지고 있다'라는 사실을 위의 의미망에서는 추론해 낼 수 있다.

이처럼 의미망은 노드와 노드간의 관계를 잘 표현할 수 있고 지식이 어떻게 조직 되어 있는지를 그래프 형태로 보여주어 사람이 쉽게 알아 볼 수 있다. 하지만 각 노드나 관계가 무엇을 의미하는지 명확히 밝힐 수 있는 의미체계(Semantics)가 부족하다. 예를 들어 위의 의미망에 있는 노드 중에 '사람'이라는 것이 무엇을 의미하는지 또는 'is-a'가 무엇을 의미하는지 등을 정확히 정의하여야 한다는 것이다. 하나의 간단한 방법은 집합론(Set Theory)을 이용하여 '사람은 영희와 철수를 포함하는 것이다'라고 해석할 수 있다. 그러나 아주 정교하고 복잡한 추론을 요구하는 지식표현에는 적당하지 않을 수도 있다. 하지만 어떤 문제들에 있어서는 아주 효과적인 지식표현 방법이 될 수 있다.

각 노드나 관계가 무엇을 의미하는지 명확히 밝힐 수 있는 의미체계(Semantics)가 잘 갖추어진 일종의 의미망이 개념그래프(Conceptual Graph)이다. 개념그래프는 다음 절에서 설명한다.

2.2.4 개념그래프

개념그래프(Conceptual Graph)는 1984년 Sowa의 생각들이 책으로 정리되어 나오면서 활발하게 연구가 진행된 일종의 의미망(Semantic Network)이다. 개념그래프는 노드들이 아크로 연결된 유한이분그래프로 표현되며 여기에는 두 가지 형태의 노드가 있는데, 개념(Concept)을 표현하는 개념노드(Concept Node)와 개념노드 간의 관계(Relation)를 표현하는 관계노드(Relation Node)가 그들이다.

개념노드는 그래프 상에서 사각형으로 표시되며, 관계노드는 원으로 표시된다. 하나의 개념노드는 그 자체만으로 개념그래프를 형성하지만[그림 2.6], 관계노드는 그 자체만으로 개념그래프가 될 수 없다[그림 2.7]. 따라서 개념그래프 안에 있는 모든 관계노드는 개념노드와 연결되어 있는데 이 때 연결을 위하여 방향성을 갖는 아크(화살표)를 사용하며[그림 2.8], 개념노드와 관계노드 사이에서만 존재가 가능하다.

```
[PERSON:John]
```

그림 2.6

```
[PERSON:John]
```

그림 2.7

```
[EAT]→(AGNT)→[PERSON:John]
```

그림 2.8

따라서, 같은 종류의 노드끼리 아크를 이용하여 연결되면 개념그래프가 아니다[그림 2.9].

```
[EAT]→[PERSON:John] 또는 (AGNT)→(OBJ)
```

그림 2.9

개념그래프는 세 가지 서로 다른 형태로 표현될 수 있다. 그래프 형태로 표현되는 Display Form(DF), [그림 2.9]처럼 표현하는 선형표현(Linear Form : LF) 그리고 다른 언어와의 호환성을 염두에 둔 Conceptual Graph Interchange Format(CGIF)이 이들 세 가지 표현법이다. DF나 LF는 사람과 사람 또는 사람과 기계간의 의사전달을 위하여 설계되었다. 기계간의 정보교환을 위해서는 구문구조가 더욱 간단한 CGIF가 사용된다.

다음은 문장 'Tom is going to Seoul by bus'를 디스플레이 표현(DF)으로 표현한 것이다.

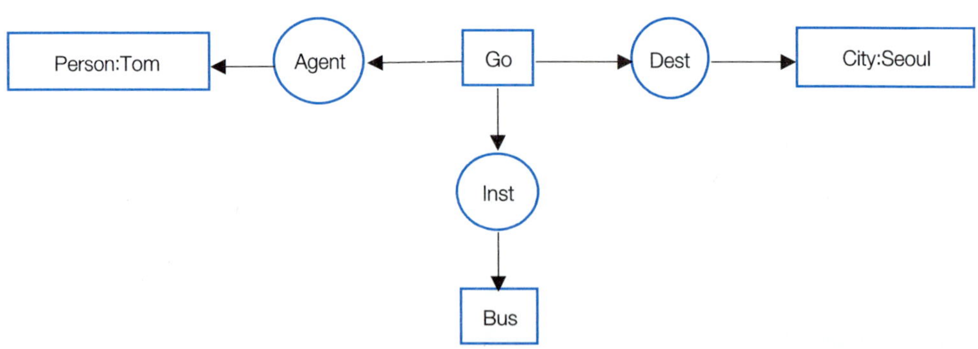

다음은 같은 개념그래프를 선형표현으로 표현한 것이다. 선형표현은 사람이 읽기 쉽고

타이핑하기 쉽도록 설계되었다.

```
[Go]-
        (Agnt)->[Person:Tom]
        (Dest)->[City: Seoul]
        (Inst)->[Bus].
```

[Go] 다음에 보이는 하이픈은 [Go]에서 나오는 아크가 다음에 오는 모든 관계노드에 연결됨을 나타낸다. 다음은 같은 개념그래프를 CGIF로 표현한 것이다.

```
[Go *x] (Agnt ?x [Person: Tom]) (Dest ?x [City : Seoul]) (Inst ?x [Bus])

or  (Agnt [Go] [Person: Tom]) (Dest [Go] [City : Seoul]) (Inst [Go] [Bus])
```

CGIF 표기법은 시스템간에 정보교환을 쉽게 할 수 있는 표현이다.

추상적 또는 사실적 실체(속성, 상태, 사건, 실체 등)를 나타내는 개념노드(Concept Node)는 그래프 상에서 사각형으로 표현되는데, 표기의 간결성을 위하여 그래프를 선형표현(Linear Form)으로 표현할 때는 대괄호 '[ ]'를 사용한다. 하나의 개념노드는 콜론 ':'에 의하여 두 부분으로 나눠지는데 이때 콜론의 왼쪽 부분은 그 개념노드의 유형(Type)을 나타내고, 콜론의 오른쪽 부분에는 그 노드에 제약을 가하는 정보가 들어간다. 여기에서는 이 두 부분을 유형지대와 참고지대로 부르기로 한다(Sowa는 이 두 부분을 type field와 referent field라 불렀다).

예를 들어, [PERSON : John]이라는 개념노드는 유형이 PERSON이며 PERSON 중에서도 John이라는 개인을 나타낸다. 개념노드의 유형들은 계층적으로 조직되는데 이를 유형계층(Type Hierarchy)이라한다. 하나의 유형계층에는 그 유형계층을 사용하는 시스템이 다루는 도메인(Domain) 내의 모든 개념들의 유형이 속해 있다. 참고지대(Referent Field)는 여러 형태로 제약을 가하는 정보를 수록하는데 [그림 2.10]에 그 예가 있다.

[그림 2.10]에서 (1)은 일반적인 사람을 나타내며 [PERSON : *]와 같은 뜻이며 이 때 '*'는 총칭적 표시자(generic marker)이다. (2)는 개체표시자(individual marker)로 # 기호 다음에 숫자를 사용하였다. (8)처럼 '#' 기호 다음에 숫자가 없으면 한정지시자(definite reference)로 쓰인 것이다. (4)는 양화사, (5)는 집합표시, (6)은 총칭적 복수표시자(generic plural markers)로 쓰였다.

No	개념노드	의 미
(1)	[PERSON]	사람
(2)	[PERSON : #123]	사람 #123(특정 개인)
(3)	[PERSON : John]	John이라는 이름의 사람
(4)	[PERSON : @1]	한 사람
(5)	[PERSON : Tom, John]	Tom과 John이라는 사람
(6)	[PERSON : *]	사람들
(7)	[PERSON : ?]	어느 사람
(8)	[PERSON : #]	그 사람

그림 2.10 개념노드의 보기

개념노드 간의 관계를 말해 주는 관계노드(relation node)는 그래프 상에서 원으로 표시되며, 선형표현에서는 소괄호 '( )'를 쓴다. 개념노드와는 달리 관계노드에는 참고지대(Referent Field)가 없고 유형지대(Type Field)만 있다. 대부분의 관계노드는 두 개의 개념노드 간의 관계를 정의하는 이원(Binary)관계를 나타내지만 때로는 일원(Unary) 또는 다원의 관계를 나타내기도 한다. 다음 개념그래프는 '철수가 그 공을 찼다'를 나타내는데

```
(PAST)→[[PERSON : 철수]←(AGNT)←[차다]→(OBJ)→[공 : #]]
```

이때 (PAST)는 일원관계를 나타내는 관계노드이고 그 밖의 관계노드 (AGNT), (OBJ) 등은 이원관계를 나타낸다. 이때 각 관계노드들은 화살표를 이용하여 관련된 개념노드에 연결되는데 화살표 방향에 따라 같은 개념노드와 관계노드가 있는 그래프라도 서로 다른 의미를 갖는다.

```
(가) [HIT]→(OBJ)→[BALL : #]
(나) [HIT]←(OBJ)←[BALL : #]
```

그래프 (가)는 [HIT]의 object가 [Ball : #]이라는 의미이고 그래프 (나)는 [BALL : #]의 object가 [HIT]라는 표현이다.

관계노드는 관계유형에 따라 세 종류로 나눌 수 있는데, 원시적 관계(Primitive Relation), 초기 집합(Start Set), 정의된 관계(Defined Relation) 등이 그들이다. 원시적 관계에는 LINK라는 유일한 관계노드가 있는데 원시적 관계노드만을 사용하면 'Mary hitting a ball'은

```
[PERSON : Mary]←(LINK)←[PATIENT]→(LINK)→[BALL]
```

로 표현되며 초기 집합에 (AGNT), (PTNT) 등이 있어서 이들을 사용하면

```
[PERSON : Mary]←(AGNT)←[HIT]→(PTNT)→[BALL]
```

로 표현되며, (HITTING)이라는 관계유형을 사용자가 정의하여 사용하면

```
[PERSON : Mary]←(HITTING)→[BALL]
```

로 표시할 수 있다.

여기에서 보듯이 같은 문장도 어떤 관계유형을 사용하였느냐에 따라서 개념그래프가 다르게 표현된다. 원시적 관계유형 'LINK'만을 사용할 경우에는 개념그래프 내의 모든 관계노드는 'LINK'만으로 이루어지며 관계노드의 특성이 개념노드에 의해 표현되어야 하므로 그래프가 가장 크게 나타나며, 초기 집합에 'LINK' 이외의 여러 관계유형을 미리 설정해 놓으면 그만큼 다양한 관계를 쉽게 표현할 수 있다. 하지만, 너무 많은 관계유형을 만들어 놓으면 문장을 개념그래프에 사상 시킬 때 그만큼 더 복잡한 처리 과정을 필요로 한다. 따라서 적당한 수의 관계유형을 설정하면 시스템의 효율을 높일 수 있다. 2.1절에서 보았듯이 개념유형 뿐만 아니라 관계유형도 정의하여 사용할 수 있다. 초기 집합에 없는 관계유형이 필요할 때에는 필요한 관계유형을 정의하여 사용하면 된다. 관계유형의 정의도 개념유형의 정의와 같은 형식으로 이루어진다. 예를 들어 과거 시제를 나타내는 'PAST'라는 관계유형의 정의는 다음과 같다.

```
relation PAST(X) is
        [SITUATION:*X]→(PTIM)→[TIME]→(SUCC)→[TIME: NOW].
```

많은 인공지능 시스템들이 지식을 사용하는데 지식의 양이 방대할 때에는 이를 체계적으로 표현하기 위하여 응용분야에서 필요한 개념들의 계층(ontology)을 구성할 필요가 있다. 개념그래프에서는 이를 유형계층(Type Hierarchy)이라고 하는데 개념노드와 관계노드를 위한 별개의 유형계층이 필요하다. 유형은 사물의 집합이 아니라 사고의 추상적인 영역구분에 의하여 정의된다. 함수는 유형을 사물의 집합으로 바꾸어 준다. 예를 들어 'DOG'가 개를 나타내는 유형이면 'DOG'는 이 세상에 존재하는 모든 개의 집합을 나타낸다. 따라서 UNICORN처럼 유형은 존재하나 그에 대응되는 사물의 집합은 없을 수 있다.

유형계층은 유형집합 내 유형들 간의 반순서(Partial Order)관계로 정의된다. 유형계층은

임의의 두 유형 간에 직접 공통적인 상위유형(Super Type)과 하위유형(Sub Type)을 갖을 때 트리(Tree)가 아닌 속(Lattice) 형태를 갖는데 이는 두 개의 특수한 유형, 즉 '⊤'(Universal Type)와 '⊥' (Absurb Type)을 포함한다. '⊤'는 다른 모든 유형의 상위유형으로 [⊤ : *]로 표시할 수 있고, 참고지대(Referent Field)에 아무런 제약도 없으며 단지 무언가 존재한다는 뜻을 가지고 있다. '⊥'는 다른 모든 유형의 하위유형을 나타낸다.

개념그래프는 개념노드들이 관계노드들에 의해 서로 연결됨으로써 형성되는데 임의의 개념노드와 관계노드들이 아무런 제약 없이 연결될 수 있다면 의미 없는 개념그래프가 생성될 수 있다. 예를 들어 촘스키(Chomsky)가 선보인 문장 'Colorless green ideas sleep furiously'을 개념그래프로 표현하면

```
[SLEEP]→(AGNT)→[IDEA]→(COLOR)→[GREEN]
```

이 된다. 위 문장이나 개념그래프는 구문 상으로는 아무 이상이 없다. 하지만 실제 상황이나 우리의 상식에 비추어 옳지 않은 것이다. 따라서 문장은 구문 규칙뿐만 아니라 단어들의 의미도 고려하여 생성되어야 함을 알 수 있다. 이를 위하여 Katz와 Fodor는 단어들에 선택제약을 부과하는 의미론을 개발하였고 이는 Fillmore의 격문법(Case Grammer)과 Wilks의 선호의미론(Preference Semantics)으로 발전하였다.

각 개념노드에 선택제약을 부과하여 생성된 개념그래프를 규범그래프(Canonical graph)라 한다. 규범그래프는 각 개념을 정의할 때 기본적으로 주어진 규범그래프가 있고 새로운 규범그래프는 규범그래프 형성 규칙(Canonical Formation Rule)에 의해 생성될 수 있다. 다음은 GIVE라는 개념에 해당하는 규범그래프이다.

```
[GIVE] -
         (AGNT)→[ANIMATE]
         (RCPT)→[ANIMATE]
         (OBJ)→[ENTITY].
```

Sowa는 다음 네 가지의 규범그래프 형성규칙을 설정하였다. 다음 각 규칙에 의하여 u와 v라는 규범그래프가 있을 때 규범그래프 형성규칙에 의해 w라는 규범그래프가 도출될 수 있다.

❶ 복사(Copy) : w는 v와 똑같은 개념그래프이다.

❷ 제한(Restrict) : u안에 있는 개념노드의 유형을 하위유형으로 대치하거나 참고지대

(Referent Field)에 총칭적표시자(Generic Marker)가 있을 때 이를 개체표시자(Individual Marker)로 대치한다. 이때 개체표시자는 그 개념노드의 유형에 속할 수 있는 것이어야 한다.

❸ 결합(Join) : u에 있는 개념노드 c와 v에 있는 개념노드 d가 같을 때 d를 제거하고 d에 붙어 있던 모든 관계노드를 c에 붙여서 w를 생성한다.

❹ 단순화(Simplify) : 하나의 개념그래프 상에 관계노드가 복사되어 있다면 이는 그 관계노드에 붙어 있는 아크와 함께 제거한다.

여기서 제한은 각개의 개념노드에 적용시켜 더욱 세부적인 정보를 표현하도록 하며 세부화(Specialization)라고도 한다. 어떤 개념그래프 u가 v로부터 규범그래프 생성규칙에 의해 생성됐다면, u는 v로부터 세부화된 개념그래프라고 말하고 그 관계는 u ≤ v로 표시한다. 이때 v는 u의 일반화(Generalization)된 개념그래프이다. 예를 들면

```
[PERSON : Mary]←(AGNT)←[HIT]→(PTNT)→[BALL]는

          [PERSON]←(AGNT)←[HIT]→(PTNT)→[ENTITY]
```

보다는 세분화된 개념그래프이다.

추상화(Abstraction)란 프로그래밍 언어에서 쓰이는 프로시듀어(Procedure)나 매크로(Macro)처럼 복잡한 내용을 간단한 이름으로 대치하여 사용할 수 있도록 하는 기법이다. 추상화를 위해서 라므다 수식(Lambda Expression)을 사용하는데, 이는 형식 매개변수(Formal Parameter)를 잘 이용할 수 있기 때문이다. 라므다 표현 a1,···,anU는 개념그래프 U를 몸체(Body)로 그리고 총칭적 개념(Generic Concept) a1,···,an을 형식 매개변수로 갖는다. SMALL-PERSON이라는 새로운 유형을 PERSON의 하위유형으로 정의하면

```
SMALL-PERSON = (X)  [PERSON : *X]→(SIZE)→[SMALL]
```

라고 정의되고 개념그래프 [PERSON : John] → (SIZE) → [SMALL]은 [SMALL-PERSON : John]으로 줄여 쓸 수 있으며 이러한 현상을 유형축소(Type Contraction)라고 한다. 이렇게 축소된 그래프는 다시 확장(Expansion)될 수 있는데 원래의 그래프가 아닌

```
[SMALL-PERSON : John]→(SIZE)→[SMALL]
```

로 확장된다. 이러한 축소와 확장은 개념유형 뿐 만 아니라 관계유형에도 적용된다.

집합화(Aggregation)는 [그림 2.6]에서 보듯이 여러 객체를 하나의 참고지대에 함께 표시할 수 있게 하는 기법이다. 예를 들어 'Mary와 John이 공을 찬다.'라는 문장은

```
[PERSON : Mary]←(AGNT)←[KICK]→(OBJ)→[BALL]
                                 |
[PERSON : John]←(AGNT) ←---------┘
```

로 표현되는데, 이 때 [PERSON : Mary]와 [PERSON : John]을 하나의 개념노드 [PERSON : Mary, John]으로 표현하는 것을 집합화라 하고 주어진 개념그래프는

```
[PERSON : Mary, John]←(AGNT)←[KICK]→(OBJ)→[BALL]
```

로 변형될 수 있다.

개념그래프가 하나의 논리표현이므로 다른 논리표현으로의 변환이 꼭 필요한 것은 아니다. 하지만 상호변환이 가능하면 한 곳에서 발전된 이론을 서로 공유할 수 있고 하나의 표현을 기반으로 개발된 소프트웨어를 다른 표현을 위해서도 사용할 수 있게 된다. 다음은 개념그래프가 술어논리(Predicate Calculus)로 변환되는 예를 보인 것이다.

예를 들어 '원숭이가 바나나를 먹고 있다'는 문장은 개념그래프 u로 표현될 수 있다.

```
u = [MONKEY]←(AGNT)←[EAT]→(OBJ)→[BANANA : #123]
```

이를 함수 Φ를 이용하여 술어논리로 바꾸면

```
Φu = ∃X∃Y(MONKEY(X) ∧ AGNT(Y, X) ∧ EAT(Y) ∧ OBJ(Y,#123) ∧ BANANA(#123))
```

이 된다. 함수 Φ는 [Sowa84]에 정의되어 있다. 이때 개념그래프에서 [BANANA:#123]와 같은 개체표시자를 갖는 개별개념(Individual Concept)은 술어논리에서 상수로, 그리고 [MONKEY]와 같은 일반개념(Generic Concept)은 변수로 변환된다. 또한 (AGNT)와 같은 관계노드는 그 유형(Type)과 같은 이름을 갖는 술어(Predicate)로 변환된다.

개념그래프가 술어논리보다 표현력이 크므로 Sowa가 정의한 개념그래프 변환 함수는

술어논리로 표현 가능한 개념그래프만을 변환할 수 있다. 자연어는 개념그래프로 변환이 가능하지만 개념그래프로 표현된 모든 것을 술어논리로 표현하기는 쉽지 않다. 따라서 자연어의 의미를 술어논리로 표현하는 것은 자연스럽지 못하다.

지금까지 개념그래프의 중요내용을 살펴보았는데 이밖에도 배경지식(Background Knowledge)의 표현을 위해 쓰이는 스키마(Schema)와 계산이나 문제해결을 위해 쉽게 사용될 수 있는 활동자(Actor)등이 있다. 이들에 대한 설명은 여기서는 생략하기로 한다.

2.2.5 삼차원 개념그래프

[그림 2.7]의 개념그래프는 개념노드와 관계노드가 이차원 형태로 배열되어 있으나 삼차원 개념그래프는 [그림 2.8]에서 보는 바와 같이 삼차원 형태 이다. 이는 삼차원 개념그래프에 있는 개념스택 때문이다.

정의 2.1

개념스택

개념스택은 복수개의 개념을 한 곳에 표현 할 수 있는 삼차원 개념그래프상의 노드이다.

정의 2.2

삼차원 개념그래프

삼차원 개념그래프는 개념(Concept)을 표현하는 개념스택(Concept Stack)과 개념스택 간의 관계(Relation)를 표현하는 관계노드(Relation Node)들이 아크로 연결된 유한 이분 그래프이다.

[그림 2.11]은 '지식표현을 위한 삼차원 개념그래프'라는 문장의 의미를 표현한 개념그래프 이다.

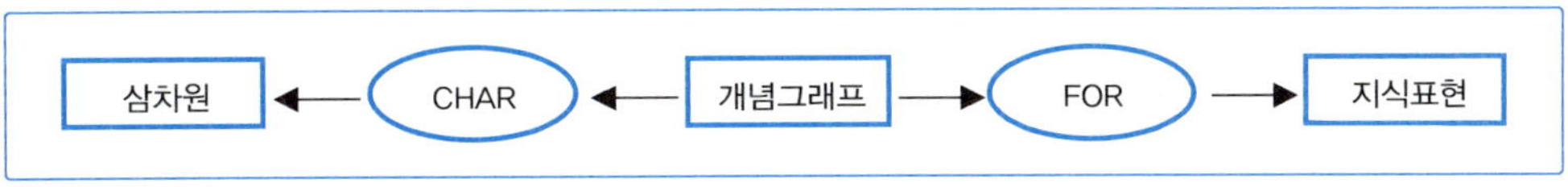

그림 2.11 하나의 개념그래프

[그림 2.12]는 같은 문장의 의미를 삼차원 개념그래프로 표현한 것이다.

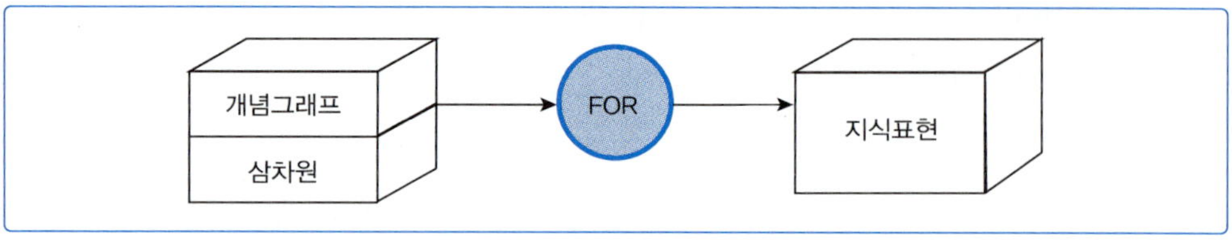

그림 2.12 하나의 삼차원 개념그래프

[삼차원]과 [개념그래프]라는 두 개의 개념노드가 삼차원 개념그래프 에서는 하나의 개념스택으로 표현되었다. 삼차원 개념그래프를 위에서 보면 [삼차원]은 [개념그래프] 밑에 있어 보이지 않는다. 이는 [개념그래프]가 그 개념스택의 최상위 개념이기 때문이다. 따라서 두 그래프를 합성(JOIN)할 때는 개념스택의 최상위 개념간에 유형이 일치하여야 한다. 삼차원 개념그래프의 합성은 다음과 같이 정의할 수 있다.

정의 2.3

합성

삼차원 개념그래프 U 내의 임의의 개념스택 s와 삼차원 개념그래프 v 내의 개념스택 t의 최상위 개념이 같으면, t에서 최상위 개념을 지우고 나머지 개념들은 s에 포함(append)시킨다. 그리고 t에 연결되었던 모든 아크를 s에 연결한다.

정의 2.4

제한

삼차원 개념그래프 U 내의 임의의 개념스택 s의 최상위 개념의 유형은 그 유형의 하위 유형으로 대체될 수 있다. 또한 s가 총칭적표시자 이면 개별표시자로 바뀔 수 있다. 이때 개별표시자는 s의 유형에 속해야 한다.

합성과 제한(Restrict)을 제외한 나머지 규범그래프(Canonical Graph) 형성규칙, -복사(Copy), 단순화(Simplify)- 등도 동일한 방식으로 개선된다. [그림 2.10]과 [그림 2.11]에서 또 한 가지 관찰할 수 있는 것은 관계노드 수의 차이이다. 즉 [그림 2.10]에는 관계노드가 둘 있는데 [그림 2.11]에는 하나밖에 없다. 따라서 삼차원 개념그래프의 의미표현의 정확도가 떨어짐을 알 수 있다. 하지만 그래프처리에 있어서의 간결성은 매우 증가한다. 따라서 자연어 문장을 삼차원 개념그래프로 변환하는 과정은 개념그래프로 변환하는 과정보다 훨씬 단순화 될 수 있다. 이는 삼차원 개념그래프에는 [그림 2.10]에 있는 개념노드(CHAR)처럼 숨어 있는 관계를 찾아 표현할 필요가 없기 때문이다. [그림 2.10]에 있는 개념노드(CHAR)는 '삼차원 개념그래프'라는 곳에 숨어 있는 관계이다. [그림

2.11]에는 그런 숨어있는 관계가 표현되어 있지 않다. 오직 문장의 표층에 나타나 있는 정보를 이용하여 관계노드를 설정하였다. 삼차원 개념그래프에 대한 더욱 자세한 내용은 [Yang93]을 참고하기 바란다.

2.2.6 스크립트

스크립트(Script)는 특정 상황에서 일반적으로 일어나는 사건의 순서를 기록한다. 예를 들어, 식당에서는 '음식을 주문하고 음식을 먹은 다음 음식 값을 지불하고 나온다.' 하는 것처럼 어떤 상황에서(특별한 일이 없는 한) 대부분 순서대로 일어나는 일련의 사건을 스크립트에 쉽게 표현할 수 있다. 따라서 스크립트에 기록된 지식을 활용하면 어떤 상황에서 다음에 일어날 일을 쉽게 예측할 수 있다.

다음은 식당에서 일어나는 일련의 사건을 표현한 간단한 스크립트의 예이다.

```
스크립트 이름: 식당
종류(Track): 대중식당

관련된 사람(Roles): 손님, 웨이터, 주인
관련된 물건(Props): 계산대, 음식, 메뉴, 돈
전제조건(Entry Condition):
              - 손님은 배가 고프다.
              - 손님은 돈이 있다.

장면 1(Scene 1): 들어오기.
              - 손님이 식당에 들어 온다.
              - 빈자리에 앉는다.
장면 2(Scene 2): 주문하기.
              - 메뉴를 본다.
              - 웨이터에게 음식을 주문한다.
장면 3(Scene 3): 먹기.
              - 웨이터가 음식을 손님의 자리로 가져온다.
              - 음식을 먹는다.
장면 4(Scene 4): 나가기.
-             주인에게 음식값을 지불한다.
-             식당을 나간다.

결과(Results):
              - 손님은 배가 고프지 않다.
              - 손님의 돈이 줄었다.
```

그림 2.13 식당 스크립트의 예

앞의 예에서 보듯이 스크립트에는 어떤 상황에서 일어나는 일반적 사건이 순서대로 기록되어 있다. 따라서 스크립트를 이용하여 컴퓨터에 지식을 표현하여 놓으면 '손님은 누구에게 음식값을 지불하는가?' 또는 '손님은 음식을 먹기 전에 무엇을 하는가?' 등과 같은 질문에 쉽게 답 할 수 있다.

앞의 스크립트에서 사용된 구성요소로 종류(Track), 관련된 사람(Roles), 관련된 물건(Prrop), 전제조건(Entry Condition), 장면(Scene), 결과(Result)등이 있으며 이들을 좀 더 설명하면 다음과 같다.

- **종류**(Track)

  위의 스크립트는 식당 스크립트이며 식당에는 여러 종류(e.g., 페스트 푸드 식당, 양식당, 중식당 등)의 식당이 있는데 그중 어떤 식당인지를 나타낸다.

- **관련된 사람**(Roles)

  스크립트 설명에 필요한 사람들을 열거한다. 스크립트 장면에 직접 언급이 없어도 Roles에 포함돼 있으면 어떤 사람인지 추론할 수 있다.

- **관련된 물건**(Prop)

  스크립트 설명에 필요한 객체들을 열거한다. 스크립트 장면에 직접 언급이 없어도 Props에 포함돼 있으면 어떤 물건인지 추론할 수 있다.

- **전제조건**(Entry Condition)

  스크립트내의 장면이 시작되기 전에 만족해야 될 일반적인 조건들로 식당에 오는 사람들은 일반적으로 배가 고프고 음식 값을 가지고 오기 때문에 그 두 가지가 위의 스크립트에서 전제조건이 되었다.

- **장면**(Scene)

  실제로 어떤 상황(e.g., 식당, 은행 등)에서 일어나는 사건들을 일반적인 순서대로 기록한다.

- **결과**(Result)

  스크립트내의 장면들이 다 마무리되고 나서 일반적으로 만족하는 조건들이다.

2.2.7 규칙

규칙(Production Rule)은 조건과 행동을 IF-THEN 형태로 구성하여 지식을 표현한다. 즉, 어떤 조건이 만족하면 그에 따른 행동을 수행하도록 정의한 것이 규칙이다. 다음은 간단한 규칙의 예이다.

```
IF 신호등이 빨강색이면 THEN 멈춘다.
```

여기에서 IF 다음에 나오는 '신호등이 빨강색이면' 부분이 조건부(Condition, Premise or Antecedent) 이고 THEN 다음의 '멈춘다.' 부분이 행동(Action, Result or Consequence) 부분이다. 이렇게 구성된 여러 규칙들로 지식을 표현하여 지식베이스에 저장하여 놓고 현재 만족하는 조건이 무엇인지를 찾아 행동부분에서 새로운 사실을 얻어내어 문제해결에 활용하는 시스템을 규칙기반 시스템(Rule-Based System) 이라고 한다.

규칙은 형태가 간단하여 이해하기 쉽고 사용하기 간단하지만 지식베이스 내에 규칙이 많아지면 규칙 간에 충돌(Conflict)이 발생할 수 있다. 예를 들어 다음 세 개의 규칙은 서로 충돌 한다고 말할 수 있다.

```
· IF   새이면     THEN   날 수 있다.
· IF   펭귄이면   THEN   새이다.
· IF   펭귄이면   THEN   날 수 없다.
```

따라서 규칙기반 시스템을 만들 때는 이러한 규칙 간 충돌을 피할 수 있도록 시스템을 설계하여야 한다. 규칙 간 충돌을 피하기 위한 전략으로는 다음과 같은 것을 생각해 볼 수 있다.

- 저장된 규칙 중 가장 앞에 있는 규칙을 선택한다.
- 우선순위(priority)가 가장 높은 규칙을 선택한다. (각 규칙에 적당한 우선순위가 미리 부여되어 있어야함)
- 가장 세분화된 (즉, 가장 특수(specific)한 조건을 갖는) 규칙을 선택한다. (예를 들어 조건부에 논리곱요소(conjunct)가 가장 많은 규칙)
- 가장 새롭게 만들어진 규칙이나 이전에 수행되지 않았던 규칙을 선택한다.
- 무작위로 임의의 규칙을 선택한다.

규칙의 형태는 위에서처럼 조건과 행동이 하나의 규칙 내에 꼭 하나씩 만 있어야 하는 것은 아니다. 다음에서 보는 것처럼 하나의 규칙에 여러 개의 조건과 여러 개의 행동이 있을 수 있으며 조건들은 AND나 OR로 묶을 수 있다.

```
IF   월급이 100만 원 이상이다.  OR   저금이 1,000만 원 이상 있다.
THEN  신용카드를 발급해준다.  AND  은행 구좌를 열 수 있다.
```

시스템 내에서 사용하는 규칙은 위에서 보는 것처럼 사실을 설명하는 규칙인 지식규칙(Knowledge Rule)이 있고 추론이나 규칙에 대한 규칙(Inference Rule)으로 나눌 수 있다. 여기에서 말하는 Inference Rule은 메타규칙(Metarule) 이라고도 한다. 다음은 메타규칙의 한 예이다.

```
IF  하나이상의 규칙이 조건을 만족하면
THEN  새로운 사실을 추가하지 못하는 규칙은 실행하지 않는다.
```

앞에서 보는 것처럼 메타규칙은 어떤 문제를 해결하기 위해 필요한 지식을 표현한 것이 아니라 규칙을 어떻게 사용할 것인가 또는 규칙은 어떻게 구성되어야 하는가 등 간접지식을 표현한 것이라 할 수 있다.

규칙은 쉽게 이해할 수 있고 추론이나 설명(Explanation)기능을 쉽게 구현할 수 있다. 규칙을 이용한 추론 방법은 9장에 설명되어있다. 또한 규칙은 대부분 상호 독립성을 가지고 있어서 수정이나 추가 등 유지보수가 편하고 불확실성(Uncertainty)을 규칙에 쉽게 반영할 수 있다는 장점이 있다. 불확실성에 관한 설명은 5장에 있다. 한편, 실용적인 시스템이 되기 위해서는 많은 수의 규칙이 필요한데 이로 인해 규칙 찾기나 추론 등에 어려움이 있을 수 있다.

2.2.8 다중 지식표현

지식표현 능력의 향상을 위해 여러 가지 지식표현 기법을 동시에 사용하는 다중 지식표현(Multiple Knowledge Representation)을 사용하는 시스템이 많아지고 있다. 좋은 지식표현은 지식습득, 검색, 추론 등을 용이하게 할 수 있는 기법들을 제공하여야 한다. 이를 위하여 단일성(Uniformity), 자연스러움(Naturalness), 이해의 용이성(Understandability), 단위적 조합성(Modularity), 융통성(Flexibility), 그리고 휴리스틱 사용 능력을 포함한 지식검색의 효율성(Efficiency) 등 여러 가지 조건을 만족 하여야 한다. 하지만 어떤 단일의 지식표현 기법도 이러한 모든 조건을 동시에 만족 시키지는 못한다. 따라서 여러 가지 지식표현 기법을 함께 사용하면 지식 표현의 단일성은 떨어지더라도 각기법의 장점을 살려 지식베이스의 부분 부분을 구성하여 합하면 보다 나은 지식베이스를 만들 수 있다.

위에서 살펴본 여러 가지 지식표현 기법들 중에서 규칙과 프레임은 함께 사용할 때 그 효율을 향상 시킬 수 있는 하나의 좋은 예이다. 규칙은 객체나 용어 그리고 객체간의 고정된 관계 등을 표현하기에는 부적절 하지만 프레임은 이런 용도에 적합하다. 따라서 이 둘이 함께 사용되면 상호 보완적 효과를 얻을 수 있다. 실제로 KEE, Level5 Object, Nexpert Object 등과 같은 시스템에서는 이 둘을 함께 사용하였다.

연습문제

1 형식적 지식표현의 필요성을 설명하시오.

2 지식표현 방식을 네 가지 형태로 구분하여 설명하시오.

3 지식표현 시 고려하여야 할 사항에는 어떤 것들이 있는지 설명하시오.

4 지식표현 언어 두 가지를 선택하여 비교 설명하시오.

5 개념그래프와 삼차원 개념그래프의 차이점을 설명하시오.

6 개념그래프에서 유형계층의 필요성을 설명하시오.

7 규범그래프의 필요성을 설명하시오,

8 스크립트의 장점을 설명하시오.

9 규칙(Production Rule)의 장점을 설명하시오.

10 규칙을 사용하여 지식을 표현할 때 주의할 점에는 어떤 것이 있는지 설명하시오.

11 다음 정보를 이용하여 의미망을 구축하시오.

- 삐삐는 황새이다. 황새는 새이다. 새는 날개가 있고 날 수 있다.
- 황새는 희귀종이며 정부의 보호를 받는다.
- 삐삐는 철수의 집 마당에 있는 소나무에 집을 짓고 산다.

12 11번 문제에서 설명된 황새에 대하여 '황새 프레임'을 만드시오.

03 탐색

탐색(Search)은 인공지능 시스템이 문제해결을 위해서 흔히 사용하는 기법이다. 만약 우리가 문제 해결을 위해서 취해야 할 행동들이 무엇인지 알고 있지만 어떤 순서로 행동을 취해야 문제가 해결되는지 알지 못한다면 가능한 모든 순서의 조합을 다 시도해 보아야 할 것이다. 예를 들어 다음과 같은 마을 지도가 있다고 하자.

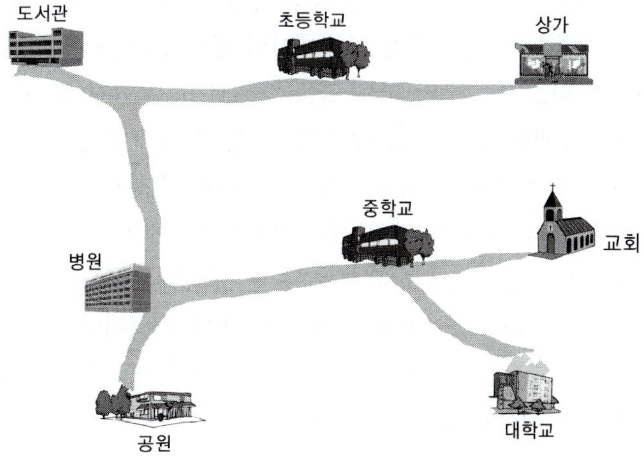

그림 3.1 간단한 마을 지도

위 지도상의 마을의 도서관에서 대학교에 찾아 가려면 우리는 병원과 중학교를 거처 대학교에 갈 수 있음을 쉽게 알 수 있다. 하지만 컴퓨터가 그 사실을 알기 위해서는 모든 길을 다 찾아보아야 한다. 하지만 서울이나 런던처럼 더욱 복잡한 도시에서는 컴퓨터라 할지라도 모든 길을 다 찾아보는 것이 시간상으로 불가능 할 수 도 있다. 따라서 탐색 방법에는 모든 길을 다 찾아보는 방법인 무정보 탐색도 있고 가능성이 높은 곳만을 선별하여 찾아보는 방법인 휴리스틱 탐색도 있다. 본 장에서는 몇 가지 탐색 기법을 소개한다.

3.1. 무정보 탐색 기법

위의 예에서 처음 출발지인 도서관에 우리가 있는 상태를 초기 상태(Initial State) 또는 시작상태 라고 하고 목적지인 대학교에 우리가 도착한 상태를 목표 상태(Goal State)라고 한다. 따라서 탐색은 초기 상태에서 시작하여 목적 상태에 도달할 때까지의 중간 상태들을 찾는 것이다. 어떤 문제 공간에서 만들어 질 수 있는 모든 상태들의 집합을 상태 공간(State Space)이라고 하고 탐색의 대상으로 생각하면 탐색 공간(Search Space)이라고 한다. 여기서는 무정보 탐색 – 맹목적 탐색(Blind Search) 또는 Brute Force Search – 으로 깊이우선 탐색, 너비우선 탐색 등을 알아본다.

3.1.1 깊이우선 탐색

깊이우선 탐색(Depth First Search)은 탐색 공간에 대한 아무런 정보도 없이 순서만 정해놓고 탐색을 수행한다. 깊이우선 탐색에서의 탐색 순서는 처음 길을 택해서 끝 까지 가보고 목적지가 나오지 않으면 다음 길을 택해서 또 끝까지 가 보는 것을 반복한다. 즉 [그림 3.1]의 도서관에서 직접 갈 수 있는 곳은 병원과 초등학교이다. 이때 갈림길이 나오면 오른쪽 길을 택한다고 하자. 그러면 처음에 병원으로 간다. 그 다음에 병원에서 공원과 중학교로 갈 수 있는 갈림길을 만나고 규칙에 따라 공원으로 간다. 공원에서는 더 이상 갈 수 있는 길이 없다. 따라서 그 전 상태인 병원으로 되돌아오고 – 이처럼 되돌아오는 것을 Backtracking 이라고 한다 – 병원에서 지난번에 선택하지 않았던 길인 중학교 쪽으로 간다. 중학교에서도 갈림길이 나오고 또 다시 규칙에 따라 오른쪽 길을 택하면 목적지인 대학교에 도착하게 된다. 위의 지도를 트리 형태로 그려놓고 지금 까지 지나온 길을 살펴보면 다음과 같다.

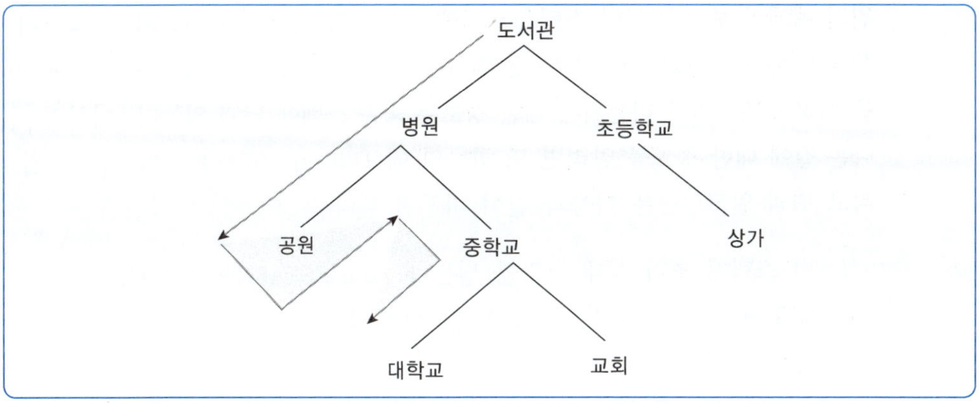

그림 3.2 깊이우선 탐색 순서

[그림 3.2]에서는 지도를 트리 형태로 그려 놓고 깊이우선 탐색 순서를 점선으로 표시하였다. 여기에서 보면 트리의 맨 위의 노드(Root Node)에서 첫 번째 단말노드(Terminal Node)인 공원까지 깊이 방향으로 내려온 후 다음 단말노드인 대학교까지 찾아간 것을 알 수 있다. 이처럼 깊이우선 탐색에서는 트리에서 아래 방향(깊이쪽)에 있는 노드를 옆에 있는 노드보다 먼저 탐색한다. 즉 깊이우선 탐색에 의해서 초등학교에 가려면 병원 밑에 있는 모든 노드를 다 방문한 다음에야 가 볼 수 있다.

깊이우선 탐색 알고리즘을 형식적으로 표현하면 다음과 같다.

1. 빈 스택에 초기 상태 노드를 넣는다. (e.g., STACK = {도서관})
2. **답 = 찾지 못함**
3. 스택이 비어 있지 않고 **답 = 찾지 못함** 이면 다음을 반복한다.
   a) 스택에서 하나의 노드 N을 빼낸다.
   b) 만약 N이 목적상태노드 이면 **답 = 찾음** 으로 한다.
   c) N의 자노드가 있으면 이를 스택에 넣는다. (**e.g.**, STACK = {병원 초등학교})

도서관에서 대학교를 찾는 과정을 위의 알고리즘을 적용하여 깊이우선 탐색을 수행하면 스택의 내용은 다음과 같이 변한다. 여기서 스택의 탑(TOP)은 리스트의 왼쪽으로 가정한다.

1) STACK = {도서관}, 답 = 찾지 못함
2) STACK = {병원 초등학교}, 답 = 찾지 못함
3) STACK = {공원 중학교 초등학교}, 답 = 찾지 못함
4) STACK = {중학교 초등학교}, 답 = 찾지 못함
5) STACK = {대학교 교회 초등학교}, 답 = 찾지 못함
6) STACK = {교회 초등학교}, 답 = 찾음

위의 예에서 보는 것처럼 스택(STACK)에는 노드의 이름만이 기록된다. 따라서 '도서관에서 출발하여 대학교까지 갈 수 있다(i.e.,가는 길이 있다)'는 것은 알 수 있지만 어느 길을 어떻게 따라가야 하는지에 대한 정보는 최종 스택에 남지 않는다. 이처럼 지금까지 지나온 길에 대한 정보를 알려면 또 하나의 메모리(e.g., STACK, LIST 등)가 필요하다. 그리고 위의 알고리즘은 다음과 같이 바꾸면 된다.

1. 빈 스택에 초기 상태 노드를 넣는다. (**e.g.**, **STACK** = {도서관})
2. LIST = { }   ; 초기의 리스트는 비어 있음
3. **답 = 찾지 못함**
4. 스택이 비어 있지 않고 **답 = 찾지 못함** 이면 다음을 반복한다.
   A. 스택에서 하나의 노드 N을 빼낸다.
   B. N과 N의 부모노드를 쌍(Pair)으로 만들어 LIST에 넣는다.
      (e.g., 리스트={(도서관, NIL)}
   C. 만약 N이 목적상태노드 이면 **답 = 찾음** 으로 한다.
   D. N의 자노드가 있으면 이를 스택에 넣는다. (**e.g.**, **STACK** = {병원 초등학교})

새로운 알고리즘을 사용하여 같은 문제를 풀면 스택과 리스트의 내용은 다음과 같다.

1) STACK = {도서관}, 답 = 찾지 못함
   LIST = { } .
2) STACK = {병원 초등학교}, 답 = 찾지 못함
   LIST = {(도서관, NIL)} .
3) STACK = {공원 중학교 초등학교}, 답 = 찾지 못함
   LIST = {(병원, 도서관)(도서관, NIL)}
4) STACK = {중학교 초등학교}, 답 = 찾지 못함
   LIST = {(공원, 병원)(병원, 도서관)(도서관, NIL)}
5) STACK = {대학교 교회 초등학교}, 답 = 찾지 못함
   LIST = {(중학교, 병원)(공원, 병원)(병원, 도서관)(도서관, NIL)}
6) STACK = {교회 초등학교}, 답 = 찾음
   LIST = {(대학교, 중학교)(중학교, 병원)(공원, 병원)(병원, 도서관)(도서관, NIL)}

따라서 답이 찾아진 다음에 LIST에 남아 있는 정보를 보고 목적 노드인 '대학교'에서부터 '중학교', '중학교'에서 '병원' 다시 '병원'에서 '도서관'으로의 연결된 길을 찾을 수 있다.

지금 까지는 탐색 공간이 트리 형태인 경우만을 생각 하였다. 하지만 탐색 공간은 트리가 아니라 그래프(Graph) 형태인 경우도 많다. 예를 들어 탐색 공간이 다음과 같고 도서관에서 상가를 깊이우선 탐색 방식으로 찾아 간다면 '중학교'는 병원과 초등학교 다음에

두 번이나 탐색 대상이 된다.

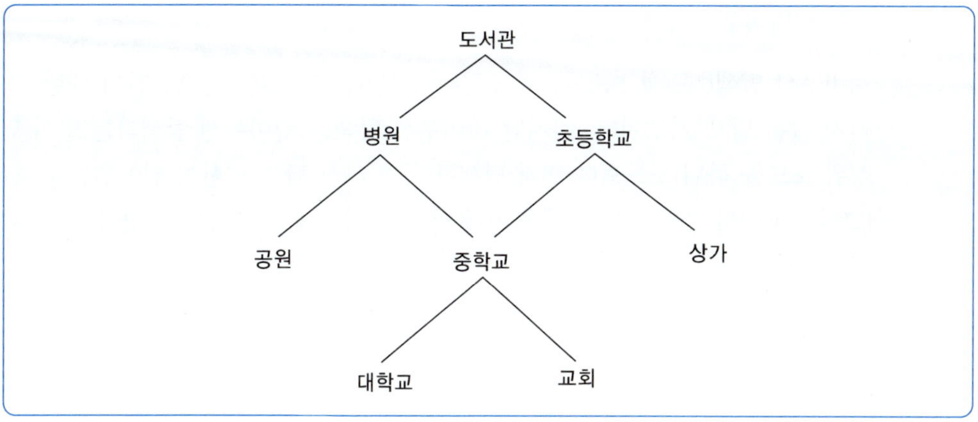

그림 3.3 하나의 그래프 탐색 공간

이를 방지하기 위해 LIST에 이미 들어 있는 노드는 다시 방문 하지 않도록 알고리즘을 다음과 같이 수정한다. 수정된 알고리즘은 탐색 공간이 그래프인 경우에도 효율적인 탐색이 가능한 깊이우선 탐색 알고리즘이다.

5. 빈 스택에 초기 상태 노드를 넣는다. (e.g., STACK ={도서관})
6. LIST = { } ; 초기의 리스트는 비어 있음
7. **답 = 찾지 못함**
8. 스택이 비어 있지 않고 **답 = 찾지 못함** 이면 다음을 반복한다.
   A. 스택에서 하나의 노드 N을 빼낸다.
   B. N과 N의 부모노드를 쌍(Pair)으로 만들어 LIST에 넣는다.
      (e.g., 리스트 = {(도서관, NIL)}
   C. 만약 N이 목적상태노드 이면 **답 = 찾음** 으로한다.
   D. <u>N의 자노드가 있으면 자노드중 LIST에 없는 자노드만 스택에 넣는다.</u>
      (e.g., STACK = {병원 초등학교})

깊이우선 탐색의 특징 중 하나는 시작노드에서 목적노드까지의 가장 짧은 거리를 처음에 찾는 것을 보장 할 수 없다는 것이다. 즉, 하나의 길이 찾아진 후에 더 짧은 길이 발견될 수 있는 것이다. (그래프에서 두 노드를 연결하는 길은 하나 이상이 있을 수 있다.) 따라서 처음 발견된 길이 가장 짧은 길이 아닐 수 있고 모든 탐색 공간을 다 찾아본 다음에야 가장 짧은 길이 어느 것 인지를 결정할 수 있는 것이다. 하지만 너비우선 탐색은 깊이우선 탐색과는 달리 처음 찾은 길이 가장 짧은 길이 된다. 또한 깊이우선 탐색은 깊이 방향으로 먼저 탐색을 수행한다. 따라서 탐색트리의 아래에 있는 노드를 탐색트리의 위쪽에 있는 노드보다 빨리 찾을 가능성이 많다. 하지만 찾고자 하는 노드가 탐색트리의 위쪽에 있을 확률이 많은 경우에는

깊이우선 탐색이 비효율적일 수 있다. 이러한 경우 너비우선 탐색을 사용하면 효과적이다.

3.1.2 너비우선 탐색

너비우선 탐색(Breadth First Search)도 깊이우선 탐색과 같이 탐색공간에 대한 정보를 사용하지 않는 탐색 기법이다. 하지만 너비우선 탐색은 깊이우선 탐색과는 달리 탐색트리의 상위 노드를 하위 노드보다 먼저 탐색한다. 따라서 탐색 방향이 깊이우선 탐색과 다르다. [그림 3.1]에서 깊이우선 탐색을 이용하여 도서관에서 대학교를 찾아가는 순서는 다음과 같다.

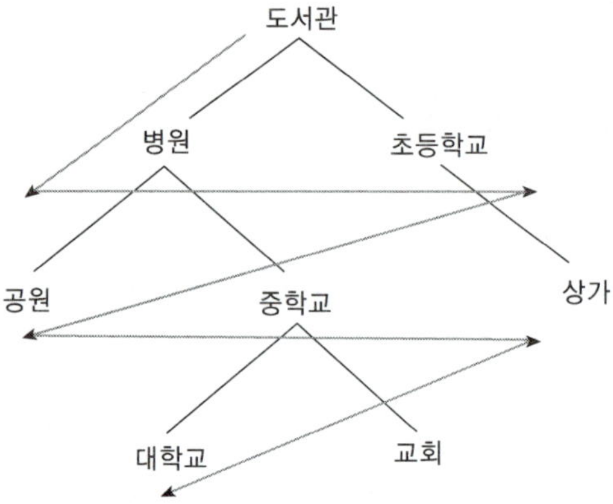

그림 3.4 너비우선 탐색 순서

너비우선 탐색에서는 자노드(Children Node) 보다 형제노드(Sibling Node)를 먼저 탐색하는 것을 알 수 있다. 따라서 너비우선 탐색의 구현을 위해서는 스택이 아니라 큐(Queue)를 사용한다. 다음은 너비우선 탐색 알고리즘이다.

1. 빈 큐(Queue)에 초기 상태 노드를 넣는다. (e.g., QUEUE ={도서관})
2. LIST = { } ; 초기의 리스트는 비어 있음
3. **답 = 찾지 못함**
4. 큐가 비어 있지 않고 **답 = 찾지 못함** 이면 다음을 반복한다.
   4.2 큐에서 하나의 노드 N을 빼낸다.
   4.3 N과 N의 부모노드를 쌍(Pair)으로 만들어 LIST에 넣는다.
   (e.g., 리스트={(도서관, NIL)}
   4.4 만약 N이 목적상태노드 이면 **답 = 찾음** 으로 한다.
   4.5 N의 자노드가 있으면 자노드중 LIST에 없는 자노드만 큐에 넣는다.
   (e.g., QUEUE = {병원 초등학교})

위의 알고리즘을 사용하여 도서관에서 대학교까지 찾아가는 동안 큐와 리스트(LIST)의 내용은 다음과 같이 변한다.

1) QUEUE = {도서관}, 답 = 찾지 못함
   LIST = { }
2) QUEUE = {병원 초등학교}, 답 = 찾지 못함
   LIST = {(도서관, NIL)}
3) QUEUE = {초등학교 공원 중학교}, 답 = 찾지 못함
   LIST = {(병원, 도서관)(도서관, NIL)}
4) QUEUE = {공원 중학교 상가}, 답 = 찾지 못함
   LIST = {(초등학교, 도서관)(병원, 도서관)(도서관, NIL)}
5) QUEUE = {중학교 상가}, 답 = 찾지 못함
   LIST = {(공원, 병원) (초등학교, 도서관)(병원, 도서관)(도서관, NIL)}
6) QUEUE = {상가 대학교 교회}, 답 = 찾지 못함
   LIST = {(중학교, 병원)(공원, 병원) (초등학교, 도서관)(병원, 도서관)(도서관, NIL)}
7) QUEUE = {대학교 교회}, 답 = 찾지 못함
   LIST = {(상가, 초등학교)(중학교, 병원)(공원, 병원) (초등학교, 도서관)(병원, 도서관) (도서관, NIL)}
8) QUEUE = {교회}, 답 = 찾음
   LIST = {(대학교, 중학교)(상가, 초등학교)(중학교, 병원)(공원, 병원)(초등학교, 도서관) (병원, 도서관)(도서관, NIL)}

Luger는 큐와 리스트 대신 Open과 Closed라는 변수를 사용하여 너비우선 탐색 알고리즘을 다음과 같이 정의 하였다. 여기서 Open에는 아직 방문하지 않은 노드가 그리고 Closed에는 이미 방문한 노드가 들어 있다.

깊이우선 탐색에서 한 길로 깊이 들어가 미로에 빠지는 경우를 방지하기 위하여 Korf는 1987년 깊이우선 탐색 알고리즘을 수정하여 깊이를 1에서 차례로 증가시켜 가면서 반복적으로 탐색을 수행하는 '반복적 깊이 조절을 이용한 깊이우선 탐색'(Depth-First Iterative Deepening Search)알고리즘을 소개하였다[Korf1987]. 하지만 이러한 탐색 기법들의 시간복잡도(Time Complexity)는 Exponential 하다. 이는 탐색 공간에 대한 아무런 정보도 탐색에 활용하지 못하는 무정보 탐색이기 때문이다. 다음 절에서는 탐색 공간에 대한 정보를 탐색에 활용하여 좀 더 효율적인 탐색을 할 수 있는 휴리스틱(Heuristic) 탐색에 대하여 알아본다.

```
function breadth-first-search
begin
  open := [Start];          %초기화
  closed := [  ];
  while open  [  ] do
    begin
      remove leftmost state from open, call it X
       if X is a goal then return SUCCESS     %목적노드 찾음
         else begin
                generate children of X;
                put X on closed;
                discard children of X if already on open or closed;  %반복 방지
                put remaining children on right end of open   %큐(Queue) 사용
         end
    end
  return FAIL
end
```

3.2. 휴리스틱 탐색 기법

휴리스틱(Heuristic) 이란 'I discover'라는 뜻을 갖은 Greek의 eurisco란 단어에서부터 그 기원을 찾을 수 있으며 Polya는 1945년 휴리스틱이란 "The study of the methods and rules of discovery and invention"이라고 정의 하였다. 탐색에서 휴리스틱은 탐색 공간에 관한 정보를 탐색에 활용하여 탐색 공간을 줄이거나, 정확한(최선의) 답은 아닐지라도 답으로 사용 가능한 근사치를 빨리 찾을 수 있도록 하는 유용한 정보이다. 이러한 정보를 이용한 휴리스틱 탐색은 기본적으로 다음과 같은 두 가지 경우에 더욱 유용하다.

❶ 모호성 때문에 문제의 해가 정확히 존재하지 않을 때
예를 들어 의사들이 진찰을 하는 경우 환자의 증상이 여러 가지 병에 의한 것일 수 있지만 의사들은 휴리스틱을 사용하여 진단을 한다. 컴퓨터 시각 시스템의 경우도 카메라를 통해 들어온 정보는 모호성이 많이 포함되어 있지만 휴리스틱을 이용하여 효과적으로 해석할 수 있다.

❷ 주어진 시간 내에 모든 탐색 공간을 다 방문 할 수 없을 때
시간이 많으면 정확한 답을 찾을 수 있으나 정해진 시간 내에는 답을 찾기 어려운

경우 휴리스틱을 사용한다. 예를 들어 서울 시청에서 광화문에 가는 최단거리의 길을 찾으려고 할 때 가능한 모든 길(멀기는 하지만 홍은동을 거쳐 갈 수도 있고 역삼동을 거쳐 갈 수도 있다)을 다 찾은 후에야 우리는 어느 길이 최단거리 인지를 밝힐 수 있다. 하지만 주어진 시간 내에 모든 길을 다 검색하기란 불가능하다.

휴리스틱의 개념을 더욱 자세히 이해하기 위하여 다음의 예를 보기로 하자. 여러 도시를 방문 하면서 물건을 파는 방문상인이 있다고 하자. 이 상인은 전국의 도시들을 방문하는데 한 번 방문한 도시는 다시 방문하지 않고 최단거리로 모든 도시를 방문 하려면 어떤 순서로 도시들을 방문 하여야 하는가? 이러한 문제를 방문상인 문제(Traveling Salesman Problem) 이다. 최단 거리를 갖는 방문 도시의 순서를 찾아내기 위해서는 가능한 모든 순서를 다 계산해보아야 한다. 예를 들어 다음 지도에 나오는 도시를 서울에서 출발하여 모두 방문하고자 한다면 어떤 순서로 방문 하여야 할까?

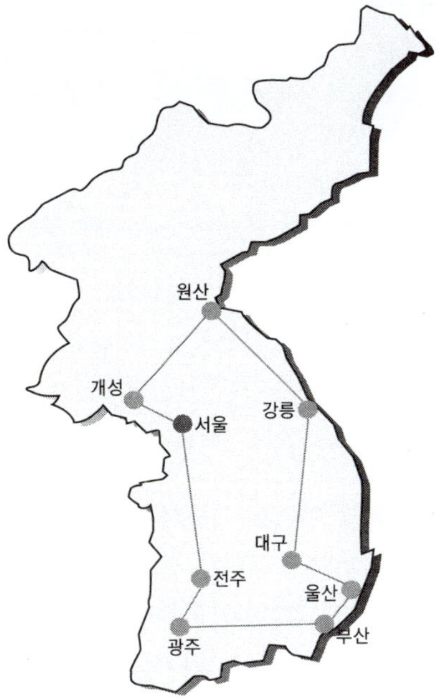

위에 나온 도시의 수가 9개 이니까 방문 가능한 조합의 수는 (9 - 1)! / 2 = 20,160 이다. 즉 도시 수 가 N개 이면 (N - 1)! / 2 가지의 서로 다른 경로가 가능하다. 따라서 도시의 수가 20개만 되더라도 가능한 조합의 수는 60,822,550,204,416,000 이나 되어 도시의 수가 많아지면 모든 경로를 정해진 시간에 다 계산해 본다는 것은 불가능하다. 이러한 경우 휴리스틱을 적용하면 효과적인 답을 얻을 수 있다.

하나의 휴리스틱으로 '현재의 도시에서 가장 가까운 도시로 이동한다.'를 생각해 볼 수 있다. 그러면 여러 가지 경로를 생각하지 않고 쉽게 하나의 경로 (서울-개성-원산-강릉-

대구-울산-부산-광주-전주)를 찾을 수 있다. 이러한 경로로 이동을 하는 것이 최단거리는 아닐 수 있다. 하지만 휴리스틱을 사용하면 빠른 시간 내에 사용 가능한 답을 찾을 가능성이 많다. 또 다른 휴리스틱으로 '바다 쪽으로 돌아가면서 이동한다.'를 생각해 볼 수도 있다. 이처럼 어떤 하나의 문제를 해결하는데 꼭 하나의 휴리스틱만이 있는 것은 아니다. 따라서 얼마나 좋은 휴리스틱을 사용하느냐에 따라 문제 해결에 필요한 시간이나 답의 정확성이 달라질 수 있다.

3.2.1 언덕등반 탐색

언덕등반(Hill Climbing) 탐색은 1984년 Pearl이 소개한 간단한 휴리스틱 탐색 기법이다. 언덕등반 기법은 [그림 3.5]에서 보는 바와 같이 높은 언덕을 찾아 가기 위해 현재 자신이 있는 곳 보다 높은 곳이 있으면 그곳으로 이동하는 방식이다.

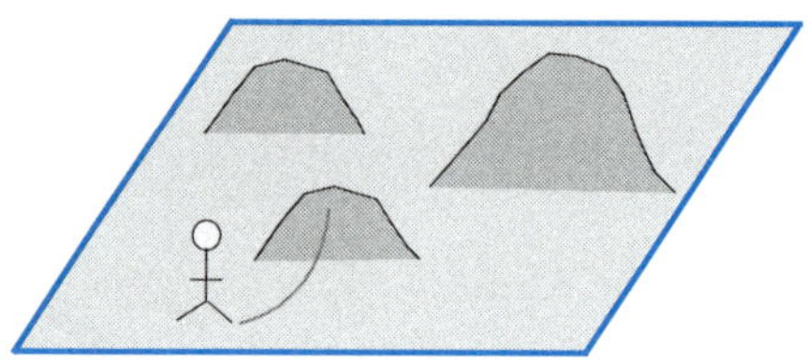

그림 3.5 언덕등반 탐색

다음은 간단한 언덕등반 알고리즘이다.

1. 현재상태 = 시작노드
2. 현재상태 = 목적노드 이거나 현재상태에 변화가 없을 때까지 다음을 반복 한다.
   가) 현재상태에 있는 노드의 자녀노드들을 구하고 각각에 평가함수값을 부여한다.
   나) 자녀노드의 평가함수값이 현재상태에 있는 노드의 평가함수값보다 좋은 것이 있으면 그 중 가장 좋은 평가함수값을 갖는 자녀노드를 현재상태의 노드로 만든다. - %현재상태에는 항상 하나의 노드만 있음-

깊이우선 탐색과 언덕등반 탐색이 다른 점은 탐색트리에서 자녀노드 중 다음에 어떤 노드를 탐색할 것인지를 결정할 때 도움이 되는 정보를 이용하느냐 못하느냐 이다. 깊이우선 탐색에서는 아무런 정보도 사용하지 않고 정해진 순서대로 탐색을 수행한다. 하지만 언덕등반 탐색에서는 다음 노드를 선택할 때 자녀노드 중 목적노드로 인도할 가능성이 가장 높은 노드를 선택한다. 이때 가능성은 평가함수(Evaluation Function)를 사용하여 계산한다. (여기서는 평가함수값이 큰 것이 가능성이 높다고 가정한다.) 언덕등반 탐색의 예로 8-퍼즐 문제를 보기로 하자. [그림 3.6]은 8-퍼즐을 언덕등반 탐색에 의해 푸는 과정을 보인 것이다.

[그림 3.6]은 8-퍼즐 탐색 과정의 상태들을 보여준다. 각 상태 위의 영문자는 상태의 이름이고 그 옆의 숫자는 평가함수값을 나타낸다. (A/5는 상태이름이 A이고 평가함수값이 5라는 것을 나타낸다.) 위의 예에서 시작상태는 A이고 목적상태는 H이다. 그리고 평가함수는 각 타일이 목적상태의 정 위치에 있는 숫자로 한다. 즉 평가함수값이 5라는 것은 그 상태에서 올바른 위치에 있는 타일의 수가 다섯 개라는 것을 의미한다.

탐색은 시작상태인 상태 A에서 시작한다. A에서 만들어 낼 수 있는 다음 상태는 B, C, D 뿐이다. 그리고 각각의 평가함수를 계산해 보니 4, 5, 6이 나왔다. 따라서 그들 중 평가함수값이 가장 높은 상태인 D를 선택한다. 그리고 D의 자녀노드 중 평가함수값이 큰 E가 선택된다. 같은 방법으로 E의 자녀노드 중 H가 선택되고 H가 목적노드임으로 탐색을 멈춘다. [그림 3.6]에서 굵은 화살표로 표시된 것이 언덕등반 탐색 경로이다.

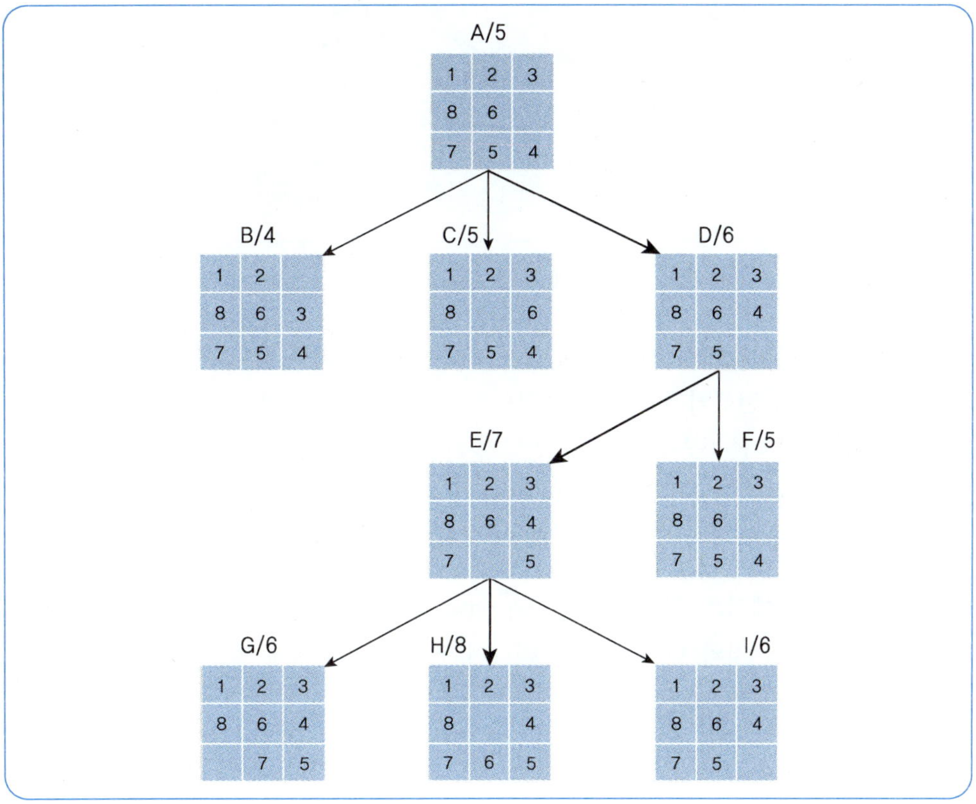

그림 3.6 8-퍼즐의 탐색

이처럼 자녀노드를 선택할 때 '평가함수값'이라는 정보를 활용하여 목적노드로 빨리 갈 수 있는 가능성이 높은 노드를 선택하는 점이 깊이우선 탐색과 다른 점이다. 깊이우선 탐색에서는 이러한 정보 없이 정해진 순서대로 다음에 탐색할 노드가 선택된다. 또한, 언덕등반 탐색에서는 어떤 노드의 자녀노드 중 하나가 선택되면 다른 자녀노드는 탐색의 대상에서 제외된다. 이는 탐색공간을 줄이는 효과도 있지만 더 좋은 답을 찾을 수 있는 기회를 놓치는 이유가 되기도 한다.

자녀노드 중 평가함수값이 현재 노드의 평가함수값보다 큰 것이 없으면 언덕등반 탐색은 멈춘다. 이 같은 예를 8-퍼즐에서 살펴보면 [그림 3.6]의 상태 중 상태 C의 자녀노드를 만들어 보면 (위의 예에서 C의 자녀노드들은 탐색 대상이 아니었다.) [그림 3.7]과 같다.

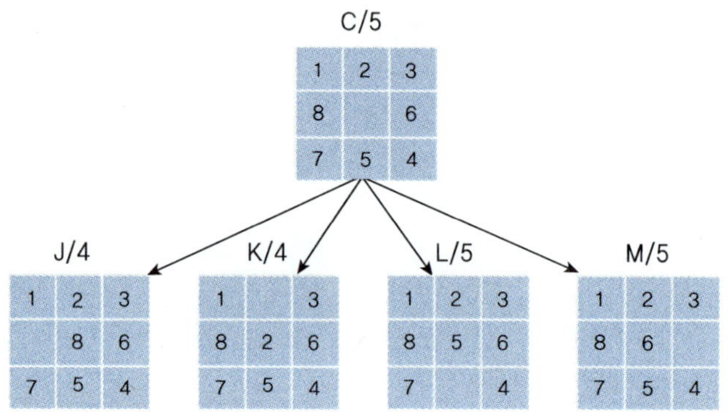

그림 3.7 8-퍼즐에서 지역최고에 빠진 경우

이처럼 자녀노드의 평가함수값들이 모두 자신(C)의 평가함수값보다 크지 못하면 더 이상 탐색이 진행되지 못하고 목적노드에도 도달할 수 없다. 따라서 [그림 3.6]에서 보는 바와 같이 다른 곳에 더 높은 언덕(평가함수값이 더 큰 노드)이 있더라도 찾을 수 없다. 이처럼 작은 언덕에 올라 다른 곳에 더 높은 언덕이 있지만 그 주위에는 더 이상 높은 곳이 없어 탐색이 멈추게 될 때 지역최고(Local Maximum)상태에 빠졌다고 한다.

[그림 3.8]에서는 전체 탐색공간과 언덕등반 탐색에 필요한 상태 공간을 비교할 수 있다. 회색의 영역 안에 있는 상태들이 언덕등반 탐색에 필요한 상태들이다.

즉, 언덕등반 탐색은 탐색공간을 축소할 수 있지만 최선의 답을 보장하지는 못한다. 이는 한 번 길을 잘못 들면 더 좋은 상태로의 회복이 불가능하기 때문이다. 이러한 단점을 보완하기 위해서는 한 번 선택되지 않은 노드라 하더라도 다음에 다시 탐색의 대상이 될 수 있도록 하여야 한다. 이렇게 언덕등반 알고리즘을 개선한 것이 최고우선 탐색(Best First Serach) 알고리즘이다.

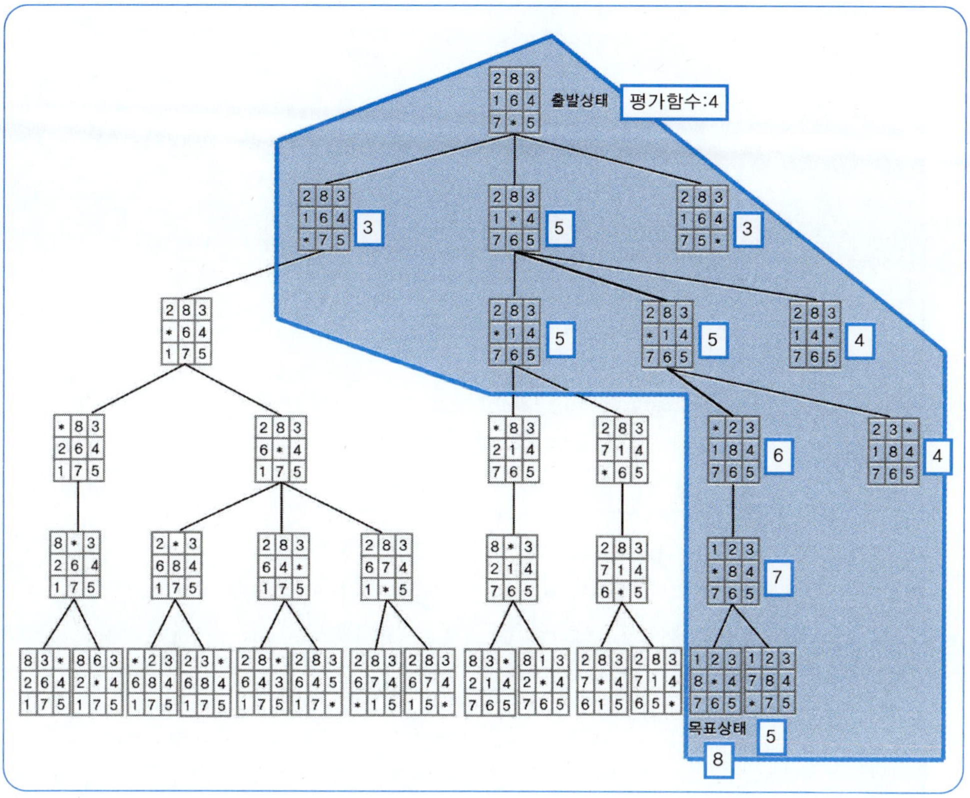

그림 3.8 8-퍼즐에서 언덕등반 탐색의 범위

3.2.2 최고우선 탐색

최고우선 탐색(Best-First Search)은 우선순위큐(Priority Queue)를 사용하여 언덕등반 탐색에서 생길 수 있는 지역최고에 빠지지 않고 탐색을 수행할 수 있게 한다. 우선순위큐는 큐내의 요소 중 우선순위가 가장 높은 것이 큐의 항상 가장 앞에 놓이는 큐이다. 다음은 간단한 최고우선 탐색 알고리즘이다.

1. 대상노드 = 시작노드
2. 대상노드가 비어있지 않으면 다음을 반복 한다.
   A. 대상노드에서 평가함수값이 가장 좋은 노드를 빼낸다.
      % 대상노드는 우선순위큐를 사용하여 구현하면 효과적임
   B. 빼낸 노드가 목적노드이면 탐색을 성공적으로 끝내고, 목적노드가 아니면 빼낸 노드의 자녀노드들을 구한다.
   C. 구한 각각의 자녀노드에 평가함수값을 부여하고 이들을 대상노드에 추가한다.
      % 대상노드에는 여러 개의 노드가 있을 수 있음

다음은 Luger가 기술한 최고우선 탐색 알고리즘이다.

```
Function best-first-serach;

begin
        open := [Start];                        %initialize
        closed := [  ];
        while open  [  ] do
          begin
            remove the leftmost state from open, call it X;
            if X = goal then return the path from Start to X
            else begin
               generate children of X;
               for each child of X do
               case
                 the child is not on open or closed;
                   begin
                        assign the child a heuristic value;
                        add the child to open
                    end;
                 the child is already on open;
                    if the child was reached by a shorter path
                    then give the state on open the shorter path
                 the child is already on closed;
                    if the child was reached by a shorter path then
                        begin
                          remove the state from closed;
                          add the child to open
                        end;
          end;
          put X on closed;
          re-order states on open by heuristic merit (best leftmost)  %우선순위큐 사용
        end;                    %open is empty
      return FAIL
      end.
```

최고우선 탐색은 시작노드에서 자녀노드를 만들고 이들에 관한 정보를 모두 OPEN(OPEN에는 아직 방문하지 않은 노드들이 저장됨)에 저장한다. 그리고 다음 노드를 선택 할 때에는 OPEN에 있는 노드 중 평가함수값이 가장 높은 것을 선택한다. 선택된 노드의 자녀노드들은 또 OPEN에 추가된다. 이때 새로이 추가 되려고 하는 노드가 이미 OPEN이나 CLOSED(CLOSED에는 이미 방문한 노드들이 저장됨)에 있으면 중복 저장하지는 않는다. 그러므로 다음노드는 현재 노드의 자녀노드 중에서만 선택되는 것이

아니라 지금까지 선택의 대상이 되었다가 선택되지 않은 다른 모든 노드들도 함께 대상이 되는 것이다. 따라서 항상 현재 노드의 자녀노드만을 선택의 대상으로 하는 언덕등반 탐색과는 다르며 지역최고에 빠지는 현상을 방지할 수 있게 된다.

최고우선 탐색의 예를 보기 위하여 [그림 3.9]와 같은 상태 공간(탐색 공간)이 있다고 하자.

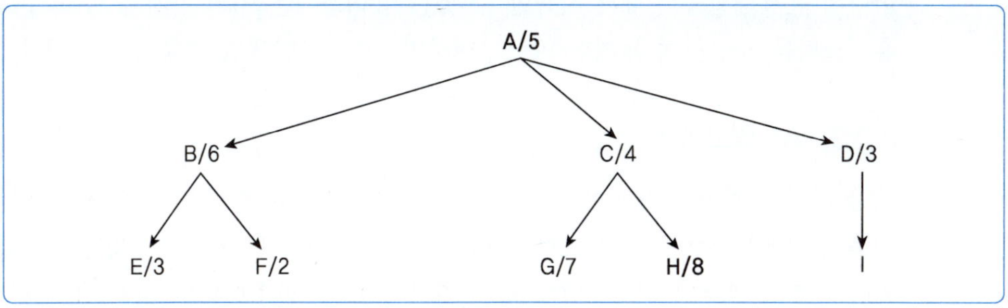

그림 3.9 가상의 상태 공간

[그림 3.9]에서 A가 시작상태이고 H가 목적상태 일 때 최고우선 탐색을 수행하면 OPEN과 CLOSED는 다음과 같이 변한다.

1. OPEN = {A/5} CLOSED = { }
   - 노드 A가 시작노드
2. OPEN = {B/6, C/4, D/3}; CLOSED = {A/5}
   - 평가함수값이 가장 높은 노드가 OPEN의 가장 왼쪽에 오고 다음 방문 노드가 된다.
3. OPEN = {C/4, D/3, E/3, F/2}; CLOSED = {B/6, A/5}
   - 노드 C의 평가함수값이 가장 크므로 노드 B의 자녀노드가 아니라 노드 C가 다음에 방문할 노드이다.
4. OPEN = {H/8, G/7, D/3, E/3, F/2}; CLOSED = {C/4, B/6, A/5}
5. OPEN = {G/7, D/3, E/3, F/2}; CLOSED = {**H/8**, C/4, B/6, A/5}
   - 목적노드 H/8이 찾아짐

위의 예에서 보듯이 시작노드에서 시작하여 B로 갔다가 B의 자녀노드의 평가함수값이 C의 평가함수값보다 적다는 것을 알고 다시 경로를 수정하여 C로 이동한다. 그리고 목적노드인 H노드를 찾는다. 언덕등반 탐색에서는 일단 경로가 B로 정해지면 C로 되돌아오기가 불가능하였다. 따라서 [그림 3.9]의 상태 공간에서 언덕등반 탐색을 수행 하였다면 B가 지역최고가 되는 것이다.

휴리스틱 탐색에서는 평가함수를 어떻게 만드느냐에 따라 탐색의 효율이 크게 달라진다. 위의 8-퍼즐 문제에서 목적상태와 일치하는 타일의 개수를 평가함수값으로 사용하였는데 이는 각 타일이 움직여야 하는 거리는 고려하지 않은 것이다. 실제로 목적상태에 도달하기 위해서는 제 위치에 있지 않는 노드들이 제자리를 찾아가야 하는데 그 거리 정보까지를 이용하면 더 효율적인 탐색이 가능하다. 따라서 타일이 제자리를 찾는데 필요한 거리의 합을 값으로 하는 평가함수가 더 좋은 평가함수 일 수 있다. 이처럼 어떤 하나의 문제해결을 위해서 사용할 수 있는 휴리스틱은 여러 가지가 있을 수 있고 좋은 휴리스틱을 사용하여 평가함수를 구현하면 그만큼 탐색의 효율이 높아진다.

3.2.3 A* 알고리즘

지금 까지는 현재의 노드에서 목적노드까지 어떻게 하면 빨리 찾아갈 수 있는가에 관심을 갖고 있었으며 시작노드에서 현재노드까지 어떻게 왔는지는 생각하지 않았다. 하지만 어떤 문제는 목적노드만을 찾는 것이 중요한 것이 아니고 시작노드에서 목적노드까지 최단경로를 찾아야 하는 경우도 있다. 이러한 경우 현재노드에서 목적노드까지 가는 거리가 같다면 시작노드에서 현재노드까지 온 거리가 짧은 쪽이 전체적으로 보아 이동거리가 더 짧다. 따라서 최단거리 탐색 경로를 찾기 위해서는 평가함수가 다음 두 가지 사항을 고려하여야 한다.

❶ 시작노드에서 현재노드(N)까지 온 실제의 최단거리(g(n)으로 표시).
❷ 현재노드(N)에서 목적노드까지의 실제의 최단거리(h(n)으로 표시).

위의 두 가지 사항을 고려하여 만든 평가함수 f는 다음과 같다.

$$f(n) = g(n) + h(n)$$

여기에서 g(n)은 지금까지의 탐색 결과에 의하여 구할 수 있다. 하지만 h(n)은 아직 정확히 알지 못하는 거리이다. 따라서 h(n)은 추정치를 사용하여야 한다. h(n)의 추정치를 h*(n)으로 표시하면 f(n)은 다음과 같은 f*(n)으로 바뀐다.

$$f^*(n) = g(n) + h^*(n)$$

위의 f*(n)을 평가함수로 사용하고 최고우선 탐색을 수행하는 알고리즘을 A 알고리즘이라고 한다. 그리고 f*(n)에 사용되는 h*(n)이 실제 최단거리인 h(n)보다 크지 않을 때 A 알고리즘은 A* 알고리즘이 된다. 이처럼 A* 알고리즘은 최고우선 탐색 알고리즘의 한 예로 휴리스틱 방법과 형식적 방법을 결합하기 위해 1968년에 개발되었다[Hart1968].

A* 알고리즘을 [그림 3.10]의 그래프를 사용하여 다시 한 번 설명한다. 그래프의 각 노드는 노드이름과 평가함수값(i.e., h*(n))의 쌍으로 이루어져있고 아크에 붙은 숫자는 노드간의 이동거리 이다. [그림 3.10]의 그래프에서 최고우선 탐색을 수행하면 탐색 순서

는 A, C, B, D, G, E, F, 이고 최종 경로는 A, B, D, E, F가 된다. 이때 최종 경로길이(시작노드인 A 노드에서부터 목적노드인 F노드까지)는 2 + 4 + 3 + 4 하면 13이 된다. 이는 최고우선 탐색인 경우 아크값 즉 노드간의 이동거리는 고려하지 않고 평가함수값이 작은 (최단거리를 구하는 것이 목적 이므로 작은 값이 좋은 값이다) 쪽으로만 이동하였기 때문이다. 하지만 A* 알고리즘을 사용하면 탐색순서가 A, C, B, D, G, F가 된다. 왜냐하면 A에서 평가함수값이 작은 C로 가고 다음 B와 G 중에서 $f^*(B) = 2 + 5 = 7$ 이고 $f^*(G) = 2 + 3 + 6 = 11$ 이므로 B로 간다. 같은 방법으로 평가함수값을 비교하여 적은 값을 갖는 노드로 이동하면 최종 경로는 A, C, G, F가 된다.

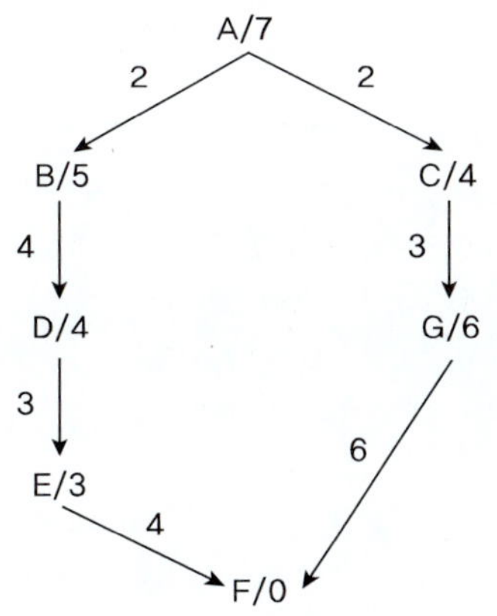

그림 3.10 하나의 탐색 그래프

이처럼 같은 탐색 공간에서 최고우선 탐색 알고리즘을 수행할 때와 A* 알고리즘을 사용할 때 모두 목적노드를 찾기는 하지만 서로 다른 경로를 통하여 찾을 수 있다. 그리고 이들 경로의 거리는 A* 알고리즘을 사용하였을 때가 더 짧은 것을 알 수 있는데 이는 A* 알고리즘이 최고우선 탐색 알고리즘보다 더 많은 정보(g(n))를 사용하기 때문이다. 최고우선 탐색 알고리즘에서는 $h^*(n)$만을 사용한다.

[그림 3.11]에서는 A* 탐색의 예를 볼 수 있다. 그림에서 왼쪽 아래의 시작 노드에서 오른쪽 위의 목적노드까지 탐색된 최단 경로가 실선으로 표시되어있다. 여기에서 가운데가 비어있는 노드는 아직 방문하지 않은 노드이고 다른 노드들은 이미 방문한 노드이다.

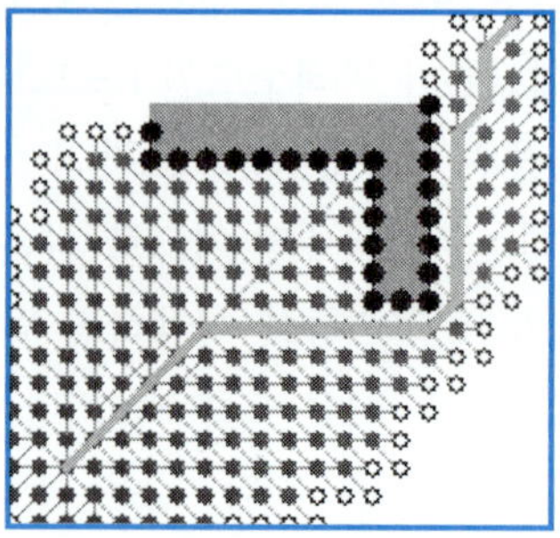

그림 3.11 A* 탐색 예 (From Wikipedia)

다음은 Wikipedia에 기술된 A* 알고리즘이다.

```
function A*(start,goal)
    closedset := the empty set    // The set of nodes already evaluated.
    openset := {start}    // The set of tentative nodes to be evaluated,
                             initially containing the start node
    came_from := the empty map          // The map of navigated nodes.

    g_score[start]      := 0    // Cost from start along best known path.
    h_score[start]      := heuristic_cost_estimate(start, goal)
    f_score[start]:= g_score[start] + h_score[start]     // Estimated total
                                       cost from start to goal through y.

    while openset is not empty
        x := the node in openset having the lowest f_score[] value
        if x = goal
            return reconstruct_path(came_from, came_from[goal])

        remove x from openset
        add x to closedset
        foreach y in neighbor_nodes(x)
            if y in closedset
                continue
            tentative_g_score := g_score[x] + dist_between(x,y)

            if y not in openset
                add y to openset
                tentative_is_better := true
            else if tentative_g_score < g_score[y]
                tentative_is_better := true
            else
```

```
                tentative_is_better := false

            if tentative_is_better = true
                came_from[y] := x
                g_score[y] := tentative_g_score
                h_score[y] := heuristic_cost_estimate(y, goal)
                f_score[y] := g_score[y] + h_score[y]

    return failure

function reconstruct_path(came_from, current_node)
    if came_from[current_node] is set
        p = reconstruct_path(came_from, came_from[current_node])
        return (p + current_node)
    else
        return current_node
```

3.2.4 A* 알고리즘의 허용성과 단조 증가성

시작노드에서 목적노드사이에 최단경로가 존재할 때 이를 항상 찾을 수 있는 탐색 알고리즘은 허용성(Admisibility)이 있다고 한다. 그리고 A* 알고리즘에서 사용하는 평가함수 $f^*(n) = g(n) + h^*(n)$에서 $h^*(n) \le h(n)$ 이므로 A* 알고리즘은 허용성이 있다. 만약 $h^*(n) = 0$이면 A* 알고리즘은 너비우선 알고리즘과 같아진다. 그리고 $0 \le h^*(n) \le h(n)$이면 A* 알고리즘을 사용할 때 상태 공간내의 탐색 대상 노드 수가 너비우선 알고리즘을 사용할 때보다 훨씬 적음을 알 수 있다[그림 3.12].

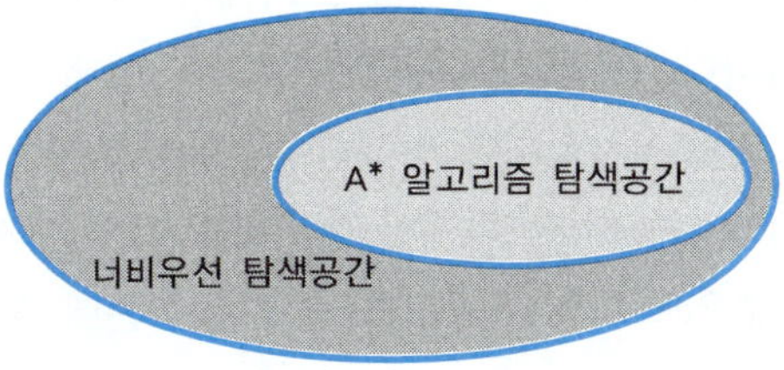

그림 3.12 A* 탐색 예(From Wikipedia) 탐색 공간 크기 비교

그리고 A* 알고리즘 탐색에서 $0 \le h1^*(n) \le h2^*(n) \le h(n)$ 이면 $h1^*(n)$을 사용하는 알고리즘의 탐색 공간이 $h2^*(n)$을 사용하는 알고리즘의 탐색 공간 보다 크다. 이는 [그림 3.13] 처럼 나타낼 수 있다.

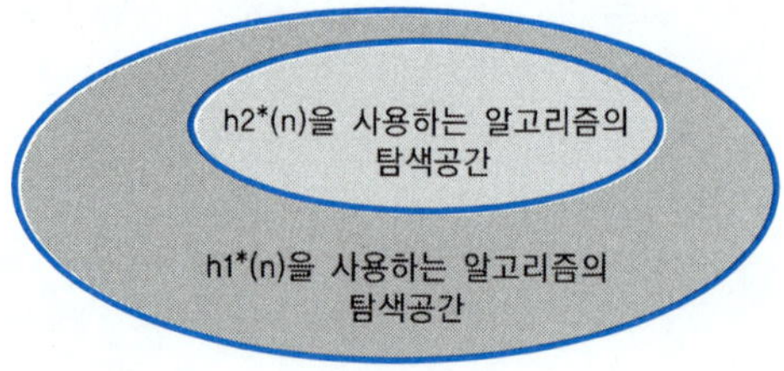

그림 3.13 A* 알고리즘 탐색 공간 크기 비교

어떤 휴리스틱 알고리즘을 사용하여 탐색을 수행하는 중에, 한 번 찾은 노드를 더 짧은 경로로 다시 발견할 수 없다면 이 알고리즘은 단조 증가성(Monotonicity)을 가지고 있다고 한다. 즉 다음 두 가지 조건을 만족하는 휴리스틱 알고리즘은 단조 증가성을 갖는다.

1) 목적노드의 평가함수 h*(goal) 값이 0이다.
2) $h^*(n_i) - h^*(n_j)$ 이 노드 i에서 노드 j로 가는 실제값(거리)보다 적다.
   (이때 노드 j는 노드 i의 자녀노드 이다.)

어떤 알고리즘이 단조 증가성을 가지면 그 알고리즘은 A* 알고리즘이며 허용성도 갖는다. 더욱 자세한 사항은 [Luger02]을 참고하기 바란다.

3.3. 게임과 탐색

게임은 8-퍼즐게임처럼 한 사람이 하는 게임도 있지만, 상대가 있는 게임도 많다. 상대가 있는 게임은 상대의 의도 까지를 고려해야 하기 때문에 일반적으로 혼자 하는 게임보다 더욱 복잡하다. 어떤 게임이던지 게임의 상태 공간이 적어 짧은 시간 내에 전부 탐색 할 수 있으면 모든 상태를 탐색한 후 게임을 어떻게 진행 하여야 하는지를 결정하면 최선의 선택이 가능하다. 하지만 대부분의 게임은 제한된 시간 내에 모든 상태를 전부 탐색 할 수 없으므로 탐색 공간을 줄여야 하는데 휴리스틱을 잘 활용하면 탐색 공간을 크게 줄일 수 있다. 본 장에서는 상대가 있는 게임에서 사용하는 게임의 기본적인 탐색 기법인 Minimax 기법과 탐색 공간을 줄일 수 있는 알파베타 절단 기법을 소개한다.

3.3.1 Minimax 기법

Minimax 기법에서 게임을 이기고자 하는 사람을 MAX라 하고 MAX의 점수를 적게 하여 자기가 이기고자 하는 상대편을 MIN이라 한다. [그림 3.14]에서 보듯이 탐색트리의 각 레벨은 게임의 순서를 나타낸다. Minimax 탐색에서 탐색트리의 시작은 MAX 레벨부터 시작하고 MIN 레벨과 교대로 나타난다. 그리고 각 노드에 붙은 숫자는 평가함수값을 나타낸다. MAX 레벨에서는 MAX가 다음 행동을 선택할 수 있고 MIN 레벨에서는 MIN이 선택할 수 있다. MAX의 경우 평가함수값이 최대가 되는 노드를 선택할 것이고, MIN의 경우 (다음차례에 MAX가 큰 값을 선택 할 수 없도록) 최솟값을 선택한다.

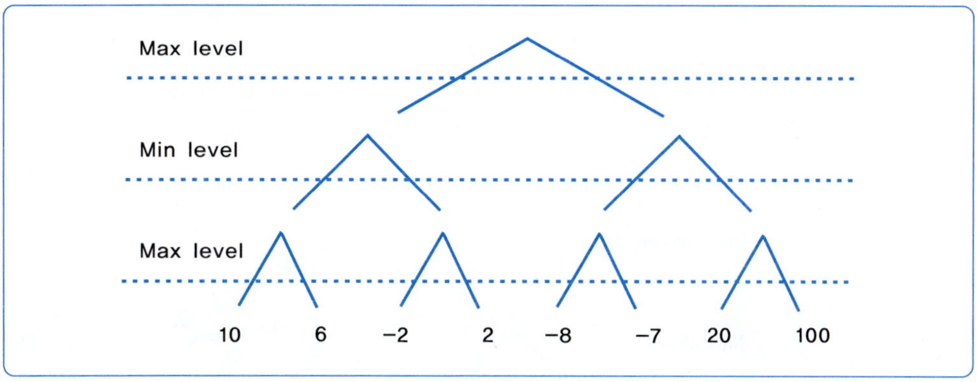

그림 3.14 Minimax 탐색을 위한 가상의 상태 공간

Minimax 탐색은 탐색을 시작할 때에 [그림 3.14]와 같이 탐색트리의 단말노드의 평가함수값을 먼저 계산한다. 그리고 바로 위 레벨이 MAX 레벨 이므로 MAX 레벨에 있는 노드들은 자신의 자녀노드들 중 평가함수값이 가장 큰 것을 선택한다. 그러면 아래 그림과 같이 첫 번째 MAX 레벨에 있는 노드들의 평가함수값이 결정된다.

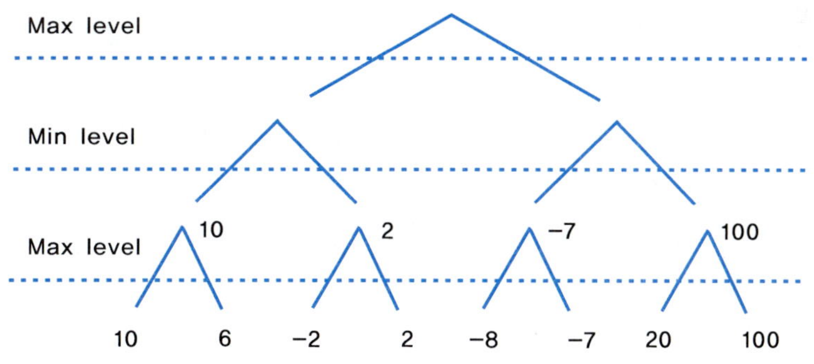

현재 레벨(MAX) 바로 윗 레벨은 MIN 레벨이다. 따라서 MIN 레벨에 있는 노드들은 자신의 자녀노드들 중에서 평가함수값이 최소인 노드들을 선택한다. 결과는 다음 그림과 같다.

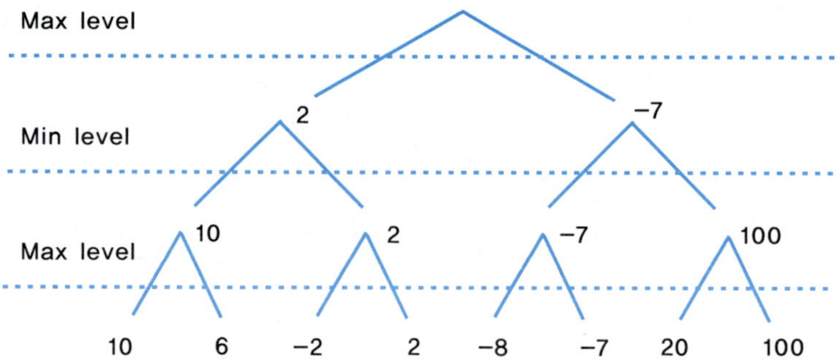

최종적으로 시작노드는 MAX 레벨에 있다. 그러므로 같은 방법으로 자녀노드의 평가함수값 2와 -7중에서 2를 선택하고 결과는 아래 그림과 같다.

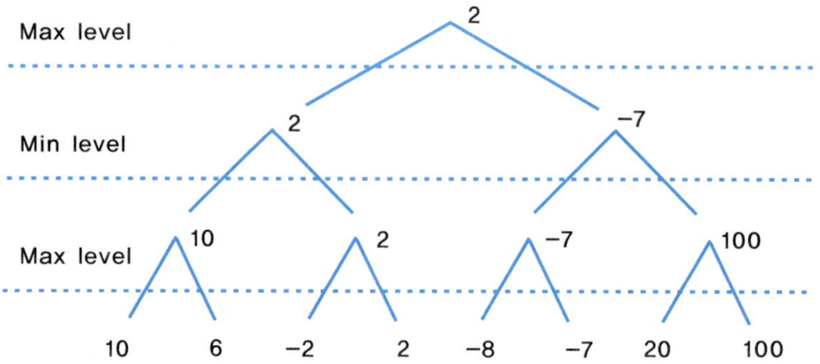

따라서 시작노드(MAX)가 게임에서 이기기 위해서는 위의 그림에서 굵은선을 따라서 노드를 선택하게 된다.

게임의 모든 레벨을 다 탐색 할 수 없을 경우에는 레벨의 깊이를 제한하여 탐색 하여야 한다(예를 들어 장기나 바둑에서 3 수 앞을 본다든지 5 수 앞을 보듯이). 이처럼 레벨의 깊이에 제한을 두고 Minimax 기법을 적용하면, 시계제한효과(Horizon effect)가 발생한다. 즉, 3 수 앞까지 보아서는 MAX가 유리하였으나, 5 수 앞까지 보면 MIN이 유리해 질 수 있다는 것이다. 따라서 될 수 있으면 깊은 레벨까지를 탐색하는 것이 좋다. 하지만 (앞에서도 설명하였듯이)문제는 컴퓨터의 시간과 공간의 제약 때문에 모든 상태 공간을 전부 탐색할 수는 없다는 것이다. 다음에 설명하는 알파베타 절단 기법은 Minimax 기법을 적용한 탐색에서 탐색공간을 줄일 수 있는 좋은 기법이다. 다음은 Wikipedia에 기술된 Minimax 알고리즘이다.

```
function minimax(node,depth)
 if depth <= 0 then
   -- positive values are good for the maximizing player
   -- negative values are good for the minimizing player
   return objective_value(node)
end
-- maximizing player is (+1)
-- minimizing player is (-1)
local alpha = -node.player * INFINITY

local child = next_child(node,nil)
while child = ~nil do
   local score = minimax(child,depth-1)
   alpha = node.player==1 and math.max(alpha,score) or math.min(alpha,score)
   child = next_child(node,child)
end
  return alpha
end
```

3.3.2 알파베타 절단 기법

알파베타 절단 기법(Alpha-Beta Pruning)은 상태 공간 중에 탐색에 고려하지 않아도 최종 결과에는 영향을 미치지 않는 노드들을 절단하여 탐색 공간을 줄이는 탐색 기법이다, 알파베타 탐색을 수행할 때는 MAX 노드의 평가함수값인 알파(Alpha)값과 MIN 노드의 평가함수값인 베타(Beta)값을 사용한다. MAX 노드에 할당된 알파값은 절대 줄어들지 않고 MIN 노드에 할당된 베타값은 절대 커지지 않는다. 그리고 [그림 3.15]의 예처럼 MAX 노드(i.e., 노드C)가 절단된 경우를 알파 절단(Alpha Cutoff)이라고 하고 MIN 노드가 절단된 경우를 베타 절단(Beta Cutoff)이라고 한다. [그림 3.15]는 [그림 3.14]의 상태 공간에 알파베타 탐색을 수행한 결과를 보여준다.

[그림 3.15]에서 노드 D와 노드 E의 평가함수값이 2와 -7로 계산 되었다면, 노드 A는 노드 D로 이동하여야 한다. 왜냐하면 노드 B는 -7값 이상을 선택하지 않기 때문이다. 여기서 중요한 것은 다음 질문이다. 노드 C의 평가함수값을 구해야 하는가? 아니다. 그렇지 않아도 된다. 왜냐하면 노드 C가 어떤 값을 갖더라도 노드 B는 최대 -7을 값으로 갖기 때문이다. 이는 노드 B가 MIN 레벨에 있어서 -7보다 더 큰 값은 선택하지 않기 때문이다. 따라서 노드 B의 값은 노드 C가 어떤 값을 갖더라도 -7보다 커지지 않는다. 그러므로 노드 C의 평가함수값은 계산하지 않아도 되고 탐색트리의 노드 B에서 노드 C로 가는 아크(가지)는 절단해도 안전하다. 즉, 탐색의 결과는 절단되지 않은 탐색트리

에서와 같다. 이처럼 탐색트리의 아크를 절단하면 탐색 공간이 줄어들어 효율적인 탐색이 가능해 진다.

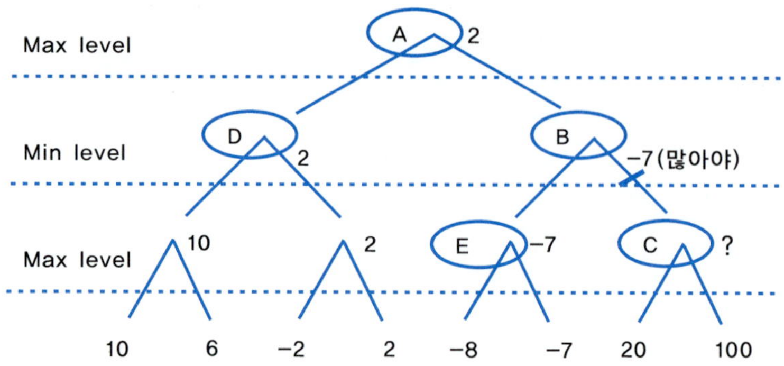

그림 3.15 알파베타 탐색의 예

알파베타 탐색은 Minimax 탐색보다 적은 공간을 탐색하며 같은 시간이면 같은 탐색트리에서 두 배의 깊이 까지 탐색이 가능하다. 하지만 알파베타 알고리즘도 exponential한 알고리즘이다. 더 자세한 사항은[Knuth&Moore57]에 잘 기술되어 있다. 다음은 Wikipedia에 기술된 알파베타 알고리즘이다.

```
function alphabeta(node, depth, α, β, Player)
    if  depth = 0 or node is a terminal node
        return the heuristic value of node
    if  Player = MaxPlayer
        for each child of node
            α := max(α, alphabeta(child, depth-1, α, β, not(Player) ))
            if β ≤ α
                break                           (* Beta cut-off *)
        return α
    else
        for each child of node
            β := min(β, alphabeta(child, depth-1, α, β, not(Player) ))
            if β ≤ α
                break                           (* Alpha cut-off *)
        return β
(* Initial call *)
alphabeta(origin, depth, -infinity, +infinity, MaxPlayer)
```

다음은 Wikipedia에 보인 알파베타 탐색 예이다. [그림 3.16]에서 회색으로 채워진 노드는 절단되어 계산이 필요 없는 부분이다. 즉, 알파베타 탐색을 수행하면 이 예에서는 전체 탐색 공간에서 파란부분만큼 탐색 공간이 줄어드는 것이다.

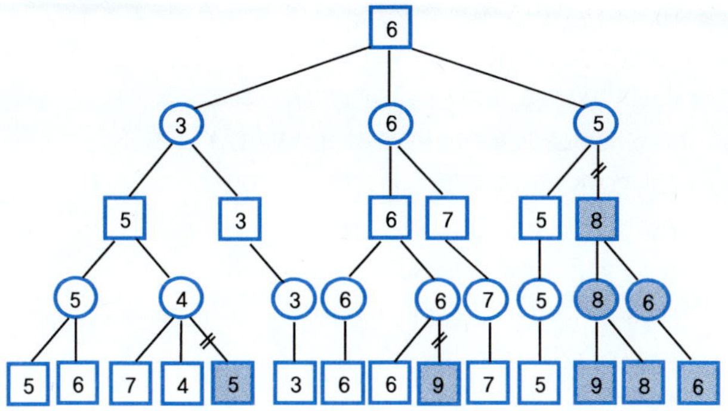

그림 3.16 알파베타 탐색의 두 번째 예 (From Wikipedia)

3.4. 탐색 프로그램 구현

본 절에서는 지금까지 설명한 내용을 바탕으로 지금까지 소개한 탐색 알고리즘 중 깊이우선 탐색 알고리즘과 너비우선 탐색 알고리즘을 LISP으로 구현하여 본다. 우선 탐색을 수행하기 위해서는 탐색 공간을 정의해야 한다. 탐색 공간은 [그림 3.1]을 그대로 사용하기로 하고 다음과 같이 PUTPROP 함수를 이용하여 구현할 수 있다.

```
(PUTPROP 'LIBRARY '(HOSPITAL  E-SCHOOL) 'ADJ)
(PUTPROP 'HOSPITAL '(PARK LIBRARY M-SCHOOL) 'ADJ)
(PUTPROP 'PARK '(HOSPITAL) 'ADJCNT)
(PUTPROP 'E-SCHOOL '(MARKET LIBRARY) 'ADJ)
(PUTPROP 'MARKET '(E-SCHOOL) 'ADJ)
(PUTPROP 'M-SCHOOL '(UNIVERSITY CHURCH HOSPITAL) 'ADJ)
(PUTPROP 'UNIVERSITY '(M-SCHOOL) 'ADJ)
(PUTPROP 'CHURCH '(M-SCHOOL) 'ADJ)
```

위에서 (PUTPROP 'LIBRARY '(HOSPITAL E-SCHOOL) 'ADJ)는 도서관과 병원 그리고 초등학교가 서로 이웃(Adjacent)해 있다. 즉 바로 연결되어 있다는 것을 구현한 것이다. 이처럼 PUTPROP을 사용하여 모든 노드들을 정의하면 탐색 공간이 구현된다. 다음은 깊이우선 탐색 알고리즘(DF-SEARCH)를 구현한 것이다. DF-SEARCH는 START와 GOAL이라는 두 개의 인자를 입력받아 출발지부터 목적지까지의 경로를 리스트로 보여준다.

```
(DEFUN DF-SEARCH (START  GOAL)
  (PROG  (OPEN CLOSED N L)
            (SETQ OPEN (LIST START))
            (PUTPROP START NIL 'POINTER)
    LOOP (COND ((NULL OPEN)(RETURN 'FAIL)))
            (SETQ N (CAR OPEN))
            (SETQ OPEN (CDR OPEN))
            (SETQ CLOSED (CONS N CLOSED))
            (COND ((EQ N GOAL)(RETURN (BUILD-PATH N))))
            (SETQ L (SUCCESSORS N))
            (SETQ L (SET-DIFF L CLOSED))
            (SETQ OPEN (APPEND L (SET-DIFF OPEN L)))
            (MAPCAR #'(LAMBDA (X)(PUTPROP X N 'POINTER)) L)
            (GO LOOP)  ))
```

여기서 OPEN은 방문할 노드를, CLOSED는 이미 방문한 노드를 그리고 N은 현재 노드를 나타낸다. 그리고 L은 DF-SEARCH내의 PROG 프로시듀어에서 작업공간으로 사용할 지역 변수로 현재 노드의 하위 노드를 저장하여 OPEN 리스트를 만들 때 사용된다. LAMBDA 함수는 아직 방문하지 않은 노드들과 현재의 노드를 POINTER로 연결하여 준다. DF-SEARCH내에서 사용하는 함수 BUILD-PATH와 SUCCESSORS 그리고 SET-DIFF는 아래와 같이 정의할 수 있다.

```
(DEFUN BUILD-PATH (N)
  (COND ((NULL N) NIL)
          (T  (APPEND (BUILD-PATH (GET  N  'POINTER))(LIST  N))) ) )
```

BUILD-PATH 함수는 POINTER를 따라 최종 경로 리스트를 만든다.

```
(DEFUN SUCCESSORS (N)
       (GET N 'ADJ) )
```

SUCCESSORS 함수는 이웃 노드들을 찾는다. 즉, 현재 노드에 바로 연결된 노드들을 찾는 것이다.

```
(DEFUN SET-DIFF (L1  L2)
  (COND ((NULL  L1) NIL)
          ((MEMBER (CAR  L1) L2) (SET-DIFF (CDR  L1) L2))
      (T  (CONS (CAR  L1) (SET-DIFF (CDR  L1) L2))) ) )
```

SET - DIFF 함수는 두 개의 리스트를 입력 받아 첫 번째 리스트를 반환하는데 이때 반환되는 리스트에는 두 번째 리스트에 있는 원소들은 제거된 상태이다. 이제 모든 준비가 되었고 다음과 같이 DF-SEARCH 함수를 실행하고 최종 경로 리스트를 반환 받을 수 있다.

```
> (DF-SEARCH  'LIBRARY  'CHURCH)
      (LIBRARY HOSPITAL M-SCHOOL CHURCH)
```

너비우선 탐색 알고리즘은 DF-SEARCH 함수에서 다음 두 줄의 코드를

```
(SETQ L (SET-DIFF L CLOSED))
(SETQ OPEN (APPEND L (SET-DIFF OPEN L)))
```

다음 두 줄의 코드로 대치하면 된다.

```
(SETQ L (SET-DIFF (SET-DIFF L OPEN) CLOSED))
(SETQ OPEN (APPEND OPEN L))
```

여러 함수들이 함께 만들어 지는 프로그램의 경우 편집기에서 파일로 편집하고 실행시킬 때 이를 LOAD 할 수 있다. 일반적인 경우(LOAD File-name.lsp)하면 그 파일내의 모든 함수들이 한꺼번에 LOAD되어 실행이 준비된다.

연습문제

1 탐색에서 휴리스틱의 역할을 설명하시오.

2 방문 판매원(Traveling Salesman) 문제에 적용할 수 있는 휴리스틱 두 가지를 말해보시오.

3 언덕등반 탐색과 최고우선 탐색을 비교 설명하시오.

4 너비우선 탐색과 언덕등반 탐색을 비교 설명하시오.

5 [그림 3.2]와 [그림 3.3]에서 도서관에서 교회까지의 너비우선 탐색 결과를 보이시오.

6 최고우선 탐색 알고리즘과 A*알고리즘의 차이를 설명하시오.

7 A*알고리즘의 허용성과 단조 증가성을 설명하시오.

8 게임을 위한 탐색의 특성을 설명하시오.

9 알파베타 절단 기법의 장점을 설명하시오

10 너비우선 탐색보다 깊이우선 탐색이 더 좋은 경우는 어떤 경우인가?

11 너비우선 탐색보다 최고우선 탐색의 효율이 떨어지는 경우는?

12 다음의 게임트리를 보고 물음에 답하시오.

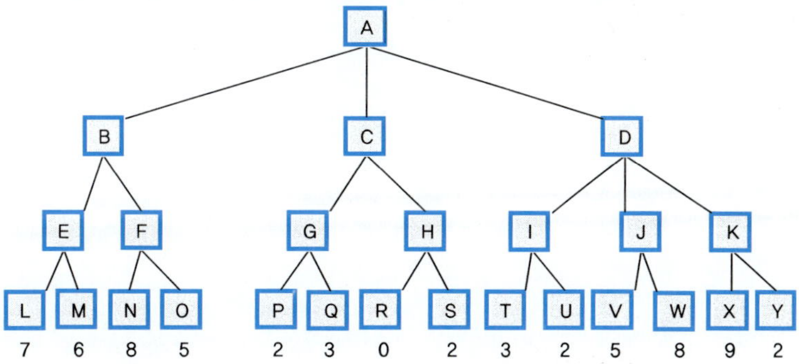

a) A가 최대화자라면 어디로 이동하겠는가?

b) 알파베타 절단 기법을 사용할 때 평가되지 않아도 될 노드는?

04 논리와 자동논증

본 장에서는 지식표현 언어의 하나인 논리와 논리를 이용한 자동논증(Automatic Reasoning)에 대하여 알아본다. 논리는 명제논리(Propositional Calculus)와 술어논리(Predicate Calculus)로 나누어 설명한다. 논증(Reasoning)은 주어진 사실로부터 어떤 결론을 도출하는 것이며, 여기서 말하는 논증은 논리적논증을 말한다. 효과적인 논증을 위해서는 좋은 지식표현 언어와 정확한 추론(Inference)규칙 그리고 효율적인 추론을 위한 전략(Strategy)이 필요하다.

4.1. 명제논리

명제논리(Propositional Calculus)는 명제를 이용한 추론을 수행할 수 있도록 체계화한 논리 형식(Logical Formalism)이다. 명제논리에서 명제(Propositional)는 참(True) 또는 거짓(False)만을 값으로 가질 수 있는 문장(Sentence)이다. 예를 들어 "밖에는 비가 오고 있다"라는 문장의 값은 실제로 밖에는 비가 오고 있으면 참이고 비가 오고 있지 않으면 거짓이다. 따라서 이 문장은 참과 거짓 둘 중 하나만을 값으로 가질 수 있어 명제/문장이다. 문장은 정형식(Well-Formed Formula)이라고 하기도 한다.

이러한 문장은 간단한 기호로 대치할 수 있다. 이처럼 명제 논리내의 문장을 나타내는 기호를 명제기호(Propositional Symbol)라 한다. 명제기호는 주로 영어 알파벳 뒤에 나오는 문자를 사용하는데 대문자로 표시한다.

명제기호 : P ← "자동차 엔진이 고장이다"
Q ← "운전할 수 없다"

위에서 "자동차 엔진이 고장이다"라는 문장은 명제기호 P로 표시하고 "운전할 수 없다"라는 문장은 Q로 표시하였다. 이처럼 명제를 기호로 표시하면 정형식을 간략화 할 수 있다.

여러 개의 문장들은 다음과 같은 연결자(Connective)를 사용하여 하나로 연결될 수 있다. 이처럼 연결자를 사용하여 두 개 이상의 문장이 연결되면 복합 문장이 된다.

기호(Symbol)	연결자(Connective)
$\wedge$, &, 또는 $\cap$	AND / CONJUNCTION
$\vee$, $\cup$, 또는 +	OR / DISJUNCTION
$\neg$ 또는 ~	NOT / NEGATION
$\Rightarrow$ 또는 $\supset$	Only IF / IMPLIES
$\equiv$	EQUAL / EQUIVALENT

올바른 (복합)문장을 만들기 위한 규칙을 정형식(WFF : Well-Formed Formula) 구성규칙이라고 한다. 정형식 구성규칙은 다음과 같이 재귀적으로 정의할 수 있다.

- 참(True)과 거짓(False)을 나타내는 진리기호(Truth Symbol)는 문장이다. (e.g.,True, False).
- 명제기호는 문장이다. (e.g., P, Q)
- 부정문은 문장이다. (e.g., $\neg$P, $\neg$Q)
- 결합(Conjunction)에 의해 연결된 문장은 문장이다. (e.g., $P \wedge Q$)
- 이접(Disjunction)에 의해 연결된 문장은 문장이다. (e.g., $P \vee Q$)
- 내포(Implication)에 의해 연결된 문장은 문장이다. (e.g., $P \rightarrow Q$)
- 동등(Equivalence)에 의해 연결된 문장은 문장이다. (e.g., $P \wedge Q \equiv R$)

따라서 정당한 명제기호와 정형식 구성규칙에 의해 생성된 모든 식은 명제논리에서 문장(WFF)이다. 예를 들어 다음 식은 문장이다.

$$\neg P \vee Q \equiv P \Rightarrow Q$$

왜냐하면, 위의 식에 쓰인 모든 기호(P, Q, R)는 정당한 명제기호이고, $\neg$P는 (3)번 정형규칙에 의해 문장이면, ㄱP ∨ Q는 (5)번 정형규칙에 의해 만들어진 문장이다. P⇒Q는 (6)번 정형규칙에 의해 만들어진 문장이고 최종적으로 ㄱP ∨ Q ≡ P⇒Q는 (7)번 정형규칙에 의해 만들어진 문장이다.

명제논리의 의미는 문장의 진리값(T or F)을 찾아내는 문장 해석 작업과 연관이 있다. 문장 해석을 위해서는 각 명제 기호에 진리값을 대응 시켜야 한다.

보기 True → T　　False → F

여기서 True, False는 진리기호(Truth Symbol) 이고 T, F는 진리값(True Value)이다. 내포(P ⇒Q)의 의미는 "If P is True then Q is True"라는 의미이다. 따라서 명제기호 P와 Q에 연결된 명제문장에 의해 P⇒Q는 "자동차 엔진이 고장이면 운전할 수 없다"와 같은 뜻을 갖는다. 다음과 같은 진리표(Truth Table)를 이용하면 어떤 문장이던지 진리값을 찾을 수 있다.

P	Q	P∧Q	P∨Q	P⇒Q	P=Q	ㄱP
T	T	T	T	T	T	F
T	F	F	T	F	F	F
F	T	F	T	T	F	T
F	F	F	F	T	T	T

그림 4.1 진리표

끝으로 ㄱP∨Q와 P⇒Q는 동등함을 기억하자. 이는 다음 진리표에서 확인할 수 있다.

P	Q	ㄱP	ㄱP∨Q	P⇒Q
T	T	F	T	T
T	F	F	F	F
F	T	T	T	T
F	F	T	T	T

그림 4.2 ㄱP ∨ Q와 P ⇒ Q는 동등함을 보이는 진리표

추론규칙은 다음 절에서 설명한다.

4.2. 술어논리

명제논리에서는 명제문장 전체를 하나의 심볼로 표현하였다. 따라서 문장내의 개별적인 요소들을 분리하여 사용할 수는 없었다. 예를 들어 "철수는 영희를 사랑한다."라는 문장을 P라는 심볼로 표현한다고 하자, 그러면 문장내의 개별적인 요소인 '철수'와 '영희'는 따로 떼어 낼 수 없다. 하지만 술어논리(Predicate Calculus)에서는 문장내의 이러한 개별적인 요소들을 분리하여 사용할 수 있다. 따라서 각각의 개별적인 요소에 대한 추론도 가능하게 된다.

또한, 술어논리에서는 변수를 사용하여 여러 개의 서로 다른 문장을 간단히 일반화하여 표현할 수 있다. 예를 들어 영희를 사랑하는 사람이 100명이 있다고 하자. 명제논리로 이러한 사실을 표현하고자 하면 100개의 문장이 필요할 것이다. (e.g.,철수는 영희를 사랑한다, 영철이는 영희를 사랑한다,...) 그러나 변수를 사용하여 술어논리로 표현하면 "사랑한다(X,영희)"로 간단히 쓸 수 있다. 이때 X는 영희를 사랑하는 100사람 중 누구든지 될 수 있다.

술어논리에서 문장 내에 사용되는 변수들의 의미를 한정하기 위하여 두 가지의 한정자(Quantifier)를 사용한다. 한정자에는 ∀로 표시하는 전체한정자(Universal Quantifier)와 ∃로 표시하는 존재한정자(Existential Quantifier)가 있다. 전체한정자는 주어진 도메인의 객체를 전체한정자에 의해 한정 받는 모든 변수에 할당하였을 때 그 술어논리문장은 참 값을 갖는다. 존재한정자는 주어진 도메인 내의 존재한정자에 의해 한정 받는 변수에 할당하여 그 술어논리문장을 참으로 하는 객체가 존재함을 나타낸다. 그리고 이러한 한정 범위를 나타낼 때는 대괄호를 사용한다. 예를 들어 "Every man loves a woman"은 다음과 같은 술어논리 문장으로 나타낼 수 있다.

```
∀X[man(X) ⇒ (∃Y[woman(Y)∧loves(X, Y)])]
```

4.2.1 구문

술어논리의 구문과 이에 필요한 용어들을 간단히 정의해 보자.

• 상수(Constant)
  특정 개체나 특성을 나타내며 소문자로 시작하고 숫자나 문자 그리고 밑줄 '_'이 사용된다.

◖보기◗ john, football

- 변수(Variable)

  개체나 특성의 클래스를 나타내며 대문자로 시작한다.

◖보기◗ Football은 변수가 되나 football은 변수가 되지 못한다.

- 함수식(Function Expression)

  함수와 그 인자들로 구성된다. 함수는 소문자로 시작하고 인자는 괄호 안에 쓰고 콤마로 분리한다. 함수식은 인자들을 '함수값' 이라는 하나의 개체로 대응시키는 것을 나타낸다.

◖보기◗ f(X, Y) ; 함수 f는 변수 X와 변수 Y를 인자로 갖는다.
father(john) ; 함수 father는 상수 john을 인자로 갖는다.

- 술어 심볼(Predicate Symbol)

  소문자로 시작하고 숫자나 문자 그리고 밑줄 '_'이 사용된다. 여러 개의 인자(Argument)를 가질 수 있다. 변수는 대문자로 시작하는 심볼식(Symbol Expression)을 사용한다.

◖보기◗ like(john, football) ; like는 술어 심볼이고 john과 football은 인자이다.

- 기본문장(Atomic Sentence)

  술어논리의 가장 기본이 되는 단위로 술어 심볼과 인자들로 구성되며 인자들 간의 관계를 나타낸다. 진리 값을 나타내는 T와 F도 기본문장이다. 기본문장은 기본식(Atomic Expression) 또는 아톰(Atom)이라고도 한다.

- 문장(Sentence)

  본문장은 문장이고 기본문장들을 연결자를 이용하여 이어 놓은 것도 (복합)문장이다. 한정자가 붙은 문장도 문장이다. 함수식은 문장이 아니다.

◖보기◗ plus(2, 3)은 함수식이고 문장이 아니다.
equal(5, plus(3, 2))는 기본문장이다.

- 연결자(Connectives)

  술어논리에서도 명제논리에서 사용하였던 연결자를 똑같이 사용한다.

4.2.2 의미론

술어논리의 의미론은 정형문장(Well-Formed Sentence)의 진리값(Truth Value)을 해석하는(찾아내는)형식적 방법(Formal Way)을 제공한다. 해석(Interpretation)은 공집합이 아닌 어떤 도메인 D에 대하여 다음과 같이 정의할 수 있다.

• 각 상수와 함수는 도메인 D내의 한 요소에 할당 시킨다.
• 각 변수에는 도메인 D내의 공집합이 아닌 부분집합을 할당한다.
• 각 술어에 참(True)이나 거짓(False)을 할당한다.

[그림 4.3]은 술어논리에서 사용되는 하나의 심볼(철수)에 도메인 내의 한 객체(실제사람)가 할당되는 것을 보여주고 있다. 술어논리문장의 진리값은 다음 [그림 4.4]와 같이 이루어진다. 여기서 D는 도메인을 나타낸다.

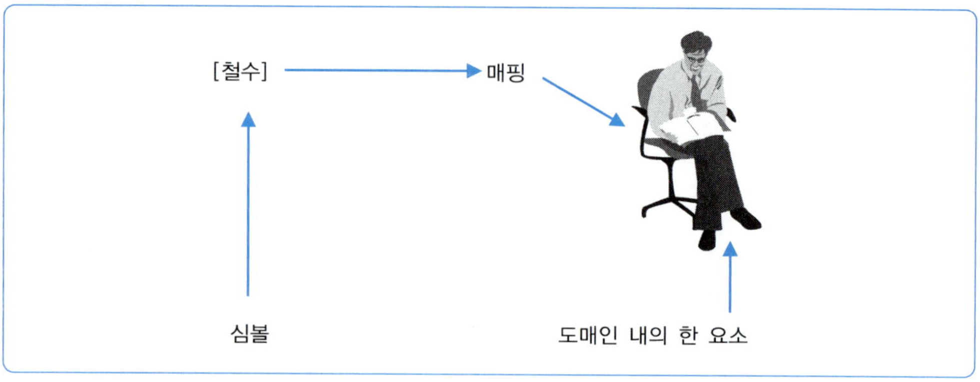

그림 4.3 심볼에 객체의 할당

한정자를 사용한 술어논리문장을 해석할 때 도메인 내의 무한히 많은 개체를 탐색해야 할 경우도 있다. 또한 도메인 내의 개체수가 유한하다 하더라도 그 수가 너무 많아 계산이 불가능(Computationally Impossible)할 수 있다. 예를 들어 다음 술어논리 문장의 진리값은 무엇인가?

문장	진리값
상수 C	D내의 원소
변수(Variable)	D내의 원소들의 집합
함수(Function)	D내의 한 원소
True, False	T, F
문장 S	해석에 따라 T 또는 F
복합문장(Compound Sentence) S (using connectives)	진리표(Truth table) 사용
∀X S	X의 모든 값에 대하여 S가 T이면 T
∃X S	X의 한 값에 대하여 S가 T이면 T

그림 4.4 문장과 진리값의 할당

```
∃X[star(X) ∧ have(X,dragon)]
```

이 문장의 진리값을 밝히기 위해서는 우주의 모든 별을 다 탐색 해 본 다음에야 결론을 내릴 수 있다. 이는 계산상 불가능한 일이다. 이러한 문제를 술어논리 문장의 해석에 있어서 결정불가능(Undecidability) 문제라고 한다.

지금까지 설명한 것은 1차 술어논리(First-Order Predicate Calculus)였다. 1차 술어논리는 한정자가 술어나 함수가 아닌 개체에만 적용되는 술어논리이다. 따라서 다음은 1차 술어논리가 아니다.

```
∀star[star(X)]
```

1차 이상의 술어논리는 자연어 문장의 의미를 표현하는데 사용되기도 하였다 [McCarthy68, Appelt85]. 하지만 자연어 문장과 술어논리 문장은 1:1로 대응이 되지 않는다. 예를 들어 다음의 두 술어논리 문장은 다 같은 의미를 갖는다.

```
∀X(man(X) ⇒ mortal(X))
∀X(mortal(X) ∨ ¬man(X))
```

따라서 표현력과 효율을 최대한 살릴 수 있는 술어를 찾는 것은 인공지능 프로그래머가 해결해야 할 중요한 문제이다.

4.2.3 추론규칙

술어논리의 의미론은 논리적 추론의 기초를 제공한다. 추론규칙(Inference Rule)은 이미 존재하는 문장의 집합으로부터 새로운 문장을 생성해 내는데 사용된다. 어떤 추론규칙을 적용하여 생성된 문장이 이미 존재하는 문장들로부터 논리적으로 합당하게(Logically Follows) 생성된 문장이면 그 때 사용된 추론규칙은 정당(Sound)하다고 한다. 어떤 술어논리 문장 X가 주어진 술어논리문장들의 집합 S에서 논리적으로 합당하게 생성된다는 것은 S를 만족하는 모든 해석에 대하여 'X는 참 이다'는 것이다. 하지만 술어논리는 무한히 많은 해석을 갖을 수 있어 논리적으로 합당한 문장을 생성하는 데는 형식적 규칙이 필요한데 이러한 규칙들을 추론규칙이라고 한다. 그리고 이미 존재하는 모든 문장들이 추론규칙에 의해 논리적으로 합당하게 생성될 수 있다면 그 추론규칙은 완전(Complete)하다고 한다. [그림 4.5]는 몇 가지 추론규칙을 보인 것이다.

전체한정자 사례화(Universal Instantiation)는 전체한정자의 영향을 받는 변수에 도메인 내의 한 (개체)심볼을 대입하여도 문장은 참을 유지한다는 규칙이다. 따라서 $\forall$X p(X)문장이 있고 도메인 내에 개체 a가 있다면 전체한정자 사례화에 의해 p(a)를 생성할 수 있다.

모더스 포넌스(Modus Ponens) 규칙은 P가 참이고 P $\Rightarrow$Q가 참이면 Q도 참이라는 결론을 내린다. 예를 들어 P가 "오늘은 일요일이다"는 것을 나타내고 P $\Rightarrow$Q는 "일요일 이면 학교에 가지 않는다"를 나타낸다고 하자. 그리고 위 두 사실을 알고 있으면 모더스 포넌스 규칙에 의하여 "학교에 가지 않는다"는 새로운 사실 Q를 얻을 수 있다.

규칙이름	전제	추론결과
모더스 포넌스 (MODUS PONENS)	P P $\Rightarrow$ Q	Q
모더스 톨런스 (MODUS TOLENS)	$\neg$Q P $\Rightarrow$ Q	$\neg$P
AND 제거 (AND ELIMINATION)	P $\wedge$ Q	P Q
AND 삽입 (AND INTRODUCTION)	P Q	P $\wedge$ Q
드모르간 (DE MORGAN)	$\neg$(P $\wedge$ Q) $\neg$(P $\vee$ Q)	$\neg$P $\vee$ $\neg$Q $\neg$P $\wedge$ $\neg$Q
전체한정자 사례화(UNIVERSAL INSTANTIATION)	$\forall$X p(X) [a in the domain of X]	P(a)

그림 4.5 추론규칙

모더스 포넌스 규칙은 변수를 포함하는 문장에도 적용할 수 있다. 예를 들어 "모든 새는 날개를 가지고 있다."를

```
∀(X)(bird(X) ⇒ has_wing(X))                                    (4.1)
```

로 표현하고 "Twity는 새다"를

```
bird(twity)                                                    (4.2)
```

로 표현하면 전체한정자 사례화에 의해

```
bird(twity) ⇒ has_wing(twity)
```

를 추론해 낼 수 있다. 그리고 has_wing(twity)라는 새로운 사실을 얻을 수 있다. 이는 (5.1)문장에 있는 bird(X)와 (5.2)의 bird(twity)가 같은 것으로 합성되었기 때문이다. 이처럼 두 개의 술어논리문장을 하나로 합성할 때 필요한 절차를 단일화(Unification)라고 한다.

4.2.4 단일화

위에서 보듯 추론규칙 적용을 위하여 우선 어떤 두 문장이 같은지 알아야 한다. 명제논리에서는 구문구조만 같으면 되기 때문에 같은 두 문장을 쉽게 찾을 수 있다. 하지만 술어논리에서는 변수가 있기 때문에 좀 더 복잡하다. 이때 단일화(Unification)를 이용한다.

단일화는 두 개의 술어논리문장을 합성할 때 변수에 무엇을 치환하여야 하는지를 결정하는데 사용되는 알고리즘이다. 단일화시 모든 변수가 전부 전체한정자에 영향을 받으면 변수의 치환은 쉽다. 이는 변수들을 도메인 내의 어떤 항(Term)으로 치환하면 되기 때문이다. 하지만 존재한정자에 영향을 받는 변수들은 문장을 참으로 만드는 상수로 치환하여야 한다. 예를 들어 ∃X brother(X, 철수)에서 철수와 영철이가 형제(brother)관계 일 때만 변수 X는 영철이로 치환될 수 있다. 그러나 한 문장 안에 여러 개의 변수가 있을 경우에는 존재한정자에 영향을 받는 변수를 제거하기가 쉽지 않다. 그 이유는 한 변수의 값이 다른 변수의 값에 따라 달라질 수 있기 때문이다. 다음 문장에서 변수 Y의 값은 변수 X값에 따라 달라진다. (예를 들어 아들이 누구냐에 따라 아버지가 달라진다.)

```
∀X ∃Y father(X, Y)
```

따라서 위의 문장에서 변수 Y를 사용하는 대신 적당한 상수를 반환하는 특수 함수를 사용할 수 있다. 이때 사용하는 특수 함수를 스콜럼 함수(Skolem Function)라고 한다. 스콜럼 함수 f를 사용하여 위의 문장을 다시 쓰면 존재한정자의 영향을 받는 변수 Y를 제거하고 다음과 같이 쓸 수 있다.

```
∀X father(X, f(X))
```

이처럼 존재한정자가 제거된 문장에서는 모든 변수가 전체한정자에 의해 영향을 받는다.

이제 단일화를 위해 남은 문제는 주어진 두 문장에서 제거하고자 하는 부분을 어떻게 찾느냐 하는 것이다. 이는 변수의 치환을 통해 가능하다. 단일화 과정에서 변수는 술어항(Predicate Term)(i.e, 상수, 변수, 함수)으로 치환 될 수 있다. 문장

```
give(X, 소연, f(Y))
```

는 다음과 같은 여러 가지로 치환이 가능하다.

```
give(승훈, 소연, f(a)) ; X는 승훈으로 Y는 a로 치환됨.            {승훈/X, a/Y}
give(W, 소연, f(Z))   ; X는 W로 Y는 Z로 치환됨.                   {W/X, Z/Y}
give(W, 소연, f(h(Z))) ;X는 W로 Y는 h(Z)로 치환됨.             {W/X, h(Z)/Y}
```

이러한 치환은 바인딩(Binding) 이라고도 한다. 위의 바인딩에서도 알 수 있듯이 {X/Y}로 표시한 것은 원문장에 있는 변수 Y 대신 X로 치환한 것을 나타낸다.

바인딩시 주의할 점은 다음과 같다. 첫째, 하나의 변수에 두 개 이상의 서로 다른 항을 치환할 수 없다. 둘째, 문장 P(X)에서 X는 p(X)로 치환하면 안 된다. 왜냐하면 p(p(X), p(p(p(X)))처럼 계속(무한히)반복될 수 있기 때문이다. 셋째, 단일화는 가장 일반화된 것이어야 한다. 가장 일반화된 단일화(Most General Unifier)를 찾지 못하면 추론에 의한 결과의 범위가 줄어들어 정확한 답의 도출을 방해할 수 있다. 예를 들어 p(X)와 p(Y)를 단일화 시킬 때 변수 X와 변수 Y에 '철수'를 치환하여 p(철수)를 얻을 수 있지만 '철수' 대신 다른 변수 'Z'를 치환하여 p(Z)로 단일화한 것이 더욱 일반화된 단일화 이다. 이는 'Z'에는 '철수'뿐만 아니라 다른 항도 올 수 있기 때문이다. 다음은 두 술어문장을 받아들여 가장 일반화된 단일화를 찾는 알고리즘이다.

```
Unify(L1, L2)
1. if L1 or L2 is an atom then do
    1. if L1 and L2 are identical then return NIL
    2. else if L1 is a variable then do
       1. if L1 occurs in L2 then return F, else return {L2/L1}
    3. else if L2 is a variable then do
       1. if L2 occurs in L1 then return F, else return {L1/L2}
       else return F
2. if length(L1) is not equal length(L2) then return F
3. set SUBST to NIL (At the end of this procedure, SUBST will
   contain all the substitutions used to unify L1 and L2)
4. for I:= 1 to number of elements in L1 do
```

```
1. call unify with the i'th element of L1 and the i'th element of L2,
   putting result in S.
2. if S = F then return F.
3. if S is not equal to NIL then do
   1. apply S to the remainder of both L1 and L2
   2. SUBST := APPEND(S, SUBST)
      Return SUBST
```

그림 4.6 단일화 알고리즘(from [Rich83])

다음은 하나의 단일화 과정을 예로 보기로 하자. 편의상 논리문장을 리스트 형태로 표현하였다. 예를 들어 논리문장 p(a, b)는 (p a b)로 그리고 p(f(a), g(X, Y))는 (p(f a)(g X Y))로 표현하기로 한다.

```
Unify((friends X (brother john)), (friends (sister mary) (brother Y)))
```

여기서는 단일화 하고자 하는 두 논리문장은 길이가 같고 기본문장(아톰)이 아니기 때문에 문장내의 원소들을 단일화 시켜나간다. 먼저 Unify(friends, friends)를 수행하여 { }를 반환 받는다. { }는 치환되는 것이 없음을 나타낸다. 다음은 남은 부분

```
Unify(X (brother john)), ((sister mary) (brother Y)))
```

을 수행한다. 그리고 {(sister mary)/X}를 반환 받는다. 그리고 나머지 부분에서 {john/Y}를 반환 받아 단일화를 마무리한다. 이를 순서대로 트리형태로 표현하면 다음과 같다[그림 4.7].

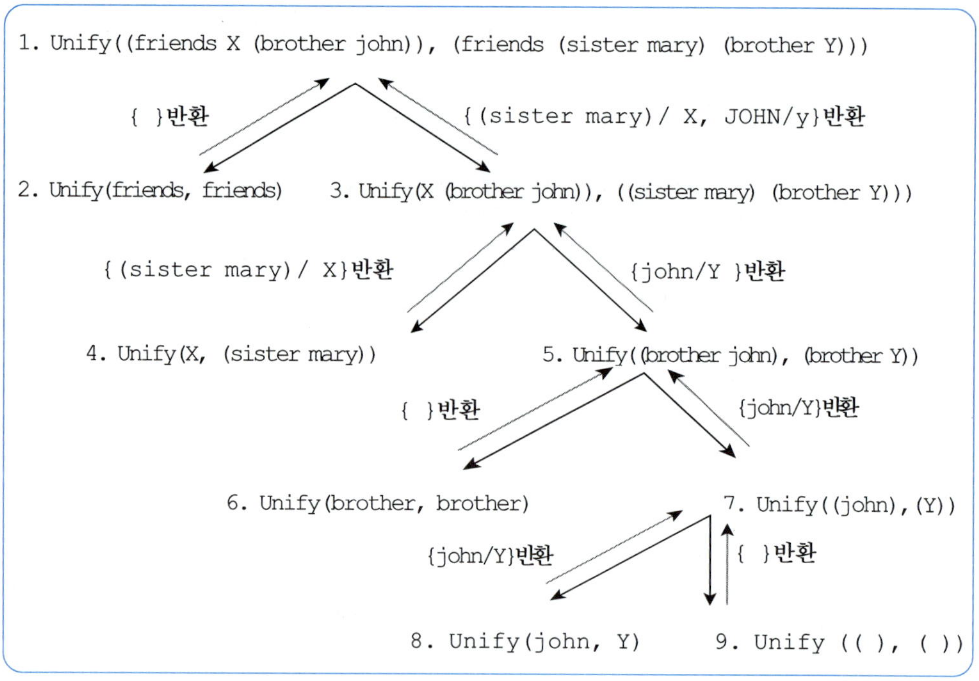

그림 4.7 하나의 단일화 과정

4.3. 자동논증

논증(Reasoning)은 주어진 사실로부터 어떤 결론을 도출하는 것이다. 여기서 말하는 논증은 논리적 논증을 말하며 논리융합원리를 이용하여 명제논리나 술어논리에서 정리를 증명하는데 유용하게 사용된다. 효과적인 논증을 위해서는 좋은 지식표현 언어와 정확한 추론(Inference)규칙 그리고 효율적인 추론을 위한 전략(Strategy)이 필요하다.

자동논증(Automated Reasoning)이란 정리증명(Theorem Proving)을 일반화 하여 말한 것으로, 필요한 입력을 받아 논리적 추론 절차에 의해 자동적으로 새로운 사실을 도출해 내는 것을 말한다. 따라서 자동논증의 연구 목적은 논증이 필요한 문제를 해결하거나 질의에 응답하는데 도움을 줄 수 있는 컴퓨터 프로그램을 만드는데 있다.

컴퓨터 프로그램이 자동으로 논증을 수행하여 얻어낸 결과들로, [Winker79, Winker81, Wos85]등에는 수학적 미해결 문제를 해결한 예를 볼 수 있고 [Wos93, Wos94]등에는 논리문제해결의 예를 볼 수 있다. 논리회로설계문제[Wojciechowski83]와 회로검증문제[Wojcik83, Hunt85, Hunt86] 그리고 컴퓨터 프로그램검증[Boyer84, Good82] 등도 해결한 예가 있다.

초기의 자동논증 알고리즘으로 1963년 Newell과 Simon이 발표한 General Problem Solver(GPS)가 있다. GPS는 지식표현언어로 술어논리를 사용하였고 Substitution, Replacement, Detachment(모더스 포넌스)등을 추론규칙으로 사용하였다. GPS의 문제는 추론규칙을 적용하기 위해서는 가지고 있는 모든 논리식을 다 탐색해야 된다는 것이다. 이러한 문제를 해결하기 위하여 생성시스템(Production System)이나 논리융합을 이용한 논증기법 등이 제안 되었다. 다음 절에서는 논리융합을 이용한 논증기법에 대하여 설명한다.

4.3.1 논리융합

논리융합(Resolution)은 명제논리나 술어논리에서 사용할 수 있는 정리 증명기법이다 [Robinson65, Bledsoe77, Kowalski79]. 논리융합은 정당(Sound)한 추론규칙이며 반박(Refutation)을 생성할 때는 완전(Complete)한 추론규칙이기도 하다. 즉 논리융합 자체는 완전하지 않지만 반박에 의해 완전하다(Complete는 아니지만 Refutation Complete 이다). 따라서 논리융합을 이용하여 추론을 수행할 때 상반된 절들이 존재하면 공절(Empty Clause)이 항상 생성되지만 상반된 부분이 존재하지 않으면 추론이 종료되지 않을 수도 있다. 공절은 □로 표시한다.

다음은 자동논증을 설명하기 위해 필요한 몇 가지 용어에 대한 정의이다.

- 리터럴(Literal)

  부정이 붙거나 또는 부정이 붙지 않은 명제기호(심볼)이다. 리터럴에는 존재한정자에 의해 영향을 받는 변수는 없고 모든 변수는 전체한정자에 의해 영향을 받는다.

  보기 명제논리에서 P, ¬Q, R는 리터럴이다.
  술어논리에서 p(X), ¬q(Y)는 리터럴이다.

- 절(Clause)

  리터럴을 논리합(이접)으로 연결해 놓은 문장이다.

  보기 명제논리에서 P∨Q∨R은 절이다.
  술어논리에서 p(X)∨¬q(Y)∨r(X, Y)는 절이다.

- 논리융합원리(Resolution Principle)

  정리(Theorem) 증명방법이다. 다음은 명제논리의 논리융합원리를 표현한 것이다.

```
L1∨L2∨... ∨LK,  ¬L1∨M2∨...∨Mm  →  L2∨..∨Lk∨M2∨...∨Mm
```

위에서 보듯이 논리 융합은 두 절이 같은 리터럴을 포함하고 있고 이들이 서로 상반된(Complementary) 경우 이 둘은 상쇄되어 없어지고 나머지 리터럴들이 새로운 절을 생성한다. 이처럼 상반된 리터럴이나 절이 상쇄되어 없어지는 것을 반박(Refutation)이라 한다. 위에서 L1과 ¬L1은 서로 상반된다. 따라서 논리 융합에 사용되는 문장은 절의 형태를 가져야 한다. 다음은 하나의 술어논리 문장을 절의 형태로 바꾼 예를 보여준다.

보기 다음과 같은 술어 문장은

```
∀X[p(X) ⇒ ∃Y[q(X, Y)]]∧∀X[¬p(X) ⇒ ¬∃Y[q(X, Y)]]
```

다음의 두 절로 바뀔 수 있다.

```
¬p(X)∨q(X, f(X))
p(Z)∨¬q(Z, W)
```

위의 보기와 같은 변환은 [그림 4.8]과 같은 절차에 의해 가능하다.

1) 내포(Implication)를 제거한다.
   a⇒b ≡ ¬a∨b를 이용하여 내포(⇒)를 제거한다.

2) 부정(¬)의 영역을 줄인다.
   ¬(¬a) ≡ a
   ¬(∀X)a(X) ≡ ∃X¬a(X)
   ¬(a∧b) ≡ ¬a∨¬b 등을 이용한다.

3) 변수들을 표준화 한다. 서로 다른 한정자에 영향을 받는 변수 이름은 서로 다르게 하여 혼동을 방지 한다.
   ∀X[¬p(X)∨Xq(X)]는 ∀X[¬p(X)∨∃Yq(Y)]로 쓸 수 있다. 이는 변수이름은 문장의 진리 값에는 영향을 미치지 않기에 가능하다.

4) 존재 한정자를 제거한다. 문장에 있는 존재 한정자는 앞에서 설명한 스콜럼 함수(Skolem Function)을 이용하여 제거한다.

5) 전체 한정자를 맨 왼쪽으로 옮긴다. 이처럼 전체 한정자들이 앞에 모두 나와 있는 문장을 프래닉스 정규형(Prenix Normal form)이라고 한다. 이때 문장의 앞에 있는 전체 한정자들을 접두사(Prefix)라 하고 그 뒤의 식을 매트릭스(Matrix)라고 한다.
   예 ∀X∀Y[¬p(X)∧q(Y)]은 하나의 프래닉스 정규형이고 여기서 ∀X∀Y는 접두사 그리고 [¬p(X)∧q(Y)]는 매트릭스이다.

6) 접두사를 제거한다. 이제 존재 한정자는 4)번에서 모두 제거 되었으므로 매트릭스 부분에 있는 모든 변수는 한정자가 없어도 전체 한정자의 영향을 받는다고 가정할 수 있다.

7) 매트릭스 부분을 논리곱 정규형으로 바꾼다.
$a \lor (b \land c)$는 $(a \lor b) \land (a \lor c)$로 바꾼다.

8) 논리곱을 제거한다. 따라서 $(a \lor b) \land (a \lor c)$는 $(a \lor b)$와 $(a \lor c)$의 두개의 절로 나뉜다.

9) 각각의 절에 사용되는 변수 이름들은 서로 다르게 한다.
예를 들어 현재 가지고 있는 절들이
$p(X) \lor p(Y)$와 $\neg p(X) \lor p(f(X))$이면 $p(X) \lor p(Y)$와 $\neg p(X2) \lor p(f(X2))$로 변경한다.

그림 4.8 변환 절차

논리융합과 반박을 이용하여 정리를 증명하는 프로시듀어를 논리융합 증명 프로시듀어(Resolution Proof Procedure)라고 한다. 논리융합 증명 프로시듀어는 [그림 4.9]와 같이 추론규칙과 이를 논리식들에 적용하는 알고리즘으로 구성된다.

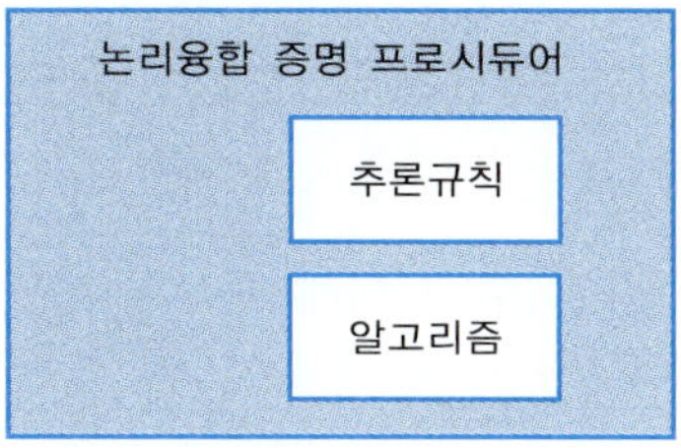

그림 4.9 논리융합 증명 프로시듀어

논리융합증명 프로시듀어에서 추론규칙으로는 논리융합을 사용하고 논리융합 증명에 사용하는 알고리즘은 다음과 같은 알고리즘을 사용한다.

1) 주어진 공리(Axiom)를 절의 형태로 만든다.
2) 증명하고자 하는 것을 부정(절)의 형태로 공리집합에 포함시킨다.
3) 공리집합으로부터 논리융합에 의해 새로운 절을 생성한다.
4) 반박에 의해 공절(□)이 생성되면 증명을 끝낸다.

다음은 논리융합 증명 프로시듀어에 의한 증명의 예를 보기로 하자.

◀ 보기 ▶ 다음과 같은 사실을 알고 있을 때 "소크라테스는 죽는다"라는 것이 사실임을 논리융합 반박(Resolution Refutation)에 의해 증명하여 보자.

- 알고 있는 사실(Axiom)

술어논리 문장	설명
∀X(animal(X) ⇒ die(X))	모든 동물은 죽는다.
∀X(man(X) ⇒ animal(X))	모든 사람은 동물이다.
man(소크라테스)	소크라테스는 사람이다.

- 증명할 사실(Thesis)

술어논리 문장	설명
die(소크라테스)	소크라테스는 죽는다.

위의 문제를 논리융합 증명 프로시듀어에 의하여 증명한다.

- 주어진 공리(Axiom)를 절의 형태로 만든다.

1. ¬animal(X) ∨die(X)
2. ¬man(Y) ∨animal(Y) ; **변환절차에 따라 각각의 절에 사용되는 변수 이름들은 서로 다르게 한다.**
3. man(**소크라테스**)

- 증명하고자 하는 것을 부정(절)의 형태로 공리집합에 포함시킨다.

1. ¬die(**소크라테스**)

- 공리집합으로부터 논리융합에 의해 새로운 절을 생성한다.

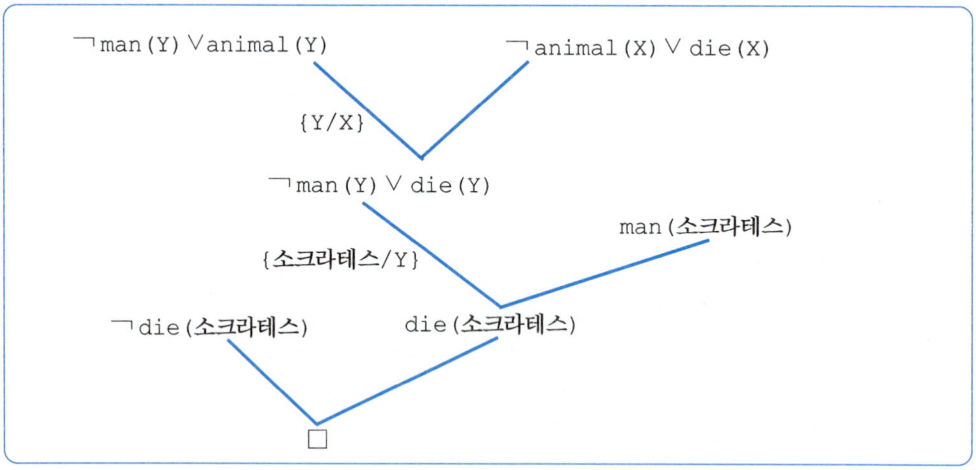

- 반박에 의해 공절(□)이 생성되면 증명을 끝낸다.

어떤 경우에는 하나의 절에 두 개 이상의 리터럴이 같은 것으로 단일화될 수 있을 때가 있다. 이런 경우에는 다음과 같이 상반된 절이 존재하더라도 반박이 생성되지 않을

수가 있다. 예를 들어

```
p(X) ∨ p(f(Y))와
¬p(W) ∨ ¬p(f(Z))가 있을 때
p(f(Y)) ∨ p(f(Y))와
¬p(f(Y)) ∨ ¬p(f(Y))로 단일화 되면
```

p(f(Y)) ∨ ¬p(f(Y)) (i,e, Tautological Form)가 남아 반박에 의한 공절(□)이 생성되지 않는다. 이러한 문제는 인자화(Factoring)에 의해 해결한다.

인자화란 하나의 절에 두 개 이상의 리터럴이 가장 일반화된 단일화를 이룰 때 원 절에 있는 하나의 리터럴만 남기고 중복되는 리터럴은 제거하는 것이다. 이때 남은 리터럴을 인자(Factor)라 한다. 예를 들어 위에서 p(X)∨p(f(Y))가 {f(Y)/X}에 의해 p(f(Y))∨p(f(Y))로 단일화 될 때 p(f(Y))가 인자이다. 이처럼 인자화를 이용하면 위에서 p(f(Y))와 ¬p(f(Y))만 남게 되어 반박에 의한 공절(□)이 생성된다.

4.3.2 논리융합을 위한 전략

논증에서 전략의 필요성을 설명하기 위하여 [Luger02]에 있는 하나의 예를 본다.

> "All people who are not poor and are smart are happy. Those who read are not stupid. John can read and is wealthy. Happy people have exciting lives. Can anyone be found with an exciting life?"

[그림 4.10]과 [그림 4.11]은 위의 문제를 논리융합 증명 프로시듀어를 이용하여 증명하는 과정을 트리 형태로 표현한 것이다.

이 두 트리의 모양이 서로 다른 것은 논리융합을 이루는 절들의 순서가 서로 다르기 때문이다. 논리융합을 이루는 절들의 순서에 따라 어떤 순서는 결론을 빨리 도출하기도 하고 어떤 순서는 그렇지 못하기도 하다. 그리고 N개의 절이 있으면 N^2 가지의 조합이 가능하다. 따라서 절들이 많은 문제에 있어서는 논리융합을 위하여 절들이 어떻게 조합을 이루느냐 하는 것은 매우 중요한 문제이다. 이러한 문제를 해결하기 위하여 적절한 절들의 조합을 찾을 수 있는 전략(Strategy)이 필요하다.

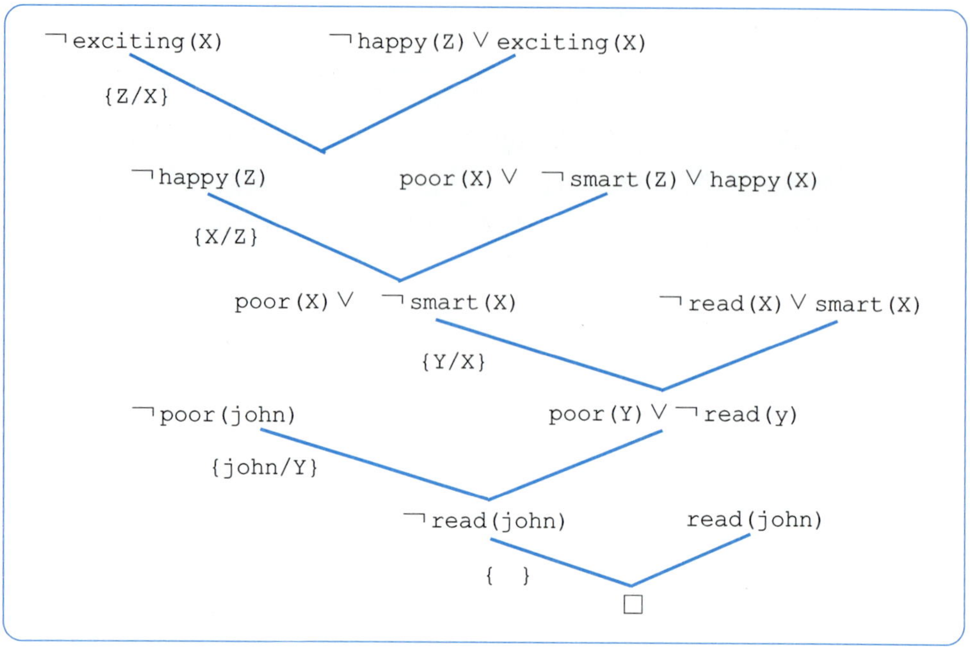

그림 4.10 Exciting Life 문제를 위한 논리융합 증명(from [Luger02])

같은 이유로 효율적인 논증 프로그램을 (만들기)위해서는 추론규칙을 어떻게 (어떤 순서로) 적용 하여야 하는지 그 방향을 제시해 주는 전략이 필요하다. 정보가 적게 필요한 논증일지라도 전략이 없이 추론규칙을 적용하다 보면 (필요 없는 정보를 포함하여) 너무 많은 정보를 생성하게 된다. 전략에는 여러 가지가 있지만 어떤 전략이 특정문제에 가장 적합한지를 결정할 수 있는 형식적 기법은 아직까지 발견되지 않았다. 다음은 몇 가지 일반적인 전략을 살펴보기로 한다.

- 가중치 전략(Weighting Strategy)
  사용자가 절(Clause)내의 개념이나 심볼에 값을 부여하여 논증 프로그램이 그 값에 따라 다음에 추론규칙을 적용할 절들을 선택하게 하는 전략이다. 따라서 사용자가 중요하다고 생각되는 것을 중심으로 논증을 진행시킬 수 있게 된다.

- 너비우선 전략(Breadth-First Strategy)
  의하면 주어진 각각의 절은 우선순위 없이 다른 모든 절들과 논리융합을 수행한다. 또한 새로이 생성된 절은 처음부터 존재한 절 뿐만 아니라 지금까지 새로이 생성된 모든 절들과 논리융합을 수행한다. 따라서 너비우선 전략은 최단경로에 의한 문제해결은 가능하고 반박(Refutation)이 존재하면 언젠가는 반박을 생성하는 완전(Complete)한 전략이다. 하지만 너비우선 전략은 너무 많은 절을 생성하게 된다.

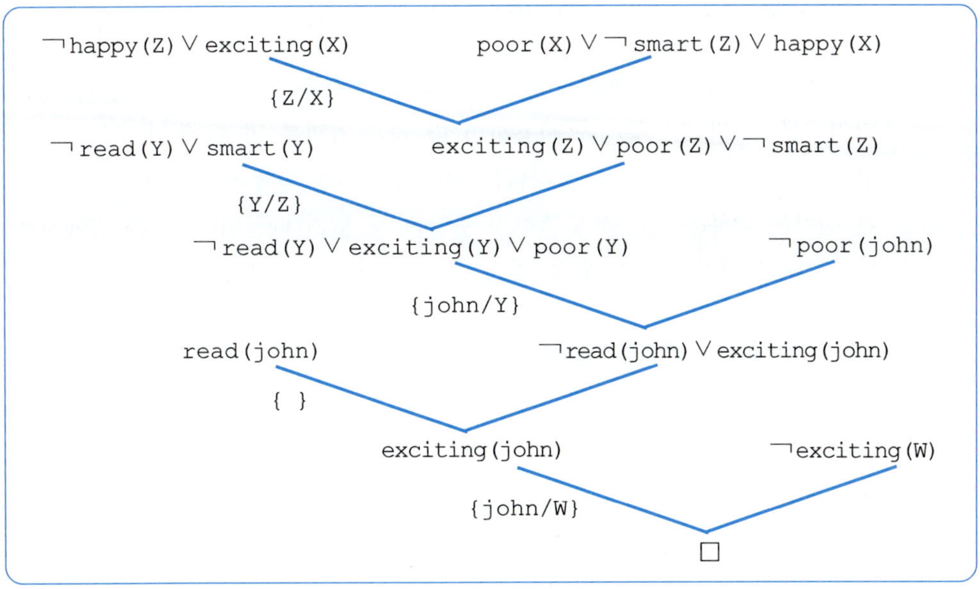

그림 4.11 Exciting Life 문제를 위한 또 하나의 논리융합 증명(from [Luger02])

- 지지집합 구성 전략(Set of Support Strategy)

  주어진 절들 중에서 논증의 결론이나 문제해결에 중요하게 사용될 절들을 사용자가 선택하게 하는 전략이다. 이때 선택된 절들의 집합을 지지집합(Set of Support)이라고 하고 선택되지 않은 절들은 보조 절(Auxiliary Clause)이라고 하고 이들은 어떤 논증단계를 마무리하는 데 만 사용된다. 지지집합 구성 전략에서는 논리융합 시 적어도 하나의 절은 지지집합에 속하는 것을 이용한다. 그리고 지지집합에 속하는 절들이 주로 결론 생성에 직접적으로 참여하게 되어 논리융합 공간을 크게 줄일 수 있다.

- 단위 절 선호 전략(Unit Preference Strategy)

  절의 길이가 짧은 절을 우선적으로 사용하는 전략이다. 논리융합에 사용되는 절의 길이가 짧아야 공 절(Empty Clause)을 빨리 생성할 수 있을 것이다. 따라서 논리융합의 대상이 되는 절들 중에서 하나의 리터럴로만 구성된 절(i.e., 단위 절/Unit Clause)을 우선적으로 사용하는 전략이 단위 절 선호 전략이다. 단위 절이 없을 때는 길이가 상대적으로 더 짧은 절을 선호한다. 논리 융합시 적어도 하나의 절이 단위 절인 것을 단위논리융합(Unit Resolution)이라고 한다. 단위논리융합은 완전(Complete)하지 않다.

- 선형 입력 전략(Linear Input Form Strategy)

  논리융합에 부정 목적 절(Negated Goal Clause)을 먼저 사용하는 전략이다. 다음에는 처음에 부정 목적 절을 사용한 논리융합에서 생성된 새로운 절이 다른 절과의 논리융합에 의해 또 다른 새로운 절을 생성한다. 이러한 과정을 반복하여 공 절이 생성되면 논증을 멈춘다. 따라서 선형 입력 전략을 사용하면 항상 가장 최근에 생성된 절이 논리융합에 사용된다. 그러나 선형 입력 전략은 완전(Complete)하지 않다.

이 밖에도 여러 가지 전략이 있으며 이러한 전략들은 단독으로 사용되기도 하지만 두 가지 이상의 전략을 동시에 사용하면 더 좋은 효과를 낼 수 있다. 그리고 전략을 선택할 때 중요한 고려사항 중의 하나는 전략의 완전성(Completeness)이다. 이는 완전하지 않은 전략은 원하는 결론을 도출하지 못할 수도 있기 때문이다. 다음 절에서는 논리융합 반박을 사용하여 어떻게 답을 찾을 수 있는지를 살펴보기로 한다.

4.3.3 논리융합 반박을 이용한 질의응답

앞에서 논리융합을 수행하고 반박을 생성하여 어떤 가설을 증명하는 것을 보았다. 논리융합은 단일화를 이용하였고 단일화를 위해서는 개념의 치환이 필요하다. 이때 반박 생성을 위해 사용하는 치환 정보를 응답에 활용할 수 있다. 논리융합 반박을 이용한 질의응답의 간단한 예를 하나 보기로 하자.

```
"철수와 그의 개 또리는 항상 함께 다닌다.
 현재 철수가 공원에 있다.
 또리는 어디에 있는다?"
```

위의 물음에 답하기 위해서 먼저 위의 내용을 논리식으로 쓰면 다음과 같다.

```
at(철수, X) ⇒ at(또리, X)
at(철수, 공원)
```

이를 논리융합을 위해 절의 형태로 바꾸면

```
¬at(철수, X) ∨ at(또리, X)
at(철수, 공원)
```

이 된다. 그리고 질문은 at(또리, Y)이다. 따라서 이를 부정한 ¬at(또리, Y)를 논리융합에 사용하여 Y에 치환되는 정보를 답으로 찾을 수 있다. [그림 4.12]는 질의응답 과정을 보인 것이다.

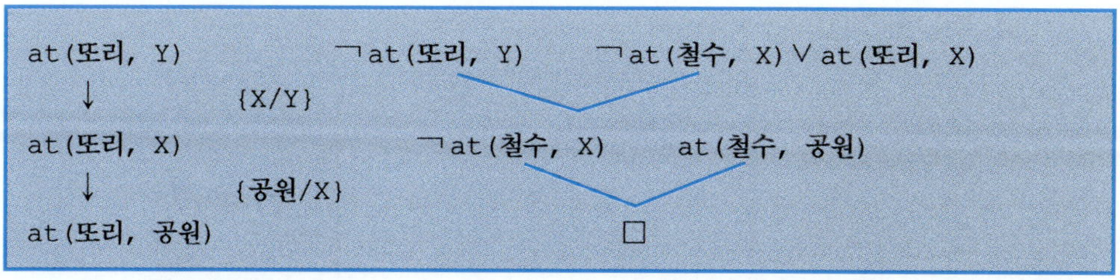

그림 4.12 하나의 질의응답 과정

이러한 예는 앞에서 설명한 Exciting Life 문제에서도 볼 수 있다. 따라서 알고 있는 사실들을 논리식으로 표현하여 지식베이스에 저장하여 놓고 질문이 들어오면 논리융합 증명 프로시듀어(넓게 말하여 논증)를 사용하여 추론에 의한 답을 생성할 수 있는 것이다.

4.3.4 자동논증 시스템

자동논증을 수행하는 프로그램으로 Prover9이 있다. Prover9은 Otter라는 자동논증 시스템을 발전시킨 것으로 [그림 4.13]의 공개버전으로 사이트(www.cs.unm.edu/~mccune/prover9)에서 다운 받아 사용할 수 있다.

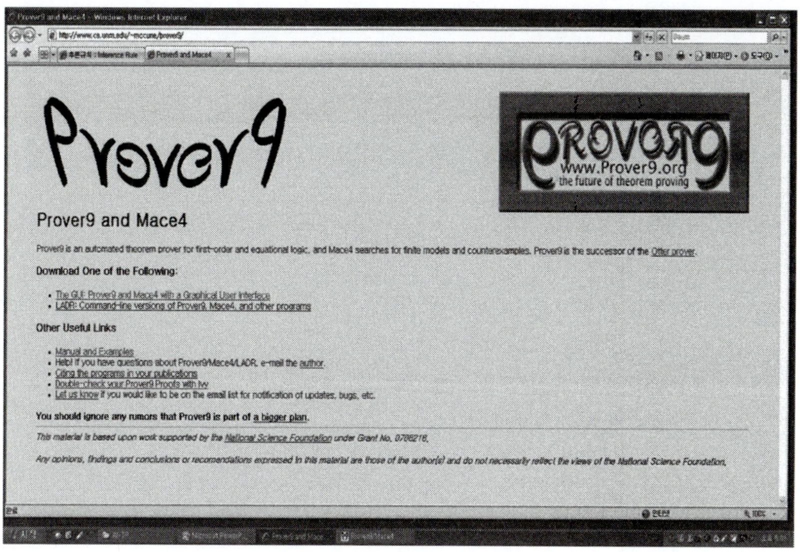

그림 4.13 Prover9 사이트

[그림 4.14]는 Prover9의 입력 예를 보여주고 있다.

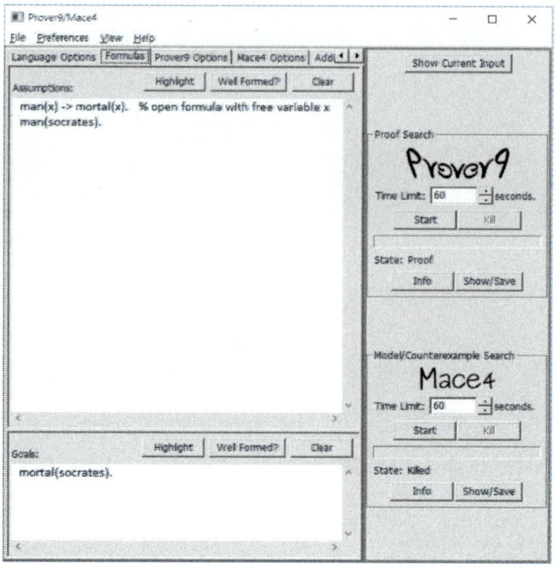

그림 4.14 Prover9 입력

[그림 4.14]에서 준비한 내용을 실행 시키면 [그림 4.15]와 같은 결과를 볼 수 있다. [그림 4.15]는 [그림 4.14]의 입력에 대한 논증 과정의 시작 부분을 보여 주고 있다.

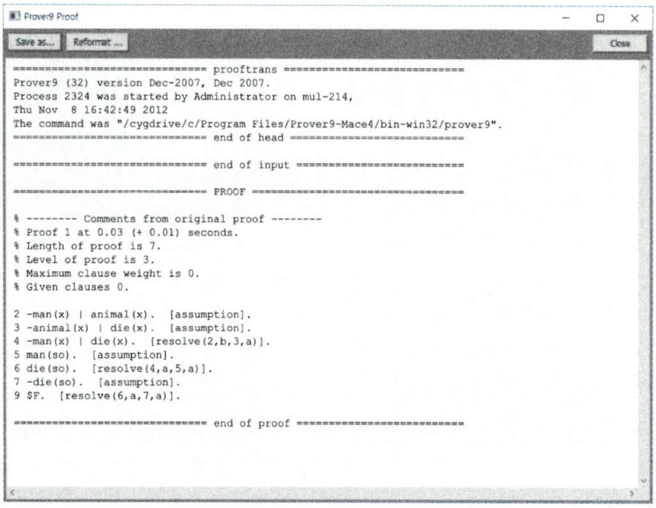

그림 4.15 Prover9 출력

4.3.1절에서 예로든 소크라테스 문제를 Prover9을 이용하여 증명 하려면 다음과 같은 입력을 준비하면 된다.

```
formulas(assumptions).
  man(x) -> mortal(x).   % open formula with free variable x
  man(socrates).
end_of_list.

formulas(goals).
  mortal(socrates).
end_of_list.
```

그리고 이 입력은 다시 다음과 같은 절의 형태로 Prover9에 의하여 자동 변환되어 수행된다.

```
formulas(sos).
  -man(x) | mortal(x).
  man(socrates).
  -mortal(socrates).
end_of_list.
```

위의 절의 형태를 Prover9에 직접 입력 하여도 동일한 결과를 얻을 수 있다.

연습문제

1 다음 용어를 설명하시오.

a) 명제

b) 명제기호

c) 복합문장

d) 정형식

e) 단일화(Unification)

2 명제논리와 술어논리의 차이점을 설명하시오

3 다음 단일화 과정에서 빈 곳을 채우시오.

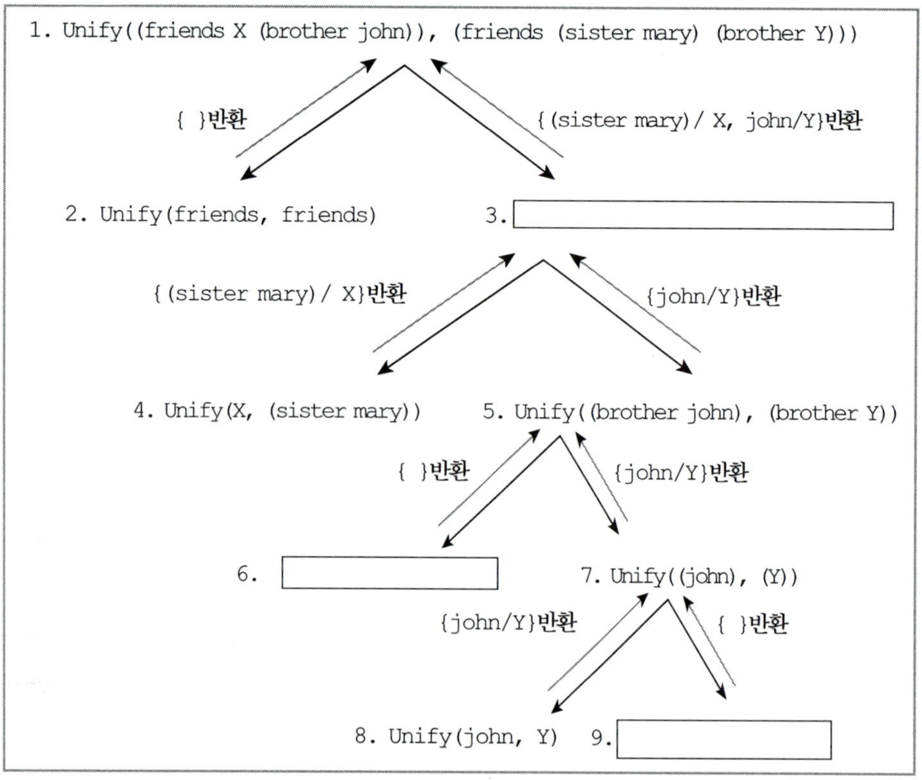

4 논증과 추론의 차이점을 설명하시오.

5 논리융합의 원리를 예를 들어 설명하시오.

6 논리융합을 위한 전략 세 가지를 설명하시오.

7 논리융합반박을 어떻게 질의응답에 이용할 수 있는지 예를 들어 설명하시오.

8 $\neg P \vee Q$와 $P \Rightarrow Q$가 동등함을 보이시오.

9 다음 문장을 절(Clause)로 바꾸시오.

a) Every person has a grandfather.

b) All integers are either even or odd.

c) Jane is a mother and happy.

d) If Tom is at school, then John is not.

e) The sum of two positive number is always positive.

f) The sum of two positive number is greater than either of the number.

g) All people over 80 got the permission.

10 가장 일반화된 단일화(Most General Unifier)의 필요성을 설명하시오.

11 Prover9을 이용하여 소크라테스 문제를 증명하시오.

05 불확실성과 퍼지논리

앞 장에서는 문장의 값이 '참' 아니면 '거짓' 둘 중 하나만을 가질 수 있다는 전제가 있었다. 하지만 실제 상황에서 인간의 지식은 참이나 거짓으로 확정하기 어려운 때가 많다. 이는 가지고 있는 지식에 대한 확신이 부족하거나 충분한 지식을 습득하지 못하였기 때문 일 수 있다. 예를 들어 병원에서 흰 가운을 입은 남자를 보면 대부분 의사라고 생각할 것이다. 하지만 그 사람이 남자 간호사 일 수도 있고, 다른 일을 도와주는 기능사 일 수도 있다. 따라서 대부분의 인공지능 시스템은 이러한 불확실한 정보나 지식을 이용하여 문제를 해결하여야 하는 경우가 많기 때문에 불확실성을 다룰 수 있는 여러 가지 방법이 있어야 한다.

본 장에서는 불확실성을 다루는 방법으로 확률론(Probability), 확신인자(Certain Factor), 퍼지논리(Fuzzy Logic)등에 대하여 알아본다. 인공 신경망(Neural Network)과 유전알고리즘(Genetic Algorithm)은 7장에서 다룬다.

5.1. 불확실성

인공지능에서 불확실성은 다음과 같은 여러 가지 원인에 의해 나타날 수 있다.

- 부분정보만을 가지고 있다.
- 정보에 대한 신뢰성이 부족하다.

- 지식표현 언어에 한계가 있다.
- 다중정보원에서 습득한 정보들 간에 충돌이 있다.

이러한 불확실성을 포함한 지식을 직접추론에 사용할 수도 있으나 결과의 정확성을 높이기 위하여 여러 가지 기법을 사용한다. 불확실성을 다루기 위한 기법은 크게 다음 두 가지로 나눌 수 있다.

❶ 병렬 확신 추론 기법(Parallel Certainty Inference Techniques)
- 식에 불확실한 정도를 따로 표시하고 이를 이용하여 결과를 도출함 (e.g., 확률론, 확신인자, 증거이론)

❷ 불확실성 조직 기법(Uncertainty Structuring Techniques)
- 불확실한 지식 자체를 그대로 형식화하여 표현하고자 노력함 (e.g., 퍼지논리, 인공 신경망, 유전자 알고리즘)

불확실성은 숫자나 그림 또는 기호로 표시될 수 있다. 숫자는 예를 들어 '0은 가장 불확실한 것이고 100은 가장 확실한 것이다'처럼 범위로 나타낼 수 있고, 다음 그림과 같이 명암의 차이를 이용하여 나타낼 수 있다.

하지만 명암의 차이는 숫자보다 부정확하고 사람에 따라 인식하는 정도도 다를 수 있다. 따라서 다음 그림과 같이 숫자와 그림을 함께 사용하는 것도 좋은 방법이다.

기호를 사용하여 불확실성을 표시하는 방법에는 순위를 정하는 방법(Ranking)과 다섯 개의 보기(매우 나쁘다, 나쁘다, 중립이다, 좋다, 매우 좋다) 중 하나를 선택하는 Likert Scale이 있다. 기호를 사용하는 방법은 종종 숫자와 함께 사용되거나 숫자로 변형되어 불확실성을 표시한다. 다음 절에서는 확률에 대하여 알아본다. 확률은 문제의 대상이 무작위(Random)적이거나 가능한 예외(Exception)를 예측하는 등의 경우에 유용하게 활용될 수 있다.

5.2. 확률

확률은 특정 사건이 일어날(또는 일어나지 않을) 기회의 정도를 나타내고 다음 식 (5.1)과 같이 계산된다.

$$P(X) = \frac{\text{특정사건 X가 일어난 횟수}}{\text{전체사건이 일어난 횟수}} \quad (5.1)$$

확률이 0 이라는 것은 '참'이 되는 것이 가능하지 않음을, 확률이 1이라는 것은 확실히 '참'임을 그리고 확률이 0.5라는 것은 참이나 거짓일 가능성이 반반으로 같다는 것을 나타낸다. 위의 식 (5.1)은 일어나는 전체사건 중에 X라는 하나의 특정 사건이 일어날 확률(P(X))을 계산하기 위한 식이다.

여러 사건들로 구성된 공간에서 복수개의 사건에 대해 어떤 사건 A 또는 B가 일어날 확률은

$$P(A \cup B) = P(A) + P(B) - P(A \cap B)$$

와 같이 계산할 수 있다. 예를 들어 카드놀이에 사용되는 52장의 카드 중에서 한 장의 카드를 뽑았을 때 그 카드가 Ace이거나 Heart일 확률은

$$\begin{aligned} P(Ace \cup Heart) &= P(Ace) + P(Heart) - P(Ace \cap Heart) \\ &= 4/52 + 13/52 - 1/52 \\ &= 16/52 \end{aligned}$$

가 된다.

여러 사건이 동시에 일어날 확률은 다음과 같이 볼 수 있다. 첫째, 동시에 일어나는 사건들이 서로 독립적일 때는 $P(A \cap B) = P(A)P(B)$로 계산 할 수 있다. 예를 들어 카드놀이에 사용되는 52장의 카드 중에서 한 장의 카드를 뽑았을 때 그 카드가 Ace이고 Heart일 확률은 1/52이고 다음과 같이 계산된다.

$$P(Ace \cap Heart) = 4/52 * 13/52 = 1/52$$

이는 두 사건이 서로 독립적이기 때문이다. 즉 하나의 카드가 Ace이라고 해서 Heart가 되지 못하는 것은 아니다. 하지만 상호 배타적인 두 사건은 한 사건이 일어나면 다른 사건은 일어날 수 없는 것이다. 예를 들어 동전을 던져서 앞면이 나오는 사건과 뒷면이 나오는 사건은 상호 배타적이다. 상호 배타적인 사건의 결합 확률은 0이다.

5.2.1 조건확률과 Bayes 정리

우리가 어떤 것에 대한 믿음의 정도를 이야기 할 때는 그것에 대해 알고 있는 지식(증거)에 의존한다. 앞에서 계산한 확률 P(A)는 아무런 증거 없이 A에 대한 믿음의 정도(확률)를 계산한 것이다. 하지만, 한 사건의 발생 유무가 다른 사건 발생에 영향을 준다면(우리가 어떤 증거를 알고 있다면) 주어진 조건 하에서 확률, 즉 한 사건 B가 일어난 상태에서 A가 일어날 확률은 P(A|B)로 표시하고 식 (5.2)처럼 계산 할 수 있다.

$$P(A|B) = \frac{P(A \cap B)}{P(B)} \tag{5.2}$$

이때 두 사건 A와 B가 상호배타적이면 P(A∩B) = 0이 되어 P(B|A) = P(A|B) = 0이 되고 두 사건 A와 B가 서로의 발생에 영향을 주지 않고 독립적이면 위의 식은 사용할 필요가 없다.

예제 1

다음과 같이 여덟 개의 사건이 있는 공간이 A와 B로 나뉘어 있을 때 P(A), P(B), 그리고 P(A|B)를 계산해 보자.

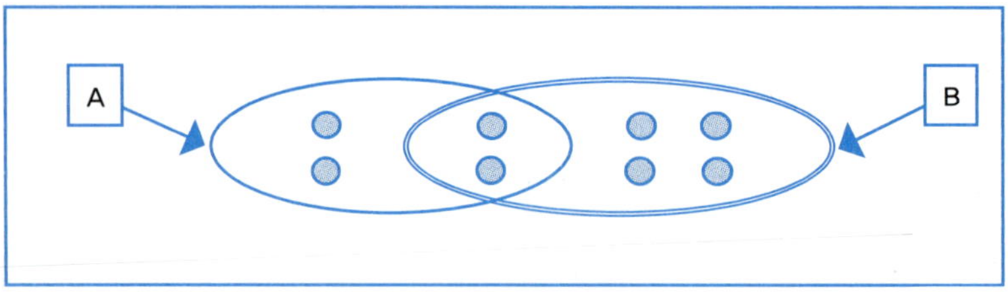

풀이

A에는 네 개의 사건이 있고 B에는 여섯 개의 사건이 있으므로 P(A) = 사건 A가 일어난 횟수 / 전체사건이 일어난 횟수 = 4/8이고 P(B) = 사건 B가 일어난 횟수 / 전체사건이 일어난 횟수 = 6/8이다. 그리고 P(A|B) = 사건 A와 B가 동시에 일어난 횟수 / 사건 B가 일

어난 횟수

$$P(A|B) = P(A \cap B) / P(B) = 2/6$$

이다.

이처럼 주어진 조건(증거) 하에서 계산하는 확률을 조건확률(Conditional Probability) 또는 사후확률(Posterior Probability)이라고 한다. 식 (5.2)로부터

$$P(A \cap B) = P(A|B)\ P(B) \tag{5.3}$$

를 얻을 수 있고 $P(A \cap B) = P(B \cap A)$ 이므로 식 (5.2)와 같이

$$P(B|A) = \frac{P(A \cap B)}{P(A)}$$

이다. 그리고 식 (5.2)에 식 (5.3)의 $P(A \cap B) = P(A|B)\ P(B)$를 대입하여 식 (5.4)를 얻을 수 있다.

$$P(B|A) = \frac{P(A|B)P(B)}{P(A)} \tag{5.4}$$

이를 Bayes 정리(Bayes Theorem)라 한다. 식 (5.4)는 두 개의 사건만을 고려한 것이다. 하지만 실세계의 문제에는 두 개 이상의 사건이 관련된 경우가 많다. 따라서 식 (5.3)을 이용하여 n개의 사건으로 확장하면 식 (5.5)를 얻을 수 있다.

$$P(B|A) = \frac{P(A|B_i)P(B_i)}{P(A|B_1)P(B_1) + P(A|B_2)P(B_2) + \cdots + P(A|B_n)P(B_n)} \tag{5.5}$$

이는 어떤 전체 사건 X가 상호배타적인 사건들 {B1, B2,..., Bn}로 이루어 졌다고 할 때, 임의의 사건 A에 대하여

```
A = A∩X
  = A∩(B1 + B + ... + Bn)
  = (A∩B1) + (A∩B2) + ... + (A∩Bn)
```

으로 표현 가능하기 때문이다. 식 (5.5)는 여러 가지 사건이 상호 관련된 확률을 계산하는데 적합한 식이다. 하지만 이러한 식은 사용하기 위해서는 여러 가지 확률들이 미리 계산되어야 한다. 예를 들어 질병진단 시스템에서 200가지 질병에 대한 증상 2000가지를 고려한다고 하면 800,000,000!개 이상의 확률들의 계산이 필요하다. 이는 n^2개의 증상에 대한 확률과 m가지의 질병에 대한 확률 그리고 $m \times n^2$개의 조건확률에 대한 계산이 필요하기 때문이다. 즉, $m \times n^2 + n^2 + m$개의 확률들을 미리 계산하여야 한다. 따라서 복잡한 시스템에는 Bays 정리를 사용하기에 부적합할 수도 있다. 하지만 간단한 시스템에서는 유용하게 사용될 수 있다.

■

예제 2

어떤 공장에서 기계 3대가 같은 길이의 양초를 생산한다고 하자. 그리고 기계 I, II, III이 전체 생산량의 35%, 25%, 40%를 생산하고 각각 2%, 1%, 3%의 불량품을 생산한다. 하나의 생산된 양초를 선택했을 때 이양초가 불량품일 확률을 구하시오.

풀이

```
P(D) = P(I)P(D|I) + P(II)P(D|II) + P(III)P(D|III)
     = (35/100)(2/100) + (25/100)(1/100) + (40/100)(3/100)
     = 215/10,000
```

(이때 P(D)는 불량품일 확률을 그리고 P(I), P(II), P(III)는 각각 기계 I, II, II에서 생산된 양초일 확률을 나타낸다.)

■

5.3. 확신인자

앞 절에서는 사건이나 사실 또는 가정이 참이거나 거짓일 가능성을 확률로 표현 하였다. 어떤 사건이 참일(일어날) 확률이 0.7이라면 그 사건이 거짓일(일어나지 않을) 확률은 0.3이다. 따라서 어떤 사건에 대한 참이거나 거짓일 확률의 합은 항상 1이다.

5

```
P(H) + P(H') = 1          ;여기서 H'은 H의 부정을 나타낸다.
```

이고

```
P(H) = 1 - P(H')
```

이다. 그리고 조건확률인 경우

```
P(H|E) = 1 - P(H'|E)                                      (5.6)
```

이다.

하지만 다음의 예는 이러한 확률 계산이 부정확한 경우를 보여준다. 예를 들어 그 동안 시험 점수가 좋지 않았던 학생이 마지막 시험에서 A를 받으면 인공지능 과목을 통과할 수 있는 학생이 있다고 하자. 그리고 그 학생은 자신이 인공지능 과목을 통과할 수 있을 가능성을 다음과 같이 믿고 있다.

```
P(통과함 | 마지막 시험에 A 받음) = 0.7                       (5.7)
```

위에서 보듯이 가능성이 100%가 아닌 것은 인공지능 과목을 통과 하는 데는 보고서 점수 등 다른 요인도 있기 때문이다. 그리고 식 (5.6)에 의해

```
P(통과하지 못함 | 마지막 시험에 A 받음) = 0.3                 (5.8)
```

식 (5.8)은 열심히 공부하여 마지막 시험에 A를 받으면 인공지능 과목을 통과하지 못할 가능성이 30% 있다는 것이다. 이는 확률적으로는 맞는 계산이지만 직관적으로 좀 이상함을 알 수 있다. 근본적인 문제는 조건확률 P(H|E)는 증거 E와 가설 H사이의 관계를 고려하지만 증거 E와 가설 H'사이에는 아무런 관계가 없을 수 있다는 것이다. 이러한 문제를 확신이론에서는 신뢰의 척도(Measure of Belief)와 불신의 척도(Measure of Disbelief)를 이용하여 확신인자(Certainty Factor)로 표현한다.

그리고 확신인자(Certainty Factor)를 이용하여 불확실성을 표현하는 것은 확률과는 다르다. 예를 들어 어떤 사람이 어떤 사건에 대한 신뢰의 정도를 나타내는데 '매우 그렇다'

단지 '그럴 것 같다' 등으로 나타낼 수 있는데 이러한 것은 확률과 다르게 어떤 사건에 대한 신뢰와 불신의 합이 꼭 1일 필요가 없다. 이는 어떤 사건에 대해 0.7만큼 신뢰를 갖고 있지만 그 사건에 대해 불신 할 수 있는 정보는 없을 수 있기 때문이다. 확신인자 값이 1이면 확실히 참이고 확신인자 값이 -1이면 확실히 거짓이며 확신인자 값이 0 이면 아무런 정보도 없음을 나타낸다.

따라서 불확실성을 신뢰의 척도와 불신의 척도로 나누어 다음과 같이 정의한다. $MB[H, E]$는 가설 H에 대한 증거 E의 신뢰의 척도로 다음과 같이 정의한다.

$$MB[H,\ E\ ] = \begin{cases} 1 \\ \dfrac{\max[P(H|E),\ P(H)] - P(H)}{\max[1,\ 0] - P(H)} \end{cases}$$

$MD[H, E]$는 가설 H에 대한 증거 E의 불신의 척도로 다음과 같이 정의한다.

$$MD[H,\ E\ ] = \begin{cases} 1 \\ \dfrac{\min[P(H|E),\ P(H)] - P(H)}{\min[1,\ 0] - P(H)} \end{cases}$$

여기서 max[1, 0]은 항상 1이고 min[1, 0]은 항상 0이다. 하지만 0과 1대신 min[1, 0]과 max[1, 0]으로 쓴 것은 MB와 MD의 형식적인 대칭성을 보여주기 위한 것이다.

그리고 $MB[H, E] = 0$일 때 $1 > MB[H, E] > 0$이고 $MB[H, E] = 0$일 때 $1 > MB[H, E] > 0$이다. 이는 신뢰의 척도는 0과 1사이의 값으로 나타내고 신뢰의 척도(MB)가 양수이면 불신의 척도(MD)는 0이 되고 반대로 불신의 척도(MD)가 양수이면 신뢰의 척도(MB)는 0이 됨을 나타내고 있다.

이제 확신인자(CF)를 신뢰의 척도(MB)와 불신의 척도(MD)를 이용하여 다음과 같이 계산할 수 있다.

```
CF[H, E] = MB[H, E] - MD[H, E]
```

다음은 MB, MD, CF의 특성을 요약한 것이다.

특성	값
범 위	$0 \leq MB \leq 1$ $0 \leq MD \leq 1$ $-1 \leq CF \leq 1$
가설이 참인 경우 P(H|E) = 1	MB = 1 MD = 0 CF = 1
가설이 거짓인 경우 P(H'|E) = 1	MB = 0 MD = 1 CF = -1
증거 부족인 경우 P(H|E) = P(H)	MB = 0 MD = 0 CF = 0

CF = 0.7 이라는 것은 확신이 불신보다 70% 더 크다는 것을 나타내고 CF = - 0.7 이라는 것은 불신이 확신보다 70% 더 크다는 것을 나타낸다. 확신인자는 MD값을 모르고도 MB를 나타낼 수 있게 한다. 즉,

```
CF(H, E) + CF(H', E) = 0
```

일 수 있고

```
CF(H, E) + CF(H', E) ≠ 1
```

이다.

이러한 확신인자가 사용되는 예를 하나 들어보기로 하자. 박테리아서 질병진단 시스템인 MYCIN[Buchanan&Shortliffe84]은 확신인자를 사용하여 불확실성을 처리하였다. MYCIN은 규칙기반 전문가 시스템이다. 따라서 확신인자값의 결합은 하나의 규칙 내에서 이루어질 수도 있고 여러 규칙들 간에 이루어 질 수도 있다. 하나의 규칙 내에서 확신인자값의 결합이 이루어지는 예를 보자.

```
    IF the infection is primary-bacteremia (CF=0.6)
and IF the site of the culture is one of true sterile sites(CF=0.5)
and IF the suspected portal of entry is the gastrointestinal tract(CF=0.8)
    THEN the is suggestive evidence that infection is bacteroid
```

위의 규칙은 세 개의 전제 조건을 가지고 있고 각각의 전제조건은 확신인자값을 가지고 있다. 그리고 세 개의 전제 조건들이 AND(∧)로 연결되어 있어 모두가 참일 때 결론을 얻을 수 있다. 이런 경우 MYCIN에서는 세 개의 전제조건이 가지고 있는 확신인자값 중 가장 작은 값을 결합 확신인자값으로 선택한다. 그 이유는 세 개의 전제조건이 모두 만족될 경우에 대한 확신은 확신이 가장 작은 전제 조건이 만족될 때이기 때문이다. 만약 전제 조건들이 OR(∨)로 연결되었다면, 가장 큰 확신인자값이 결합 확신인자값이 된다.

```
CF(A1 ∧ A2 , ..., ∧ An)= minimum[CF(A1),...CF(An)]
CF(A1 ∨ A2 , ..., ∨ An)= maximum[CF(A1),...CF(An)]
```

규칙 기반 시스템에서 여러 개의 규칙이 사용되고 규칙 간에 상호작용이 있을 수 있다. 예를 들어 두 개의 서로 다른 규칙이 같은 결론을 생성할 때 확신인자값의 결합은 다음과 같은 식에 의해 계산된다. (여기에서 R1과 R2는 두 개의 규칙을 나타낸다.)

```
CF(R1, R2)  = CF(R1) + CF(R2) [1- CF(R1)]
            = CF(R1) + CF(R2) - CF(R1) * CF(R2)
```

이는 두 개의 확신인자값을 바로 더하면 결합 확신인자 값이 너무 커지기 때문이다. (이때 결합되는 확신인자값이 하나라도 음수이면 다른 식이 사용된다.) 이처럼 확신인자의 사용은 형식적이지 못한 면이 있고, (i.e., ad hoc한 방법이고)전문가에 따라 초기의 확신인자값을 배정하는데도 차이가 있을 수 있다. 하지만 확신인자도 간단한 시스템에서는 유용하게 사용될 수 있다.

5.4. 퍼지집합이론

확률론은 정보의 무작위성(Randomness)을 설명 하는데 효과적이지만 정보의 의미를 설명하는 데는 부적당하다. 예를 들어 '키가 큰 사람'과 같은 자연어 문장의 의미를 파악하는데 어려움을 주는 것은 무작위성 보다는 모호성이다. 따라서 이간의 정보처리 과정에서 불확실성을 다루는데, 확률론 보다 모호한 정보를 더 효과적으로 다룰 수 있는 수리적 이론이 필요하다. 1965년 Zadeh가 소개한 퍼지집합이론은 이처럼 모호한 정보를 집합소속함수(Set Membership Function)를 이용하여 수치적으로 다루는 이론이다 [Zadeh65].

5.4.1 퍼지집합

일반집합에서는 집합의 원소가 그 집합에 속하거나 속하지 않거나 둘 중에 하나이다. 이러한 집합을 크리습(Crisp)한 집합이라 한다. 하지만 퍼지집합에 속하는 원소는 각 원소가 집합에 속하는 정도가 각각 다를 수 있다. 이러한 소속 정도의 차이는 소속함수(Membership Function)에 의해 결정된다. 어떤 원소가 퍼지집합 A에 속하는 정도는 다음과 같은 소속함수로 나타낸다.

$$\mu_A(x) = [0,1]$$

여기서 [0,1]은 0과 1을 포함한 0과 1사이의 모든 실수값을 나타낸다. 보통 집합은 다음과 같은 소속함수를 갖는다.

$$\mu A(x) = \begin{cases} 0 & \text{if } x \notin A \\ 1 & \text{if } x \in A \end{cases}$$

즉 일반집합에서는 어떤 원소 X가 집합 A에 속하던지 속하지 않던지 둘 중에 한 가지이다. 그리고 집합에 속한 원소들은 소속 함수값이 모두 1로 같다. 하지만 퍼지집합에서는 어떤 원소가 그 집합에 속하는 정도가 다 다를 수 있다. 예를 들어 집합 A={a1, a2,…,an}일 때가 일반집합 이라면 A에 속하는 원소 a1, a2,…,an 각각의 소속 함수값은 전부 1이다. 즉 μA (a1) = 1, μA (a2) = 1,…, μA (an) = 1. 하지만 집합 A가 퍼지집합 이라면 μA (a1) = 0.3, μA (a2) = 0.1, μA (an) = 0.7 등으로 소속 함수값이 각각 다를 수 있다. 따라서 퍼지집합 A는 다음과 같이 나타낼 수 있다.

$$A = \{ a_1/\mu_A(a_1),\ a_2/\mu_A(a_2), \ldots,\ a_n/\mu_A(a_n) \}$$
$$= \{ a_1/0.3,\ a_2/0.1, \ldots,\ a_n/0.7 \}$$

또한 다음 그래프에서는 일반 집합과 Xu 부터 Xv까지의 퍼지 구간을 갖는 퍼지집합을 비교할 수 있다.

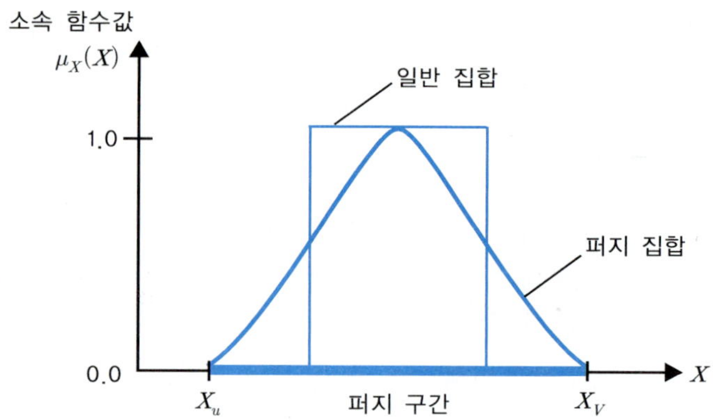

일반적으로 책이 300페이지 이상이면 두꺼운 책 이라고 한다면 보통 집합에 의한 표현[그림 5.1]과 퍼지집합에 의한 두꺼운 책의 정의를 비교하여 볼 수 있다[그림 5.2].

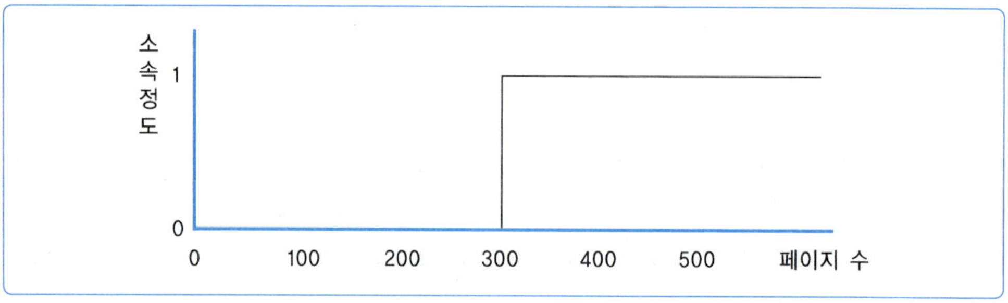

그림 5.1 보통집합에 의한 두꺼운 책의 정의

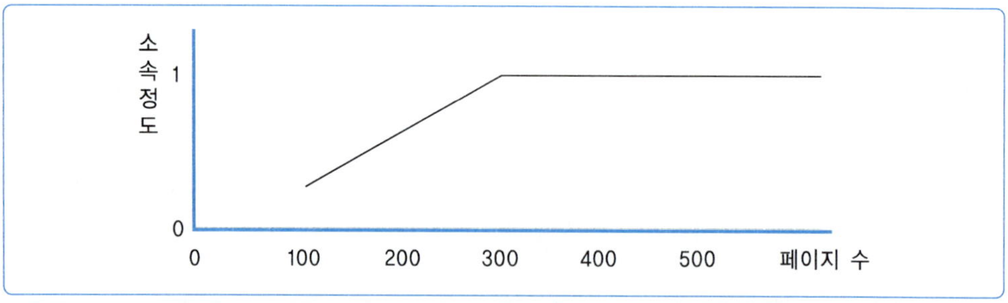

그림 5.2 퍼지집합에 의한 두꺼운 책에 대한 하나의 정의

그림에서 보듯이 보통집합에서는 290페이지의 책도 두꺼운 책이 될 수 없다. 하지만 사람들은 300페이지 이상의 책을 두꺼운 책이라 할 때 290페이지이면 어느 정도 두꺼운 책에 속한다고 볼 수 있다. 이러한 모호한 차이를 퍼지집합에서는 효과적으로 표현 할 수 있다. 이때 [그림 5.2]에서처럼 두꺼운 책에 속하는 정도의 차이를 사선으로 표시할 수 도 있고 [그림 5.3]에서처럼 곡선으로 표시할 수도 있다.

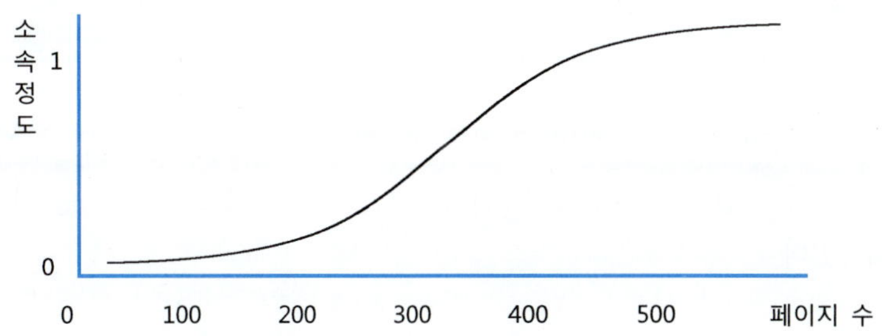

그림 5.3 퍼지집합에 의한 두꺼운 책에 대한 또 하나의 정의

이는 소속 함수값에 따라 달라지고 이러한 차이는 거의, 대부분, 많이, 작게, 매우 작게 등의 자연어 개념을 다루는데 용이하게 사용될 수 있다. 이러한 자연어 개념을 변수로 사용할 때 이를 언어변수(Linguistic Variable)라고 한다. 이처럼 퍼지집합의 형태를 변형시켜 언어변수의 모호한 차이를 설명할 수 있는 것이 퍼지집합 한정자인 헤지(Hedge)이다. 헤지는 언어변수 중 '약간' 또는 '매우'와 같은 부사를 다루며, 다음과 같은 농축(Concentration) 연산과 팽창(Dilation) 연산에 의해 구현될 수 있다. 예를 들어 두꺼운 책의 소속 함수를 제곱하여 매우 두꺼운 책에 대한 소속 함수를 만들 수 있고, 두꺼운 책의 소속 함수의 루트값을 이용하여 약간 두꺼운 책에 대한 소속 함수를 만들 수 있는데 이들은 각각 농축 및 팽창 연산이 적용된 것이다. 즉, 농축 및 팽창 연산은 헤지를 구현하는데 사용되는 연산들이다. 즉, A가 두꺼운 책에 대한 퍼지 집합이고, B는 매우 두꺼운 책에 대한 퍼지집합일 때 $\mu_A(X) = 0.5$ 이면 농축 연산에 의하여 $\mu_B(X) = \mu_A(X)^2 = 0.25$가 된다.

[그림 5.4]는 헤지를 이용하여 두꺼운 책과 매우 두꺼운 책에 대한 정의를 그래프로 보인 것이다.

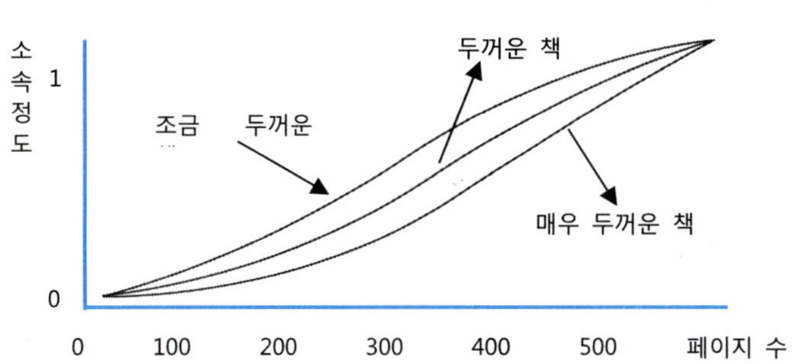

그림 5.4 헤지에 의한 두꺼운 책과 매우 두꺼운 책에 대한 차이

[그림 5.4]에서 사용한 매우(Very)라는 헤지를 수식으로 나타내면 다음과 같이 쓸 수 있다.

$$\mu_A^{very}(x) = [\mu_A(x)]^2$$

즉 어떤 책이 두꺼운 책의 집합에 0.75만큼 속한다면, 매우 두꺼운 책의 집합에는 0.5625만큼 속한다는 것을 나타낸다. 같은 방법으로 조금(Less)을 나타내면 다음과 같이 쓸 수 있다.

$$\mu_A^{less}(x) = [\mu_A(x)]^{1.3}$$

이처럼 필요에 따라 여러 가지 헤지를 사용하여 자연어에서 사용하는 다양한 표현들을 처리할 수 있다. 그리고 [그림 5.5]는 '두꺼운 책'과 '얇은 책'을 동시에 퍼지 집합으로 표현한 것이다.

[그림 5.5]에서도 알 수 있듯이 퍼지 집합에서는 어떤 하나의 책이 '두꺼운 책'의 집합과 '얇은 책'의 집합에 동시에 속할 수 있다. 예를 들어 250페이지의 책은 '두꺼운 책'의 집합에 0.7만큼 속하고 '얇은 책'의 집합에 0.4만큼 속할 수 있다.

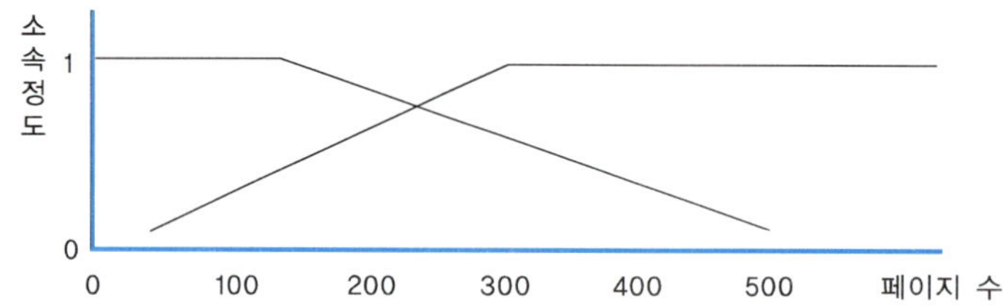

그림 5.5 두꺼운 책과 얇은 책의 퍼지 집합에 의한 정의

퍼지집합들 간에 합집합(Union), 교집합(Intersection) 그리고 여집합(Complement)은 다음과 같이 계산한다. 전체집합이 X이고 두 퍼지 집합 A와 B의 합집합 A∪B로 표시하고 다음과 같은 소속 함수를 갖는 퍼지집합으로 정의한다.

$$\mu_{A\cup B}(x) = \max\{\mu_A(x), \mu_B(x)\}, \text{ for } \forall_x \in X$$

두 퍼지집합의 합집합을 만들고 각 원소의 소속 함수값은 각 원소의 최대 소속 함수값으로 결정한다.

교집합은 A∩B로 표시하고 각 원소의 소속 함수값은 다음과 같이 결정한다.

$$\mu_{A \cap B}(x) = \min\{\mu_A(x), \mu_B(x)\}, \text{ for } \forall_x \in X$$

그리고 퍼지집합 A의 여집합은 AC로 표시하고 소속 함수값은 다음과 같이 결정한다.

$$\mu_A^C(x) = 1 - \mu_A(x), \text{ for } \forall_x \in X$$

두 퍼지집합 A와 B의 교집합, 합집합, 그리고 여집합을 그래프로 그리면 [그림 6.6]과 같다.

예를 들어 전체집합 $X = \{x_1, x_2, x_3, x_4\}$이고, 퍼지집합 $A = \{x_1/0.3, x_2/0.5, x_3/0.7\}$이고 퍼지집합 $B = \{x_2/0.4, x_3/0.6, x_4/0.2\}$라면 A와 B의 합집합 $A \cup B = \{x_1/0.3, x_2/0.5, x_3/0.7, x_4/0.2\}$가 되고 교집합 $A \cap B = \{x_2/0.4, x_3/0.6\}$이 되며 여집합 $A^C = \{x_1/0.7, x_2/0.5, x_3/0.3\}$이 된다.

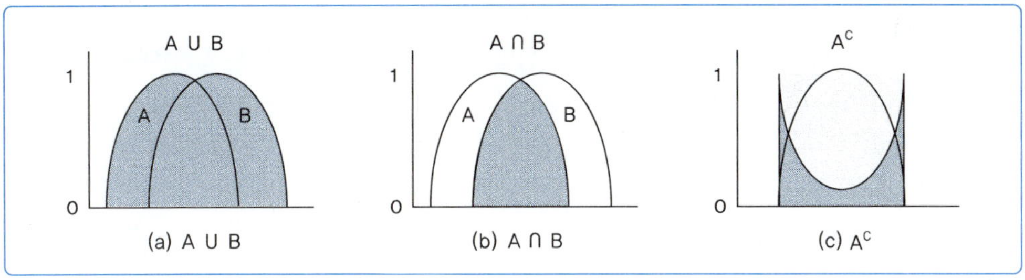

그림 5.6 퍼지집합의 합집합, 교집합, 여집합

5.4.2 퍼지 수

퍼지 수(Fuzzy Number)는 '사과 두 세 개', '키가 약 180Cm' 등과 같은 모호한 수치를 말한다. '커피에 설탕을 약 두 스푼 넣으시오'라고 말할 때 약 두 스푼(약 2)은 퍼지 수라고 할 수 있고 이러한 퍼지 수를 이용한 계산은 다음과 같이 할 수 있다. 예를 들어 '약 두 스푼'과 '약 두 스푼'을 더하려면 '약 두 스푼'에 대한 퍼지 집합을 정의해야 된다. '약 두 스푼'은 '두 스푼'일 가능성이 1이고 '세 스푼'일 가능성이 0.5 그리고 '한 스푼' 가능성이 0.5라고하면 다음과 같은 그래프로 나타낼 수 있다[그림 5.7].

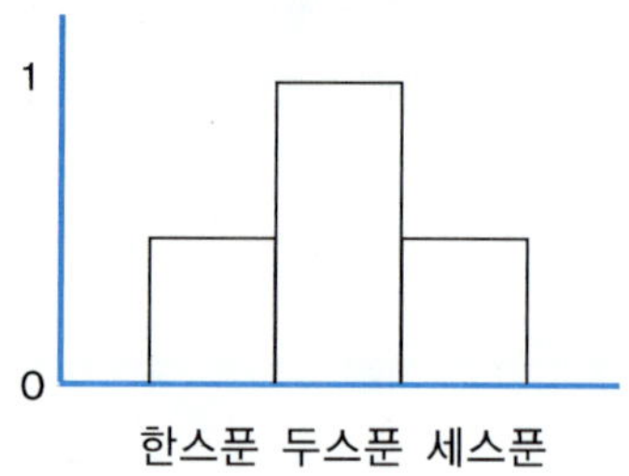

그림 5.7 퍼지 수 '약 두 스푼'의 그래프 표현

그리고 이를 퍼지집합으로 표현하면

```
약 두 스푼 = {한 스푼/0.5, 두 스푼/1.0, 세 스푼/0.5}
          = {1/0.5, 2/1.0, 3/0.5}
```

로 나타낼 수 있다.

이러한 퍼지 수를 나타내는 퍼지집합은 일반적으로 정규 분포 형태를 갖으며 [그림 5.8]과 같이 여러 가지 모양이 가능하다.

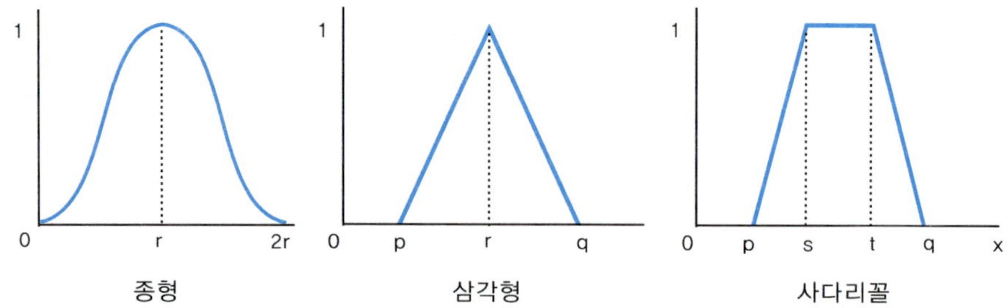

그림 5.8 퍼지 수의 여러 가지 형태

[그림 5.8]의 퍼지 수의 형태 중에서 종형은 매끄러운 모양이지만 계산이 복잡하다. 그리고 삼각형은 종형을 간략화한 것으로 일반적으로 많이 쓰인다. 사다리꼴은 종형과 삼각형을 혼합한 것으로 간단한 소속 함수를 사용한다. 각각의 퍼지 수를 나타내는 소속 함수는 [그림 5.8]과 같다.

• 종형 : $\mu_b(x) = [1 - \frac{(x-r)^2}{r^2}]e^{-\frac{(x-r)^2}{r^2}}$

• 삼각형 : $\mu_{tr}(x) = \begin{cases} \frac{1}{(r-p)}(x-r)+1 & p < x \le r \\ -\frac{1}{(q-r)}(x-r)+1 & r < x \le q \end{cases}$

• 사다리꼴 : $\mu_{tz}(x) = \begin{cases} \frac{1}{(s-p)}(x-s)+1 & p < x \le s \\ 1 & s < x \le t \\ -\frac{1}{(q-t)}(x-t)+1 & t < x \le q \end{cases}$

이러한 퍼지 수 '약 두 스푼' 더하기 '약 두 스푼'을 계산하면 다음과 같다.

```
'약 두 스푼' + '약 두 스푼' = {1/0.5, 2/1.0, 3/0.5} + {1/0.5, 2/1.0, 3/0.5}
                           = {2/0.5, 3/0.5, 4/1.0, 5/0.5, 6/0.5}
```

퍼지 수에 대한 연산은 Zadeh의 확장원리(Extension Principle)를 적용하여 수행 되는데 다음과 같은 두 단계로 설명할 수 있다.

❶ 두 개의 퍼지 수(A와 B)에 대한 연산의 결과로 생성된 곱집합(Cartesian Product)에서 새로운 퍼지 수 C에 대한 C_i의 소속 함수값은 C_i를 생성하는데 사용된 a_i와 b_i의 소속 함수값 중 최솟값(MINIMUM)을 취한다.

❷ 두 개의 퍼지 수(A와 B)에 대한 곱집합(Cartesian Product)에 같은 값의 C_i를 생성하는 a_i와 b_i의 쌍이 여러 개 있을 때는 그 중 소속 함수값이 최대(MAXIMUM)인 쌍의 결과를 최종 C_i의 소속 함수값으로 취한다.

이는 간단히 말해서 "MAX of MIN"기법이라 한다.

여기서 '약 두 스푼' + '약 두 스푼'에 해당하는 '약 네 스푼'에 해당하는 새로운 퍼지 수의 각 원소(i.e., 2, 4, 6)가 계산되는 것을 보면 2는 1 + 1에 의해서만 생성될 수 있으며 (1/0.5) + (1/0.5) = (2/0.5)가 된다. 두 번째 원소인 4는 2 + 2에 의해 생성될 수 도 있으며 1 + 3에 의해 생성될 수 도 있다. 이 때 4를 이루 는 2의 소속 함수값은 1.0이지만 1과 3의 소속 함수값은 0.5이다. 따라서 이 중 최댓값인 1.0을 4의 최종 소속 함수값으로 취한다. 세 번째 원소인 6은 3 + 3에 의해서만 생성될 수 있으며 6의 최종 소속 함수값은 0.5이다.

예제 3

다음 두 퍼지 수 A와 B를 더해 보자.

A = {1/0.02, 2/1.0, 3/0.025}

B = {3/0.01, 4/1.0, 5/0.015}

먼저 A와 B의 합에 대한 곱집합 A×B를 구한다. 이때 소속 함수값이 최소인 것을 그 원소의 소속 함수값으로 취한다.

A×B = { (a1 + b1) = 1/0.02 + 3/0.01 = 4/0.01,

(a1+b2) = 1/0.02 + 4/1.0 = 5/0.02,

(a1+b3) = 1/0.02 + 5/0.015 = 6/0.015,

(a2+b1) = 2/1.0 + 3/0.01 = 5/0.01,

(a2+b2) = 2/1.0 + 4/1.0 = 6/1.0,

(a2+b3) = 2/1.0 + 5/0.015 = 7/0.015,

(a3+b1) = 3/0.025 + 3/0.01 = 6/0.01,

(a3+b2) = 3/0.025 + 4/1.0 = 7/0.025,

(a3+b3) = 3/0.025 + 5/0.015 = 8/0.015 }

최종적으로 새로운 퍼지 수 C는 A × B에서 중복되지 않은 모든 원소의 값을 선택하고 중복된 값의 소속 함수값은 최댓값을 취한다.

μc(4) = 0.01

μc(5) = 0.02 ; A × B에서 원소 값이 5가 되는 것의 소속 함수값(0.02와 0.01)중 최대인 것을 취한다.

μc(6) = 1.0 ; μc(5)에서와 같은 방법으로.

μc(7) = 0.025 ; μc(5)에서와 같은 방법으로.

μc(8) = 0.015

따라서 A + B = C = {4/0.01, 5/0.02, 6/1.0, 7/0.025, 8/0.015}가 된다.

예제 4

다음과 같은 퍼지 수 A에서 B를 뺄셈하시오.

A = {3/0.02, 4/1.0, 5/0.5}

B = {2/0.01, 3/1.0}

먼저 A와 B의 차에 대한 곱집합 A × B를 구한다. 이때 소속 함수값이 최소인 것을 그 원소의 소속 함수값으로 취한다.

A × B = { (a1 - b1) = 3/0.02 - 2/0.01 = 1/0.01,
(a1 - b2) = 3/0.02 - 3/1.0 = 0/0.02,
(a2 - b1) = 4/1.0 - 2/0.01 = 2/0.01,
(a2 - b2) = 4/1.0 - 3/1.0 = 1/1.0,
(a3 - b1) = 5/0.5 - 2/0.01 = 3/0.01,
(a3 - b2) = 5/0.5 - 3/1.0 = 2/0.5 }

최종적으로 새로운 퍼지 수 C는 A × B에서 중복되지 않은 모든 원소의 값을 선택하고 중복된 값의 소속 함수값은 최댓값을 취한다.

μc(0) = 0.02

μc(1) = 1.0

μc(2) = 0.5

μc(3) = 0.01

따라서 A - B = C = {0/0.02, 1/1.0 2/0.5, 3/0.01}가 된다. 이러한 퍼지 수의 계산은 덧셈뿐만 아니라 뺄셈, 곱셈, 나눗셈 등 다양한 연산에 이용할 수 있으며 다음 식으로 설명할 수 있다.

$$\mu_{A(+)B}(z) = \bigvee_{z=x+y} (\mu_{A(x)} \wedge \mu_B(y))$$: 퍼지 덧셈

$$\mu_{A(-)B}(z) = \bigvee_{z=x-y} (\mu_{A(x)} \wedge \mu_B(y))$$: 퍼지 뺄셈

$$\mu_{A(\circ)B}(z) = \bigvee_{z=x \circ y} (\mu_{A(x)} \wedge \mu_B(y))$$: 퍼지 곱셈

$$\mu_{A(/)B}(z) = \bigvee_{z=x/y} (\mu_{A(x)} \wedge \mu_B(y))$$: 퍼지 나눗셈

5.4.3 퍼지 관계

퍼지집합을 이용하여 정의할 수 있는 중요한 개념 중의 하나가 관계(Relation)이다. 퍼지 관계(Fuzzy Relation)는 일반적인 관계(Crisp Relation)를 퍼지 개념을 사용하여 다시 정의한 것이다. 퍼지 개념을 사용하여 정의한 퍼지 관계는 '국어책이 수학책 보다 훨씬 두껍다'와 같은 애매한 관계를 정량적으로 잘 다룰 수 있다.

일반집합(Crisp Set)에서 두 개의 집합 A와 B에 대한 Cartesian Product는 다음과 같이 정의할 수 있다. (이는 N개의 원소를 갖는 N개의 집합으로 확장될 수 있다.)

$$A \times B = \{ (a, b) \mid a \in A, b \in B \}$$

예를 들어 A = {1, 2, 3}이고 B = {6, 7}일 때

$$A \times B = \{ (1, 6), (1, 7), (2, 6), (2, 7), (3, 6), (3, 7) \}$$

이 된다. 이때 일반적으로 A×B와 B×A와 다르다. 이는 A×B의 원소는 이항변수(Binary Variable)이기 때문이다. 즉, (a, b)≠(b, a)이다.

관계 R은 Cartesian Product의 부분집합이다. 예를 들어 A× B 내에서 'R = 홀수 쌍'이라면 관계 R은 다음과 같이 정의될 수 있다.

$$R = \{ (1, 7), (3, 7) \}$$

그리고 A×B 내에서 'R = 짝수 쌍'이라면 관계 R은 다음과 같이 정의될 수 있다.

$$R = \{ (2, 6) \}$$

집합 X와 Y가 퍼지 집합이면 퍼지 관계 R은 X × Y상에서 다음과 같이 정의될 수 있다.

$$R = \{ (x, y) / \mu_R (x, y) \mid (x, y) \subseteq X \times Y \}$$

그리고 이를 다음과 같이 행렬(Matrix)로 표현할 수 있다.

$\mu_R : X \times Y \rightarrow [0, 1]$

$X=\{x_1, x_2, ...x_n\}$, $y=\{y_1, y_2, ..., y_m\}$ 일때

$$R = \begin{bmatrix} \mu_R(x_1, y_1) & \mu_R(x_1, y_2) & \cdots & \mu_R(x_1, y_m) \\ \mu_R(x_1, y_1) & \mu_R(x_1, y_2) & \cdots & \mu_R(x_1, y_m) \\ \cdots & \cdots & \cdots & \cdots \\ \mu_R(x_n, y_1) & \mu_R(x_n, y_2) & \cdots & \mu_R(x_n, y_m) \end{bmatrix}$$

앞에서 본 관계 'R = 홀수 쌍'을 'R = 차이가 큰 홀수 쌍'으로 다시 정의해 보면 다음과 같이 정의할 수 있다.

R = {(1, 7)/0.7, (3, 7)/0.4}

이러한 관계는 행렬(Matrix)로 쉽게 표현할 수 있다. 위의 관계를 행렬로 표현하면 다음과 같다.

$$M_R = \begin{matrix} & \begin{matrix} 1 & 2 & 3 \end{matrix} \\ \begin{matrix} 6 \\ 7 \end{matrix} & \begin{bmatrix} 0 & 0 & 0 \\ 0.7 & 0 & 0.4 \end{bmatrix} \end{matrix}$$

여기서 M_R는 퍼지 관계의 행렬 표현이다. 행렬로 표현된 퍼지 관계에 여러 가지 연산을 수행할 수 있다. 예제를 통하여 그 연산을 알아보자.

예제 5

X = {1, 2}, Y = {1, 3, 5}일 때 퍼지 관계 R = "y는 x보다 훨씬 크다"라고 하고 두 수 x, y의 비를 보고 주관적으로 R의 정도를 다음과 같이 정했다.

$$R = \begin{matrix} & \begin{matrix} 1 & 3 & 5 \end{matrix} \\ \begin{matrix} 1 \\ 2 \end{matrix} & \begin{bmatrix} 0 & 0.2 & 0.8 \\ 0 & 0.1 & 0.4 \end{bmatrix} \end{matrix}$$

이때 R의 역퍼지 관계 R^{-1}는?

풀이

역퍼지 관계 R^{-1}는 $\mu_{R^{-1}}(y,x) = \mu_R(x,y)$ *for* $\forall_{(y,x) \in Y \times X}$ 에 의하여

$$R^{-1} = \begin{array}{c} \\ 1 \\ 3 \\ 5 \end{array} \begin{array}{c} \begin{array}{cc} 1 & \quad 2 \end{array} \\ \begin{bmatrix} 0 & 0 \\ 0.2 & 0.1 \\ 0.8 & 0.4 \end{bmatrix} \end{array}$$

가 된다.

예제 6

$X = \{x1,\ x2\}$, $Y = \{y1,\ y2\}$, X와 Y 사이의 퍼지 관계 P와 Q가 다음과 같이 주어질 때, $P \cup Q$, $P \cap Q$, P^c?

$$P = \begin{bmatrix} 0.5 & 0.4 \\ 0.2 & 0.7 \end{bmatrix} \qquad Q = \begin{bmatrix} 0.2 & 0.4 \\ 0.2 & 0.7 \end{bmatrix}$$

풀이

$$P \cup Q = \mu P \cup Q(X, Y) = \max\{\mu P(X, Y), \mu Q(X, Y) \text{for} \forall\ (X, Y)\} \in X \times Y$$

$$P \cup Q = \mu P \cup Q(X, Y) = \min\{\mu P(X, Y), \mu Q(X, Y) \text{for} \forall\ (X, Y)\} \in X \times Y$$

$P^c = \mu P^c(X, Y) = 1 - \mu P(X, Y) \text{for} \forall\ (X, Y) \in X \times Y$에 의하여

$$P \cup Q = \begin{bmatrix} 0.5 & 0.5 \\ 0.3 & 0.8 \end{bmatrix}, \quad P \cap Q = \begin{bmatrix} 0.2 & 0.4 \\ 0.2 & 0.7 \end{bmatrix}, \quad P^c = \begin{bmatrix} 0.5 & 0.6 \\ 0.8 & 0.7 \end{bmatrix}$$

가 된다.

관계의 합성은 여러 관계를 차례대로 적용하여 얻은 효과를 나타낸다. 예를 들어 두 개의 이항관계 P와 Q가 합성된 R이라는 이항관계는 다음과 같이 합성연산자 '∘'를 이용하여 표현한다.

$$R(A,\ C) = P(A,\ B) \circ Q(B,\ C)$$

여기서 $P(A,\ B)$는 A와 B사이의 관계이고 $Q(B,\ C)$는 B와 C사이의 관계이다. 그리고 $R(A,\ C)$는 A와 C사이의 관계이며 A, B, C는 집합이다.
퍼지 관계에서의 합성은 다음과 같이 정의될 수 있다.

$$\mu_R = (a,\ c) = \max_{b \in B}\left[\min\left(\mu_P\left(a,\ b\right),\ \mu_Q\left(b,\ c\right)\right)\right]$$

이러한 정의는 퍼지 관계의 합성 방법 중에서 최대-최소(max-min) 합성 방법을 사용한 것이다. 퍼지 관계의 합성 방법은 이 밖에도 최소-최대(min-max), 최대-곱(max-product) 등 여러 가지가 있다. 다음은 최대-최소 합성 방법을 이용한 퍼지 관계 합성의 예이다. 먼저 퍼지 관계 P와 Q를 다음과 같이 정의하자.

$$P = \begin{bmatrix} 0.1 & 0.2 \\ 0.3 & 0.4 \end{bmatrix} \qquad Q = \begin{bmatrix} 0.1 & 0.3 & 0.5 \\ 0.2 & 0.0 & 0.4 \end{bmatrix}$$

그러면 합성된 관계 R는 다음과 같다.

$$R = P \circ Q = \begin{bmatrix} 0.1 & 0.2 \\ 0.3 & 0.4 \end{bmatrix} \circ \begin{bmatrix} 0.1 & 0.3 & 0.5 \\ 0.2 & 0.0 & 0.4 \end{bmatrix}$$

$$= \begin{bmatrix} \max(0.1,\ 0.2) \max(0.1,\ 0.0) \max(0.1,\ 0.2) \\ \max(0.1,\ 0.2) \max(0.3,\ 0.0) \max(0.3,\ 0.4) \end{bmatrix}$$

$$= \begin{bmatrix} 0.2 & 0.1 & 0.2 \\ 0.2 & 0.3 & 0.4 \end{bmatrix}$$

■

5.4.4 퍼지논리

명제논리나 술어논리와 같이 두 개의 진리값을 기반으로 하는 논리에서는 논리식의 값이 '참' 아니면 '거짓'(i.e., 0 아니면 1)만이 될 수 있었다. Lukasiewicz은 1930년대 논리식의 값으로 두 개 이상의 값을 가질 수 있는 N-값 논리(N-Valued Logic)를 개발하였다. 퍼지논리(Fuzzy Logic)를 N-값 논리의 연장선상에서 생각해 볼 수 있으나, N-값 논리는 다중값을 갖기는 하지만 정확한 추론을 수행하고 퍼지논리는 근사추론(Approximate Reasoning)을 수행한다는 점에서 서로 다르다. N-값 논리와는 달리 근사추론은 부정확할 수 있는 전제로부터 부정확할 수 있는 결론을 생성할 수 있다. 이러한 추론은 사람들이 일상생활에서 흔히 사용하는 추론 방식이다. 다음은 근사추론에서 사용될 수 있는 규칙의 한 예이다.

```
IF 방이 덥다 THEN 창문을 약간 열어 놓는다.
```

이는 일반적인 규칙 'IF 방의 온도 > 28℃ THEN 창문을 열어 놓는다.'와 달리 언어 변수 '덥다'와 '약간'을 포함하고 있다. 이처럼 근사추론에서는 정확하거나 전혀 불확실한 (완전히 추측에 의존한) 값을 다루는 것이 아니라 애매한 정보를 사용한다. 이러한 정보들은 사람들이 사용하는 자연어 문장에 많이 포함되어 있고 퍼지논리는 이러한 애매한 정보를 다루는데 유용한 논리이다. 즉 부울리언 논리에서는 'a ⇒ b는 a가 참이면 b가 참이다'로 해석된다. 하지만 퍼지규칙인 경우 'a ⇒ b는 a가 어느 정도 참이면 b가 어느 정도 참이다' 로 해석되어 0.5a ⇒ 0.5b 처럼 부분적인 정도의 전제는 부분적인 결론을 보장한다는 규칙 표현이 가능하다.

퍼지논리에서의 진리값은 궁극적으로 퍼지 집합으로 표현되는 언어변수이다. 따라서 퍼지 논리에서는 논리식의 값이 0과 1사이의 값을 가질 수 있다. 이러한 논리식을 퍼지식(Fuzzy Expression)이라고 한다. 퍼지집합이나 퍼지논리는 여러 가지 형태가 있으나 본 장에서는 Lukasiewicz의 논리연산자를 이용하여 퍼지논리에서 사용하는 연산자를 다음과 같이 정의한다. (여기서 a, b는 구간 [0, 1] 사이의 값을 갖는 퍼지식이다.)

- 부정(Negation) ¬a = 1-a
- 논리곱(Conjunction) a ∧ b = minimum(a, b)
- 논리합(Disjunction) a ∨ b = maximum(a, b)
- 내포(Implication) a ⇒ b = maximum(1-a, b)

위에서 ¬a 는 1-a 값을 갖고, a ⇒ b는 ¬a ∨ b와 동등하기 때문에 a ⇒ b의 진리값은 maximum(1-a, b)가 된다. 따라서 a = 0.3, b = 0.8 이라면 각각의 연산 결과는 다음과 같다.

- ¬a = 1 - a = 1 - 0.3 = 0.7
- a ∧ b = minimum(a, b) = minimum(0.3, 0.8) = 0.3
- a ∨ b = maximum(a, b) = maximum(0.3, 0.8) = 0.8
- a ⇒ b = maximum(1-a, b) = maximum(1-0.3, 0.8) = 0.8

퍼지추론을 위해서는 위에서 살펴본 것과 같은 퍼지 규칙이 필요하고 이들은 퍼지논리에 의해 합성되고 계산된다. 퍼지규칙을 작성하고 사용하기 위해서는 퍼지화(Fuzzification) 및 역퍼지화(Defuzzification)가 필요하다. 퍼지규칙의 입력은 퍼지화된 값이어야 하는데 이는 퍼지규칙이 크리습(Crisp)한 규칙이 아니기 때문이다. 퍼지화란 크리습한 값(e.g., 온도 = 28℃)을 퍼지 집합의 소속 정도(e.g., 덥다, 조금 덥다 등)로 바꾸는 것이다. 이처럼 퍼지화된 값을 사용하면 퍼지규칙을 만들 수 있다. 퍼지화와 반대되는 개념이 역퍼지화(Defuzzification)이다. 역퍼지화는 덥다, 조금 덥다 등과 같은 퍼지 변수(Fuzzy Term)를 크리습한 값(e.g., 온도 = 28℃)으로 바꾸는 것이다. 좀 더 상세한 내용은 다음 절에서 다시 다루기로 한다.

5.4.5 퍼지제어

퍼지논리는 1965년 캘리포니아대학의 Zadeh가 제안 하였지만 처음에는 미국에서 별 반응을 보이지 않았다. 그러나 1987년 Seiji Yasunobu와 Soji Miyamoto가 Sendai railway의 기차를 조절하는데 퍼지제어 시스템을 사용하여 그 우수성을 입증하고, Takeshi Yamakawa가 같은 해 [그림 5.9]에서 보는 것과 같은 "Inverted Pendulum"이라는 장치를 만들어 시연한 후 사람들은 퍼지 시스템에 많은 관심을 갖게 되었다. 이 장치는 퍼지논리 칩을 내장하고 있으며 앞뒤로 흔들리면서 축의 위에 있는 물체가 축에서 떨어지지 않고 유지되도록 한다. 그 후로 퍼지제어 시스템은 카메라, 에어컨, 세탁기 등 다양한 기계와 장치에 적용되기 시작 하였다. 퍼지제어는 크게 보아 입력, 처리, 출력의 3단계를 거치는데 기계나 장치에 적용되기 때문에 그 입력과 출력은 언어 변수가 없는 값이어야 한다. 즉 기계의 입력과 출력값은 대부분 애매하지 않아야한다는 것이다. 하지만 그 처리는 앞에서 본 것과 같은 퍼지규칙과 퍼지논리를 이용한다. 따라서 애매한 값을 처리한 결과를 다시 애매하지 않은 값으로 바꾸어 주어야한다. 이러한 과정을 역퍼지화 (Defuzzification)라고 한다. 역퍼지화 방법은 여러 가지가 있다.

그림 5.9 Inverted Pendulum (Wikipedia)

역퍼지화 방법 중 가장 흔히 사용되는 방법은 무게 중심법(Centroid Method)이다. 무게 중심법은 물리학에서 말하는 중력의 중심점(CoG : Center of Gravity)을 찾는 것과 같다. 그리고 그 무게 중심은 이산적인 디지털 데이터 일 경우 다음과 같은 식에 의해 계산된다.

$$C_oG = \frac{\sum_{x=a}^{b} \mu_A(x)x}{\sum_{x=a}^{b} \mu_A(x)x}$$

예제 7

다음과 같은 이산 퍼지 데이터에 대한 무게 중심법에 의한 역퍼지화 값(CoG)을 구하시오.

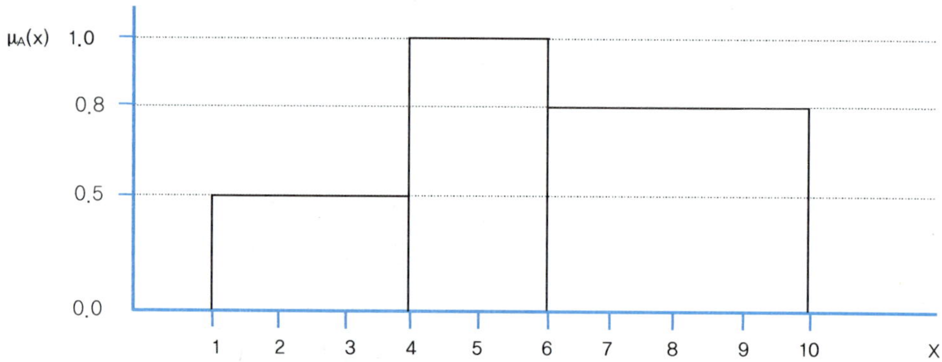

풀이

$$CoG = \frac{(2+3+4)\times 0.5 + (5+6)\times 1.0 + (7+8+9+10)\times 0.8}{0.5+0.5+0.5+1.0+1.0+08+0.8+0.8+0.8}$$

$$= \frac{4.5+11+27.2}{1.5+20+3.2} = \frac{42.7}{6.7} = 6.373...$$

퍼지제어 과정 중 처리단계에서는 5.4.4절에서 본 것과 같은 퍼지규칙을 사용하여 추론을 수행한다. 퍼지규칙은 조건부에 하나 이상의 조건이 AND나 OR로 결합되어 있을 수 있다. 조건들이 AND로 결합되어 있으면 그 값들 중 최솟값(Minimum)을 취하고 OR로 결합되어 있으면 그 값들 중 최댓값(Maximum)을 취한다. 예를 들어 다음 규칙이 있을 때

```
IF 방이 덥다 AND 저기압 이다 THEN 창문을 약간 열어 놓는다.
```

[그림 5.10]에서 보는 것처럼 조건부의 두 조건의 값 중 최솟값 0.25가 출력변수 '문을 약간 연다'의 값이 된다.

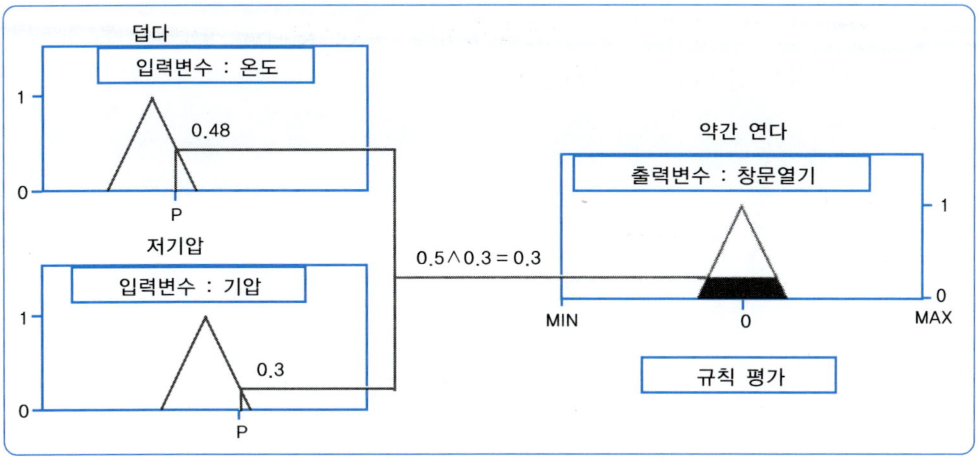

그림 5.10 두 조건의 AND 결합

실제 문제를 해결하기 위해서는 여러 개의 퍼지 규칙을 사용하여야 할 경우가 대부분이다. 다음 [그림 5.11]은 여러 규칙을 통합하여 결론값을 산출하는 예를 보여준다.

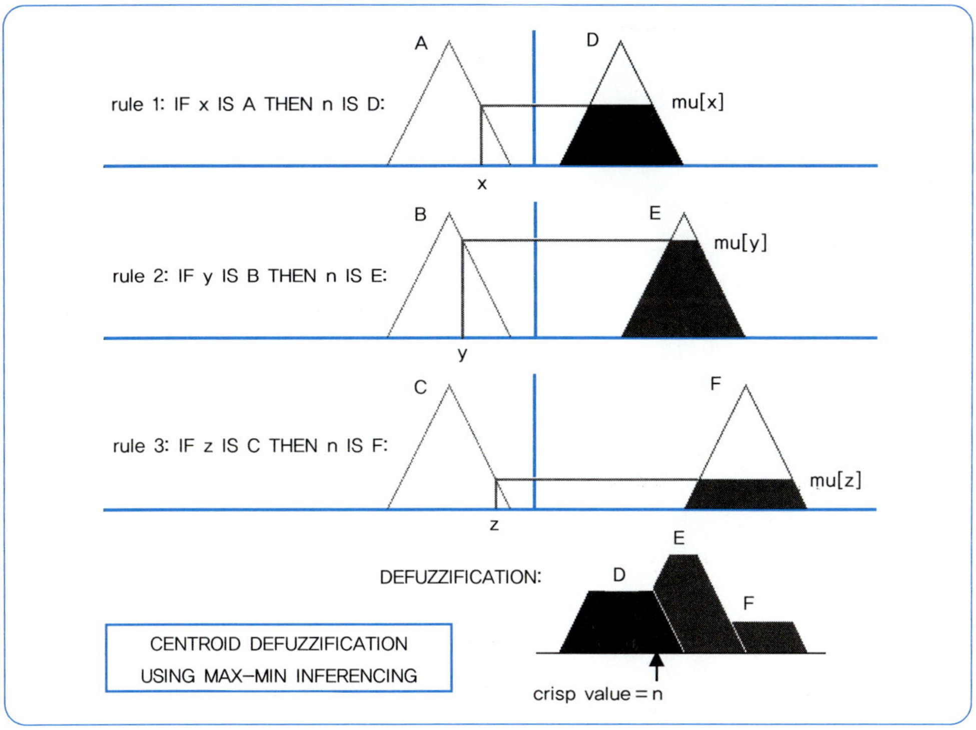

그림 5.11 규칙 통합 후 결론값 (From Wikipedia)

[그림 5.11]에서는 최대-최소(max-min)추론과 무게 중심법을 이용한 역퍼지화 값 n이 산출 되는 과정을 보여주고 있다. 여기서 'x', 'y', 그리고 'z'가 입력변수를 나타내고 'n'가 출력변수를 나타낸다. 그리고 'mu'는 퍼지논리에서의 표기인 μ를 나타낸다. 이처럼 퍼지제어에서는 여러 규칙과 추론을 통하여 처리한 결과를 예제에서 본 것처럼 역퍼지화하여 최종 출력값으로 사용한다.

연습문제

1 인공지능에서 불확실성이 나타날 수 있는 요인을 세 가지만 설명하시오.

2 불확실성을 다루기 위한 기법을 두 가지로 나누어 설명하시오.

3 불확실성을 나타낼 수 있는 표시법에는 어떤 것들이 있는지 설명하시오.

4 조건확률이란 무엇인지 예를 들어 설명하시오.

5 확률과 확신인자의 차이점을 설명하시오.

6 확신인자의 장·단점을 설명하시오.

7 퍼지집합이론의 장점을 설명하시오.

8 퍼지집합의 소속 함수란 무엇인지 설명하시오.

9 카드놀이에 사용되는 52장의 카드 중에서 한 장의 카드를 뽑았을 때 다음을 계산하시오.

```
A = {x: x는jack, queen 또는 king}
B = {x: x는 cube}
C = {x: x는 diamond, heart, 또는 spade}
```

(a) P(A)　　(b) P(B ∪ C)

(c) P(B ∩ C)　　(d) P(A ∩ B)

10 온전한 동전을 다섯 번 던졌을 때 다음의 확률을 구하시오.

(a) HHTHT　　(b) THHHT

(c) HTHTH　　(d) Head가 세 번 나올 확률

11 주머니 A에 여섯 개의 붉은 구슬과 네 개의 파란 구슬이 있다. 그 중 다섯 개를 임으로 선택하여 비어 있는 주머니 B로 옮긴다. 그리고 하나의 구슬을 주머니 B에서 꺼냈다. 이때 꺼낸 구슬이 파란 구슬일 때 주머니 A에서 주머니 B로 옮겨진 구슬이 세 개는 파란 구슬이고 두 개는 빨간 구슬일 조건확률을 구하시오.

12 다음을 증명하시오.

```
CF(H, E) + CF(H', E) = 0
```

13 퍼지집합 A = {1/0.1, 2/0.2, 3/0.3}과 B = {1/0.2, 2/0.3, 3/0.4}가 있을 때 다음을 계산하시오.

(a) 두 집합은 동등한가?

(b) 합집합을 구하시오.

(c) 교집합을 구하시오.

(d) A+B를 구하시오.

14 퍼지집합이 적용되고 있는 예를 찾아 설명하시오.

06 계획 수립

계획 수립(Planning)은 어떤 문제의 답을 찾기 위한 행동의 순서를 밝히는 작업으로 여러 응용분야에서 활용되고 있다. 어떤 문제의 답을 찾기 위한 행동의 순서는 4장에서 설명한 탐색을 이용하는 문제 해결(Problem Solving) 기법을 적용하여 밝힐 수 도 있다. 따라서 아주 추상화해서 말하자면 문제 해결 기법과 계획 수립은 같은 것이라고 말할 수 도 있다. 하지만 이 둘 사이에는 목표나 상태, 행동 등의 표현이나, 행동 순서의 구축이나 표현 등에서 차이가 있으며 본 장에서는 이러한 차이점과 함께 계획 수립이란 무엇인지 알아본다. 컴퓨터를 이용한 계획 수립은 실제 행동(e.g., 8-퍼즐 문제에서 타일을 실제로 밀어서 옮기는 행동)은 수행하지 않지만 가상의 세계에서 시뮬레이션 하여봄으로써 실세계에서 발생할 수 있는 장애들을 효율적으로 극복할 수 있도록 한다. 또한 계획 수립은 산업현장의 작업관리나 로보틱스, 전문가 시스템에서는 물론이고 자연어처리 분야에서도 필요하다. 본 장에서는 계획 수립을 쉽게 이해할 수 있도록 먼저 로봇의 행동을 예로 들어 설명하기로 한다.

6.1. 계획과 상자 쌓기

로봇의 행동을 설명하기 위하여 다음과 같은 간단한 상자 옮기기 작업을 생각해 보자.
[그림 6.1]처럼 상자들이 쌓여 있을 때 로봇 팔이 상자 a를 집는 과정에 필요한 행동의 순서는 다음과 같다.

❶상자 b를 집는다.

❷상자 b를 바닥이나 상자 c위에 내려놓는다.

❸상자 a를 집는다.

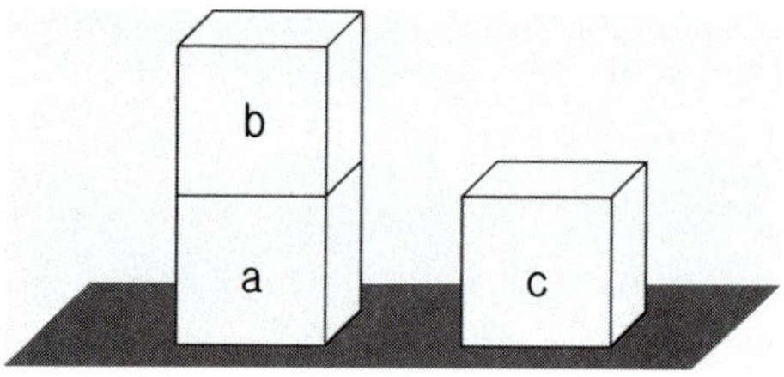

그림 6.1 상자가 쌓여 있는 초기 상태

이처럼 로봇의 행동은 ('로봇의 팔이 움직이기 위해서는 모터를 몇 번 회전시켜야 한다'와 같은 하위레벨의 행동 대신) 세상(상자의 상태)에 변화를 줄 수 있는 것을 최소행동(Atomic action)으로 기술한다. [그림 6.1]과 같은 상태에서 [그림 6.2]와 같은 목표 상태로 상자를 움직이기 위해 어떤 행동 순서가 있는지 알아보자.

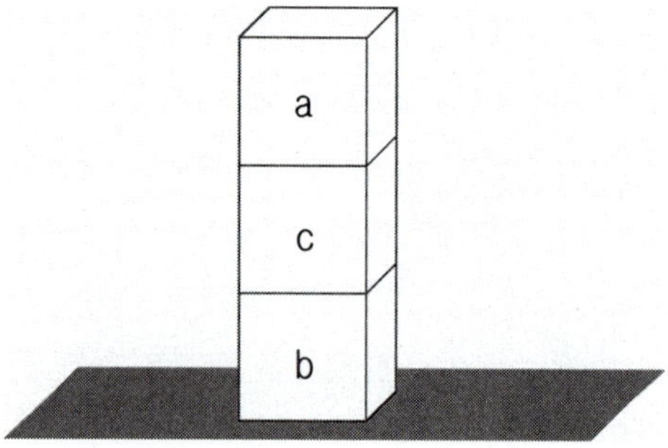

그림 6.2 목표 상태

다음 [그림 6.3]은 일반적인 세 개의 상자가 이동할 수 있는 전이 과정을 그래프 형태로 보인 것이다. 이처럼 상자들이 놓인 각각의 상태에서 다른 상태로 옮겨갈 수 있는 경우의 수는 각각의 상태에 따라 다르다.

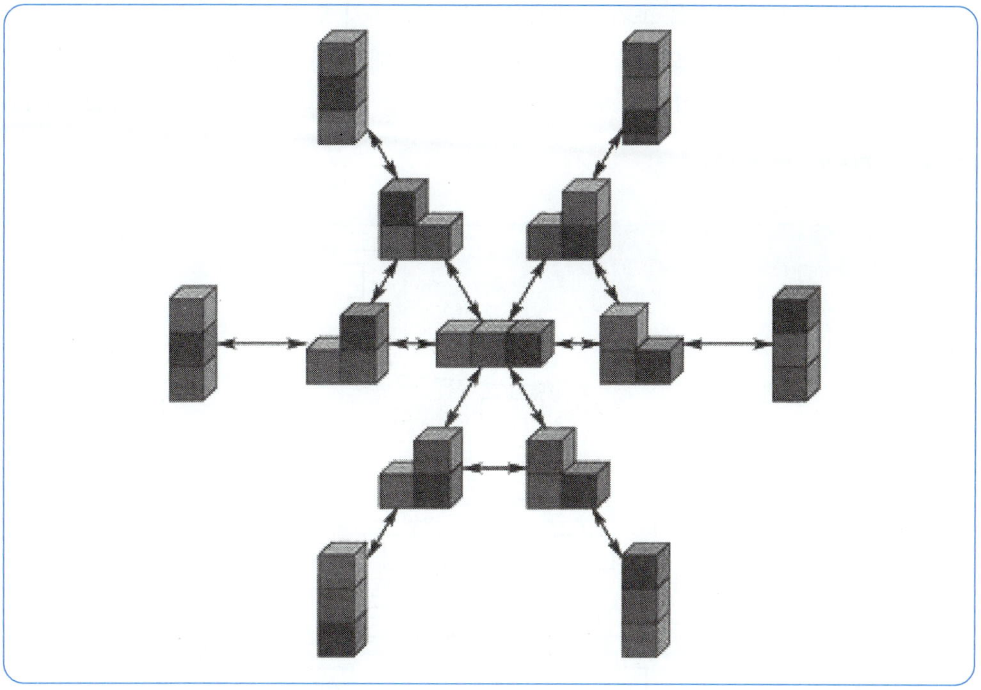

그림 6.3 세 개의 상자가 이동할 수 있는 전이 과정

이때 아래와 같이 상자가 서로 붙어 있으나 떨어져 있으나 같은 의미로 상자의 위치는 중요하지 않고

아래 그림처럼 쌓여있는 모양도 같은 것으로 간주 한다.

하지만 아래와 같이 하나 이상의 상자가 하나의 상자 위나 아래에 놓이는 것은 허용되지 않는다.

이러한 전이 과정을 초기 상태에서 목표 상태까지 모두 모아놓은 것을 상태 공간이라 하고, [그림 6.4]는 하나의 시작 상태에서 목표 상태로 상자이동이 이루어지는 상태 공간을 보여주고 있다. 여기서는 한 번 생성된 상태로 다시 돌아가는 경우는 반복 표현하지 않았다.

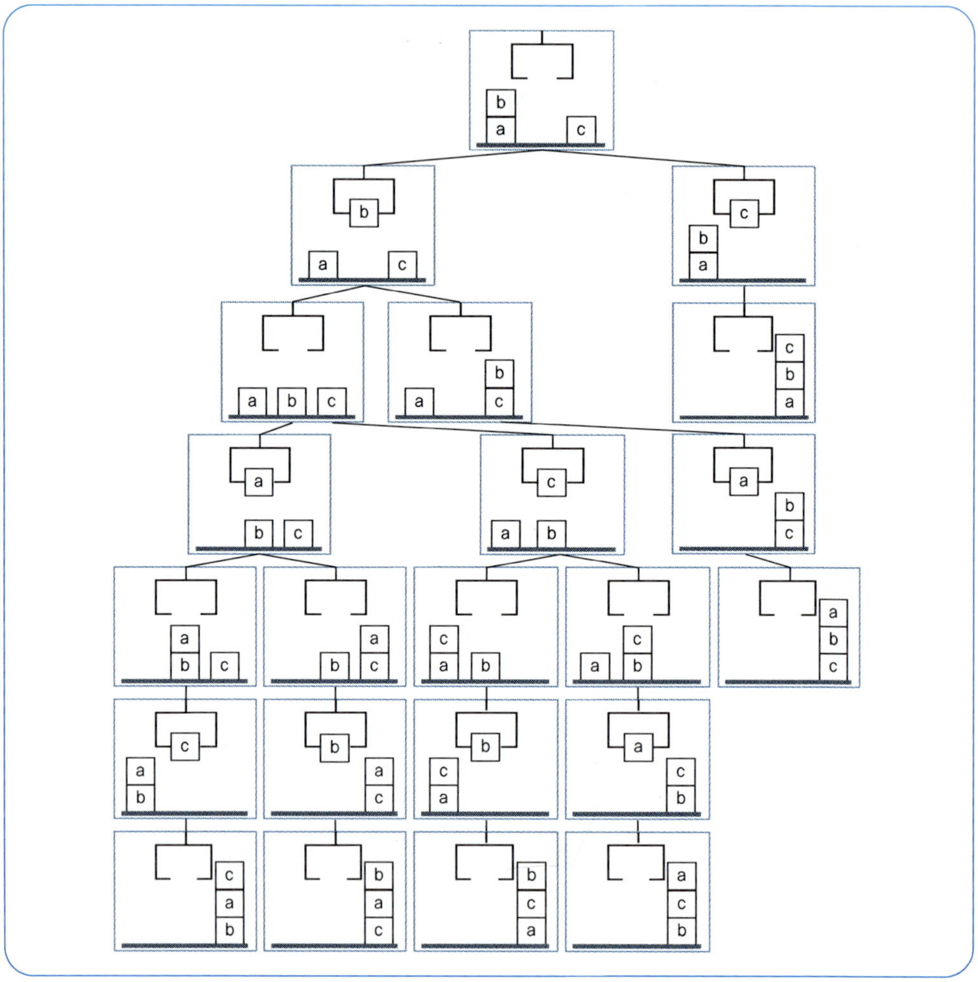

그림 6.4 상자이동 상태 공간

계획은 상태 공간에서 목표를 이루는데 필요한 행동의 순서를 탐색 기법을 이용하여 찾아 생성할 수 있다. 하지만 계획을 수립하는 것은 탐색을 수행하는 것과는 몇 가지 다른 점이 있다. 우선 계획을 수립하는데 필요한 상태를 나타내는 것은 탐색을 수행하는데 필요한 상태를 나타내는 것 보다 훨씬 복잡하다. 간단한 예로 [그림 6.4]에서 보듯이 상태를 나타내는데 상자들의 위치뿐만 아니라 로봇 팔이 무엇을 집고 있는지 또는 비어 있는지도 고려하여야 한다. 또한 하나의 행동에 의해 변화되는 내용뿐만 아니라 변화되지 않는 것이 무엇인지도 알아야 한다. 이는 변하지 않는 내용을 매번 규칙 적용을 통해 새로이 생성해낼 필요는 없기 때문이다. 즉, 하나의 상태가 바뀔 때 새로운 상태를 매번 전부 다시 계산할 필요는 없다는 것이다. 예를 들어 로봇이 한 방에서 다른 방으로 이동하였을 때 방의 문이나 창문은 그 자리에 그대로 있다. 이러한 사항을 고려하여야 하는 여러 가지 문제를 프레임 문제(Frame Problem)라 한다[McCarthy & Hayes69]. 프레임 문제는 문제의 상태가 복잡하여 질수록 중요해진다. 8-퍼즐 문제 같은 간단한 경우는 전체 판의 상태를 매 번 다시 나타내도 된다. 하지만 회사를 돌아다니면서 안내를 하는 로봇을 생각해보자. 로봇이 이동할 때마다 상태가 변하는데 실제로 변화하는 부분은 매우 일부분이다. 이러한 경우는 변화한 부분만을 다시 기술하는 것이 효과적이다. 이를 위해서 상태 변화 시 변하지 않는 부분이 무엇인지를 알아야 한다.

계획 수립은 3장에서 본 탐색을 이용하여 문제를 해결하는 것과 유사하나 필요한 정보의 표현이 다르고 행동의 순서를 만들어 가는 과정이 다르다. 또한 탐색에서는 고려하여야 하는 상태의 가지 수가 너무 많다. 휴리스틱을 이용하여 상태 공간을 줄인다 하여도 어떤 행동을 아예 고려의 대상에서 제거할 수는 없다. 하지만 계획 수립 시스템은 초기 상태에서부터 목표 달성을 위해 적용해야할 행동만을 선택하도록 유도하고 필요하지 않은 행동들은 고려 대상에서 제외시킨다. 탐색과 계획 수립의 차이점을 좀 더 자세히 알아보자.

탐색을 이용한 문제 해결에서는 탐색 과정의 상태를 간단한 자료구조로 보여 주는 것과 어떤 상태에서든지 다음 상태를 생성하고 목표 상태와 같은지 비교하는 과정을 프로그램으로 기술하면 된다. 하지만 계획 수립에서는 상태를 변화시키기 위해서 어떤 행동이 적용될 때 그 행동의 수행에 필요한 요구조건이 만족되어야하고, 각 행동은 그에 대응되는 각각의 서로 다른 결과를 수반한다. 따라서 주어진 상태에 임의의 행동을 적용하기 위해서는 제약이 따를 수 있다. 즉 임의의 상태에 적용할 수 있는 행동이 있고 그렇지 않은 행동이 있다. 이러한 이유로 계획 수립을 위해서는 상태와 행동 간에 보다 강력한 상호작용이 필요하다. 이러한 유기적인 상호작용을 용이하게 하기 위해서 계획 수립에서는 목표, 행동, 상태 등의 표현을 간단한 자료구조가 아닌 논리와 같은 형식언어를 이용한다. 예를 들어 목표와 상태의 표현은 논리문장으로 그리고 행동은 조건부와 결론부가 있는 논리적 규칙을 사용한다. 이러한 방식은 상태와 행동이 직접 연결될 수 있도록 한다. 다시 말하면 행동의 전제조건이나 행동의 결과 표현을 상태와 동일한 방식으로 사용하여 하나의 상태에 직접적인 행동의 적용이 가능하다는 것이다. 따라서 탐색은 매번 전체 상태를 구성하여 다음 상태 생성에 활용하지만, 계획 수립에서는 규칙을 일부 상태에만 적용하는 것이 가능하다. 즉 탐색에서는 노드가 항상 완전한 전체 상태(Complete State)이지만 계획 수립에서의 노드는 부분 계획이다.

또한 사람들은 목표 지향적으로 계획을 수립한다. 즉, 중요한 것에 대한 중간 계획을 먼저 수립하는 경향이 있다. 그리고 실세계의 많은 문제들은 큰 문제를 여러 개의 작은 문제들로 나누어 해결할 때 쉬워진다. 이는 계획을 수립할 때 순서에 융통성을 발휘할 수 있게 한다. 따라서 여러 개의 부분 계획을 동시에 만들어 전체 계획으로 통합할 수 있어 작업의 효율을 높일 수 있다. 어떤 큰 목표를 여러 개의 작은 부 목표들로 나누어 각각을 달성한 다음 이들을 다시 통합하여 전체 작업을 마무리 하는 방식을 분할과 통합(Divide and Conquer)방식이라 한다. 이는 매우 효과적인 방법이지만 여러 개의 부 목표를 위한 계획 수립이 서로 독립적일 때 가능한 것이다. 그런데 계획 수립이 필요한 많은 문제들은 분할과 통합방식의 적용이 가능한 경우가 많다. 이는 최종 결과를 만들어 가는 순서에 융통성이 적은 탐색과의 차이가 될 수 있다.

계획 수립의 이러한 특성들은 탐색을 이용한 문제해결 때 보다 선택의 고려대상(i.e., Branching Factor)을 줄일 수 있게 하고 융통성 있는 작업을 가능하게 한다. 다음은 계획 수립을 위해 필요한 목표, 행동, 상태 등의 표현을 알아보기 위하여 컴퓨터 프로그램으로 상자 이동 계획을 세우는데 필요한 것들에 대한 표현을 알아보기로 하자. 먼저 로봇 팔이 할 수 있는 행동들을 다음과 같이 정의한다.

- **pickup (X)**
  상자 X를 집는다. pickup 행동을 수행하기 위해서 X가 어디에 있는지 알고 현재 로봇 팔은 비어있으며 X위에는 아무것도 놓여 있지 않은 상태를 가정 한다.
- **putdown (X)**
  집고 있는 상자 X를 바닥에 내려놓는다.
- **stack (X, Y)**
  상자 X를 상자 Y위에 올려놓는다. 로봇 팔이 상자 X를 집고 있고 상자 Y위에는 비어있을 때 수행 가능한 행동이다.
- **unstack(X, Y)**
  Y위에 있는 X를 제거한다(집어 올린다). 로봇 팔이 비어있고 Y위에 상자 X가 있어야 하며, X위는 비어있어야 수행할 수 있는 행동이다. 상자들의 상태는 다음과 같은 술어(Predicates)들로 표현할 수 있다.
- **on (X, Y)**
  바로 위에 상자 X가 있다.
- **clear (X)**
  상자 X위에 비어있다.
- **gripping (X)**

로봇 팔이 상자 X를 집고 있다.

- **gripping ( )**
  로봇 팔이 아무것도 집고 있지 않다.
- **ontable (X)**
  상자 X가 바닥(테이블)에 놓여 있다.

[그림 6.1]의 초기 상태를 앞에서 정의한 술어(Predicates)들로 나타내면 다음과 같다. 이는 STRIPS(STRIPS는 다음 절에서 다시 설명함)와 같은 시스템에서 사용하는 상태 표현 방식으로 리터럴들을 논리곱으로 표현한 것이다.

```
ontable(a) ∧ ontable(c) ∧ on(b, a) ∧ clear(b) ∧ clear(c) ∧ gripping( )
```

다음은 위에서 정의한 행동과 상태들의 상호관계를 술어논리 형태로 표현한 것이다.

```
1) (∀X)(clear (X) ← ¬(∃Y)(on(Y, X)))
2) (∀Y)gripping( ) ↔ ¬(gripping(Y))
```

위의 1)번 규칙은 clear(X)의 의미는 X위에 존재하는 것(i.e., Y)이 없어야 한다는 것이다. 즉, X위에 아무것도 없어야 clear(X)를 만족 시킬 수 있다. 2)번 규칙은 gripping( )를 설명한 것이다. 다음은 행동의 전제 조건과 의미를 표현한 것이다.

```
3) (∀X)(prckup(X) → (gripping(X) ← (gripping( ) ∧ clear(X) ∧ ontable(X)))).
4) (∀X)(putdown(X) → ((gripping( ) ∧ ontable(X) ∧ clear(X)) ← gripping(X))).
5) (∀ X)(∀ Y)(stack(X, Y) → ((on(X, Y) ∧ gripping( ) ∧ clear(X)) ←
                                            (clear(Y) ∧ gripping(X)))).
6) (∀X)(∀ Y)(unstack(X, Y) →  ((clear(Y) ∧ gripping(X)) ←
                                   (on(X, Y) ∧ clear(X) ∧ gripping( ))).
```

3)번 규칙은 pickup(X)라는 행동은 로봇 팔이 비어있고(i.e., gripping( )) X위에 아무것도 없으며 (i.e., clear(X)) X가 바닥 위에 있을 때(i.e., ontable(X)) 로봇 팔이 X를 집어 올리는 것 (i.e., gripping(X))을 말한다. 즉, 행동의 의미는 A→(B←C)의 형태로 기술되었는데, A라는 행동은 C라는 조건이 만족될 경우 B라는 결과를 낳음을 기술하고 있다.

앞에서 본 것과 같은 규칙들의 상호관계를 이용하여 새로운 상태를 생성하기 전에 행동 후 변하지 않는 내용을 알려 줄 수 있는 프레임 규칙(Frame Axiom)을 정의해 놓는 것이 편하다. 프레임 규칙 없이 행동 규칙을 적용하여 생성된 새로운 상태를 기술하면 같은 내용(즉, 변하지 않은 내용)을 반복적으로 다시 기술하여야 하는 불편함이 있다. 다음은 두 개의 프레임 규칙의 예이다.

```
7)(∀X)(∀Y)(∀Z)(unstack(Y, Z) → (ontable(X) ← ontable(X)))
8)(∀X)(∀Y)(∀Z)(stack(Y, Z) → (ontable(X) ← ontable(X)))
```

위의 두 프레임 규칙은 두 행동 stack과 unstack에 의해서 바닥에 있는 물체(상자)는 영향을 받지 않는다는 것을 나타내고 있다. 즉, 프레임 규칙 7)번은 X가 바닥에 있을 때 Z위의 Y를 제거(unstack)해도 X가 바닥에 있는 상태는 변하지 않음을 의미한다. 이 규칙은 X와 Z가 같을 때도 성립한다. 그러나 Y와 Z가 같으면 안 된다.

앞에서 설명한 상태의 표현과 행동 규칙 및 프레임 규칙을 사용하여 초기 상태에서 첫 번째 행동 unstack(b, a)를 수행한 후의 상태를 나타내면 다음과 같음을 알 수 있다.

```
ontable(a) ∧ ontable(c) ∧ clear(a) ∧ clear(c) ∧ gripping(b)
```

이를 그림으로 그리면 [그림 6.5]와 같다.

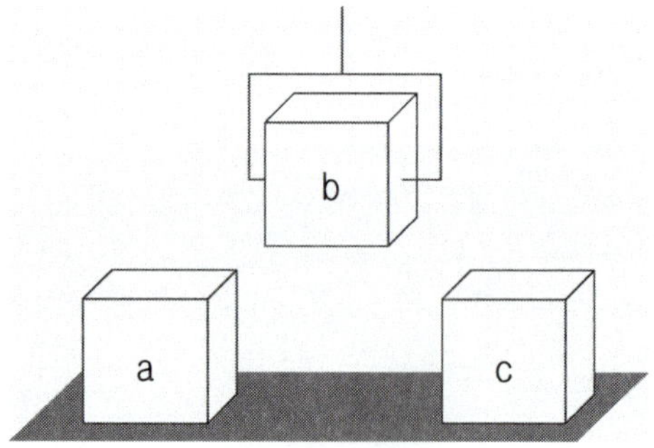

그림 6.5 b를 집어 올린 상태

초기 상태에 unstack(b)를 적용한 결과에서도 알 수 있듯이 ontable(a)와 ontable(c)는 변하지 않고 그대로 남아 있다. 6)번 행동 규칙 unstack(X, Y)는 수행 후 (clear(Y) ∧ gripping(X))라는 결과를 생성한다는 것을 나타내고 있다. 따라서 clear(a)와 gripping(b)가 생성되었다. 그리고 ontable(a)와 ontable(c)는 프레임 규칙 7)번에 의해 그대로 남아 있다.

이처럼 프레임 규칙과 논리융합에 의해 계획 수립을 하면 논리융합이라는 하나의 방식으로 모든 연산을 수행할 수 있는 장점이 있지만 행동의 모든 조합에 대하여 프레임 규칙(프레임 공리)이 존재하기 때문에 복잡한 상태를 다루는 문제에서는 프레임 규칙의 수가 너무 많아지는 단점도 있다. 따라서 실제적인 문제 해결에서 프레임 규칙의 수를 줄이거나 프레임 규칙을 자동으로 유추할 수 있는 방법에 대한 연구도 필요하다. 다음 절에서 설명하는 STRIPS는 프레임 규칙을 사용하지 않는 계획기법이다.

이처럼 계획을 세우는 것은 초기 상태에 여러 가지 행동 규칙(Operator라고도 함)을 적용하여 목표 상태를 만들어 가는 과정을 밝히는 것이라고 말할 수 있다. 이는 앞에서도 이야기한 초기 상태에서 목표 상태로 가는 길을 찾는 탐색과 유사하다. 즉, 초기 상태에서 목표 상태로 가는 과정에 적용해야 될 행동 순서가 곧 계획이 되는 것이다. [그림 6.5]에서 찾을 수 있는 계획은 다음과 같다.

초기 상태 : ontable(a) ∧ ontable(c) ∧ on(b, a) ∧ clear(b) ∧ clear(c) ∧ gripping( )

↓

Unstack(b, a)
Putdown(b)
Pickup(c)
Stack(c, b)
Pickup(a)
Stack(a, c)

↓

목표 상태 : ontable(b) ∧ on(c, b) ∧ on(a, c) ∧ clear(a) ∧ gripping( )

이러한 계획은 논리융합 반박(Resolution Refutation)에 의하여 이루어진다. 하지만 이러한 방식은 간단한 계획을 수립하는데 너무 많은 노력이 든다.

6.2. STRIPS

STRIPS(STanford Research Institute Planning System)는 1970년대 초 SHAKEY 라는 로봇을 조정하는데 사용되었다. STRIPS는 계획을 세우는데 여러 개의 부 목표(Subgoal)를 활용하고 성공

한 계획을 일반화 시켜 매크로(Macro Operators)형태로 보관하였다가 후에 다시 사용할 수 있게 하여 기계학습의 초기 모델을 제공하였다[Fikes & Nilsson71].

STRIPS는 행동을 수행하는 연산자(Operator)를 세 가지 요소(Triples)로 나타낸다. 연산자의 세 가지 요소는 전제조건(Precondition) P와 상태에 더해지는 내용을 나타내는 추가리스트(Add List) A 그리고 상태에서 제거되는 내용을 나타내는 제거리스트(Delete List) D이다. 이처럼 행동을 연산자를 구성하는 세 가지 요소로 나타내는 표현법을 PDA 표현법이라 하자. 다음은 앞 절에서 보았던 네 가지 행동을 위한 연산자를 PDA 표현법을 사용해 표현한 것이다.

pickup(X)	P: gripping( ) ∧ clear(X) ∧ ontable(X) D: ontable(X) ∧ gripping( ) A: gripping(X)
putdown(X)	P: gripping(X) D: gripping(X) A: ontable(X) ∧ gripping( ) ∧ clear(X)
stack(X,Y)	P: clear(Y) ∧ gripping(X) D: clear(Y) ∧ gripping(X) A: on(X,Y) ∧ gripping( ) ∧ clear(X)
unstack(X,Y)	P: clear(X) ∧ gripping( ) ∧ on(X,Y) D: gripping( ) ∧ on(X,Y) ∧ clear(X) A: gripping(X) ∧ clear(Y)

이처럼 PDA 표현법을 사용하여 연산자를 표현하면 프레임 규칙을 사용하지 않아도 되지만 어떤 내용은 중복 표현하게 되어 표현의 효율성이 떨어지기도 한다. 예를 들어 pickup(X) 연산자에서 추가리스트에서 gripping(X)를 넣으면 당연히 gripping( )은 없어지는 것이다. 왜냐하면 상자 쌓기 문제에서 사용하는 로봇 팔은 하나뿐이므로 상자를 집으면 당연히 로봇 팔이 비어 있다는 것은 거짓이 되기 때문이다. 하지만 위의 표현에서 추가리스트에 gripping(X)가 있고 제거리스트에 gripping( )가 또 표현되어 있다.

[그림 6.1]의 초기 상태에서 [그림 6.5]의 상태로 변화 하려면 unstack(b,a)를 수행 하여야 한다. 이때 STRIPS에서는 unstack(X,Y)의 연산자에 대한 PDA 표현법에 의해 상태 변화를 다음과 같이 표현할 수 있다.

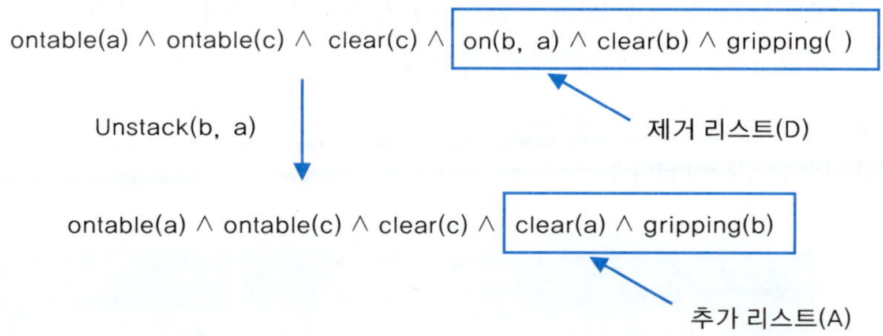

위의 초기 상태에서 unstack(b, a)의 전제조건(P)인 on(b, a)∧ clear(b)∧ gripping( ) 가 만족하므로 unstack(b, a)를 수행할 수 있고, unstack(b, a) 수행 후 unstack(b, a)의 제거 리스트(D)에 속하는 on(b, a)∧ clear(b)∧ gripping( )가 제거되고 추가 리스트(A)에 속하는 clear(a)∧ gripping(b)가 다음 상태에 추가 되었다.

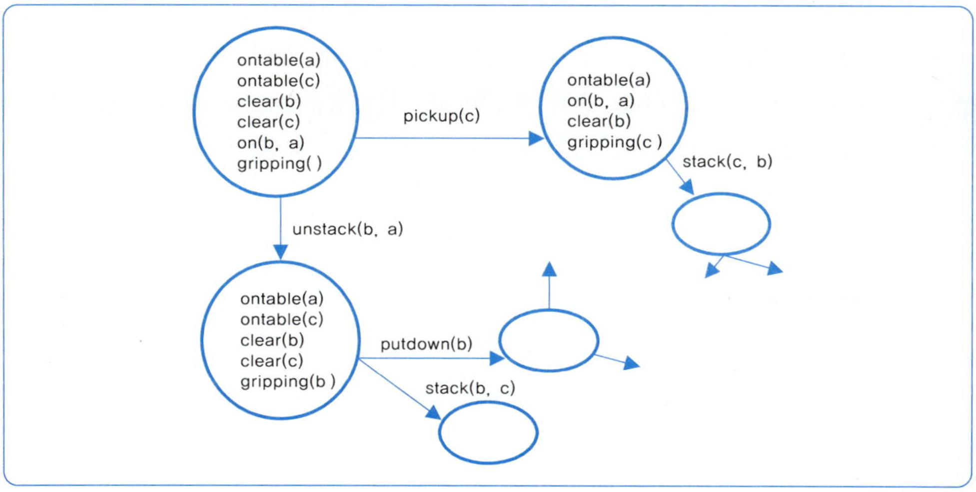

그림 6.6 계획 탐색을 위한 상태 공간

이와 같이 PDA(Precondition, Delete List, Add List) 표현법에 의해 정의된 연산자들을 적용하여 시작상태로부터 생성할 수 있는 모든 상태를 만들어 구성한 [그림 6.6]의 그래프를 계획을 위한 탐색 그래프라 한다.

이러한 그래프 상에서 목표노드까지의 경로를 찾으면 계획을 완성할 수 있게 된다. 이때 탐색은 초기 상태를 기술한 시작노드에서 목표노드 방향으로 진행하는 순방향 탐색을 수행할 수도 있고 반대로 목표노드에서 시작하여 시작노드로 오는 역방향 탐색을 수행할 수도 있다.

이러한 계획 공간을 탐색하기 위해서 STRIPS에서 사용한 방법은 목표스택(Goal Stack)을 사용한 것이다. 목표스택에는 목표를 만족시키는데 필요한 목표와 행동이 들어 갈 수 있다. 6.1절의 상자 쌓기 문제를 예로 들어 설명하면, [그림 6.2]의 목표를 만족시키기 위한 초기의 목표스택은 부 목표의 달성 순서에 따라 다음과 같은 두 가지로 구성할 수 있다.(여기서 목표스택은 ontable(a) 등은 고려하지 않고 중요한 두 가지 목표, on(a, c) ∧ on(c, b), 만을 고려하였다.)

```
on(a, c)
on(c, b)
on(a, c) ∧ on(c, b)
```

목표스택 1

```
on(c, b)
on(a, c)
on(a, c) ∧ on(c, b)
```

목표스택 2

목표스택이 구성되면 스택의 상위 목표부터 달성되었는지 확인하고 미달성시에는 이 목표달성을 위해 사용 가능한 행동을 찾는다. 먼저 목표스택 1을 고려하면, 최상위 목표인 on(a, c)가 초기 상태에서 달성되었는지 확인한다. 초기 상태에서 on(a, c)가 아직 달성되지 않았으므로, 시스템이 수행 가능한 네 개의 행동(i.e., pickup, putdown, stack, unstack) 중 on(a, c)를 달성할 수 있는 행동(i.e., stack(a, c))을 찾는다. 그리고 목표스택을 아래와 같이 변경한다. 이는 stack(a, c)를 수행하면 당연히 on(a, c)가 달성되기 때문이다.

```
stack(a, c)
on(c, b)
on(a, c) ∧ on(c, b)
```

이제 목표스택의 상위 요소가 stack(a, c)이다. 이 행동이 수행되기 위해서는 전제조건 clear(c) ∧ gripping(a)가 만족되어야 한다. 따라서 이 전제조건을 분리하여 각각 순서를 정하여 목표스택에 넣는다. 여기서 효율적인 순서를 정하기 위해 간단한 휴리스틱이 필요하다. 로봇 팔이 무언가를 집고 있으면 다른 작업을 할 수 없다. 따라서 로봇 팔이 gripping(X)와 함께 여러 개의 목표를 동시에 달성해야할 경우에는 항상 gripping(X)를 맨 나중에 수행하는 것이 좋다. 이러한 휴리스틱을 적용하면 목표스택은 아래와 같이 구성된다.

```
clear(c)
gripping(a)
clear(c) ∧ gripping(a)
stack(a, c)
on(c, b)
on(a, c) ∧ on(c, b)
```

이제 목표스택의 상위 요소가 clear(c)이고 이는 이미 만족하고 있음으로 제거하고, 다음 상위 요소인 gripping(a)를 본다. gripping(a)는 아직 만족되지 않았기 때문에 이를 만족시키기 위한 행동 pickup(a)를 목표스택에 올려놓아야 한다. 이때 pickup(a)의 전제조건도 목표스택에 쌓이게 되어 목표스택은 아래와 같게 된다.

```
clear(a)
gripping( )
pickup(a)
gripping(a)
clear(c) ∧ gripping(a)
stack(a, c)
on(c, b)
on(a, c) ∧ on(c, b)
```

목표스택의 상위 요소가 clear(a)이고 이는 아직 만족되지 않았으므로 이를 만족 시킬 수 있는 행동(i.e., unstack(b, a))을 찾는다. 그리고 다시 같은 방법으로 목표스택을 구성하면 아래와 같다.

```
clear(b)
on(b, a)
gripping( )
unstack(b, a)
clear(a)
gripping( )
pickup(a)
gripping(a)
clear(c) ∧ gripping(a)
stack(a, c)
on(c, b)
on(a, c) ∧ on(c, b)
```

그리고 목표스택의 상위 요소인 clear(b), on(b, a), gripping( )는 현 상태에서 모두 만족하고 있음으로 제거 되고 unstack(b, a)가 수행된다. 그러면 현 상태는 아래 그림과 같아진다.

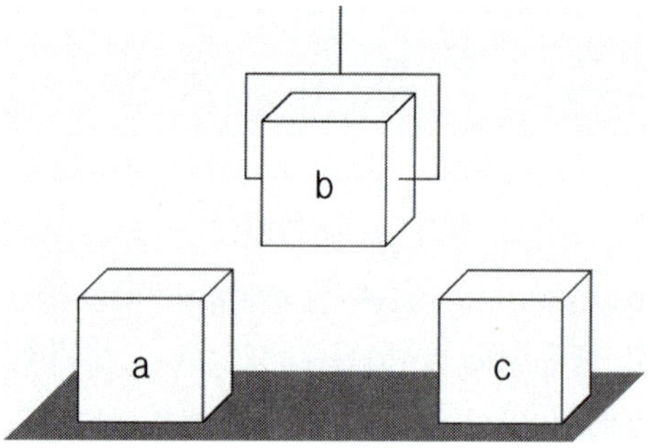

그리고 목표스택은 다음과 같게 된다.

```
gripping( )
pickup(a)
gripping(a)
clear(c) ∧ gripping(a)
stack(a, c)
on(c, b)
on(a, c) ∧ on(c, b)
```

이제 목표스택의 상위 요소인 gripping( )를 만족시키기 위하여 putdown(b)를 다시 목표스택의 상위 요소로 올리고 이를 실행 시킨다. 그 후에는 pickup(a), stack(a, c)를 차례대로 모두 실행할 수 있게 되어 목표스택은 아래와 같게 된다.

```
on(c, b)
on(a, c) ∧ on(c, b)
```

그리고 지금까지 수행된 행동의 순서를 보면 unstack(b, a) ➜ putdown(b) ➜ pickup(a) ➜ stack(a, c)이고 현 상태는 아래와 같게 된다.

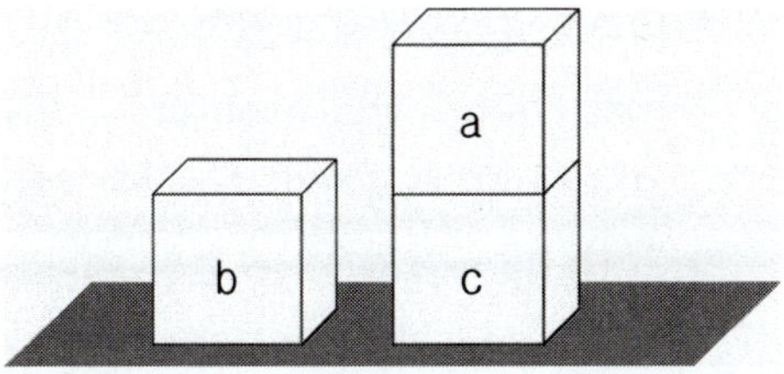

이제 목표스택의 상위 요소인 on(c, b)를 만족 시켜야 되는데 문제가 발생한다. on(c, b)를 만족시키기 위해서는 지금까지 노력하여 달성한 on(a, c)를 무시하고, 다시 unstack(a, c) ➜ putdown(a) ➜ pickup(c) ➜ stack(c, b) 순으로 행동을 수행하여야한다. 그런 다음 pickup(a) ➜ stack(a, c) 하면 최종 목표가 달성된다. 처음부터 수행된 행동의 순서를 다시 기술하여 보면 아래와 같다.

```
1. unstack(b, a)
2. putdown(b)
3. pickup(a)
4. stack(a, c)
5. unstack(a, c)
6. putdown(a)
7. pickup(c)
8. stack(c, b)
9. pickup(a)
10. stack(a, c)
```

여기서 계획 수립 시 행동의 순서를 잘 정하면 3, 4, 5, 6번 행동은 수행하지 않아도 됨을 알 수 있다. 이처럼 반복 작업을 하지 않고 효율적인 계획을 수립할 수 있어야 하는데, 6.3절에서 설명하는 방법들이 대안이 될 수 있다.

복잡한 문제를 해결하기 위해서 하나의 큰 문제를 여러 개의 작은 문제로 나누어 해결하는 방법이 있는데 계획을 세울 때도 부 목표 여러 개를 설정하여 따로 따로 해결한 다음 그 해들을 합하여 전체 계획을 구성할 수 있다. 이러한 계획 수립 방식을 부분순서 계획 수립이라 한다. 예를 들어 [그림 6.4]에서 최종 목표인 on(c, b) ∧ on(a, c)를 두 개의 부 목표 on(c, b)와 on(a, c)로 나누어 해를 구한 다음 합하면 on(c, b) ∧ on(a, c)를 만족시킬 수 있다.

하지만 여기에도 한 가지 해결해야 될 문제가 있다. on(a, c)를 이루고 나서 on(c, b)를 이루기 위해서는 먼저 이루어 놓은 on(a, c)를 허물어야 된다, 즉 상자 c를 상자 b위에 올려놓기 위해서는 상자 a 밑에 있는 상자 c를 들어 올려야 하기 때문이다. 이때 어떤 부 목표를 먼저 달성 하더라도 같은 문제가 생기는데 이를 제안한 사람의 이름을 따서 서스만 이상(Sussman Anomaly)이라고 한다[Sussman75]. 이는 부분순서 계획 수립을 위해서 풀어야 할 문제이다. 이처럼 부 목표끼리 충돌하는 현상을 방지할 수 있도록 정보를 표현하는 방법이 삼각테이블(Triangle Table) 표현법 이다[Fikes&Nilsson71].

삼각테이블 표현법은 [그림 6.7]에서 보는 바와 같이 삼각형 형태의 테이블을 이용하여 계획에 필요한 정보를 표현한다. [그림 6.7]은 이 절에서 보았던 계획을 삼각테이블 형태로 표현한 것이다. 테이블의 대각선 방향으로 굵은 글씨로 표시된 것이 목표를 이루기 위한 행동의 순서이다. 그리고 각 행동에 필요한 전제조건은 행동의 왼쪽 옆에 표시되어 있다. 예를 들어 [그림 6.7]에서 마지막 행동인 stack(X, Y)의 전제조건은 clear(Y)와 gripping(X)이다. 또한 행동 후에 만족하는 조건(Postcondition)은 각 행동 밑의 행에 표시된다. 이렇게 하여 어떤 행동의 결과가 다음 행동의 전제조건과 연결되는 것을 쉽게 표현하였다. 이는 부 목표들이 충돌할 때 생기는 부 목표들의 비선형성(Non-Linearity)해결에도 도움이 된다.

[그림 6.7]은 stack(X, Y) ∧ stack(Y, Z)라는 목표를 달성하는데 필요한 행동들의 순서를 기록한 것이다. 이는 하나의 매크로 행동으로 볼 수 있고 이를 [그림 6.1]의 초기 상태에 적용하면 목표 상태를 이룰 수 있다. 따라서 하나의 매크로 행동 내에는 여러 개의 최소단위 행동(Atomic Action)들이 있고 이를 보관했다가 적용할 수 있는 조건이 만족되면 한 번의 매크로 행동적용으로 여러 단계의 최소단위 행동순서를 대신할 수 있다. 이러한 매크로의 재사용은 부 목표들의 충돌을 해결하고 효율적인 계획을 세우는데 유용하게 사용 될 수 있다.

gripping( ) clear(X) on(X,Y)	**unstack(X,Y)**					
	gripping(X)	**putdown(X)**				
ontable(Y)	clear(Y)	gripping( )	**pickup(Y)**			
clear(Z)			gripping(Y)	**stack(Y,Z)**		
		clear(X) ontable(X)		gripping( )	**pickup(X)**	
				clear(Y)	gripping(X)	**stack(X,Y)**
				on(Y,Z)		on(X,Y) clear(X) gripping( )

그림 6.7 하나의 삼각테이블

삼각테이블 형태로 계획을 표현하면 계획 수행 중 갑자기 발생한 우발적 상황에도 쉽게 대처할 수 있다. 예를 들어 로봇 팔이 계획 수행을 위하여 집고 있던 상자를 떨어뜨릴 경우 다음 상태가 예상했던 것과는 달라질 수 있다. 이럴 때 새로운 상태에 맞는 조건을 삼각테이블에서는 쉽게 찾을 수 있다. 삼각테이블의 행과 열에서 현재 만족하는 조건을 찾으면 그곳에서부터 다시 행동을 수행하면 되다. 이때 조건을 만족하는 행과 열이 구성하는 사각형을 커넬(Kernel)이라고 한다. [그림 6.7]에서 하나의 커넬은 굵은 선으로 표시되어 있다.

커넬내의 전체 조건을 모두 만족하면 커넬의 맨 위쪽 행의 오른쪽 끝에 표시된 행동을 수행할 수 있다. 따라서 우발적으로 발생한 어떤 상황에서 다음에 수행할 행동은 조건을 만족하는 커넬 중 높이가 가장 낮은 커넬을 선택한다. 그렇게 하면 목표에서 가장 근접한 곳에서부터 행동을 다시 시작할 수 있다.

[그림 6.7]의 삼각테이블에 있는 행동들을 하나의 매크로 행동으로 보면 맨 왼쪽 열의 맨 위 칸은 그 매크로 행동의 전제조건을 나타내고 맨 아래 행의 맨 오른쪽 칸은 그 매크로 행동의 수행 후 만족하는 조건들을 나타낸다. 매크로 사용의 효율성을 높이기 위해서는 매크로의 시작과 끝을 잘 결정해야 한다.

6.3. 계층적 계획 수립

어렵고 복잡한 문제를 해결하기 위해서는 긴 계획이 필요한 경우가 많다. 이런 계획을 효과적으로 생성하기 위해서는 문제 해결에 근간이 되는 중요한 일들을 먼저 처리하고 세부적인 계획들은 나중에 고려하는 것이 좋다. 이러한 방식으로 계획을 수립하기 위해 초기에 시도 했던 것이 앞 절에서 설명한 매크로 행동을 이용하는 것이었다[Fikes & Nilsson71]. 그러나 이 방법에서도 매크로 행동(e.g., 삼각테이블)이라는 큰 덩어리의 계획을 사용하기는 하지만 세부 계획을 완전히 고려하지 않는 것은 아니다. 이는 매크로 행동 내에 세부사항(e.g., 전제조건, 행동,...)이 기록되어 있어야 하기 때문이다. 보다 더 나은 방법으로 ABSTRIPS(ABstract specification for STRIPS) [Sacerdoti74]가 있다. ABSTRIPS는 계층적으로 계획을 수립하고 하위 단계들의 전제조건이나 세부 계획을 무시하고 추상공간에서 상위 계획을 수립한 다음 세부적인 것들을 나중에 채워가는 방식이다.

예를 들어 뉴욕에 있는 친구를 방문하려는데 예산이 충분하지 않다. 그러면 어떻게 계획을 세울 것인가? 먼저 뉴욕까지의 비행 요금이 얼마인지를 알아봐야 되지 않을까? 집에서 공항까지는 어떻게 간다든지 뉴욕 근처 공항에 도착해서 친구 집까지는 또 어떻게 간다든지 하는 것은 나중에 생각해도 되는 것이다. 즉 중요한 것을 먼저 생각 하는 것이다.

ABSTRIPS도 이처럼 중요도가 가장 큰 문제의 전제조건만을 먼저 생각하여－하위 목표들에 대한 전제조건의 고려 없이－STRIPS 방식으로 계획을 수립하고 다음 단계로 내려가면서 같은 방식으로 계획을 수립한다. 그러면 처음에는 대략의 전체적인 계획이 수립되고 이것이 차츰 세분화 되어 가면서 전체 계획이 완성되는 것이다.

이처럼 하나의 복잡한 계획을 난이도가 다른 여러 개의 계획들로 나누어 작성하는 계획 수립기법을 계층적 계획 수립(Hierarchical Planning)이라한다. 계층적 계획 수립은 ABSTRIPS에서 소개된 개념이며, ABSTRIPS 시스템은 목표에 포함된 논리곱인자에 한계값(Criticality Number)을 부여하여 부 목표들의 난이도를 표시하였다. 달성하기 어려운 목표는 달성하기 쉬운 목표보다 큰 한계값을 갖는다. ABSTRIPS는 이러한 한계값을 사용하여 다음과 같이 단계적으로 계획을 수립한다.

- 가장 달성하기 어려운(한계값이 가장 큰) 목표를 설정한다.
- 한계 값을 하나 낮추어 그 한계값을 갖는 (부)목표를 달성하기 위한 계획을 수립한다.
- 이를 반복한다.

따라서 ABSTRIPS는 큰 목표를 세우고 이를 달성하기 위한 부 목표들을 찾고 또 각각의 부 목표들을 달성하기 위한 세부적인 계획을 세우는 순서로 계층적 계획을 수립한다. 따라서 이러한 계층적 계획 수립 방식에서는 한계값을 결정하는 것은 매우 중요하다. [그림 6.8]은 계층적 계획 수립 단계를 보여준다.

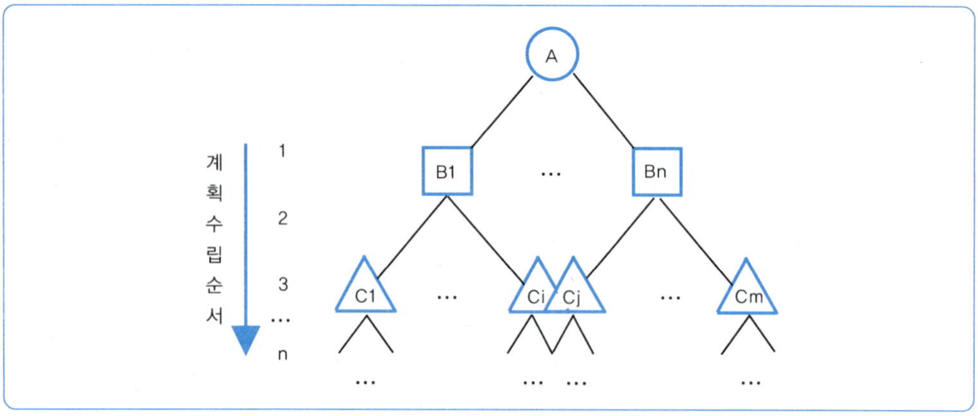

그림 6.8 계층적 계획 수립 순서

[그림 6.8]에서 달성하기 가장 어려운 최종 목표는 A 이고, B는 A를 달성하는데 필요한 A의 부 목표들이다. 또한 C는 B의 부 목표가 된다. 이때 하위 계층에 있는 목표들의 난이도는 상위 계층에 있는 목표들의 난이도 보다 낮고(여기서는 A의 한계값이 가장 높고 C

의 한계 값이 가장 낮다.) 계획 수립은 난이도가 가장 높은 최상위 계층의 목표부터 시작한다. 이때, 가장 달성하기 어려운 목표 A를 달성하기 위한 계획을 수립할 때에는 그 밑에 있는 목표(i.e., B, C 등)들을 달성할 때 필요한 전제조건들은 무시하고 A를 위한 전제조건만을 고려한다. 마찬가지로 목표 B를 달성하기 위해서는 목표 C에 필요한 전제조건은 무시한다.

NOAH, O-Plan, SIPE[Sacerdoti77, Currie&Tate91, Wilkins88]등의 계획 수립 시스템은 계층적 계획 수립 기법과 부분순서 계획 수립 기법을 결합하여 사용한다. 즉, 계층적 계획 수립에 의해 생성된 계획을 부분순서 계획 수립에 의해 생성된 세부적인 계획들로 대치하여 전체적인 계획을 구체화 하는 것이다(e.g., move(A, B, C)를 pickup(A, C), putdown(A, B)로 구체화). 이들은 처음에는 구체적인 행동이 정해지지 않은 스케치 수준의 계획으로 시작하여 점차 구체적인 계획으로 발전시켜 나간다. 예를 들어 O-Plan 시스템은 계획 수립을 시작할 때 응용분야에 맞는 유형의 기본 틀(Template)을 선택하고 차츰 이 틀을 채워나가면서, 확장하고 수정하여 최종 계획을 완성한다.

다음은 O-Plan 시스템을 이용한 계획 수립 시스템으로 미군의 소규모 부대(US army Small Unit Operation(SUO))에서 사용할 수 있는 시스템인 SUO의 모바일 장치에서의 시뮬레이션 화면이다. 여기에는 화면과 함께 시간대별 행동이 나타나있는 것을 볼 수 있다.

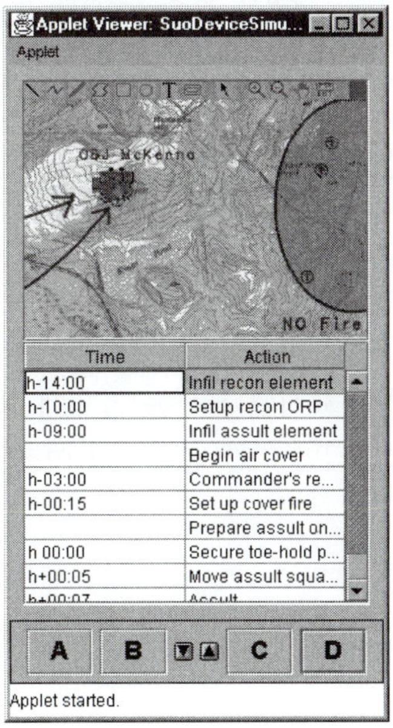

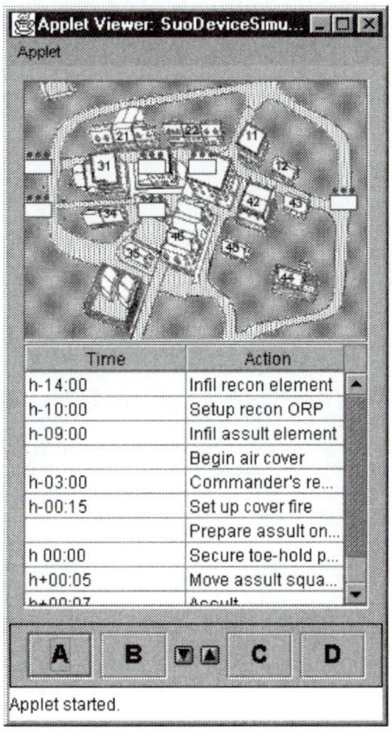

다음 그림은 O-Plan 편집기이다.

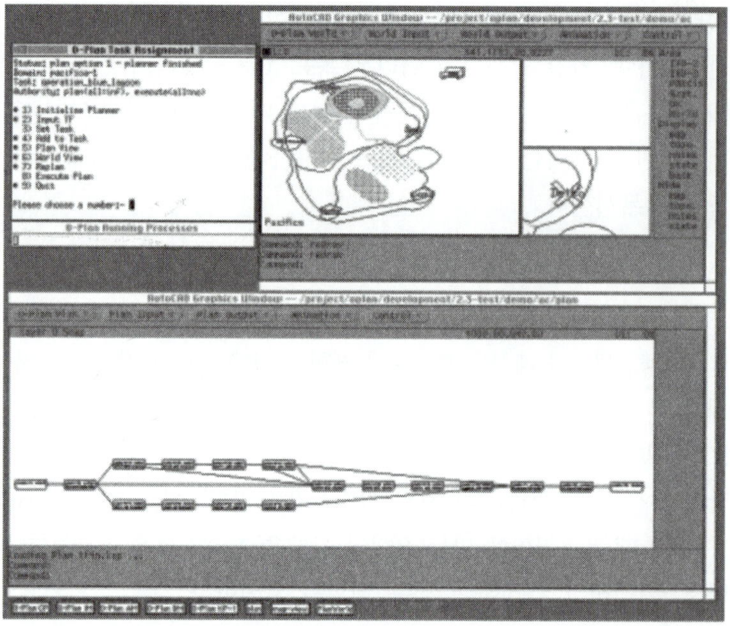

NOAH도 같은 방식으로 처음에 간단한 추상적 목표를 만들고 나중에 차츰 구체적인 계획으로 발전시켜 나간다. 예를 들어 [그림 6.1]의 초기 상태에서 [그림 6.2]의 목표 상태로 만드는데 필요한 계획을 NOAH를 이용하여 수립하는 과정을 살펴보기로 하자. [그림 6.9]는 NOAH가 처음에 설정한 목표 상태(가장 달성하기 어려운 최종 목표)를 보여준다.

on(A,C) ∧ on(C,B)

그림 6.9 최종 목표

위에서 보듯이 끝이 둥근 상자로 싸여 있는 노드는 달성하고자 하는 목표를 나타내고 [그림 6.10]에서 보는 것처럼 사각형으로 표시된 노드는 계획에 포함된 연산자를 나타낸다. NOAH는 처음에 초기 상태가 결정되면 이를 분리하여 여러 개의 부 목표로 나눈다[그림 6.10].

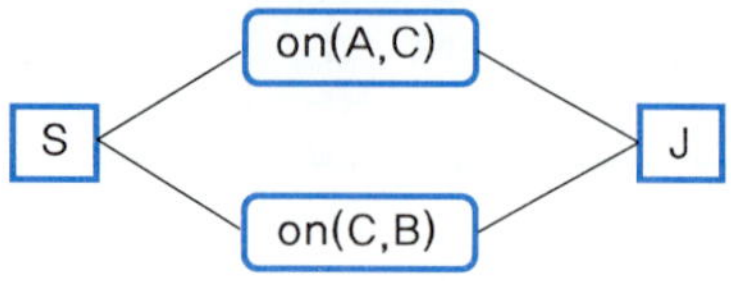

그림 6.10 두 개의 부 목표

여기서 S노드는 계획의 분리(Split)를 나타내고 J노드는 결합(Join)을 나타낸다. S노드로 연결된 계획은 모두 수행되어야 하지만 순서는 아직 정해지지 않은 것이다. NOAH는 [그림 6.10]에 있는 두 개의 부 목표는 STACK 연산에 의해 만족시킬 수 있음을 안다. 여기서 사용하는 연산자 STACK은 앞에서 설명한 연산자 STACK과는 조금 다르다. 여기서 사용하는 연산자 STACK은 어떤 개체를 다른 개체 위에 올려놓는 것으로 개체를 집어 드는 작업(e.g., gripping(X)) 까지도 포함한다. 따라서 두 STACK 연산의 전제조건을 찾는다.

[그림 6.10]은 STACK 연산자를 수행하기 위해서는 전제조건인 clear(X)를 먼저 수행하여야 함을 알 수 있고 두 개의 STACK 연산은 순서에 무관함을 나타내고 있다. 이제 NOAH는 제안된 계획을 검토할 수 있는 프로그램(비평(critic) 이라 함)을 작동하여 세부 계획 간의 상호작용을 검사하고 제안된 계획의 수정이 필요하면 이를 제안한다. [그림 6.10]의 상태에서 비평을 적용한 결과 STACK(A, C)를 수행 후 STACK(C, B)를 수행할 경우

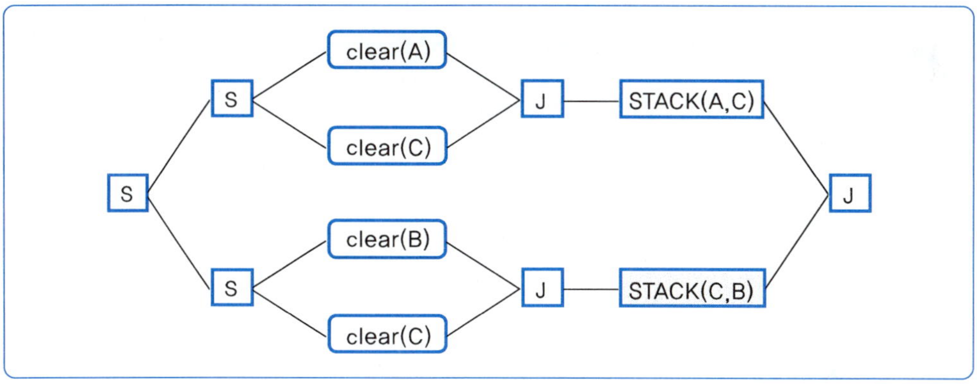

그림 6.11 연산자와 전제조건

충돌이 일어남을 알게 된다. 이는 C위에 A를 올려놓은 다음 다시 C를 B위에 올려놓으려고 하면 C위에 올려놓았던 A를 다시 내려놓아야 하기 때문이다. 따라서 충돌해결을 위한 비평에 의해 [그림 6.11]은 [그림 6.12]로 바뀐다.

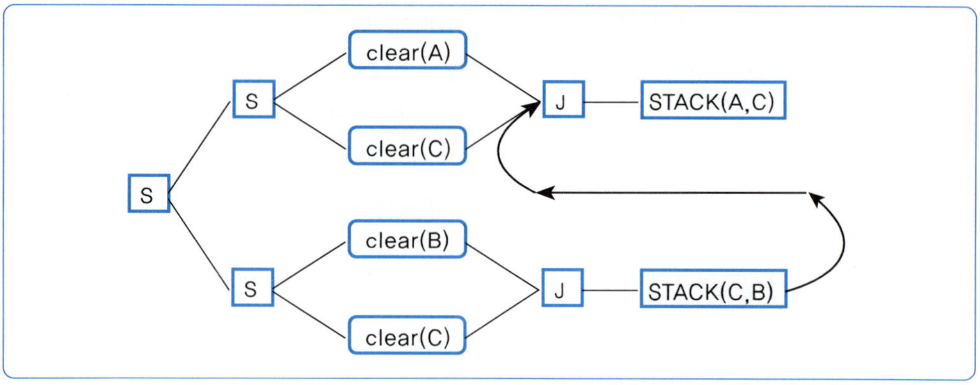

그림 6.12 충돌해결 비평 후의 결과

그리고 STACK의 전제조건 중에 clear(C)가 두 번 나타나 있음을 보고 불필요하게 중복된 것임을 안다. 이는 중복된 전제조건을 제거하기 위한 비평에 의해 제거되고, [그림 6.12]는 [그림 6.13]과 같이 바뀐다.

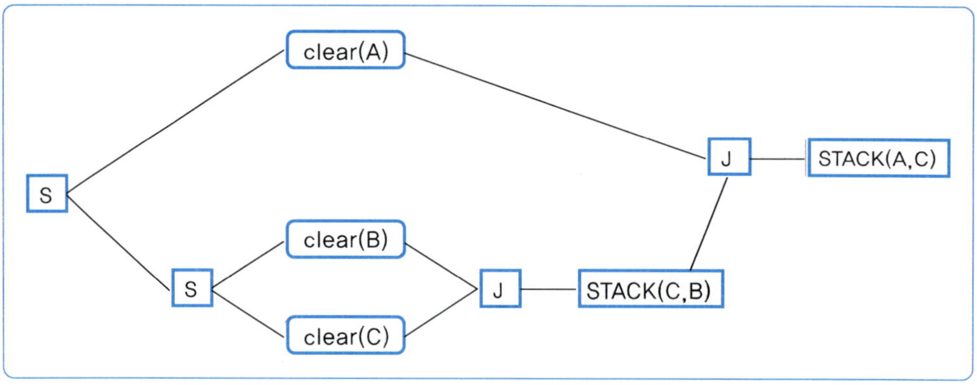

그림 6.13 중복된 전제조건 제거 비평후의 결과

여기서 clear(A)가 되기 위해서는 (초기 상태에서 A위에 B가 있으므로) B를 A위에서 내려놓아야 한다. 또 그러기 위해서는 clear(B)가 만족되어야 한다. [그림 6.14]는 이러한 상태를 보여준다.

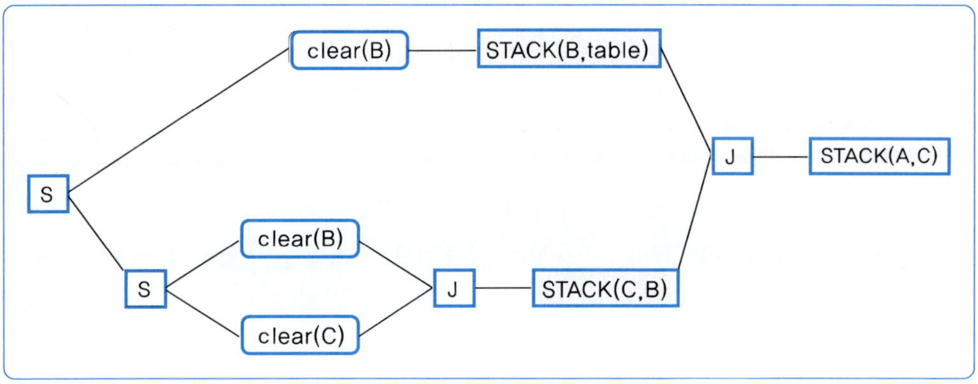

그림 6.14 중간 상태

여기서 STACK(C, B)를 수행하면 clear(B)가 만족되지 않는다. 따라서 clear(B)가 STACK(C, B)에 앞서 수행되도록 [그림 6.15]와 같이 계획을 수정한다.

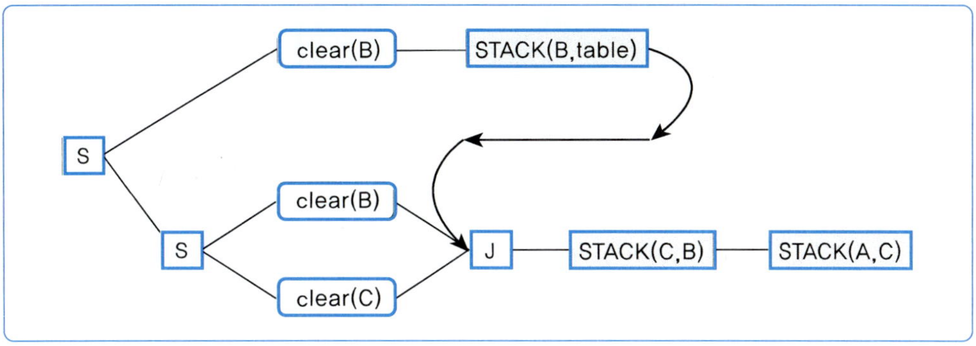

그림 6.15 두 번째 충돌 해결 후

[그림 6.15]에서는 앞에서와 같이 clear(B)가 중복되어 있는 것을 발견하고 이를 제거한다. 이때 STACK(B, table)이 STACK(C, B)앞에 수행되어야 한다. 이는 [그림 6.16]에 나타나 있다.

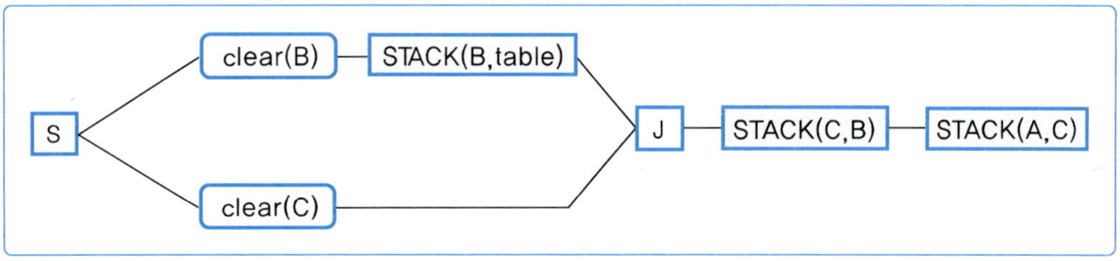

그림 6.16 중복전제조건 clear(B)가 제거된 후

[그림 6.16]에 남아 있는 목표 clear(B)와 clear(C)는 주어진 초기 상태에서 이미 만족된 것이다. 따라서 최종 계획은 [그림 6.17]과 같다.

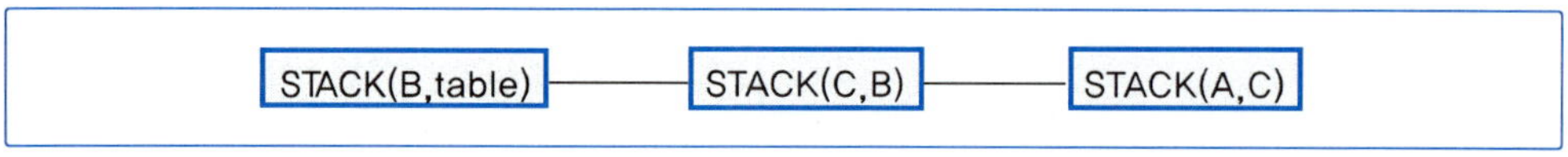

그림 6.17 최종 계획

위 예제는 계층적 계획 수립에 최소실행전략(Least-Commitment Strategy)을 이용한 간단한 예이다. 최소실행전략을 이용하여 계층적으로 계획을 수립하기 때문에 모든 연산자의 조합을 적용하지 않고도 필요한 연산자와 그들 간의 순서만을 고려하여 계획을 수립할 수 있는 것을 보았다.

연습문제

1 계획 수립이란 무엇인지 예를 들어 설명하시오.

2 프레임 문제란 무엇인지 예를 들어 설명하시오.

3 프레임 규칙의 필요성을 설명하시오.

4 초기 상태 ontable(a)∧ontable(c)∧on(b, a)∧clear(b)∧clear(c)∧gripping( )에서 목표 상태 ontable(b)∧on(c,b)∧on(a, c)∧clear(a)∧gripping( )로 가는 계획을 수립하시오.

5 STRIPS에서 사용하는 PDA표현법의 장·단점을 기술하시오.

6 삼각테이블 표현법의 장·단점을 기술하시오.

7 계층적 계획 수립의 장·단점을 기술하시오.

8 서스만 이상의 해결법을 설명하시오.

9 본문에서 주어지지 않은 pickup, stack에 대한 프레임 규칙을 작성하시오.

10 PDA표현법을 이용하여 [그림 6.13]의 상태 공간을 작성하시오.

11 ABSTRIPS 시스템이 어떻게 부 목표 충돌을 회피하는지 설명하시오.

12 O-Plan과 같은 기법을 사용하여 간단한 계획 수립 시스템을 구현하시오.

13 효율적인 계획 수립을 위한 새로운 기법에 대하여 논의하시오.

14 우리 주위에서 계획 수립 시스템을 사용하기 좋은 응용분야를 찾아보시오.

07 기계학습과 유전 알고리즘

기계학습(Machine Learning)은 인간이나 다른 생물체에 있는 학습 능력과 같은 기능을 컴퓨터 시스템에 부여하는 것으로 인공지능의 한 분야이다. Simon은 "같은 작업이나 같은 영역내의 비슷한 작업을 반복할 때 처음보다 나중에 하는 작업 효율이 높아지도록 시스템을 변화시키는 것이 학습이다"라고 정의 하였다[Simon83]. 즉, 학습이 가능한 시스템은 학습에 의한 시스템 성능의 향상이나 지식베이스의 확장이 가능한 것이다. (하지만 이는 학습의 긍정적인 면만 보는 것이고, 학습에 의하여 부정적 영향을 받을 수도 있다. 본 장에서는 학습의 긍정적인 면만을 생각하기로 한다.) 시스템 성능의 향상은 지식베이스 내 지식의 확장, 기존 지식의 정제를 통한 지식베이스 크기의 축소, 탐색 경로의 변경이나 휴리스틱의 추가에 의한 빠른 문제 해결, 불필요한 데이터의 제거를 통한 고려 대상의 축소, 시스템이 다룰 수 있는 문제 영역의 확대 등으로 구체화 하여 생각해 볼 수 있다.

기계학습은 귀납법적인 학습과 연역법적인 학습으로 나누어 생각해 볼 수 있다. 귀납법적 학습은 예제 또는 과거의 경험이나 지식을 일반화(Generalization)하여 사용하는 것이 보통이다. 이러한 학습을 위하여 귀납법을 적용할 때는 데이터가 많으면 좋은 결과를 얻을 수 있다. 하지만 대부분의 실제 학습에 있어서는 최적의 일반화를 생성하는데 필요한 충분한 데이터가 존재하지 않을 때가 많다. 이럴 때는 지식을 일반화하는데 가장 좋다고 여겨지는 데이터들을 선택하여야 한다. 이 때 적절한 휴리스틱이 필요한데 이를 귀납적 편향(Inductive Biases)이라고 한다. 귀납적 편향에 의해서 학습의 효과가 높아지기도 하지만 도리어 학습하지 않은 것보다 성능이 떨어질 수도 있다. 연역법적인 학습은 기존 지식으로부터 연역적 추론을 이용한다.

기계학습은 지능형 시스템(Intelligent System) 개발에 유용하게 활용될 수 있다. 지능형 시스템의 개발을 위해 가장 시간과 비용이 많이 드는 작업이 지식습득(Knowledge Acquisition)과정이다. 이러한 지식습득을 용이하게 하는 방법으로 기계학습을 이용할 수 있다. 또한, 지능형 시스템은 처음 만들어 질 때, 그 시스템의 설계자가 제공한 지식을 활용하여 작업을 하지만 나중에 새로운 지식들이 필요하게 되면 학습을 통하여 이들을 스스로 보충할 수 있다. 어떻든 학습을 하기 위해서는 학습자의 지식이 변화되어 가야 되는데 이러한 변화를 만들어가는 방식은 크게 지도 학습, 비지도 학습, 그리고 강화 학습으로 나누어 볼 수 있다.

지도 학습은 학생이 교사에게 학습 자료나 지도를 받아 학습하듯이 시스템은 외부로부터 학습된 데이터(i.e., 특성이 정해진 데이터)를 받아서 학습을 시작하는 것이다. 예를 들어 여러 건의 정치관련 문서와 스포츠 관련 문서들을 주고 새로이 입력되는 문서가 정치관련 문서인지 스포츠 관련 문서인지를 알아내도록 학습하는 것이 지도 학습에 속한다. 이러한 작업은 분류(Classification) 작업이라 하고 분류작업에서 중요한 것은 학습된 데이터를 어떻게 마련하느냐 하는 것이다. 지도 학습에 자주 사용되는 기법에는 Regression, Support Vector Machine, 의사결정트리(Decision Tree), K-Nearest-Neighbors 등이 있다.

비지도 학습은 학습된 데이터가 주어지지 않고 그룹이 정해져 있지 않은 데이터를 받아들여 시스템 스스로 유사한 데이터들을 그룹지어 나가야한다. 이러한 작업을 군집화(Clustering)라고 하고, 군집화 방법에는 K-Means Clustering, Gausian Mixture Model 등의 기법이 있다. 강화 학습은 시스템의 행동에 따라 포상을 주기도 하고 벌을 주기도 하여 학습을 유도하는 것이다. 강화 학습 기법에는 Markov Decision Process, Dynamic Programming 등이 있으며, 로봇의 보행 학습이나 자율 주행하는 자동차나 항공기의 주행 학습에 이용되기도 한다.

본 장에서는 이러한 기계학습을 인간의 뇌 기능을 본 딴 인공 신경망(Artificial Neural Network), 그리고 진화의 원리를 응용한 유전 알고리즘(Genetic Algorithm) 등과 함께 살펴본다.

7.1. 기계학습에 관련된 요소

본 절에서는 기계학습(이하 학습이라 함)에 관련된 여러 가지 요소들에 대하여 알아본다.

- **데이터**

  학습에 필요한 데이터에는 예제(Example), 제언(Advice) 그리고 유사성(Analogy)등이 있다. 우리는 유사한 문제 해결의 예를 통하여 새로운 문제 해결 방법을 학습할 수 있다. 이 때 사용되는 예제는 긍정적인 예제(Positive Example) 일 수 있고 부정적인 예제(Negative Example) 일 수도 있다. 그리고 직접적인 문제 해결 과정을 보여주지는 않지만 문제 해결에 필요한 일반적인 이론이나 방법론을 알려주어(제언 하여) 문제 해결 능력을 갖게 할 수도 있다. 또한 유사성을 알려 주어 새로운 개념을 학습하게 할 수도 있다. 예를 들어 "물과 전기는 비슷하다"라는 것은 하나의 유사성을 설명한 것이다. 이러한 유사성을 해석하는 과정에서 의미 있는 학습이 수행될 수 있다. 학습 데이터는 시스템 내부에서 생성하기도 하고 시스템 외부에서 주어지기도 한다. 또한 데이터는 구조적으로 잘 조직되어 있기도 하고 아무런 규칙 없이 주어지기도 한다.

- **지식표현**

  학습된 지식은 논리, 프레임, 규칙, 의미망 등 여러 가지 지식표현 언어에 의해 표현될 수 있다. 예를 들어 'Brick'의 여러 가지 예는 다음과 같이 AND로 연결된 논리문장으로 표현될 수 있다.

```
size(obj1, small) ∧ color(obj1, yellow) ∧ shape(obj1, cube)
size(obj2, large) ∧ color(obj2, blue) ∧ shape(obj2, cube)
```

그리고 이로부터 일반화된 'brick'의 개념은 다음과 같이 표현할 수 있다.

```
size(X, Y) ∧ color(X, Z) ∧ shape(X, cube)
```

이제 위의 일반화된 논리문장과 단일화 되는 논리문장은 'brick'을 나타낸다고 할 수 있다.

- **연산**

  학습 시스템은 주어진 데이터를 이용하여 목적에 맞는 일반화나 휴리스틱 규칙 또는 계획 등을 생성한다. 이러한 작업은 시스템내의 지식의 변화를 통해 수행되며 그 변화는 연산(operation)에 의해 이루어진다. 앞의 예에서 상수를 변수로 치환하여 일반화를 이루었다. 이러한 변수 치환도 하나의 연산이 될 수 있다.

- **개념공간**

  학습과정에서 주어진 데이터에 연산을 적용하면 여러 가지 개념 정의들을 생성하게 된다. 이때 생성된 여러 가지 개념정의들이 널려있는 공간을 개념공간(Concept Space) 이라고 한다. 그리고 학습시스템은 개념공간에서 목적에 맞는 정의를 찾아야 한다. 따라서 개념공간의 복잡도는 학습문제의 난이도와 연관이 있다. 하나의 개념 공간의 예는 [그림 7.3]에서 볼 수 있다.

• **휴리스틱 탐색**

효율적인 개념공간의 탐색은 학습능률의 증가에 큰 영향을 미친다. 따라서 개념공간 탐색을 위한 효율적인 휴리스틱 탐색 기법은 학습시스템의 중요한 요소 중 하나이다.

7.2. 귀납적 학습의 예

귀납적 학습은 일반화된 패턴이나 규칙, 법칙 또는 조직적 형태 등을 기존의 데이터나 경험, 예제 등으로부터 얻어내는 과정을 포함한다. 본 절에서는 긍정적 예와 부정적 예를 사용하여 귀납적 방법으로 아치(Arch)가 무엇인가를 학습하는 예를 보기로 한다. 이 예는 Winston의 학습 프로그램[Winston75]이 사용하는 방법을 설명하는 것이지만 일반적인 학습시스템이 사용하는(일반화와 세부화(Specialization) 문제, 개념공간 탐색 문제 등) 방법들이기도 하다. 아치의 개념정의는 [그림 7.1]과 [그림 7.2]처럼 의미망으로 표현한다[Luger02].

[그림 7.1(a)]와 [그림 7.1(b)]는 두 개의 아치를 예로 보인 것이다. 두 아치의 차이는 위에 놓인 블록이 하나는 사각형이고 다른 하나는 삼각형인 것이다. [그림 7.1(d)]는 이 두 아치의 예를 보고 위에 놓인 블록이 삼각형과 사각형 모두를 포함 할 수 있는 다각형이 되도록 일반화 한 것이다. 하지만 이것으로 아치를 정확히 정의하였다고는 할 수 없다. 왜냐하면 [그림 7.1(d)]의 정의로는 [그림 7.2(a)]와 같은 경우도 아치라고 판단하기 때문이다.

[그림 7.2]는 세부화의 예를 보인 것으로 [그림 7.2(a)]는 아치와 비슷하지만 아치가 아닌 경우의 예이다. 이러한 예를 근접오류(Near Miss)라고 한다. [그림 7.2(b)]는 [그림 7.1(d)]와 [그림 7.2(a)]를 사용하여 세부화 한 결과이다. 여기에는 근접오류를 방지할 수 있도록 제약사항이 추가되어있다.

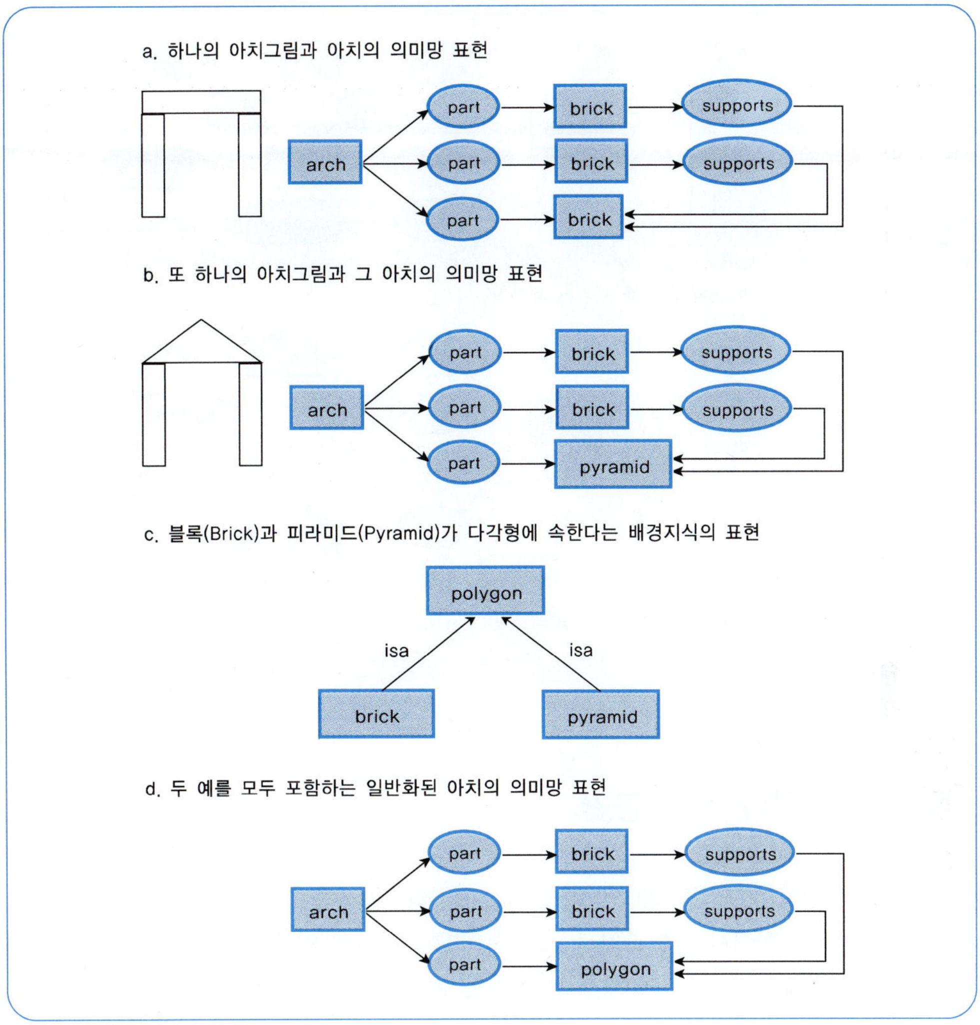

그림 7.1 일반화의 예 (from [Luger02])

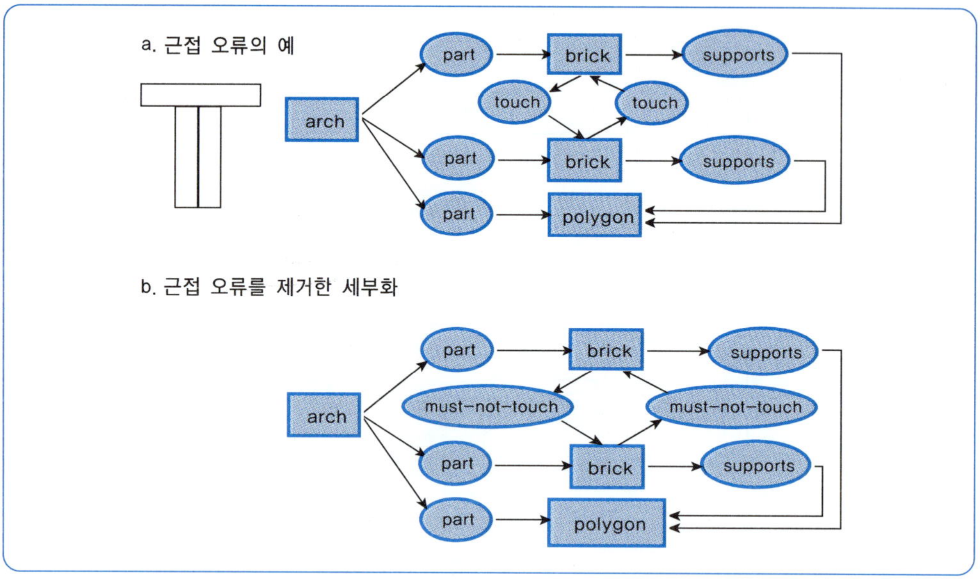

그림 7.2 세부화의 예(from [Luger02])

7.3. 일반화와 개념 공간

본 절에서는 귀납적 학습과 관련된 일반화와 개념 공간에 대해 설명한다. 개념 공간을 정의하는데 있어서 가장 일반적으로 적용되는 연산은 일반화와 세부화이다. [그림 7.3]은 아래쪽에서 위로 가면서 상수를 변수로 치환하는 일반화에 의해 구성한 개념 공간이다. 이는 다음과 같은 특성과 값을 갖는 도메인 내의 개체들의 개념을 설명하고 있다.

```
Weights = {light, heavy}
Heights = {tall, short}
```

도메인 내의 개체는 body_type(Weights, Heights) 라는 술어로 표현할 수 있고 개념 공간은 [그림 7.3]과 같다. [그림 7.3]에서 가장 위에 있는 body_type(X, Y)가 가장 일반화된 개념이다. 귀납적 학습은 이러한 개념 공간에서 모든 학습 예제와 일관되게 일치하는 개념을 찾는 작업으로 볼 수 있다.

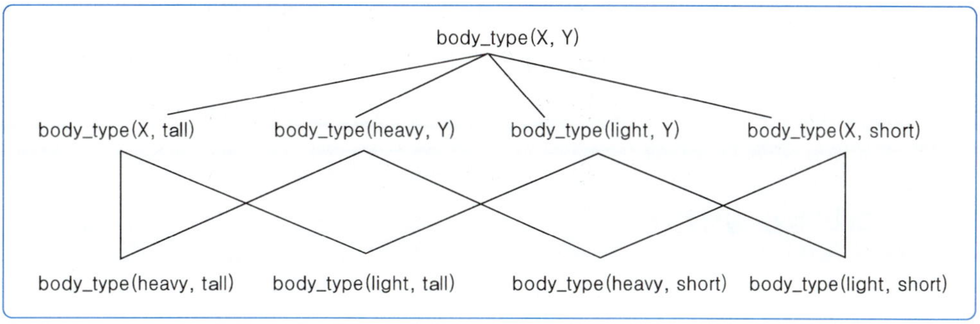

그림 7.3 하나의 개념공간

일반화를 위한 연산에는 다음과 같은 것들이 있다.

- 상수를 변수로 바꾼다.

《 보기 》

> weight(john, heavy)를 weight(**X**, heavy)로 일반화 함

- 결합(Conjunctive) 문장에서 조건을 제거한다.

《 보기 》

> weight(X, heavy) ∧ height(X, tall) ∧ **hobby(X, basketball)**을
> weight(X, heavy) ∧ height(X, tall)로 일반화 함

- 문장에 이접(Disjunction) 조건을 추가한다.

《 보기 》

> weight(X, heavy) ∧ height(X, tall) ∧ hobby(X, basketball)을
> weight(X, heavy) ∧ height(X, tall) ∧ hobby(X, basketball) ∨
> **hobby(X, volleyball)**로 일반화 함

- 특성의 유형을 유형계층(Type Hierarchy)에서 상위 유형으로 바꾼다.
  (만일 유형계층에 sports가 basketball의 상위 유형이라면)

《 보기 》

> hobby(X, basketball)을 hobby(X, **sports**)로 일반화 함

위와 같은 연산자에 의해 일반화 된 문장들은 서로간의 반 순서관계를 "≥"기호로 나타낼 수 있다. 즉 'p가 q보다 더 일반적이다'는 p≥q로 나타낸다. 이러한 순서(Ordering)는 개념공간 탐색 시 제약조건(Constraints)으로 유용하게 사용될 수 있다.

다음 절에서는 귀납적 학습법의 하나인 버전 공간 탐색(Version Space Search)에 의한 학습알고리즘들을 설명한다.

7.4. 버전 공간 탐색

귀납적 학습은 개념공간에서 학습 예제에 맞는 개념들을 탐색하는 것으로 볼 수 있다. 개념공간 내에서 학습예제에 맞는 개념들의 집합을 버전공간(Version Space)이라고 한다. 학습 예제가 많으면 버전공간의 크기를 줄일 수 있다. 이때 개념공간에서 세부적 개념으로부터 일반적 개념들을 찾아가면서 버전공간을 구성할 수 있고, 반대로 일반적인 개념으로부터 시작하여 세부적인 개념들을 찾아갈 수 있다. 또한 양방향으로 동시에 탐색을 수행할 수도 있는데 이를 후보제거 알고리즘(Candidate Elimination Algorithm) 이라 한다.

이러한 알고리즘들은 데이터지향(Data Driven)적이며 지도 학습(Supervised Learning)에 속한다. 지도 학습이란 교사의 지도에 의해 학습이 행해지는 것을 말하며 비지도 학습(Unsupervised Learning)과 대비된다. 세부적인 것으로부터 일반적인 것으로 탐색을 진행하여 학습을 수행하는 방법에서는 [그림 7.3]에서 body_type(X, Y)와 같이 모든 것을 다 포함할 수 있어 너무 일반화된 개념을 생성하는 것을 방지할 필요가 있다. 이처럼 너무 일반화된 개념 생성을 방지하기 위해서는 부정적 예를 사용한다([그림 7.4]). 이렇게 하여 세부적인 개념들 중에서 가장 일반화된 개념 즉 모든 긍정적 예들은 다 포함하고 부정적 예는 하나도 포함하지 않는 개념 공간을 찾아야 한다. 이러한 개념공간을 가장 넓은 세부화(Maximally Specific) 개념공간[그림 7.4(b)]이라 한다.

(a) 긍정적 예만 사용하여 학습한 개념

(b) 긍정적 예와 부정적 예를 사용하여 학습한 개념

그림 7.4 너무 일반화된 개념 생성 방지를 위한 부정적 예의 역할

[그림 7.5]는 하나의 세부화 된 개념으로부터 긍정적 예를 통해 개념을 일반화 해가는 과정을 보여주고 있다.

```
    {  }
      ↓        ← 긍정적 예 obj(small, red, bottle)
{obj(small, red, bottle)}
      ↓        ← 긍정적 예 obj(small, white, bottle)
obj(small, X, bottle)
      ↓        ← 긍정적 예 obj(large, blue, bottle)
obj(Y, X, bottle)
```

그림 7.5 bottle 이라는 개념의 일반화 예

일반화된 개념을 세부화 시켜 학습을 수행할 때는 가장 넓은 일반적 개념(Maximally General Concepts)을 찾아야 한다. 이는 가장 넓은 세부화 개념과 같은 것이다. 즉, 모든 긍정적 예를 다 포함하고 부정적 예는 하나도 포함하지 않는 개념이다. 단지 탐색의 방향만이 다르다.

일반화된 개념을 세부화 시킬 때는 부정적 예를 사용하지만 너무 세부화 되지 않도록 하여야 한다. 이처럼 개념이 너무 세부화 되는 것을 방지하기 위해서는 긍정적 예를 사용한다. [그림 7.6]은 이러한 과정을 보여주는 예이다.

```
{obj(X, Y, Z)}
          ↓             ←  부정적예: obj(small, red, box)
{obj(large, Y, Z), obj(X, blue, Z),
 obj(X, Y, bottle), obj(X, white, Z)}
          ↓             ←  긍정적예: obj(large, blue, bottle)
{obj(large, Y, Z), obj(X, blue, Z),
 obj(X, Y, bottle)}
          ↓             ←  부정적예: obj(large, white, box)
{obj(X, blue, Z), obj(X, Y, bottle)}
          ↓             ←  긍정적예: obj(small, white, bottle)
{obj(X, Y, bottle)}
```

그림 7.6 세부화의 예

학습을 위한 후보제거 알고리즘은 가장 일반화된 개념에서 세부화된 개념 쪽으로 탐색을 수행하는 동시에 가장 세부화된 개념에서 일반화된 개념 쪽으로도 탐색을 수행하여 목표로 하는 개념을 양방향에서 찾아간다. [그림 7.7]은 후보제거 알고리즘을 사용하여

"blue bottle"에 대한 개념을 학습하는 예를 보인 것이다. 이 예에서 보듯이 후보제거 알고리즘에서는 두 개의 집합(G : 일반화 집합, S : 세부화 집합)을 사용한다.

```
G:{obj(X, Y, Z)}
S:{ }
          ↓      ← 긍정적예: obj(large, blue, bottle)
G:{obj(X, Y, Z)}
S:{obj(large, blue, bottle)} ; 주어진 긍정적 예로부터 추가됨.
          ↓      ← 부정적예: obj(large, white, bottle)
G:{obj(X, blue, Z)} ; 색은 white와 blue만 있다고 가정함.
S:{obj(large, blue, bottle)}
          ↓      ← 긍정적예: obj(small, blue, bottle)
G:{obj(X, blue, Z)}
S:{obj(X, blue, bottle)} ; small도 긍정 이므로 large를 X로 대치함.
          ↓      ← 부정적예: obj(small, blue, box)
G:{obj(X, blue, bottle)} ; obj에 box와 bottle만 있다고 가정하고 box가
                         ; 부정이므로 bottle만 남음.
S:{obj(X, blue, bottle)}
```

그림 7.7 후보제거 알고리즘 적용 예

이처럼 후보제거 알고리즘은 긍정적인 예나 부정적인 예를 추가하면서 점차로 학습을 수행해 가는 점진적 학습(Incremental Learning)이 가능하다. 하지만 다음에 설명할 ID3와 같은 알고리즘은 학습이 시작되기 전에 필요한 모든 예들이 준비되어 있어야 한다.

이제까지 설명한 바와 같이 후보제거 알고리즘은 개념공간을 너비우선 방식으로 탐색한다. 탐색의 효율을 높이기 위해서는 여러 가지 다른 탐색 기법을 활용하는 것도 좋은 방법이다. 탐색 방향을 안내할 수 있는 중요한 요소 중의 하나는 학습 목표에 대한 배경지식이다.

후보제거 알고리즘은 META-DENDRAL, LEX 등의 전문가 시스템 개발에 적용되었으며, META-DENDRAL이 발견한 규칙은 화학 논문지에 실렸고 이는 컴퓨터 프로그램에 의해 생성된 최초의 과학적 지식으로 알려져 있다.

7

7.5. ID3 알고리즘

Quinlan이 1986년 제안한 ID3 알고리즘은 학습결과(개념)를 의사결정트리(Decision Tree) 형태로 표현 하며 예를 통한 귀납적 학습을 수행한다. 의사결정트리는 하향식(Top-Down) 으로 생성하며 필요한 정보는 미리 준비되어 있어야 한다.

| 표 7-1 | 대출 자료

번호	수입	신용도	채무	대출여부
1	50만원 이하	나쁨	많음	대출불가
2	50만원-100만원	모름	많음	대출불가
3	50만원-100만원	모름	적음	대출가능
4	50만원 이하	모름	적음	대출불가
5	100만원 이하	모름	적음	대출승인
6	100만원 이상	모름	적음	대출승인
7	50만원-100만원	나쁨	적음	대출불가
8	100만원 이상	나쁨	적음	대출가능
9	100만원 이상	좋음	적음	대출승인
10	100만원 이상	좋음	많음	대출승인
11	50만원 이하	좋음	많음	대출불가
12	50만원-100만원	좋음	많음	대출가능
13	100만원 이상	좋음	많음	대출승인
14	50만원-100만원	나쁨	많음	대출불가

ID3는 루트 노드(Root Node) 에서 평가할 특성(Property) 을 선택하여 평가 후 자신의 자노드(Child Node) 를 생성한다. 각각의 자노드에서도 같은 작업이 반복되고 더 이상의 자노드가 생성되지 않을 때까지 반복하여 의사결정트리를 완성한다. 예를 들어 [표 7.1]에 있는 정보를 이용하여 [그림 7.8]처럼 의사결정트리를 만들 수 있다.

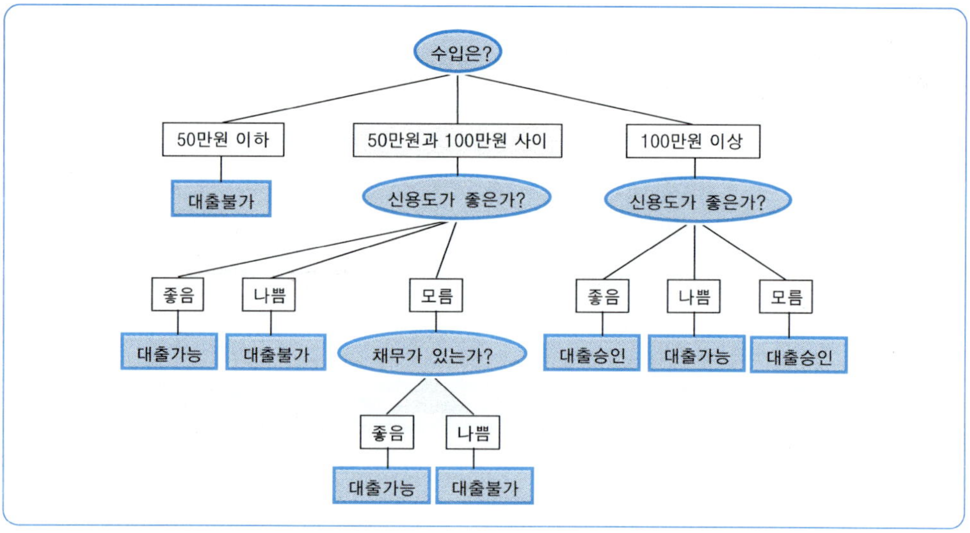

그림 7.8 하나의 의사결정트리

의사결정트리의 각 노드는 개념분류를 위한 평가에 필요한 특성을 나타내고 각각의 가지(Branch)는 특성의 값들을 나타낸다.

여기서 한 가지 중요한 것은 의사결정트리를 만들 때 노드 즉 특성을 어떻게 선택하느냐 하는 것이다. 왜냐하면 어떤 노드를 먼저 만드느냐에 따라 전체 트리는 달라지기 때문이다. 따라서 특성의 평가 순서는 의사결정트리를 만들 때 매우 중요한 요소이다. (예를 들어 수입에 따라 먼저 그룹을 나누고 신용도에 따라 다음 그룹을 나눌 수 도 있고 그 반대로 신용도에 따라 먼저 그룹을 나누고 그 다음에 수입에 따라 그룹을 더 세분할 수 도 있다.)

효율적인 의사결정트리 생성을 위해서는 특성 평가 순서를 결정할 때 평가 후 얻게 될 정보의 양이 가장 큰 특성을 먼저 평가 하도록 한다. 예를 들어 주사위를 던져 얻은 결론은 5/6만큼의 불확실성을 제거한 것이고 동전을 던져 얻은 결론을 1/2만큼의 불확실성을 제거한 것이라고 볼 수 있다. 따라서 주사위를 던져 얻은 결론이 목표 달성에 더 많은 정보를 제공할 수 있다고 할 수 있다.

정보이론(Information Theory)[Shannon48]은 이러한 정보의 양을 측정할 수 있는 수학적 근거를 제공한다. 정보이론에 따르면 학습데이터 전체(D)가 생성할 수 있는 정보의 양(I)을 다음과 같은 식에 의해 측정한다.

$$I[D] = (\sum_{i=1}^{n} - P(di)\log_2(P(di))) = E[-\log_2 P(di)]$$

그리고 어떤 특성 P를 평가 후 얻을 수 있는 정보의 양($Gain(P)$)은 학습 데이터가 가지고 있는 전체 정보의 양($I[D]$)에서 특성 P를 평가 후 모든 분류를 다 마치는데 필요한 정보의 양($E[P]$)을 뺀 것으로 다음과 같이 식을 쓸 수 있다.

$$Gain(P) = I[D] - E[P]$$

그리고 $E[P]$는 의사결정트리를 완성하는데 필요한 정보의 양으로 다음과 같은 식이 성립한다.

$$E[P] = \sum_{i=1}^{n} |\frac{Di}{D}| I[Di]$$

이와 같이 계산하여 어떤 특성이 가장 많은 정보를 제공하는지를 판단하여 그 특성을 의사결정트리의 루트노드로 만든다. 앞의 예에서 Gain(수입)이 Gain(신용도)나 Gain(채무)보다 큰 값을 얻어 '수입'이 루트노드가 되었다.

이러한 의사결정트리는 명제적 지식을 간단히 표현할 수 있어 의사결정이나 객체의 분류 등을 위하여 자주 활용된다. 실례로 석유회사인 BP는 의사결정트리를 이용하여 GASOIL이라는 전문가시스템을 만들어 유전에서 가스와 기름을 분리하는 시스템 구축에 사용하였다. 또한 Sammut 등은 90,000여 번의 실험 데이터를 사용하여 의사결정트리를 생성하고 이를 비행기의 모의 비행장치 개발에 활용하였다. 결과는 상당히 놀라운 것으로 교관보다도 더 나은 결과를 보였다.

7.6. 귀납적 편향

학습공간은 너무 넓어 전부 탐색하는 것은 불가능하다. 예를 들어 0과 1로 이루어진 스트링을 분류하는 문제를 생각해 보자. 이때 0과 1로 이루어진 모든 스트링을 대상으로 한다면 스트링의 길이가 n이면 2^n 가지의 스트링이 대상이 된다. 따라서 n = 40만 되도 이용 불가능한 학습공간이 될 것이다. 더욱 구체적인 예로 {1010, 1000}이 긍정적인 예로 주어졌다면 1로 시작하는 스트링의 집합, 0으로 끝나는 스트링의 집합, 0의 개수가 1의 개수보다 적지 않은 스트링의 집합 등은 모두가 주어진 예의 일반화로 가능한 것들이다. 이중에서 학습을 위하여 어떤 것을 목표로 선택하여야 하는가? 이 경우 주어진 데이터는 학습을 위해 충분한 데이터가 되지 못한다. 따라서 학습자는 추가적인 가정을 필요로 한다. 탐색에 있어서 이러한 가정은 휴리스틱 형태로 사용되며, ID3 알고리즘은 언덕등반 탐색 기법을 사용하고 정보를 가장 많이 얻을 수 있는 평가를 먼저 수행하는 휴리스틱을 사용한다. ID3 알고리즘에서는 '의사결정트리가 작을수록 학습결과가 좋다'는 가정을 사용하는 것이 좋다는 실험결과가 있고, CLUSTER/2 알고리즘에서 실제로 사용되었다. 이러한 가정은 하나의 귀납적 편향이다.

또 다른 예로 구문적 제약(Syntactic Constraints)을 사용할 수 있는데 구문적 제약은 휴리스틱이 아니고 실제로 데이터의 표현에 제약을 가하여 학습을 위한 개념공간 자체를 줄이는 것이다. 예로 "1## 0"으로 표현하고 #표시는 0또는 1 어떤 것이 와도 된다고 하면 네 개의 스트링 {1110, 1100, 1010, 1000} 모두를 하나의 표현으로 다 나타낼 수 있게 된다. 이처럼 구문적 제약을 이용하여 학습공간을 줄일 수 있지만 '1의 개수가 짝수 개인 스트링의 집합' 같은 것은 이러한 방식으로 표현할 수 없다. 따라서 표현력(Expressiveness)과 효율(Efficiency)을 함께 높이기는 어렵다는 것을 알 수 있다.

ID3 알고리즘이나 후보제거 알고리즘은 데이터의 정규성에 기반을 두고 일반화를 수행하는 유사성 기반 학습(Similarity-Based) 알고리즘이다. 이러한 학습방식은 데이터의 구문적 제약에 의해 편향이 한정되기 때문에 데이터의 의미는 중요하게 생각하지 않는다. 하지만 귀납적 편향으로 도메인의 의미적 지식을 사용할 경우 더욱 효율적인 편향의 효과를 얻을 수 있다.

7.7. 설명 기반 학습

설명 기반 학습(Explanation-Based) (지도 학습 또는 충고에 의한 학습이라고도 함)은 학습예제를 직접 일반화 하는 것이 아니라 예제를 설명해준 것(Domain Theory)을 일반화 하여 학습을 수행한다[Mitchell86, DeJong&Mooney86]. 이러한 설명기반 학습을 위해서는 먼저 목표개념(Target Concept)이 필요하다. 목표개념은 학습자가 학습하고자 하는 내용으로, 증명하고자 하는 공리가 될 수도 있고, 목표달성을 위한 계획이 될 수 도 있고, 분류(Classification)나 문제해결을 위한 휴리스틱이 될 수도 있다. 그리고 목표물에 해당하는 학습예제(Training Example)가 필요하다. 또한 학습예제가 목표개념에 부합하는지 부합하지 않은지를 설명하는데 필요한 규칙들의 집합인 도메인규칙(Domain Theory)이 필요하다. 마지막으로 개념정의에 필요한 운영규준(Operationality Criteria)이 필요하다.

여기서 설명기반 학습의 예를 하나 보기로 하자(from [Luger01]). 학습하고자 하는 대상은 컵이다. 어떤 것이 컵인지 아닌지를 판별할 수 있도록 프로그램을 학습시키기 위하여 먼저 어떤 것이 컵인지를 알아내는데 필요한 목표개념은 다음과 같다.

```
premise(X) → cup(X)
```

그리고 도메인규칙은 다음과 같은 것들이 될 수 있다.

```
liftable(X) ∧ holds_liquid(X)  → cup(X)
part(Z, W) ∧ concave(W) ∧ points up(W)  → holds_liquid(Z)
light(Y) ∧ part(Y, handle)  → liftable(Y)
small(A)  → light(A)
made_of(A, feathers)  → light(A)
```

그리고 다음과 같은 학습 예제가 주어졌다고 하자.

```
cup(obj1)
small(obj1)
part(obj1, handle)
owns(tom, obj1)
part(obj1, bowl)
points_up(bowl)
concave(bowl)
color(obj1, red)
```

마지막으로 part나 points up과 같이 물체의 구조를 설명하는 것들이 컵이라는 개념을 정의하는데 필요한 운영규준이라고 가정하자. 그러면 학습시스템은 color(obj1, red)와 같이 컵의 정의와 관련이 없는 것들을 제외하고 나머지 개념들을 가지고 obj1이 컵이라는 것을 다음과 같이 알아내고

```
small(obj1) ∧ part(obj1, handle) ∧ part(obj1, bowl) ∧ concave(bowl) ∧
points_ up(bowl)  → cup(obj1)
```

이를 일반화 하여 다른 컵(e.g., obj2, obj3,)도 인식할 수 있는 새로운 규칙을 다음과 같이 만들어낸다.

```
small(X) ∧ part(X,handle) ∧ part(X,W) ∧ concave(W) ∧ points_up(W)  → cup(X)
```

설명기반 학습은 학습을 위한 데이터(학습예제)가 없이도 도메인규칙이 있으면 학습이 가능하여 빠른 학습이 가능하지만 설명해준 것 이외에 새로운 것을 학습할 수는 없다. 즉, 장기의 규칙을 가르쳐 주면 장기 게임은 잘 할 수 있지만 바둑을 할 수 있게 되지는 않는다. 즉, 다른 사람과 새로운 장기 게임을 한다고 해서 새로운 장기 규칙을 사용하는 것은 아니다.

7.8. 유추에 의한 학습

유추(Analogy)에 의한 학습은 예를 들어 "어떤 아파트 단지 내의 같은 크기의 아파트는 가격이 비슷할 것이다"와 같이 비슷한 측면이 많은 것들은 같은 그룹으로 인식하여 학습을 수행한다. 따라서 설명기반 학습이 연역적 학습에 제한을 받는데 반하여 유추에 의한 학습은 배경지식을 보다 더 유연하게 사용할 수 있는 학습 방식이다. 그리고 유추에 의한 학습은 논리적으로 정당(sound)하지는 않지만 이미 알고 있는 지식을 잘 활용할 수 있는 좋은 귀납적 학습 방법이다.

따라서 자전거를 잘 타는 사람이 오토바이를 타는 것을 빨리 배울 수 있는 것도 두 기술의 비슷한 점을 이용한 유추에 의한 학습 효과라고 할 수 있다. 이러한 학습 방법은 많은 추론을 요구한다. 이처럼 유추에 의한 학습을 위해서는 어떤 것이 더 많이 비슷한 것인가를 추론에 의하여 결정할 수 있어야 한다. 즉, 자전거와 오토바이가 비슷한 것이 보름달과 둥근 쟁반이 비슷한 것 보다 더 많이 비슷하다. 그 이유는 보름달과 둥근 쟁반은 모양만 비슷한 것뿐이고 자전거와 오토바이는 모양과 기능 등 전체적 구조가 비슷하기 때문이다. 구조 매핑 이론(Structure Mapping Theory) [Gentner83, Falkenhainer90]은 이러한 유추에 의한 추론을 수행할 수 있는 계산적 모델을 제시하였다. 구조 매핑은 두 비교 대상간의 인과적 구조(Causal Structure)를 비교한다. 이를 위하여 다음과 같은 규칙을 따른다.

- 비교대상에서 특성을 제거한다.
  비교대상에서 중요하지 않은 특성을 제거함으로써 매핑을 쉽게 한다. 예를 들어 논리식으로 표현한 사실들 중에서 인자(Argument)가 하나인 술어(Unary Predicates)들을 제거한다. 이는 인자가 여러 개인 술어가 인자가 적은 술어보다 유추에 필요한 정보를 많이 포함하고 있다고 보기 때문이다.
- 매핑되는 것들의 인자는 바뀔 수 있어도 술어는 바꾸지 않는다.
  예를 들어 자전거와 오토바이의 매핑에 있어서 '바퀴수(오토바이, 2)'와 '바퀴수(자전거, 2)'는 인자(오토바이와 자전거)는 서로 다르지만 '바퀴수'라는 술어가 같아 매핑이 이루어진다.

- 매핑을 구성할 때 차수가 높은 술어(Higher-order Predicate)에 우선권을 준다.
  이를 조직성원리(Systematicity Principle)라고 한다. 차수가 높은 술어로 표현된 관계는 다른 관계를 인자로 포함하고 있어 여러 가지 관계를 한 번에 검토할 수 있다. 이러한 규칙을 이용하면 태양과 지구가 이루는 구조와 원자와 전자가 이루는 구조가 유사하다는 사실을 쉽게 유추할 수 있을 것이다.

유추에 의한 학습을 위해서는 대부분 다음과 같은 절차가 필요하다.

- **특징 추출**
  비교 대상간의유사점으로 사용할 수 있는 특징을 선별한다.
- **특징 보강**
  추출된 특징에 보충정보를 추가한다.
- **매핑과 추론수행**
  비교 대상간의 매핑을 시도한다. 이때 이미 알고 있는 유사성을 이용한 추론이 수행된다.
- **검증**
  수행된 매핑과 추론이 올바르게 됐는지 검증한다. 검증단계에서 매핑 결과가 수정될 수도 있다.
- **학습**
  검증이 끝나고 새롭게 얻어진 지식은 미래에 유용하게 사용될 수 있는 형태로 저장한다.

7.9. 비지도 학습

비지도 학습(Unsupervised Learning)은 지도 학습(Supervised Learning)과는 달리 학습을 지도해주는 교사가 없다. 따라서 비지도 학습 시스템은 배우고자 하는 개념을 스스로 형성하고 평가할 수 있어야 한다. 이러한 학습법은 과학자들의 학습법과 유사하며 새로운 사실의 발견에 유용한 학습법이다. AM[Davis&Lenta82, Lenta&Brown84]은 일종의 발견학습 프로그램인데 자연수와 그에 관련된 개념을 발견하고 학습할 수 있다. 하지만 학습이 계속되면 저장해야 되는 정보의 양이 급격히 늘어나 학습의 효과가 떨어지고 새로운 휴리스틱 규칙을 습득할 수 없는 단점도 있다. 이밖에도 SCAVENGER[Stubblefield95], IL[Sims87],

BACON[Langley87], 등의 발견학습 프로그램이 개발되었다. Lakoff는 사람들이 학습할 때 범주화(Categorization)는 중요한 역할을 한다고 말하였다[Lakoff87].

우리는 자동차와 동물이 서로 다른 부류로 구분된다는 것은 알고 있다. 이처럼 구분되지 않은 데이터를 유용한 범주로 구분할 수 있는 작업을 군집화(Clustering)라고 한다. 군집화(Clustering)는 분류되지 않은 객체들을 서로 비슷한 객체들끼리 따로 모이도록 하는 작업이다. 초보적인 방법은 객체의 특성들에 값을 주어 서로 비슷한 값을 갖는 특성들이 많은 객체들을 같은 범주로 구분해 내는 것이다. 이때 특성들의 값은 n차원 벡터로 나타낼 수 있고, 이를 비교하여 각 객체들 간의 유사도를 측정할 수 있다. 이러한 유사도 측정 규준(Similarity Metric)을 이용한 군집화를 응집성 군집화(Agglomerative Clustering)전략이라고 한다.

7.9.1 응집성 군집화

응집성 군집화는 다음과 같은 절차로 이루어진다.

- 모든 객체의 쌍을 비교하고 유사도가 가장 높은 쌍을 하나의 범주로 만든다.
- 각 범주의 특성을 함수형태로 정의한다. 예를 들어 한 범주 내에 있는 각 객체들의 특성 평균을 그 범주의 특성으로 만든다.
- 모든 객체들이 하나의 범주로 줄어들 때까지 이러한 작업을 계속한다.

위와 같은 절차에 의한 분류의 결과는 이진트리로 표현된다. [그림 7.9]는 분류작업 결과로 얻을 수 있는 하나의 이진트리를 예로 보인 것이다.

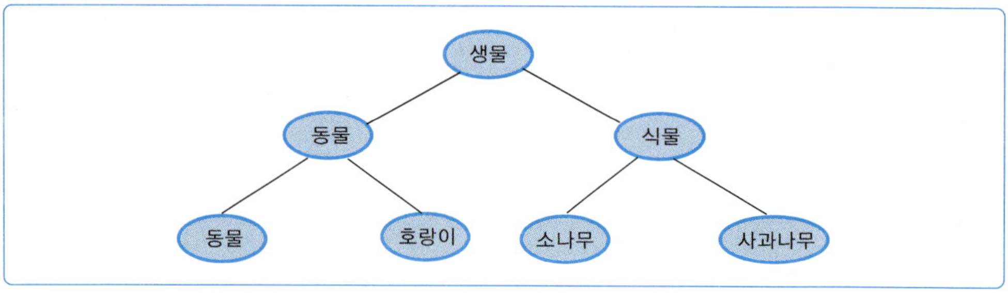

그림 7.9 하나의 이진트리

[그림 7.9]에서 사람, 호랑이, 소나무, 사과나무와 같은 단말 노드는 분류 전에 갖고 있었던 분류되지 않은 객체들을 나타내고 생물, 동물, 식물과 같은 비 단말 노드들은 특성이 유사한 객체들을 모은 범주(Cluster)이다.

이처럼 전통적인 군집화 알고리즘은 군집화 목적이나 배경지식을 분류에 활용하지 못할 뿐만 아니라 군집화 결과를 설명하는데도 의미 있는 설명을 하지 못한다. 즉, 군집화 결과로 생성된 범주내의 모든 원소를 외연적으로 나열하기만 한다. 예를 들어 사람은 별자리를 구성하는 별들을 구분할 때 별들이 가까이 모여 있는 정도만 고려하는 것이 아니라 큰곰자리, 사자자리, 쌍둥이자리 등 개념적 의미지식도 고려한다. 또한 간단한 유사도 측정규준을 이용하는 시스템에서는 모든 특성을 동일하게 취급한다. 하지만 사람들은 범주를 만들 때 모든 특성에 같은 무게 / 가중치(Weight)를 주지 않는다. 예를 들어 고래를 포유류로 분류하는 것은 단순히 그 생김새만 보고 분류하는 것이 아니라 분류목적과 동물분류에 대한 배경지식을 활용하기 때문이다.

이러한 문제는 범주를 정의 할 때 외연적(Extensionally)으로 정의하는 대신 내포적(Intensionally)으로 표현하면 해결할 수 있다. 예를 들어 교황을 지낸 사람들을 교황을 지낸 모든 사람들을 열거하여 집합으로 표현하면 외연적 표현이고 {X|X는 교황을 지낸 사람}이라고 표현하면 이는 내포적 표현이다. 이러한 내포적 표현은 미래의 교황까지도 감안할 수 있게 한다. 개념적 군집화(Conceptual Clustering)는 일반화된 개념 정의(General Concept Definition)를 생성하기 위해 기계학습기법과 배경지식을 범주 생성에 활용한다. 다음은 군집화 알고리즘 중에서 K-Means Clustering 기법에 대하여 알아본다.

7.9.2 K-Means Clustering 알고리즘

본 절에서는 비지도 학습의 기본적인 알고리즘인 K-Means Clustering 알고리즘에 대하여 알아본다. CLUSTER/2[Michalski&Stepp83] 시스템은 K-Means Clustering을 이용한 학습시스템 중 하나로 K개의 범주를 생성하기 위하여 처음에 K개의 씨앗객체(Seed Object)를 사용한다. 그리고 씨앗객체와 유사한 객체들끼리 범주를 구성하면 K개의 범주가 만들어진다. 그 후 각각의 씨앗객체를 각 씨앗객체가 속한 범주의 중심으로 이동하여 범주를 더 의미 있는 범주로 재구성한다. 다음은 K-Means Clustering 알고리즘을 좀 더 구체적으로 알아보기로 한다. K-Means Clustering 알고리즘의 입력은 다음과 같다.

- Set of Feature Vectors : X = {x1, x2, … xn} ; 군집이 형성되지 않은 초기의 데이터
- K : 찾고자하는 군집(Cluster)의 개수
- Convergence Threshold(ζ) : 알고리즘의 반복을 멈추기 위한 기준값

다음 [그림 7.10]은 K-Means Clustering 알고리즘이다.

```
1. Define an initial (random)
   solution as vectors of means
   m(t=0)=[m1, m2, ...mk]^T
2. Classify each input data
   according to m(t)
3.Use the classification obtained in step 2 to recompute the
  vectors of means m(t+1)
4. update t=t+1
5. If ‖m(t)-m((t-1)‖<ζ(convergence)
   Use m(t) as the solution
  Else
   Go back to step 2
```

그림 7.10 K-Means Clustering 알고리즘

위의 알고리즘을 간단히 설명하면 먼저 주어진(군집이 형성되지 않은) 데이터 [그림 7.11]위에 무작위로 K개의 기준점(평균 벡터; m_1, m_2, ...m_k)을 잡는다(알고리즘의 1단계). 그리고 각 K개의 기준점을 중심으로 초기의 데이터들을 군집화 한다(알고리즘의 2단계). 예를 들어 여기서는 K = 3이라 하자. 이때는 [그림 7.12]처럼 세 개의 기준점들을 직선으로 연결하고 이에 수직이 되는 선들을 군집의 경계선으로 삼는다. 그러면 세 개의 군집이 형성된다[그림 7.12]. 이처럼 처음 형성된 군집들은 기준점이 그 군집의 중심에 있지 않다. 따라서 다음 단계는 각각의 기준점을 각 군집의 중심으로 이동하고([그림 7.13]), 새로운 기준점들을 중심으로 다시 군집화를 시도한다(알고리즘의 3단계). 알고리즘의 2단계로 돌아가서 반복 작업을 수행(알고리즘의 4단계) 하기 전에 이전 단계(i.e., t-1)의 기준점 값과 현재의 기준점 값의 차이(i.e., |m(t)-m(t-1))가 정해놓은 기준값(Threshold) 보다 작으면 알고리즘 수행을 멈추고([그림 7.14]), 그렇지 않으면 2단계로 가서 반복 작업을 수행한다.

이처럼 K-Means Clustering 알고리즘이 수행되면 [그림 7.11]에서의 군집화 되지 않은 초기의 데이터들이 [그림 7.14]에서 처럼 가까운 객체들이 서로 같은 군집을 형성하는 K개의 군집을 찾아낼 수 있다.

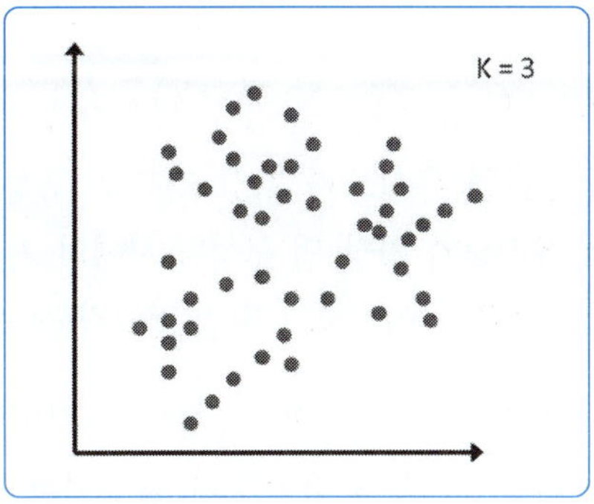

그림 7.11 초기의 데이터

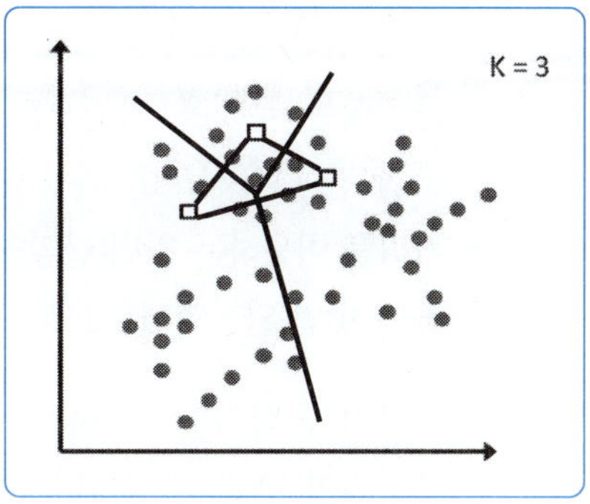

그림 7.12 초기의 군집

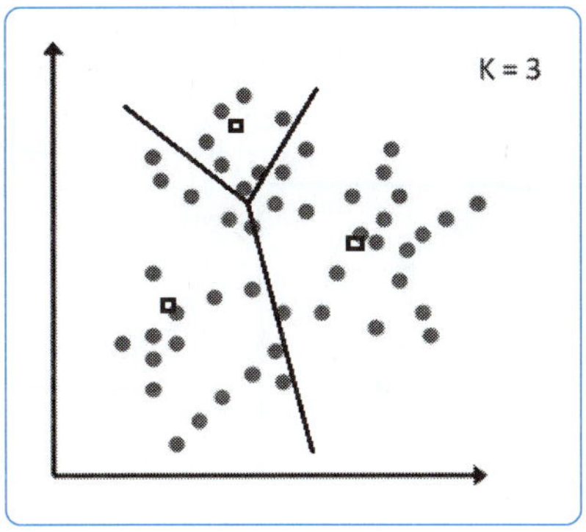

그림 7.13 기준점의 이동

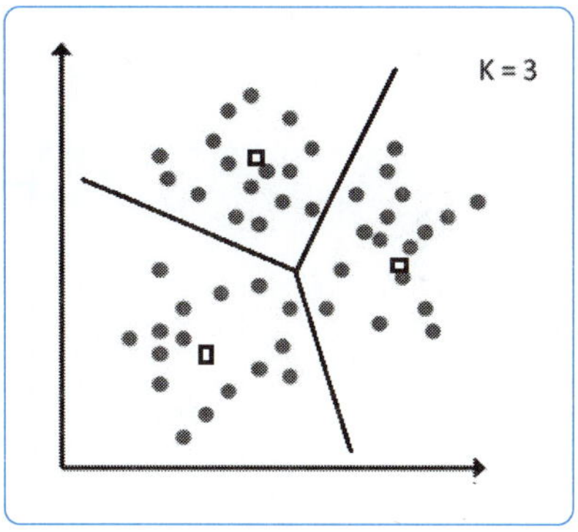

그림 7.13 최종 군집

많은 군집화 시스템들이 필요충분조건을 고려하여 범주(Category)를 구성한다. 하지만 사람이 범주를 구성할 때는 특성의 필요충분조건만을 따지는 것이 아니라 여러 가지 다른 요소들(심리적, 사회적 요소 등)을 포함하는 복잡한 방식을 이용한다. 예를 들어 '자동차'라는 범주는 '운송수단'이라는 범주보다는 일반화되지 못하고 '승용차'라는 범주 보다는 세부화 되지 못한 범주이다. 하지만 '자동차'라는 범주가 기본범주(Base-level Category)로 더 많이 사용되고 있다. 그리고 어떤 범주는 범주 내 원소들이 같은 특성을 공유하지 않기도 한다. 예를 들어 게임이라는 범주를 생각해 보자. 모든 게임이 다 상대가 있는 것은 아니다. 게임이 다 재미있는 것만도 아니다.(e.g., 사막달리기). 또한 모든 게임에 잘 정의된 규칙이 존재하는 것도 아니다. 이처럼 범주내의 모든 원소들이 공통적으로 만족하지 못하는 특성들이 많이 존재하지만 '게임'이라는 범주는 모호하지 않고 잘 정의된 범주로 사람들 사이에서 잘 사용되고 있다. 심리학자들은 이러한 기본범주의 존재에 대한 시연을 하기도 했다[Rosch78]. Wittgenstein의 Family Resemblance Theory는 이러한 개념을 뒷받침 해준다[Wittgenstein53].

7.9.3 개념적 군집화

군집화는 무엇을 기준으로 수행하느냐에 따라 서로 다른 군집을 생성하게 된다. 또한 군집 간에 유사도를 측정하는 방법도 두 군집간의 유사도가 가장 가까운 구성원 사이의 거리를 이용하는 방법(단일연결), 두 군집간의 유사도가 가장 먼 구성원 사이의 거리를 이용하는 방법(완전연결), 모든 구성원간의 유사도 평균을 이용하는 방법(집단평균) 등이 있다.

개념적 군집화(Conceptual Clustering)는 Michalski가 기계학습의 한 형태로 정의한 것으로 구성원이 속한 환경이나 문맥에 관계없이(Context-Free하게) 유사도가 결정되는 일반 군집화 기법과 달리 유사도 측정 시 구성원간의 상호 관계에 따라 유사도가 결정된다. 예를 들어 [그림 7.15]에서 아무런 문맥이나 환경을 고려하지 않는다면 당연히 A와 B는 서로의 거리가 가까워 유사도가 높고 같은 군집에 속해야한다.

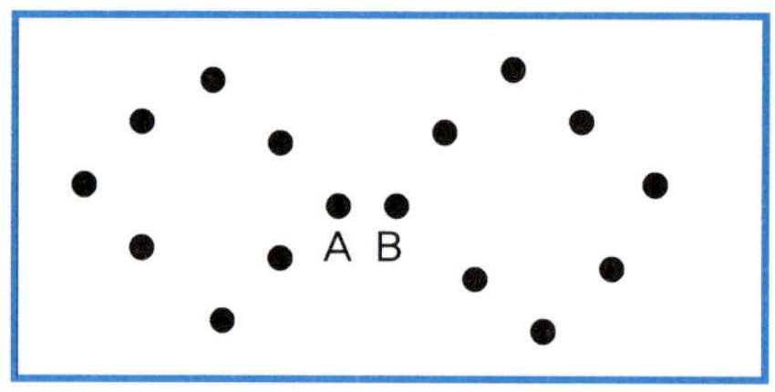

그림 7.15 개념적 군집화의 예

하지만 다이아몬드라는 개념을 염두에 두고 군집화를 하면 A와 B의 거리는 다른 구성원들 보다 가깝지만 서로 다른 군집에 속하게 된다. 이처럼 군집화 시 개념을 고려한 군집화를 개념적 군집화(Conceptual Clustering)라고 한다. 개념적 군집화 시스템은 여러 객체들에 대한 기술(events, observations, facts 등)을 받아들여 이들을 군집화 하는데 교사나 예제가 없이도 가능하여 비지도 학습의 한 형태인 관찰에 의한 학습(Learning by Observation) 기법에 속한다. 따라서 개념적 클러스터링 시스템을 위해서는 객체들의 기술을 어떻게 하느냐가 중요하다.

개념적 군집화(Conceptual Clustering) 기법 중 잘 알려진 COBWEB 시스템은 기본적 범주를 고려하고 범주내의 원소들의 소속정도를 확률을 이용하여 표시했다[Fisher87]. 따라서 퍼지 논리와 같이 모호성을 잘 다룰 수 있고 지능적 학습을 수행하는데 유용하게 활용될 수 있다. 또한 COBWEB은 점진적(Incremental)학습이 가능한 비지도 학습 시스템으로 학습 초기에 학습에 필요한 데이터가 없어도 학습을 시작할 수 있다. 다음 [그림 7.16]은 COBWEB에서의 지식 표현 예를 보인 것이다.

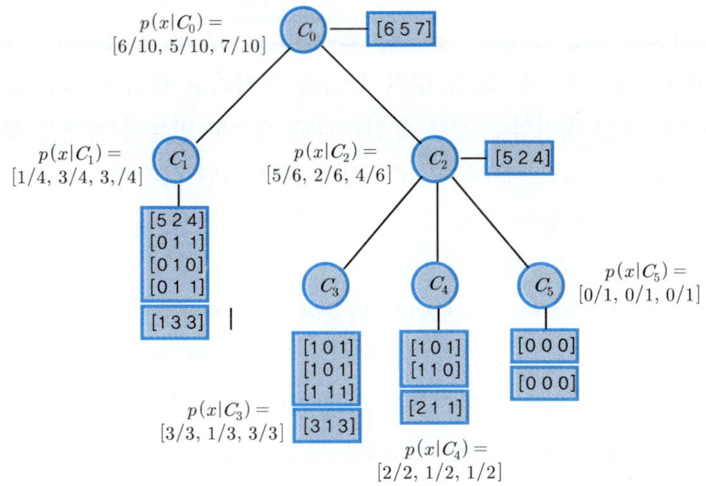

그림 7.16 간단한 COBWEB 지식 표현[Wikipidia]

여기서 개념 C1은 다음과 같은 객체 네 개를 포함하고 있고, 이들 각 객체는 세 개의 Property를 나타내는데 이들은 각각 [is_male, has_wings, is_nocturnal]이다.

[1 0 1]

[0 1 1]

[0 1 0]

[0 1 1]

따라서 개념 C1은 [1 3 3]개의 Property Count를 갖는다. 그리고 개념 C1내의 객체는 male 일 확률이 1/4이며 날개를 갖고 있을 확률이 3/4이다. 이처럼 객체를 쉽게 기술할 수 있는 문제는 COBWEB으로 군집화를 잘 이룰 수 있지만 텍스트를 군집화 한다거나 다양한 이벤트를 군집화 하기에는 적절하지 않을 수 있다.

7.10. 강화 학습

보통 동물은 학습시킬 때 잘하면 포상(먹이)을 주어 칭찬한다. 그러면 그 동물은 다음에도 잘 할 수 있도록 노력하며 이러한 과정에서 학습이 수행된다. 기계학습에서도 학습자(Agent)와 환경(Environment)사이에 일어나는 상호작용을 이용하여 가장 큰(문제 해결에 가장효과가 좋은) 포상을 받을 수 있는 해결책을 찾는 방식이 있는데 이를 강화 학습

(Reinforcement Learning)이라고 한다. 강화 학습은 경험을 통해 학습한다는 점에서 지금까지 설명한 학습 방법과 다르고, 보다 더 까다로운 환경에서 수행되는 학습 방법이다. 강화 학습은 주어진 모델 없이 학습을 시작하고 학습하는데 필요한 예제도 제공되지 않는다. 또한 평가함수 같은 유틸리티도 스스로 만들어 가면서 학습을 수행하여야한다. 예를 들어, 바둑을 배우는 프로그램인 경우 어떤 상황에서 가장 좋은 수를 알려주는 예제를 보여주면 쉽게 배울 수 있다. 하지만 이러한 지도 학습을 이용하지 않고 학습을 수행하려면 프로그램은 어떻게 하여야 할까? 아마도 무작위로 다음 수를 결정하고 상대가 어떻게 반응하는지 보면서 바둑에 대한 모델을 만들어 나갈 것이다. 그러나 어떻게 하는 것이 좋은 수이고 어떻게 하는 것이 나쁜 수인지 그때그때 지도를 받지 않으면 다음 수를 결정하는데 어려움을 겪을 것이다. 다행히 바둑게임이 끝날 때 이겼는지 졌는지 알게 되는데 이러한 피드백을 포상(Reward or Reinforcement)이라 한다.

강화 학습은 여러 가지 요인에 의하여 구분될 수 있는데, 예를 들어 테니스나 농구처럼 중간 중간에 점수를 계산하여 포상을 받을 수 있는 게임이면 지도자 없이도 학습을 수행하는 강화 학습이 좀 용이할 수 있으나 마지막 상태에 가서야 포상을 받을 수 있는 게임의 경우에는 중간에 어떤 행동이 좋은 영향을 주었고 어떤 행동이 나쁜 영향을 주었는지 알아내기 어렵다. 강화 학습은 [그림 7.17]에서 보는 것과 같은 학습자(Agent)와 환경(Environment)사이의 상호작용(i.e., 경험)으로 설명할 수 있다.

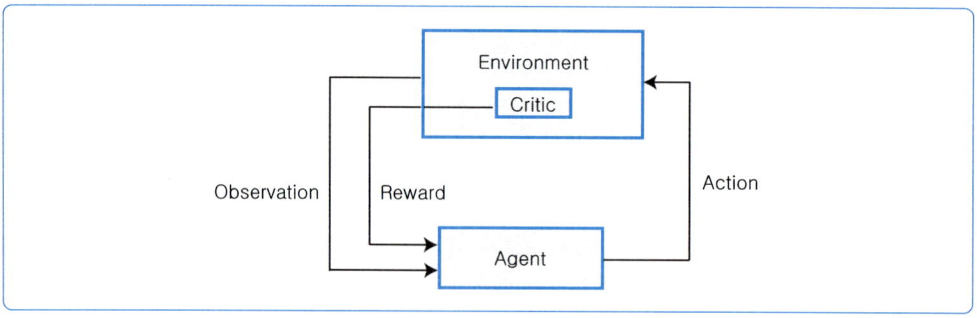

그림 7.17 학습자와 환경의 상호작용

강화 학습은 학습자가 환경을 관측(Observation)하여 행동(Action)을 취하고 비평(Critic)을 통한 포상(Reward)을 받고 적절한 정책(i.e., Π(St) ➜ At)에 따라 다음 행동을 결정하는 과정을 반복하면서 수행된다. 여기서 다음 행동을 결정한다는 것은 계획 수립(Planning)과 유사하지만 예상되는 포상에 대해 알지 못한다는 점에서 다르다. 계획 수립에서는 예상되는 포상을 알고 단지 행동의 순서만을 결정하면 되지만 기계 학습에서는 학습자 스스로 예상되는 포상을 알아내야 된다. 이를 위하여 강화 학습에서는 탐사(Exploration)와 개척(Exploitation) 작업이 필요하다. 탐사는 차후의 보다 나은 행동을 위하여 지식베이스를 확충하는 것이고, 개척은 현재의 지식(상태)만을 기반으로 가장 큰 포상을 받을 수 있는 행동을 취하는 것이다. 이러한 탐사나 개척은 연기된 포상(Delayed Reward), 일반화(Generalization) 등과 함께 강화 학습에서 다루어야할 중요한 문제들이다. 연기된 포상 문제는 현재의 상태에서 어떤 행동(A1)을 취하여 최대의 포상을 받는 것 보다, 현재는 포상이 적더라도 다른 행동(A2)을 취하여 차후(여러 행동 수행 후)의 포상이 더 커질 수 있기 때문에 중요하다. 예를 들어, 장기 게임을 할 때 당장 졸이 몇 개 잡히는 것보다 현재 졸을 희생하고 나중에 상대의 왕을 잡아 게임을 이기는 것이 더 중요한 것이다. 일반화는 연습 데이터(Training Data)보다 평가 데이터(Test Data)를 가지고 더 좋은 결과를 보이기 위해 필요한 작업이다. 일반화를 할 수 있으면 적은 수의 데이터로도 적절한 포상의 예측이 가능하다. 다음은 강화 학습에 필요한 요소들을 설명한 것이다.

- t : 문제 해결 과정에서의 이산적(Discrete) 시간
- St : 시간 t에서 문제의 상태
- At : 시간 t에서의 행동
- Rt : 시간 t에서의 포상(Reward)
- Π : 한 상태에서 행동을 취하기 위한 정책
- V : 상태 값을 구하는 함수
  (vΠ(s)는 정책 Π를 적용했을 때 상태 s의 값을 나타냄)

정책(Π)은 어떤 시간에 취해야 되는 행동을 결정하는 것으로 생성규칙(Production Rule)이나 테이블 형태로 표현할 수 있다. 포상함수(Rt)는 각 행동과 그에 따르는 포상과의 관계를 나타낸다. 함수 V는 환경에서 각 상태가 차지하는 값을 계산해 준다. 따라서 포상함수는 계산하기 쉬우나(현재의 상태만 고려하면 되므로) 상태의 값을 계산하는 것은 목표로 가는 과정에 변할 수 있는 상태 값들 까지도 고려해야 되므로 더욱 복잡하다. 즉 어떤 상태의 포상 값은 작지만 가능한 후속상태의 포상 값이 크다면 그 상태 값은 클 수 있다.

이처럼 효율적인 함수 V를 찾는 것은 매우 중요하다. 강화 학습에서 많이 사용하는 방법으로 Temporal Difference Learning(TDL)방법이 있다. TDL 방법에서는 다음과 같은 함수를 이용한다.

```
V(Sn) =V(Sn)+c* (V(Sn+1)-V(Sn))
```

위의 수식은 시간차 학습규칙의 한 예로 Sn은 시간 n에서의 한 상태를 나타내고 Sn+1은 시간 n+1에서의 상태를 나타낸다. 그리고 C는 단계의 변화 크기를 조절하는 인자로

학습이 진행됨에 따라 그 크기를 줄인다. 이 밖에도 강화 학습에는 동적 프로그래밍(Dynamic Programming), 몬테카를로 방법(Monte Carlo Method) 등이 있다 [Sutton&Barto98]. 강화 학습을 이용하여 백게몬(Backgammon), 서양장기 등 게임과 엘리베이터 조작이나 동적 채널 분배와 같은 문제들을 해결한 바 있다.

7.11. 유전 알고리즘과 유전 프로그래밍

진화적 방법론에 기반을 두고 컴퓨터 시뮬레이션을 통하여 문제해결의 최적화를 지향하는 기계학습 모델을 진화 연산(Evolutionary Computation)이라 한다. 재생산을 통한 진화를 자연선택과 유전학적 계산 모델에 따라 집단의 생존 능력을 유지 발전시키는 과정이라고 볼 때, 진화를 잘 하는 집단은 환경에 잘 적응 하는 집단이라 할 수 있다. 따라서 진화연산을 통한 최적화는 환경변화에 대한 최적의 적응 능력을 찾는 것이라 할 수 있다. 진화연산 분야에는 유전 알고리즘(Genetic Algorithm), 진화 전략(Evolution Strategy) 그리고 유전 프로그래밍(Genetic Programming) 등이 있다. 본 장에서는 유전 알고리즘과 유전 프로그래밍에 대하여 알아본다.

유전 알고리즘은 다윈의 유전법칙에 기반을 두고 환경에 적응하여 진화하는 생물체와 유사하게 진화에 의한 학습을 이용하여 실세계의 문제를 해결할 수 있도록 하는 계산 모델이다. 생물체는 환경에 적응하면 살아남고 그렇지 못하면 도태되므로 생물체는 자신이 속한 환경에 적응하기 위하여 스스로 진화한다. 이러한 진화의 결과는 DNA로 구성된 염색체(Chromosomes) 형태로 저장된다. DNA는 네 가지 구성 요소인 C, G, A, T로 이루어지며 새로운 생물체 조직을 만들어 내는데 필요한 프로그램을 포함하고 있다. 이러한 진화를 컴퓨터로 시뮬레이션하기 위해서는 인공 염색체 집단을 구성하고 아래에서 설명하는 유전 연산자를 그 집단에 적용하여 새로운 집단을 만들어 적합성을 평가 한 다음 새로운 염색체 집단을 구성한다. Grefenstette는 유전 알고리즘을 다음과 같이 정의하였다.

"Genetic algorithm is an iterative procedure maintaining a population of structures that are candidate solutions to specific domain challenges. During each temporal increment(called a generation), the structures in the current population are rated for their effectiveness as domain solution, and on the basis of these evaluations, a new populations, a new population of candidate solutions is formed using specifi 'genetic operators'such as reproduction, crossover and mutation."

위의 정의에서 보는 바와 같이 대부분의 유전 알고리즘은 다음과 같은 세 가지 기본적인 연산자를 사용한다.

❶ 재생산(Reproduction) : 새로운 세대를 생성하는데 부모염색체의 일부를 임의로 선택하여 재조합한다.

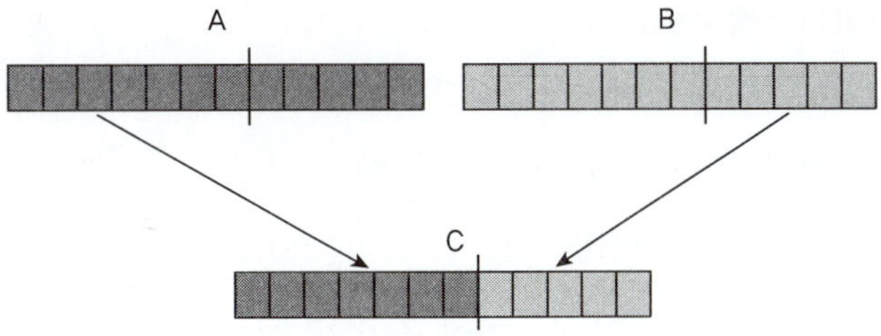

❷ 돌연변이(Mutation) : 염색체 정보(유전자)의 일부를 임으로 변화시킨다.

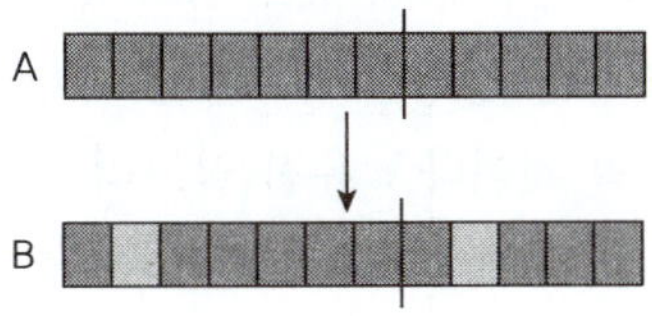

❸ 교차(Crossover) : 염색체상에서 임의의 위치를 지정하여 나뉜 부분의 위치를 서로 바꾼다.

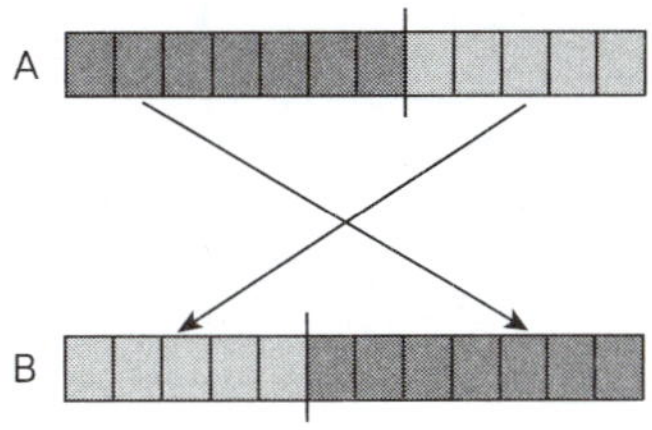

7.11.1 유전 알고리즘의 예

유전 알고리즘의 개념을 이해하기 위하여 다음의 두 예를 보기로 한다. 먼저 0과 1로 이루어진 6자리 숫자를 상대방이 적어두고 그 숫자를 알아내는 게임을 생각해 보자. 상대방이 적어둔 숫자가 101001이라고 하면 우리는 하나의 여섯 자리 숫자를 추측하여 보여준다. 그러면 상대방은 우리가 제시한 숫자에서 몇 개의 디지트(Digit)가 제자리에 맞는지를 점수로 말해준다. 예를 들어 우리가 제시한 숫자가 010111이라면 맨 오른쪽 한 자리 디지트만이 맞는 것이다(점수 = 1점). 이렇게 하여 몇 번 만에 정확한 6자리 숫자를 맞추는가 하는 게임이다.

이 게임에서 임으로 디지트를 바꾸어 숫자를 만들면 평균 32번의 추측이 필요하다. 이는 0과1로 이루어진 여섯 자리 숫자는 64가지가 가능하기 때문이다. 어떻게 하면 정확한 숫자를 더 빨리 찾을 수 있을까? 유전 알고리즘방식으로 이문제가 해결되는 과정을 살펴보자.

먼저 6자리 숫자를 임으로 만들어 제시한다.(예를 들어 다음의 네 숫자)

a) 010111 (점수 = 1점)

b) 110101 (점수 = 2점)

c) 100101 (점수 = 4점)

d) 011011 (점수 = 3점)

위의 네 숫자는 정답(점수가 6점인 숫자)이 아니다. 따라서 다른 숫자를 제시하여야 한다. 이때 다른 숫자를 또 무작위로 선택 하는 것보다 우선 위에서 제시한 숫자들 중에 점수가 낮은 (a)와 (b)는 도태 시키고 (c)와 (d)를 이용하여 재생산 연산을 수행하여 다음과 같은 새로운 숫자를 생성한다. (물론 이때 다른 연산자를 이용할 수 있으나 여기서는 하나의 예를 보인 것이다.) 유전 알고리즘에서 사용하는 연산자 중 재생산 연산을 수행하기 위하여 두 숫자의 앞 네 디지트와 뒤의 두 디지트 수로 나누어 (c)의 1001과 (d)의 11을 합하여 새로운 숫자 (e)를 생성한다. (이때 숫자를 나누는 위치도 임의로 결정한다.)

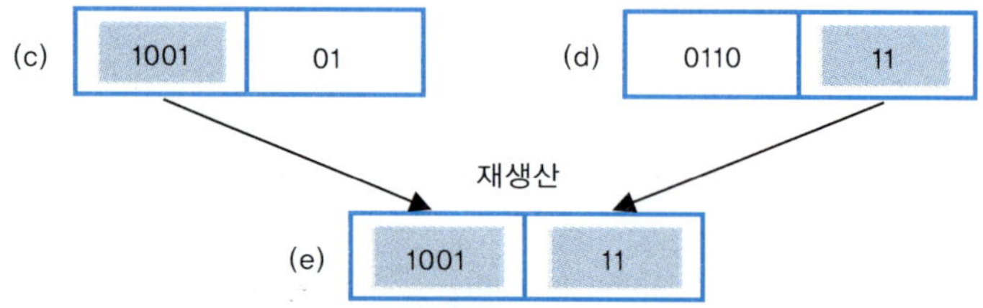

이때 숫자 (e)의 점수는 3점이다. 숫자의 점수는 6점이 목표이므로 또 다른 연산을 수행한다. 이때 숫자 (e)에 다음과 같은 교차 연산을 수행하면 새로운 숫자 (f)를 생성한다.

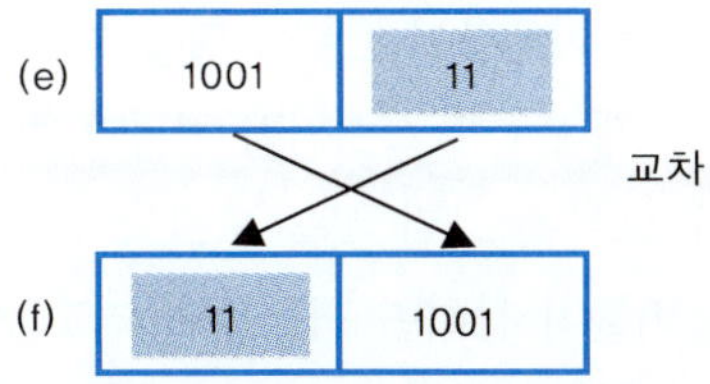

이때 숫자 (f)의 점수는 5점이고, 숫자 (f)에 다음과 같은 돌연변이 연산이 적용되면 점수가 6점인 숫자 (g)가 생성된다.

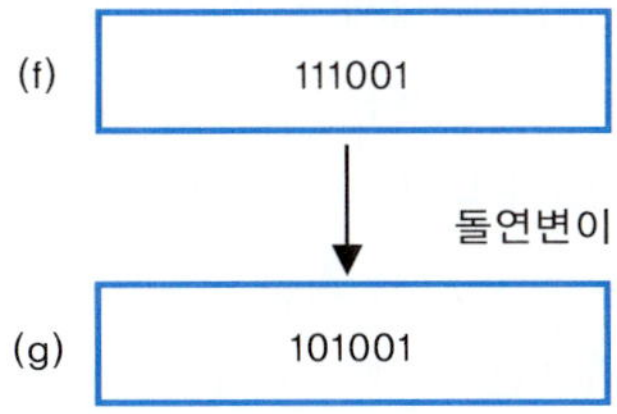

유전 알고리즘에서 무작위로 나타나는 돌연변이는 유전적 다양성을 부여하여 최적의 해를 찾을 때 지역최고에 빠지지 않게 하는 역할을 한다. 앞의 예에서는 여덟 번의 추측 후에 정확한 답을 찾았다. 이는 유전 알고리즘을 설명하기 위해 만든 예 이지만 무작위로 추측했을 때 평균 32번 추측하여야 하는 것 보다 훨씬 좋은 결과임을 알 수 있다. [그림 7.18]은 일반적인 유전 알고리즘의 수행절차를 나타낸 것이다.

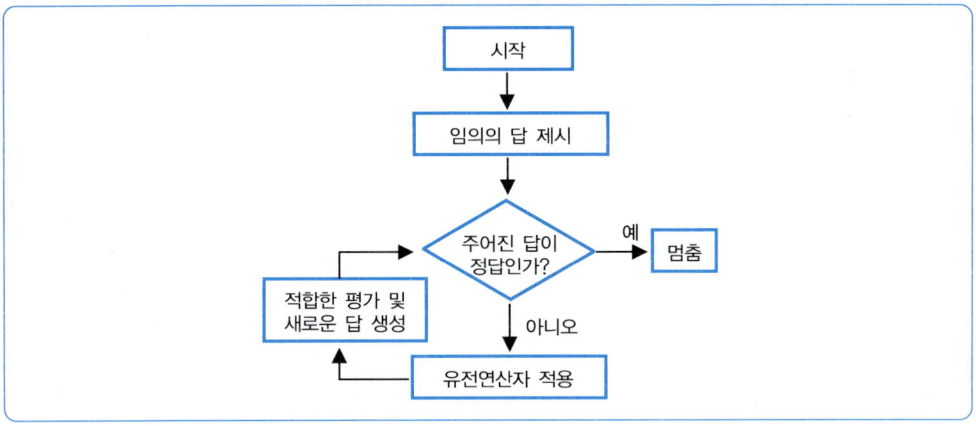

그림 7.18 유전 알고리즘의 수행절차

위의 예에서 보듯이 유전 알고리즘은 문제의 답을 표현하는 방식이 필요하다. 이는 염색체 표현 방식이고 위의 예에서는 여섯 자리 이진 숫자이다. 그리고 유전연산자(e.g., 재생산, 교차, 돌연변이)와 적합성 평가함수(적응 함수)가 필요하다. 위의 예에서는 숫자에 대한 점수가 적합성평가 함수값이다. 또 하나의 예를 보기로 하자.

문제는 벽돌과 시멘트를 이용하여 로봇이 탑을 쌓으려고 한다. 벽돌은 B로 표시하고 시멘트는 C로 표시한다고 할 때 B C B C B처럼 벽돌과 벽돌사이에는 시멘트가 있어야 탑이 쓰러지지 않는다. 그런데 로봇은 그런 것을 모르고 단지 벽돌과 시멘트를 쌓는 것 밖에 모른다. 즉 순서를 무시하고 벽돌이 잡히면 벽돌을 올리고 시멘트가 잡히면 시멘트를 올린다. 이런 문제를 유전 알고리즘을 이용하여 해결해 보자. 문제는 열 개의 원소가 있는 염색체로 표현한다. 그리고 다음과 같은 열 개의 염색체로 시작하자.

이제 열 개의 팀을 구성하여 위에 정의한 염색체 하나씩을 분배하고 각 팀에서는 돌연변이 연산을 수행하고 다른 팀의 염색체의 일부를 이용하여 재생산하고 염색체내에 임의의 위치를 선정하여 교차 연산도 수행한다. 이를 반복하여 원하는 결과가(B C B C B C B C B C)나 (C B C B C B C B C B)가 나올 때까지 계속 해 보자. 이때 후속 연산의 적용에는 적응성이 높은 염색체가 사용되는데 여기서 적응성은 B와 C가 교대로 나온 수가 많은 것이 적응성이 높은 것이다. 즉 B B가 나오거나 C C가 나오는 순간 탑은 그 지점에서 무너진다고 본다.

```
(C B B C C C C B B B)   (C C C B C C C C B C)
(B C B C B B C C B B)   (C C C C B C C C C B)
(B B B B B B B C B C)   (B B C B C B B B B C)
(B B C B B C C C B B)   (C B B B B B B C C C)
(C B C B B B B C C C    (C B C B C C B B C C)
```

앞에서 본 바와 같은 유전 알고리즘은 예상외로 학습을 잘 수행하기도 한다. 이러한 학습효과는 문제를 얼마나 잘 표현하느냐(염색체 구성이 얼마나 효과적이냐)하는 것과 적응함수(Fitness Function), 사용하는 염색체 집단의 수, 사용하는 연산의 종류와 빈도수 등에 따라 달라진다. 때로는 학습이 매우 느리거나 멈출 수도 있다.

```
procedure genetic algorithm;
        begin
set time t : = 0;
initialize the population P(t);
while the termination condition is not met do
        begin
        evaluate fitness of each member of the population P(t);
        select most fit members from the population P(t);
        produce the offspring of these pairs using genetic operators;
        replace the weakest candidates of P(t) with these offspring;
        set time t : = t+1
        end
end
```

유전 알고리즘은 네트워크의 최적화, 칩 설계, 게임, 시간표 작성 등 여러 분야에 응용된다. 다음은 일반적인 유전 알고리즘이다(from[Luger02]).

7.11.2 유전 프로그래밍

유전 프로그래밍은 프로그래머가 문제 해결을 위한 프로그램을 작성하는 것이 아니라, 유전 법칙을 사용한 컴퓨터 시뮬레이션을 이용하여 프로그램을 진화시켜 최종 컴퓨터 프로그램을 완성하도록 하는 것으로 비교적 최근인 1990년대에 Koza에 의하여 크게 발전하였다[Koza92]. 유전 프로그래밍은 앞에서 설명한 유전 알고리즘과 유사하나, 다루는 데이터(염색체)가 단순히 이진 문자열로 코딩된 것이 아니라 실제 문제를 푸는데 사용되는 컴퓨터 프로그램 차체인 것이 가장 큰 차이점이다.

컴퓨터 프로그램은 C, JAVA, LISP, Pascal 등 여러 가지 언어로 작성될 수 있으며 이들은 유전 프로그래밍 시 데이터로 사용될 수 있다. 하지만 본 절에서는 부록에서 배울 LISP을 이용하여 유전 프로그래밍의 개념을 설명하기로 한다. 이는 LISP이 프로그램과 데이터의 형태가 동일하여 프로그램을 데이터로 사용하기 편하기 때문이다. 유전 프로그래밍의 개념을 쉽게 이해하기 위하여 하나의 간단한 예를 보기로 한다.

예제로 사용하는 문제는 두 수 a와 b의 평균을 구하는 LISP 프로그램을 작성하는 것이다. 두 수의 평균을 c라고하면 다음과 같은 식으로 나타낼 수 있고

```
c = (a + b) / 2
```

LISP 프로그램으로는

```
(/  (+  a  b)  2)
```

와 같이 나타낼 수 있다. 따라서 예제의 답은 (/ (+ a b) 2)를 얻는 것이다. 보통은 LISP 프로그래머가 직접 이러한 LISP 프로그램을 작성하여 문제의 해를 얻지만, 유전 프로그래밍에서는 이러한 최종 프로그램을 초기 프로그램을 진화시켜서 얻는다. 프로그램의 진화과정은 다음과 같다.

먼저 유전 알고리즘처럼 초기의 해 집단으로 몇 개의 프로그램을 작성한다. 여기서는 다음과 같은 두 개의 프로그램만을 예로 보기로 한다. 이들이 유전 알고리즘에서 사용하는 염색체에 해당하고, 염색체의 구성 요소인 DNA에 해당하는 요소들은 +, *, -, /, a, b, 2 와 같은 것 들이다.

```
초기 프로그램 1   --->    (/  (+  a  (-  b  b))  2)
초기 프로그램 2   --->    (-  (/  (*  a  b)  2)  b)
```

물론 이 두 개의 LISP 프로그램은 평균값을 찾지 못한다. 즉 적합성이 낮음을 알 수 있다. 따라서 이 프로그램을 진화시켜 적합성이 높은 정확한 LISP 프로그램인 (/ (+ a b) 2)를 찾아내야 하는 것이다. 적합성 평가를 위하여 [표 7.2]와 같이 식에 맞는 예제를 준다.

표 7-2 적합성 평가를 위한 예제

a	b	c
2	4	3
5	7	6
3	8	5.5

여기서 예제는 임의의 값들로 줄 수 있으며 정확한 프로그램의 진화를 위하여, c 값이 a와 b 두 수의 평균값이기만 하면 된다. 이를 이용하여 진화 과정에서 생성되는 모든 프로그램들의 적합성을 평가해 볼 수 있다.

다음은 초기의 두 프로그램을 진화시키기 위해서 유전 연산자인 교차나 돌연변이 등을 적용한다. 먼저 교차를 적용하여 보자. 이를 설명하기 위하여 LISP 프로그램을 [그림 7.19]와 같은 트리 구조로 나타내보자. LISP 프로그램은 트리 구조로 나타낼 수 있고, 초기의 두 프로그램은 [그림 7.19]와 같은 트리 구조를 가짐을 알 수 있다. 트리에서 단말 노드는 원으로 그리고 비 단말 노드는 사각형으로 표시하였다. 이 모든 노드들은 교차점이 될 수 있다.

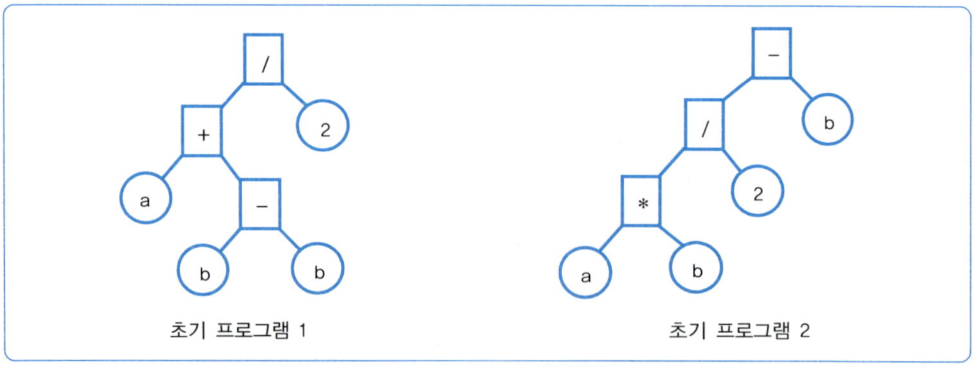

그림 7.19 초기 프로그램의 트리 구조

예를 들어 초기 프로그램 1의 + 노드와 초기 프로그램 2의 * 노드가 임의로 선택할 수 있는 교차점으로 선택 되었다면, 교차에 의하여 [그림 7.20]과 같은 새로운 트리가 생성된다.

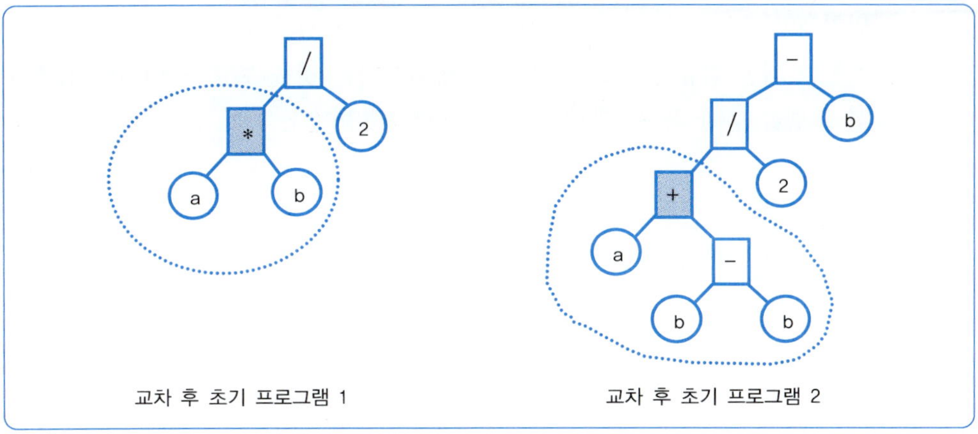

그림 7.20 교차에 의하여 생성된 새로운 트리

[그림 7.20]에서 점선 안의 부분이 서로 교차된 부분이다. 교차에 의하여 생성된 새로운 트리들을 LISP으로 나타내면 다음과 같다.

```
교차 후 초기 프로그램 1 --->  (/  (*  a  b)  2)
교차 후 초기 프로그램 2 --->  (-  (/  (+  a  (-  b  b))  2)  b)
```

이들 교차 후 프로그램들은 진화의 과정에서 2세대로 볼 수 있고 이들 또한 적합성 평가를 거쳐서 적합성이 우수한 개체가 선택되어 또 한 번의 진화를 위한 유전 연산을 수행한다. 적합성 평가 결과 교차 후 초기 프로그램 1 '(* (* a b) 2)'이 선택 되었다고 가정하고, 이번에는 유전 연산 '돌연변이'를 적용하여보자. 이때 교차 후 초기 프로그램 1의 * 노드가 돌연변이를 일으켜 + 노드로 바뀌면, 교차 후 초기 프로그램 1은 [그림 7.21]에서 보는 것처럼 (/ (+ a b) 2)로 바뀌게 된다.

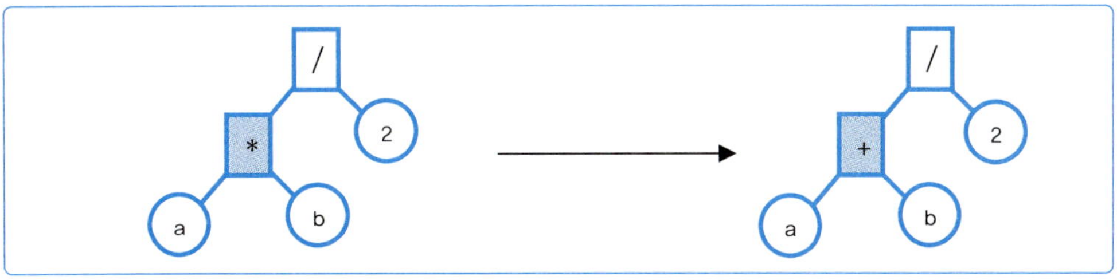

그림 7.21 돌연변이에 의하여 생성된 새로운 트리

돌연변이 연산적용 후 생성된 프로그램 (/ (+ a b) 2)는 적합성 평가에서 종료 조건을 만족하는 프로그램이다. 지금까지 우리는 간단한 LISP 프로그램이 진화하는 과정을 통하여 프로그래머가 문제 해결을 위한 프로그램을 직접 작성하는 것이 아니라, 유전 법칙을 사용한 컴퓨터 시뮬레이션을 이용하여 초기의 무질서한 프로그램이 문제해결에 적합한 최종 컴퓨터 프로그램으로 완성되어가는 것을 보았다. 이러한 컴퓨터 시뮬레이션 모델을 통한 프로그래밍이 유전 프로그래밍이다.

연습문제

1 책상 이라는 개념을 학습하려고 한다. Winston의 방식으로 학습을 수행할 때 필요한 책상(Table)에 대한 개념정의를 근접오류를 포함하여 기술하시오.

2 개념의 일반화를 위해 필요한 연산들을 설명하시오.

3 후보제거 알고리즘에서 부정적 예가 어떻게 사용되는지 예를 들어 설명하시오.

4 다음 표에는 환자가 수술 후 집에 보내어 졌는지 아닌지에 대한 정보가 있다. 이 장에서 배운 학습 방법 중 하나를 사용하여 어떤 환자를 집에 보내야 되는지를 구분할 수 있는 규칙을 찾아보시오. 이러한 학습과정에서 어떠한 문제점이 있는지도 밝히시오.

환자	큰 수술을 했는가?	집에 가족이 있는가?	60세 이상이다	집에 보내졌다
1	그렇다	없다	아니다	아니다
2	그렇다	없다	그렇다	아니다
3	아니다	없다	아니다	그렇다
4	아니다	없다	그렇다	아니다
5	아니다	있다	그렇다	그렇다

5 4번 문제에서 환자의 나이를 60세 이상과 이하 두 그룹으로 나누는 것이 아니라 네 그룹으로 나눈다면 학습과정이 어떻게 바뀌어야 하는가?

6 학습에 있어서 귀납적 편향이란 무엇인지 설명하시오.

7 유전 알고리즘의 원리를 설명하시오.

8 유전 알고리즘의 기본적인 연산자 세 가지를 예를 들어 설명하시오.

9 기계 학습 방법 두 가지를 선택하여 비교 설명하시오.

10 유전 알고리즘과 유전 프로그래밍의 가장 큰 차이점을 설명하시오.

08 인공 신경망과 딥러닝

8.1. 인공 신경망

인공 신경망(Artificial Neural Network)은 인간의 두뇌와 신경 시스템을 닮은 정보처리 소자이다. 인공 신경망 기법은 연결주의(Connectionism)기법이라고도 하는데, 이는 인간의 두뇌에서 정보처리를 담당하는 세포인 뉴런(Neuron)을 닮은 요소들을 연결하여 문제해결 모델을 만들기 때문이다. 인공 신경망은 1958년 미국 코넬대학 심리학과 교수였던 프랭크 로젠블래트(Frank Rosenblatt)가 '퍼셉트론'이라는 단층 인공신경망을 제안한 이후 주목을 받았으나 1970년대 이후 한계를 드러내며 연구가 줄어들다가 2000년대 들어 딥러닝과 함께 다시 번성하게 되었다.

전자 회로로 만들어진 디지털 컴퓨터와 뉴런이라는 특수한 세포로 구성된 인간의 두뇌를 비교해보면, – 컴퓨터의 기억소자가 발전하고 있어 언제 바뀔지는 모르지만 – 현재는 인간의 두뇌가 컴퓨터보다 기억소자(뉴런)를 많이 가지고 있고 컴퓨터 칩의 처리 속도는 단일 뉴런 보다 빠르다. 하지만 두뇌속의 뉴런들은 동시에 작동 가능하여 하나 또는 몇 개의 중앙처리장치(CPU)를 갖는 컴퓨터보다 훨씬 빠른 정보처리가 가능하다. 따라서 컴퓨터를 이용하여 인공 신경망을 구현할 때는 일반적인 병렬처리의 개념을 뛰어넘어 거대한 병렬계산(Massively Parallel Computation) 모델을 적용하면 좋은 효과를 볼 수 있다. 또한 두뇌는 컴퓨터보다 결함허용성(Fault tolerance)이 크다. 즉, 컴퓨터는 하나의 비트정보만 잘못되어도 전체 계산결과를 망가트릴 수 있지만 두뇌에서는 하나의 뉴런이 잘못되어도 전체적인 두뇌의 작동에는 큰 영향을 미치지 않는다. 이러한 특성은 인공 신경망에도 적용되어 환경이 변화하여도 갑작스러운 성능저하를 보이지 않고 점진적인 성능저하가 이루어진다.

이와 같이 인간의 두뇌, 일반 컴퓨터 프로그램(계산모델 인공지능 프로그램 포함), 인공 신경망을 성능과 데이터, 기능, 결함허용성, 장점과 단점으로 비교해 보면 [표 8-1]과 같다[도용태외 3인 2001].

| 표 8-1 | 인간의 두뇌, 일반 컴퓨터, 인공 신경망 비교

비교	인간의 두뇌	일반 컴퓨터	인공 신경망
성능 • 처리장치 • 기억 용량 • 처리 속도	 • 약 10^{11}개 뉴런 • 약 $4 * 10^{10}$ GB • 밀리(10^{-3}) 초	 • 수개의 CPU • GB ~ TB • 나노(10^{-9}) 초(ns)	 • 수십 ~ 수백 개 GPU • GB ~ TB • ns
데이터	아날로그(화학 + 전기)	디지털	디지털, 아날로그
기능	병렬처리, 학습	순차처리	병렬처리, 학습
결함허용성	우수(결함있는 입력 처리가능)	약함	우수
강점	판단과 인식	계산과 기억	학습과 분류
단점	• 확장성 부족, 망각 • 학습 시간이 오래 걸림	• 주어진 일만 처리 • 결함있는 입력 처리 불가	• 대량의 학습 데이터, 시간 필요

인간의 두뇌는 저장된 정보를 계속 보관할 수 있는 뉴런이라는 특수한 세포로 구성되어 있다. 인간의 두뇌에는 뉴런이 100억 개 이상 있으며 그 종류도 100여 가지가 넘는다. 이런 뉴런들은 신경망(Neural Network)이라고 하는 여러 개의 그룹으로 모여 있으며 신경망의 집합이 두뇌를 구성한다.

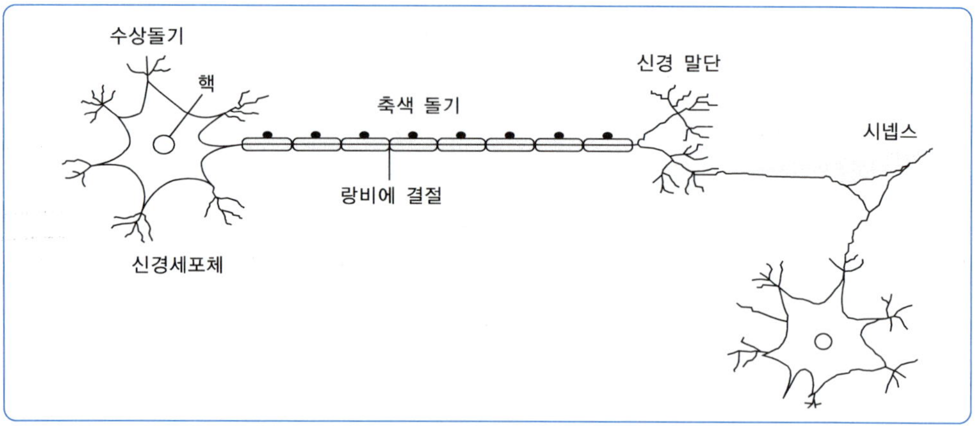

그림 8.1 뉴런의 구조

[그림 8.1]은 뉴런의 구조인데, 하나의 뉴런에서 신호를 축색돌기를 통해 다른 뉴런으로 보낸다. 축색돌기의 신호는 시냅스(Synapse)를 거쳐 다른 뉴런의 축색돌기에 연결되는데 시냅스는 전달되는 신호의 크기를 크게 하거나 작게 하는 조절 기능이 있다. 인공 신경망은 인간 두뇌의 신경망을 모방한 것으로 [그림 8.2]는 하나의 인공 신경망 구조를 보인 것이며, 다층 인공 신경망을 구성하는 인공 뉴런(Processing Element라고도 함)의 구조는 [그림 8.4]와 같다.

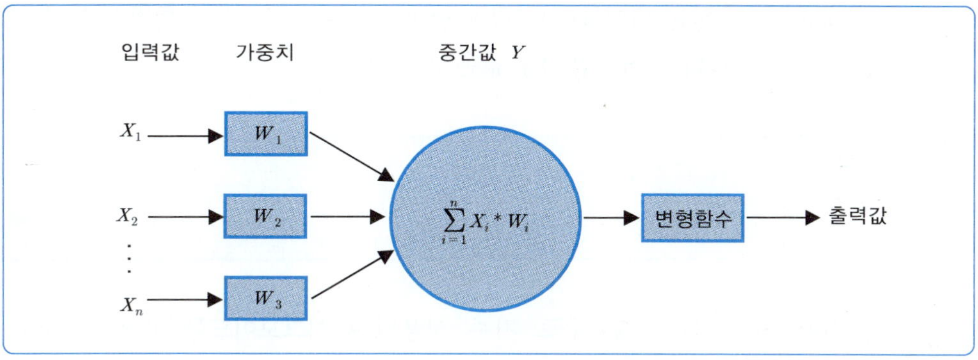

그림 8.2 인공 뉴런의 구조

[그림 8.2]에서 보듯이 하나의 인공 뉴런에 여러 개의 입력값($X_1, X_2, \ldots X_n$)이 주어지고 각각에 대한 가중치(W_1, $W_2, \ldots W_n$)를 곱한 다음 이들을 모두 더하면 중간값 Y를 얻는다. 이때 Y값이 너무 커지는 것을 방지하기 위해서 변형함수를 사용하여 출력값을 조절(정규화)한다(예. 0과 1사이의 값으로). 변형함수에 따라 어떤 입력값에 대해서 출력값을 생성하기도 하고 생성하지 않기도 한다. 따라서 변형함수는 시냅스의 역할을 한다고 볼 수 있다. 변형함수는 [그림 8.3]과 같이 여러 가지 형태가 가능하다.

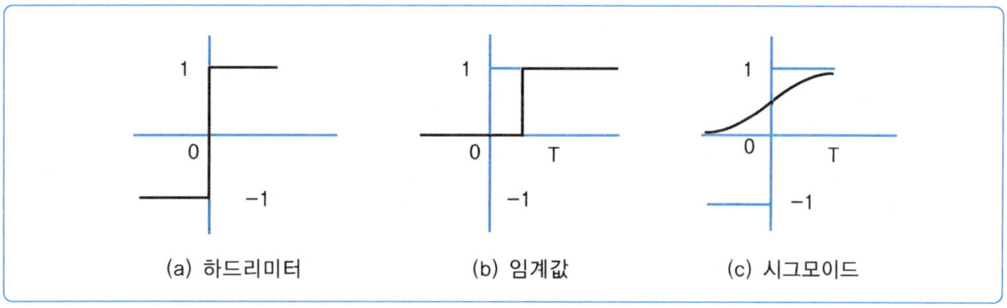

그림 8.3 여러 가지 변형함수

변형함수로 하드리미터(Hardlimiter)를 사용하면 특정값보다 작으면 -1 그 값보다 크거나 같으면 1로 출력을 결정할 수 있다. 예를 들어 위의 Y값이 0보다 작으면 Y_T 값을 -1로

그리고 Y 값이 0 이상이면 Y_T 값을 1로 생성한다. 하드리미터 함수를 사용하는 변형함수([그림 8.3(a)]) Y_T는 다음과 같다.

$$Y_T = \begin{cases} -1 \text{ if } Y < 0 \\ \ \ 1 \text{ if } Y \geq 0 \end{cases}$$

임계값을 이용하는 변형함수([그림 8.3(b)])의 경우는 Y 값이 특정값 T와 같거나 크면 Y_T 값은 1이 되고 작으면 Y_T 값은 0이 된다.

$$Y_T = \begin{cases} 1 \text{ if } Y < T \\ 0 \text{ if } Y \geq T \end{cases}$$

역전파 신경망의 변형함수로 자주 사용되는 시그모이드함수(Sigmoid Function) [그림 8.3(c)]는 다음과 같다.

$$Y_T = \frac{1}{1+E^{-Y}}$$

예를 들어, 시그모이드 변형함수를 갖는 인공 뉴런에 입력값($X_1 = 3,\ X_2 = 2,\ X_3 = 1$), 가중치($W_1 = 0.2,\ W_2 = 0.1,\ W_3 = 0.4$)를 적용해 출력값을 계산해 보자.
먼저 $Y = 3 * 0.2 + 2 * 0.1 + 1 * 0.4 = 1.2$가 되고, 변형함수에 의해
$Y_T = 1/(1 + E - 1.2) = 0.77$이 얻어진다.

이처럼 여러 가지 변형함수에 의해 얻어진 Y_T 값은 하나의 인공 뉴런의 출력값이 되고 이 출력값은 인공 신경망 내의 다른 뉴런의 입력이 된다. 이렇게 하여 인공 뉴런(PE)들이 서로 연결되고 인공 신경망을 형성하는데 여러 네트워크 구조를 이룰 수 있으며 더 많은 인공 뉴런들로 이루어진 신경망은 더 나은 능력을 나타낼 수 있다.

인공 신경망의 네트워크 구조는 크게 퍼셉트론(Perceptron)으로 －퍼셉트론은 은닉층이 없는 단층 구조를 갖는다－ 알려진 전향입력(Feed-forward) 구조와 호프필드 네트워크(Hopfield Networks)로 대표되는 순환(Recurrent) 구조로 나눌 수 있다. 전향입력 네트워크 내의 링크는 방향성을 갖고 사이클이 없다. 1957년 로젠블렛(Rosenblatt)이 제안한 퍼셉트론은 변형함수로 하드리미터를 사용하는 가장 간단한 형태의 전향입력 인공 신경망

이며 선형분리가 가능한 함수(e.g., OR 연산)만을 학습할 수 있다[Rosenblatt58]. 이는 다음 절에서 인공 신경망 학습 예제를 설명하면서 다시 한 번 설명하기로 한다.

다층 전향입력 인공 신경망 구조에는 모든 링크들이 다음 층으로 연결되며 같은 층에 있는 PE(Processing Element) 사이에는 링크가 없고 이전의 층으로 되돌아가는 링크도 없다. 역전파 알고리즘을 사용하는 다층 퍼셉트론은 로젠블렛 퍼셉트론의 한계를 극복하여 선형분리가 되지 않는 Exclusive-OR 연산과 같은 함수도 학습할 수 있다. 하지만 역전파 알고리즘은 계산 부담이 크고 학습하는데 시간이 많이 걸린다는 단점이 있다. [그림 8.4]는 하나의 은닉층(Hidden Layer)을 갖는 다층 전향입력 인공 신경망구조를 보인 것이다.

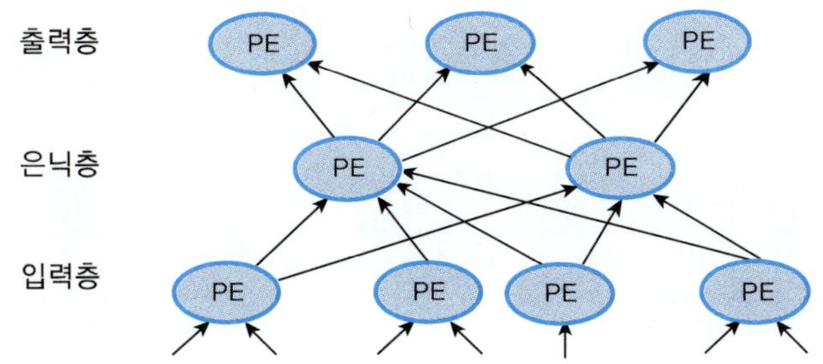

그림 8.4 다층 인공 신경망

전향입력 인공 신경망 구조는 상대적으로 잘 이해된 반면 호프필드 신경망으로 대표되는 순환 인공 신경망(RNN: Recurrent Neural Network) 구조는 조금 복잡하다. 하지만 우리의 두뇌는 내부 상태를 갖고 현재 층의 계산 결과가 이전 층에 영향을 미칠 수 있는 순환 인공 신경망구조와 더욱 유사하다. 또한, 순환 인공 신경망은 불안정한 행동을 보이기 쉽고 안정된 단계에 들기까지는 시간이 많이 걸리지만 보다 복잡한 시스템을 구성하기 용이하다[Hopfield82].

다음은 인공 신경망을 이용하여 학습하는 과정을 예를 들어 설명한다. 인공 신경망은 입력과 기대하는 출력 정보를 주면 학습할 수 있는 능력이 있다. 인공 신경망에서 학습은 다음과 같은 작업을 반복하여 이루어진다.

- 입력값을 이용하여 인공 뉴런의 출력값을 계산한다.
- 인공 뉴런이 계산한 출력값과 사용자가 기대하는 출력값을 비교한다.
- 기대하는 출력값을 생성할 수 있도록 가중치를 조절한다.

이때 입력형태나 가중치를 조절하는 방법에 따라 학습 알고리즘이 여러 가지로 달라진다. 그리고 학습형태도 크게 두 가지로 나누면 지도 학습(Supervised Learning)과 비지도 학습(Unsupervised Learning)으로 나눌 수 있다.

지도 학습은 어떤 입력값을 줄 때 어떤 출력값이 나와야 하는지를 아는 사용자가 다양한 입력값과 출력값의 쌍을 제시하여 학습을 수행한다. 이러한 학습을 수행하는 알고리즘에는 오류 역전파(Error Back-Propagation) 알고리즘과 Hopfield 신경망 알고리즘 등이 있다. 비지도 학습은 기대하는 결과 값을 모르고 입력 데이터만 가지고 인공 신경망 스스로 가중치를 변경하여 학습을 수행한다. 비지도 학습을 수행하는 예는 ART(Adaptive Resonance Theory)와 Kohonen의 Self-Organizing Feature Map이 있다. [그림 8.5]는 인공 신경망 학습 알고리즘을 몇 가지로 분류한 것이다.

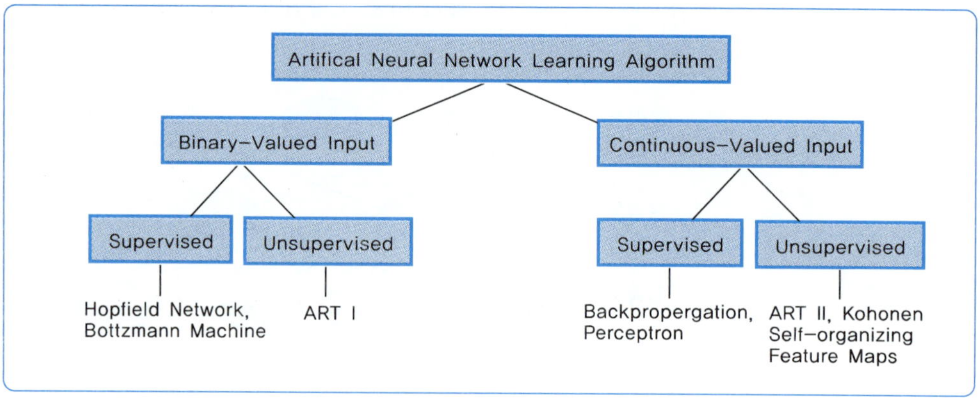

그림 8.5 인공 신경망 학습 알고리즘의 분류 (from [Lippman89])

다음으로 [그림 8.6]과 같은 하나의 인공 뉴런(퍼셉트론)이 OR 연산자를 학습하는 과정을 살펴보자.

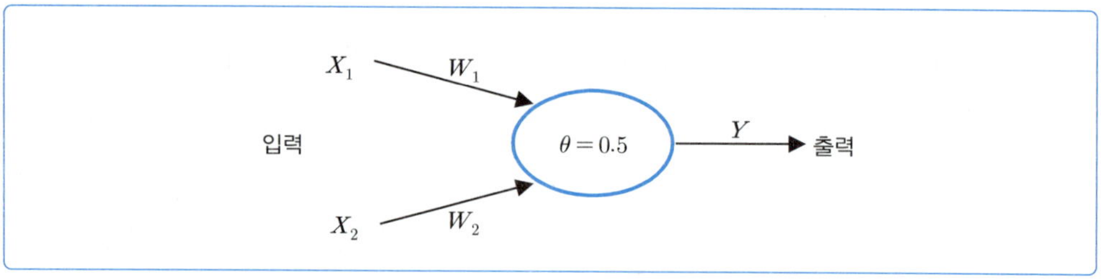

그림 8.6 단층 인공 뉴론 (퍼셉트론)

우리가 이미 알고 있듯이 두 개의 입력을 갖는 OR 연산자는 다음과 같이 두 개의 입력이 모두 0일 때만을 제외하고는 모두 1을 출력한다.

입력		OR 연산결과 (목표출력값 F)
X_1	X_2	
0	0	0
0	1	1
1	0	1
1	1	1

이를 수식에 적용하면 다음과 같은 가중치 W_1과 W_2의 범위를 구할 수 있다.

$$0\times W_1+0\times W_2=0\le 0.5$$

$$0\times W_1+1\times W_2=W_2>0.5$$

$$1\times W_1+0\times W_2=W_1>0.5$$

$$1\times W_1+1\times W_2=W_1+W_2>0.5$$

즉 W_1과 W_2의 값이 임계치인 $\theta=0.5$ 보다 크면 이 퍼셉트론이 OR 연산을 수행하게 된다. 하나의 인공 뉴런이 언제나 정확한 OR 연산을 수행하도록 학습시키기 위해서는 모든 가능한 입력 경우인 위 네 가지 입력 집합과 그에 맞는 출력을 (학습 예제로)알려준다. 따라서 이 경우는 지도 학습에 속한다. 처음 입력을 받은 인공 뉴런은 가중치 W 의 초기 값을 이용하여 결과 값 Y를 생성한다. 생성된 Y는 목표출력값 F와 비교한다. 이때 모든 입력집합에 대해 Y와 F가 같으면 학습이 완료된다. 만약 F와 Y가 다르면 그 차이 ($d=F-Y$)를 이용하여 새로운 가중치 ($W_n=W_o+a*d*X$)를 만들어 낸다. (이때 W_n은 새로 계산된 가중치이고, W_o는 이전의 Y를 계산할 때 사용했던 가중치이다. 그리고 a는 학습률을 나타내는 상수로 학습의 속도를 조절한다. 본 예제에서는 $a=0.2$를 사용하였다. 마지막으로 X는 현재의 입력값이다.)

새로운 가중치가 계산되고 나면 새로운 입력값을 이용하여 다시 Y를 계산한다. 이러한 과정은 F와 같은 Y를 생성할 수 있는 W를 찾을 때 까지 계속된다. 여기서 변형함수는 임계치($\theta=0.5$)를 갖는 하드리미터를 사용하였다. 따라서 Y 값을 계산할 때 $X_1*W_1+X_2*W_2$가 0.5보다 크면 Y는 1이 되고 $X_1*W_1+X_2*W_2$가 0.5 이하이면 0이 된다. 그리고 초기의 가중치 값은 임의로 선택한다. 여기서는 초기값으로 $W_1=0.1$ 그리고 $W_2=0.3$을 이용하여 학습을 시작한다. 따라서 학습의 첫 번째 단계의 계산은 다음과 같이 이루어진다.

$$Y = X_1 * W_1 + X_2 * W_2 = 0 * 0.1 + 0 * 0.3 = 0 < 0.5 = \theta$$

여기서 목표 출력값도 0이므로 $d = F - Y = 0$이 된다. 따라서 가중치 변화는 없다. 그리고 첫 번째 단계의 두 번째 줄의 예를 보면 다음과 같이 계산 되어 W_1은 변화가 없지만, W_2는 0.3에서 0.5로 변한 것을 알 수 있다. (여기서 W_{1n}은 새로운 W_1을 나타내며 W_{1o}는 현재의 W_1 값을 나타낸다.)

$$Y = X_1 * W_1 + X_2 * W_2 = 0 * 0.1 + 1 * 0.3 = 0 \ (\because 0.3 < 0.5 = \theta)$$

$$d = F - Y = 1$$

$$W_{1n} = W_{1o} + a * d * X_1 = 0.1 + 0.2 * 1 * 0 = 0.1$$

$$W_{2n} = W_{2o} + a * d * X_2 = 0.3 + 0.2 * 1 * 1 = 0.5$$

다음은 이러한 학습과정 전체를 보인 것이다.

Step	X_1	X_2	목표 출력값(F)	초기값			d	변화된 가중치	
				X_1	X_2	Y		W_1	W_2
1	0	0	0	0.1	0.3	0	0.0	0.1	0.3
	0	1	1	0.1	0.3	0	1.0	0.1	0.5
	1	0	1	0.1	0.5	0	1.0	0.3	0.5
	1	1	1	0.3	0.5	1	0.0	0.3	0.5
2	0	0	0	0.3	0.5	0	0.0	0.3	0.5
	0	1	1	0.3	0.5	0	1.0	0.3	0.7
	1	0	1	0.3	0.7	0	1.0	0.5	0.7
	1	1	1	0.5	0.7	1	0.0	0.5	0.7
3	0	0	0	0.5	0.7	0	0.0	0.5	0.7
	0	1	1	0.5	0.7	1	0.0	0.5	0.7
	1	0	1	0.5	0.7	0	1.0	0.7	0.7
	1	1	1	0.7	0.7	1	0.0	0.7	0.7
4	0	0	0	0.7	0.7	0	0.0	0.7	0.7
	0	1	1	0.7	0.7	1	0.0	0.7	0.7
	1	0	1	0.7	0.7	1	0.0	0.7	0.7
	1	1	1	0.7	0.7	1	0.0	0.7	0.7

앞에서 보듯이 네 번의 학습 단계를 거치면 W_1과 W_2가 0.7로 수렴되어 그 다음부터는 X_1과 X_2가 어떤 값으로 들어오더라도 인공 뉴런은 정확한 OR 연산 결과를 생성한다. 즉, Y값과 F값이 항상 동일하다. 이를 단계별로 다시 정리하면 다음과 같다.

1. 가중치 W의 초기값을 이용하여 입력 세트[00, 01, 10, 11]의 결과값 Y생성
   $X_1 * W_1 + X_2 * W_2$ 계산하고 결과가 임계치 0.5보다 크면 Y = 1, 아니면, Y = 0
2. Y와 F (OR의 경우, [0, 1, 1, 1])가 같으면 완료
   다르면, d(차이) = F - Y 계산
   새로운 가중치 $X_n = W_0 + a * d * X$ 계산 (a = 0.2: 학습률)
3. 새로운 가중치를 이용하여 다시 Y생성
4. F와 같은 Y (즉, d = 0)를 생성할 수 있는 W를 찾을 때까지 1 ~ 3 반복

이처럼 퍼셉트론은 OR 연산을 학습할 수 있으며 AND 연산도 학습할 수 있다. 하지만 Exclusive-OR 연산은 단층 퍼셉트론으로는 학습할 수 없다. 그 이유는 퍼셉트론은 선형분리(Linearly Separable)함수로 입력을 분리시키기 때문이다. 이를 확인하기 위하여 AND 연산, OR 연산, 그리고 Exclusive-OR 연산 결과를 나타내는 다음의 도면을 보자.

[그림 8.7]의 도면에서는 함수의 출력이 1인 지점은 ■으로 그리고 함수의 출력이 0인 지점은 ●으로 나타나있다. [그림 8.7(a)]와 [그림 8.7(b)]에서 보는 것처럼 AND 연산과 OR 연산은 직선으로 출력이 0인 지점들과 출력이 1인 지점들을 분리할 수 있는 것을 알 수 있다. 하지만 Exclusive-OR 연산[그림 8.7(c)]의 경우는 이 지점들을 하나의 직선으로 분리할 수 없음을 알 수 있다. 이처럼 퍼셉트론은 선형분리가 가능한 경우만을 학습할 수 있다. 이러한 퍼셉트론의 계산적 한계를 극복하기 위해서는 은닉층이 있는 다층 신경망이 필요하다. 하나의 은닉층으로는 연속 함수를 표현할 수 있으며 두 개의 은닉층으로는 불연속 함수도 표현할 수 있다. 이처럼 은닉층의 개수가 늘어나면 더욱 복잡한 함수도 표현할 수 있으나 학습에 필요한 계산의 부담이 지수적으로 늘어난다.

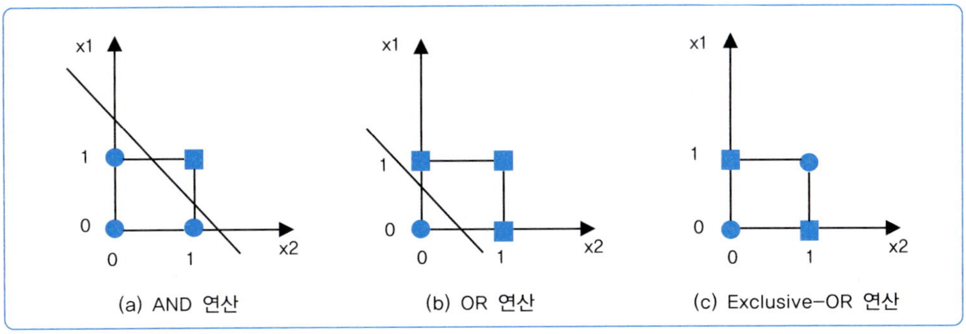

그림 8.7 논리 연산의 도면

XOR를 다시 퍼셉트론의 수식으로 나타내면 다음과 같다.

$$0\times W_1 + 0\times W_2 = 0 \leq 0.5$$

$$0\times W_1 + 1\times W_2 = W_2 > 0.5$$

$$1\times W_1 + 0\times W_2 = W_1 > 0.5$$

$$1\times W_1 + 1\times W_2 = W_1 + W_2 \leq 0.5$$

즉, XOR 연산을 만족하기 위해서는 W_1과 W_2가 0.5보다 커야 하고 이 둘을 합친 $W_1 + W_2$가 0.5보다 작아야 되기 때문에 이런 가중치는 존재하지 않는다. 따라서 XOR 연산을 수행할 수 있는 단층 퍼셉트론은 존재하지 않고 이를 MIT의 마빈 민스키가 1969년에 증명하여 단층 신경망은 긴 겨울을 맞이하게 된다.

8.2. 심층 신경망과 딥러닝

인공 신경망에서 XOR 문제를 해결한 것은 상당한 시간이 지나서 다층(심층) 신경망(Deep Neural Net)을 통한 역전파법(Back-propagation) 이었다[Paul Werbos74, 제프리 힌튼86]. 여기서 입력층과 출력층 외에 은닉층(Hidden layer)을 가진 3층 이상의 신경망을 심층 신경망이라고 하며, 여기에 적용된 학습 방법을 딥러닝(Deep Learning)이라고 한다. 기존 인공 신경망의 경우, 출력층의 노드에 표지(lable, 출력값, 예를 들어 XOR값)를 매칭시키는 일은 주로 사람에 의해 이루어졌다. 그러나 심층 신경망의 경우, 출력층만이 아니라 은닉층에도 표지를 매칭시켜야 하는 일이 생겼으며, 이를 수동으로 해결하기란 매우 어려운 일이 되었다. 따라서 대규모 미표지 데이터를 자동으로 학습시키는 데에는 심층신경망에 딥러닝 방법을 사용하는 것이 더 바람직하게 되었다. 예를 들어, [그림 8.8]과 같이 개, 물고기, 새의 이미지 데이터를 가지고 종류를 분류하는 인공 신경망이 필요하다고 가정하자.

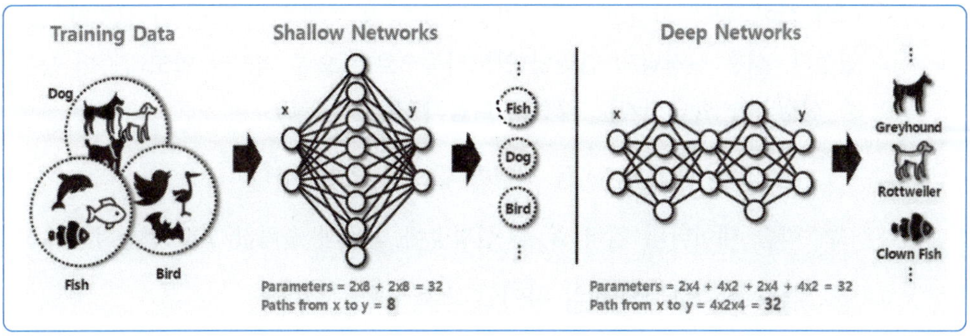

그림 8.8 Shallow 대 Deep 러닝 비교

이 경우, 동일한 연결선(가중치 parameter) 수(32개)를 갖는 얕은 층(3층)과 깊은 층(5층)의 두 인공 신경망을 구현했을 때, 특징(path)을 나타내는 가지 수는 은닉된 각 층 뉴론 수의 곱이 되는데, 얕은 층의 경우 8개로 물고기, 개, 새 등 대분류만 가능하지만, 깊은 층을 갖는 심층 신경망의 경우, path가 32(= 4×2×4) 가지나 되어, 대분류만이 아니라 상세 분류인 그레이하운드나, 로트와일러, 크라운 피쉬 등 세 분류가 가능해 진다. 따라서 심층 신경망의 딥러닝 방식이 다양한 분류 문제에 더 적절함을 알 수 있다. XOR 문제를 해결한 여러 형태의 심층 신경망이 존재하는데, 그 한 예는 [그림 8.9]와 같다.

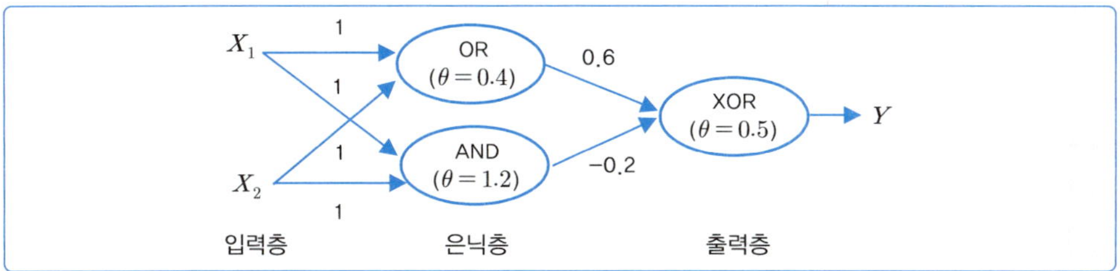

그림 8.9 XOR 문제를 해결한 다층 신경망

이 다층 신경망에서 은닉층에 해당하는 두 뉴론 노드는 중간 값으로 OR 값과 AND 값을 출력하며 이 두 뉴론의 출력값에 0.6과 −0.2의 가중치를 각각 곱하고 더하여 XOR 뉴론의 입력이 되고, 임계값 0.5를 거쳐 XOR 결과를 출력한다. 이를 표로 정리하면 다음과 같다.

입력		OR 중간출력	AND 중간출력	XOR 입력값	Y (XOR)
$X1$	$X2$				
0	0	0	0	0	0
0	1	1	0	0.6	1
1	0	1	0	0.6	1
1	1	1	1	0.4	0

이와 같이, 단층 신경망으로 불가능했던 XOR 문제를 다층(심층) 신경망으로 해결할 수 있었다. 심층 신경망의 딥러닝 알고리즘으로는 오류 역전파 알고리즘이 사용되는데, 심층 신경망을 학습시키는 과정은 다음과 같다.

1. 신경망의 가중치 w_i를 적당한 값으로 초기화한다.
2. 학습 데이터의 입력 X_i를 신경망에 적용해 출력값 Y를 얻는다.
3. 목표 출력값 F와 Y의 차이인 오차 E를 구한다.
   E = F − Y
4. 기존 가중치 w_i에 변경 값인 델타(Δw_i) 값을 더하여 새로운 가중치 w_i'를 구 한다. Δw_i는 오차 E를 w_i로 편미분한 값에 학습률 α를 곱하여 얻는다.

   $$w_i' = w_i + \Delta w_i, \quad \Delta w_i = \alpha \frac{\partial E}{\partial w_i}$$

5. 단계 4를 출력층 바로 앞부터 입력층까지 역으로 전파한다.
6. 심층 신경망이 충분히 학습될 때까지 단계 2 ~ 5를 반복한다.

그러나 은닉층의 개수가 늘어난 심층 신경망의 경우, 학습에 따른 다음 세 가지 성능 저하가 일어나는데, 이를 다음과 같은 방법으로 해결하였다.[김성필 2016, 마쓰오 유타카 2016]

1) 그래디언트 소실(vanishing gradient) 문제

이는 [그림 8.10]과 같이 출력층에 가까운 층에서 선명하던 학습효과가 출력층에서 멀어질수록 약해지는 현상이다.

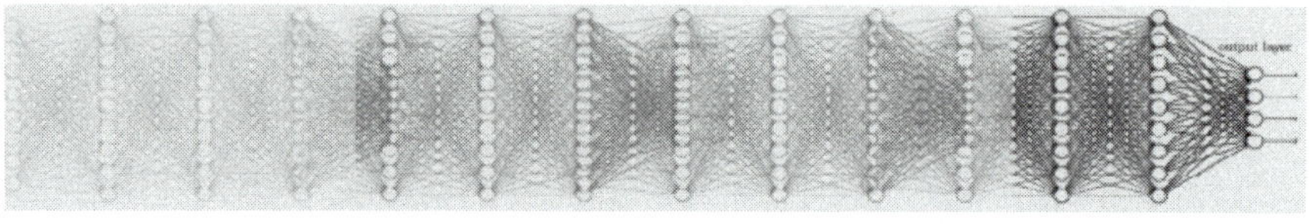

그림 8.10 그래디언트 소실 문제

이 문제는 기존에 많이 사용된 시그모이드함수의 출력값이 1이하의 수로 곱해질수록 너무 작은 값이 되기 때문에 상한값을 두지 않게 보정한 ReLU(Rectified Linear Unit)함수로 변경함으로써 어느 정도 해결되었다.

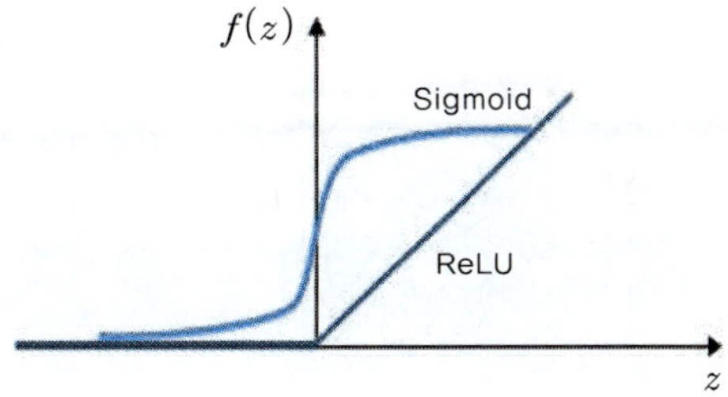

그림 8.11 ReLU 함수

또 다른 해결 방법으로, 자동 인코더(Autoencoder) 라는 정보 압축기를 사용하여 한 층씩 학습시키는 방법이 있다. 이는 [그림 8.12]와 같이 출력층을 입력층과 동일하게 한 자동 인코더를 이용해 은닉층을 한 층씩 학습시키고, 이를 최종 출력층까지 계속 쌓아가는 방식으로 학습시키는데, 은닉층의 개수가 많을 때 유용하다[마쓰오 유카타, 2016].

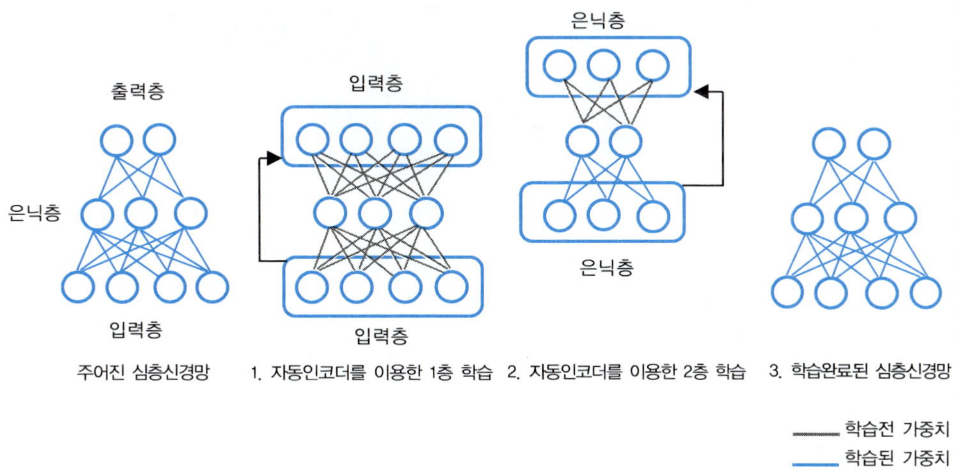

그림 8.12 자동인코더를 이용한 딥러닝

2) 과적합(Overfitting) 문제

과적합이란 심층 신경망이 학습시에 사용한 훈련용 예제에 너무 과도하게 적응되어, 실제 사용시 틀린 답을 내는 문제인데, 이는 [그림 8.13]과 같이 학습시에 일부 노드만 무작위로 골라 학습시키는 드롭아웃(Dropout)을 도입하여 해결하였다. 드롭아웃 비율은 평균 50% 정도가 적절한 것으로 알려져 있다.

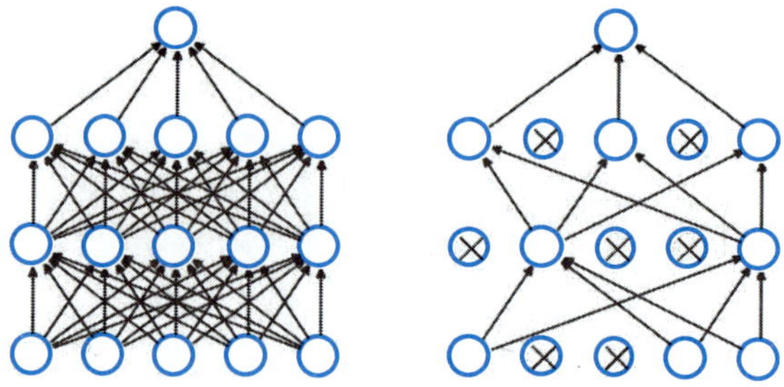

그림 8.13 드롭아웃(왼쪽은 원래 신경망, 오른 쪽은 드롭아웃 적용)

3) 마지막으로 이전까지 불충분했던 학습 데이터와 계산량 문제가 있었는데, 이는 SNS 이용 증가에 따른 충분한 빅데이터 확보와 새로운 GPU등 고성능 하드웨어의 등장으로 상당히 개선이 되었다.

그림 8.14 고성능 GPU(엔비디어 GTX)

심층 신경망과 딥러닝은 캐나다 토론토 대학의 제프리 힌튼 교수가 2006년 다층 신경망 학습에 적합한 사전 훈련 방법을 제시하고, 2012년 음성 인식 대회(ILSVRC)에 딥 러닝 방법을 통해 월등한 결과로 우승하였으며, 그의 제자 알렉스가 이미지 분류 대회인 IMAGENET에서 우승하면서 다시 주목받기 시작하였다. [그림 8.15]는 IMAGENET 대회에서 기존의 방식과 딥러닝 방식의 인식률을 보여주고 있는데, 2012년 이후에는 딥러닝 방식이 높은 인식률로 주류를 형성하고 있다.

그림 8.15 제프리 힌튼 교수와 IMAGENET 대회의 인식률

2012년 구글에서 수행한 고양이 이미지 인식에서도 딥러닝 방식을 이용하여 사람과 비슷한 인식률을 얻었다.

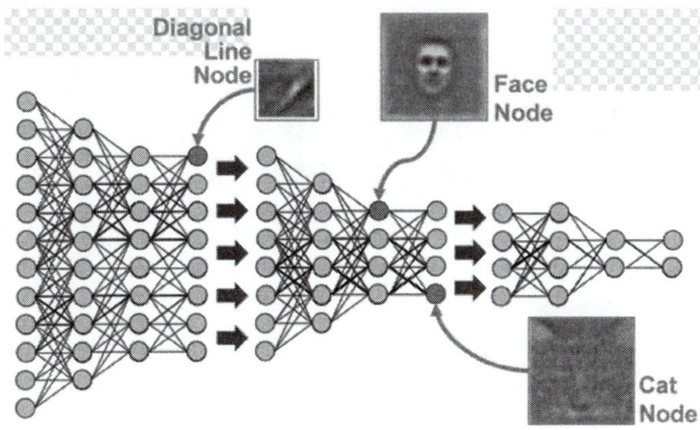

그림 8.16 구글의 고양이 인식

2016년 바둑에서 인간 챔피온 이세돌을 이긴 구글 딥마인드의 알파고도 딥러닝을 사용하였는데, 매일 기존의 기보 3만판을 4주간 학습시켜 총 백만 번의 대국을 학습시켰다고 한다. 이는 인간 바둑 기사가 하루에 세 번 둔다고 하면 천년이 걸리는 정도의 학습량이 된다.

심층 신경망의 종류로는 이미지 인식 분야에 많이 사용되는 CNN(Convolution Neural

Network)과 언어 모델링이나 음성인식, 자동번역 분야에 사용되는 RNN (Recurrent Neural Network, 순환신경망)이 대표적인 예이다.

CNN은 인간의 시신경 구조를 모방한 기술로 이미지 인식과 같이 특징을 자동으로 학습하면서도 형태 변이를 효과적으로 학습할 수 있다. 최근에는 이미지 인식만이 아니라, 자연어처리와 음성인식에도 널리 사용되고 있으며, 인공지능 바둑 프로그램 알파고에도 사용되었다[딥러닝과 빅데이터 산업동향, 2016]. [그림 8.17]은 주어진 이미지가 개, 고양이, 보트, 새인지를 인식하는 CNN의 한 예이다.

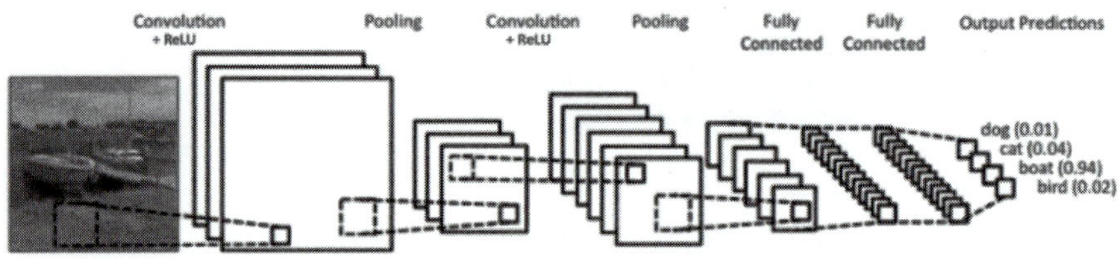

그림 8.17 CNN 예 (출처 : https://ujjwalkarn.me/2016/08/11/intuitive-explanation-convnets/)

RNN은 비선형 상태방정식으로 나타내는 동적 시스템으로 음성, 음악, 문자열, 동영상 등 순차적인 시계열 데이터 처리에서 탁월한 성능을 보여주는 딥러닝의 한 방법이다. [그림 8.18]은 시간축과 깊이축으로 구성되어 있는 다층 RNN의 한 예로 과거 시점의 정보를 저장하고 이용할 수 있다. 이와 같이 RNN은 일반 신경망에 시계열 개념이 추가된 것으로 은닉층에 이전 정보를 기억시킬 수 있는 장점이 있어서 필기(handwritten) 문자 인식, 음성 인식, 자동번역 등에 활용되고 있다.

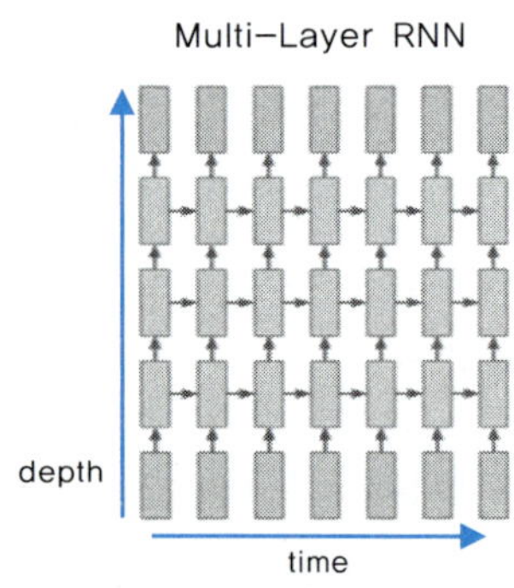

그림 8.18 RNN 예 (출처 : https://hunkim.github.io/ml/)

8.3. 인공 신경망의 특성과 도구

8.3.1 인공 신경망의 특성

인공 신경망은 패턴인식, 학습, 분류(Classification), 일반화(Generalization), 추상화(Abstraction) 그리고 불완전하고 잡음이 포함된 입력을 이용하는 시스템 등에서 유용하게 사용될 수 있으며 다음과 같은 장점을 가지고 있다.

- **고장 허용성**(Fault Tolerance)
  인공 신경망에는 여러 개의 인공 뉴런이 있고 이중 몇 개가 고장이 나더라도 전체 인공 신경망은 작동할 수 있다.
- **일반화**(Generalization)
  불완전하거나 잡음이 포함된 입력을 가지고도 적정한 결과를 생성한다.
- **적응성**(Adaptability)
  인공 신경망은 새로운 환경에서 학습을 수행할 수 있다.

이러한 장점들로 인공 신경망은 문제가 너무 어렵거나 그 분야의 인간 전문가가 없는 문제 해결에 유용하게 사용할 수 있다. 반면에 인공 신경망은 사람이 잘 할 수 있는 일은 잘 못하고, 사람이 잘 하지 못하는 일은 잘 하는 경향이 있다. 예를 들어 복잡한 수학적 계산은 사람이나 인공 신경망 보다 일반 컴퓨터가 더 잘 할 수 있다. 또한 인공 신경망은 설명기능이 약하여 생성된 결론에 대한 이유를 알아내기 어렵다. 그리고 인공 신경망을 학습시키는데 많은 데이터와 시간이 필요하고 병렬처리가 가능한 하드웨어가 비싼 것도 인공 신경망 활용에 장애가 되는 점이다.

8.3.2 인공 신경망의 도구

최근 인공 신경망과 딥러닝을 실험해 볼 수 있는 도구와 데이터가 많이 개발되어 제공되고 있다. [그림 8.19]는 Stuttgart 대학의 인공 신경망 시뮬레이터 초기 화면이며, [그림 8.20]은 구글에서 제공하는 텐서플로우(TensorFlow, www.tensorflow.org) 화면이다. 텐서플로우는 구글 제품에 사용되던 기계학습을 위한 오픈소스 소프트웨어 라이브러리로 2015년에 공개되었으며, 안드로이드와 iOS같은 모바일 환경은 물론 리눅스, MS 윈도우, MacOS 등의 데스크탑, 서버 시스템의 단일 또는 멀티 CPU/GPU에서 구동할 수 있다. 텐서플로우는 파이선(Python)이나 C / C++ API(Application Programming Interface)도 제공한다.

이외에도 딥러닝 프레임워크로 카페(Caffe), 마이크로소프트의 Azure ML 스튜디오와 인지

툴킷(CNTK), MX넷(아마존), 아파치 스파크 MLlib 등이 있다. 또 대량의 계산에 최적화되어 있는 파이선, Mathlab 등이 있으며, 일반 프로그래밍 언어인 자바(DL4J)와 C에 라이브러리 형태로 제공되기도 한다. 딥러닝 테스트 집합으로는 잘 알려진 이미지 인식용인 IMAGENET(http://image-net.org), ILSVRC, 텍스트 정보검색용 TREC(http://trec.nist.gov) 등이 있다. 상업용 회사에서 제공하는 딥러닝 API로는 구글, MS, 아마존, 페이스북 등이 있으며, 국내에서는 네이버(기계번역, 얼굴/음성 인식 등)와 다음(음성인식) API가 있다.

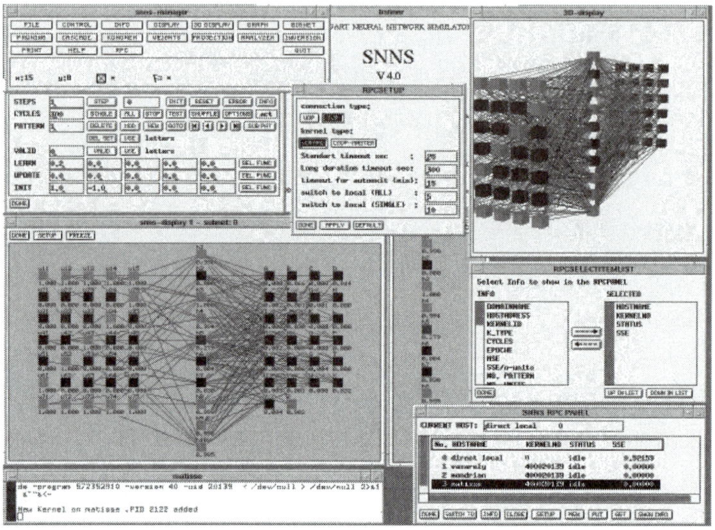

그림 8.19 Stuttgart Neural Network Simulator

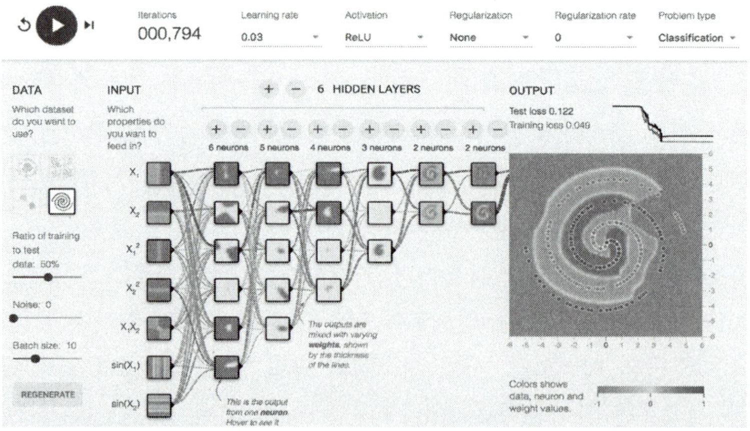

그림 8.20 텐서플로우 플레이그라운드 화면 (출처 : playground.tensorflow.org)

연습문제

1 인간의 뇌, 일반 컴퓨터, 인공 신경망의 특징을 비교하시오.

2 인공 뉴런이 AND 연산자를 학습하는 과정을 보이시오.

3 단층 신경망(퍼셉트론)에서 XOR 연산이 불가능한 이유를 설명하고, 이를 해결할 수 있는 다층 신경망을 그리고 설명하시오.

4 심층 신경망이 얕은 신경망보다 좋은 이유를 설명하시오.

5 딥러닝의 대표적인 다음 세 가지 문제점을 설명하고 그 해결방안을 쓰시오.

1) 그레디언트 소실(Vanishing Gradient)
2) 과적합(Overfitting)
3) 불충분한 학습 데이터와 계산량

6 심층 신경망의 종류인 CNN과 RNN에 대해 조사하시오.

7 딥러닝이 사용된 예(알파고, 숫자인식, 음성인식, 자동번역 등)를 하나 찾아서, 어떤 모델이 사용되었는지 조사하시오.

8 딥러닝을 실험해볼 수 있는 도구(예: 구글 텐서플로, 파이선 등)를 하나 정해서 XOR 문제를 해결하시오.

PART Ⅱ
인공지능 응용

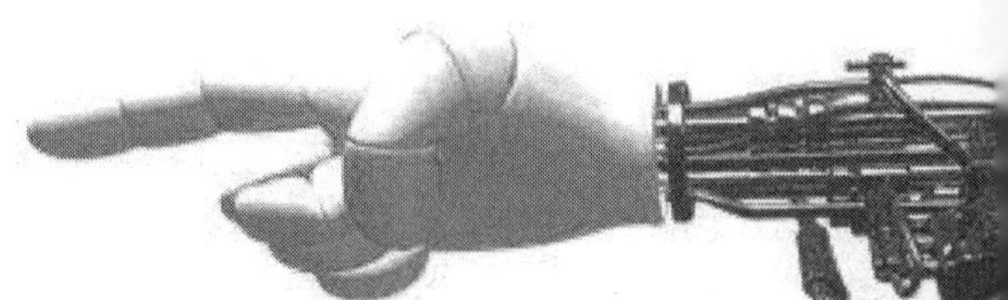

09 전문가 시스템

전문가 시스템(Expert System)은 전문지식이 필요한 특정 영역의 문제를 푸는데 사용되는 컴퓨터 프로그램이다. 사람들 중에도 특정 영역의 전문지식을 가지고 일하는 사람을 전문가라고 한다(e.g., 컴퓨터 프로그래머, 의사, 판사 등). 이처럼 컴퓨터 프로그램도 특정 영역의 전문지식을 가지고 전문가들이 하는 일을 대신해 줄 수 있다. 이러한 컴퓨터 프로그램이 전문가 시스템이다. 다음은 몇 사람이 말한 전문가 시스템의 정의이다.

- Feigenbaum

  An expert system is an intelligent computer program that uses knowledge and inference procedures to solve problems that are difficult enough to require significant human expertise for their solution.

- Ignizio

  An expert system is a model and associated their procedure that exhibits, within a specific domain, a degree of expertise in problem solving that is comparable to that of a human expert.

- Giarratono

  An expert system is a computer system which emulates the decision making ability of a human expert.

전문가 시스템은 의학, 공학, 상업, 교육, 법학, 군사 분야 등 여러 분야에 응용되고 있으며 이들은 다음과 같은 범주로 나눌 수 있다.

- **진단**(Diagnosis) **시스템**

  환자를 진단하거나 기계의 고장을 진단하는 것처럼 대상의 상태를 보고 원인을 찾아내는 시스템

- **계획**(Planning)**시스템**

  주어진 조건 하에서 목적을 달성하는데 필요한 행동의 순서를 찾아주는 시스템

- **배치**(Configulation) **시스템**

  주어진 부분들을 조건에 맞게 조합하여 문제를 해결하는 시스템으로 맞춤형 개인 컴퓨터 조립이나 여러 생산 현장에서 많이 사용된다.

- **의사결정**(Decision Making) **시스템**

  의사결정을 도와주는 시스템으로 예를 들어 은행에서 대출을 결정한다던지 보험회사에서 고객의 위험도를 판단하여 보험료를 결정할 때 사용할 수 있다.

- **감시**(Monitoring) **시스템**

  공장이나 기계의 작동을 실시간으로 감시하여 고장이나 이상 현상을 발견하여 주는 시스템으로 제철소나 정유공장 등에서 사용된다.

- **설계**(Design) **시스템**

  건축이나 공장, 물리적 장치 등의 설계시 각 요소들을 조건에 맞게 구성할 수 있게 하여 설계자를 도와주는 시스템

- **교수**(Instruction) **시스템**

  교사처럼 피교육자를 교육시키며 도와주는 시스템

- **충고**(Advising) **시스템**

  특정 영역의 문제에 대해 전문가 수준의 상담을 해 주는 시스템으로 문서 작성시 문법이나 문체 등을 조언해 주는 시스템을 예로 들 수 있다.

9.1. 전문가 시스템의 간단한 역사

전문가 시스템은 1960년대 중반부터 개발되기 시작하였으며 초기에는 특정 영역이 정해지지 않고 모든 문제 해결에 적용할 수 있는 일반적인 문제해결 시스템을 개발하려고 시도하였다. 이러한 일반적인 문제해결 시스템으로 GPS(Genera l- purpose Problem Solver)가 있다[Newellx&Simon73]. GPS는 한 상태에서 다른 상태로 변해갈 수 있는 연산자를 가지고 있다. 각 연산자는 전제조건이 맞을 때만 적용할 수 있고 연산자 적용 후에는 사후조건(Post Condition)을 생성한다. GPS는 각 상태에서 목적상태로 가는데 가장

적절한 연산자를 선택하여 문제를 해결한다.

GPS 개발 후 일반적 문제해결 시스템은 전문가 시스템으로서의 역할을 충분히 수행할 수 없음을 알았고 그 후로는 특정 분야에 한정된 특수 목적용 시스템을 개발하기 시작하였다. 이 시기에 개발된 시스템으로 DENDRAL, MYCIN 등이 있다. 이러한 시스템을 개발하면서 효율적인 전문가 시스템 개발을 위해서는 일반적 문제해결 시스템에서 강조하는 추론능력보다는 문제해결에 필요한 지식을 얼마나 많이 확보 하느냐가 더 중요하다는 것을 알게 되었다[그림 9.1]. 따라서 전문가 시스템의 형태도 추론기반(Inference - Based) 시스템에서 지식기반(Knowledge - Based) 시스템으로 바뀌어 갔다.

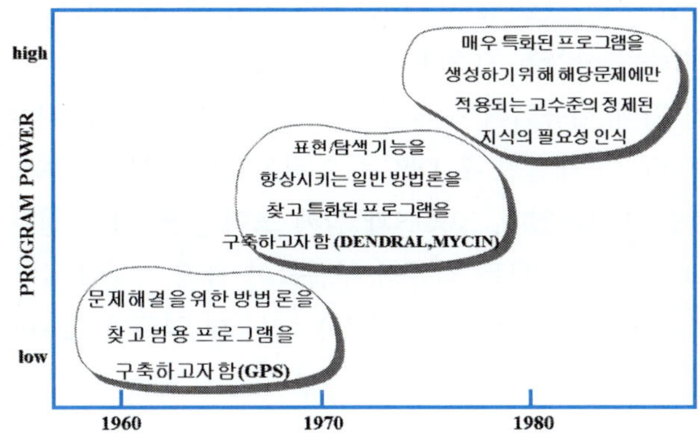

그림 9.1 전문가 시스템의 변화

1980년대에 들어 실험실에만 있던 전문가 시스템이 본격적으로 상업용으로 개발되기 시작하였다. Digital Equipment Corporation(DEC)에서 개발한 XCON과 XSEL 그리고 General Electric(GE)에서 개발한 DELTA가 그러한 시스템이다. 그리고 이 시기에는 상업용 전문가 시스템 뿐만 아니라 전문가 시스템 개발용 도구(Tool)들도 만들어 지기 시작하였다. 이러한 도구들 중에는 EURISKO와 같은 학습도구 등이 있다. 초기의 도구들은 특별한 하드웨어(e.g., LISP기계)를 필요로 하기도 하였으나 뒤에는 일반 컴퓨터에서도 잘 작동하는 도구들이 개발되었다.

DENDRAL은 화학적 지식을 이용하여 알려지지 않은 화합물들의 분자 구조를 알아내는 전문가 시스템이다. META-DENDRAL은 가지고 있는 규칙을 일반화(Generalization)하는 방식으로 학습을 수행한다. 여러 가지 학습 기법에 대해서는 7장에서 자세히 다루었다. EURISKO는 VLSI 설계를 비롯한 여러 가지 영역에서전문가 시스템 개발 시 사용되는 학습도구로 발견학습(Discovery)을 수행한다.

MYCIN은 뇌막염이나 혈액의 박테리아성 질병 진단 및 처방을 할 수 있는 전문가 시스템이다. MYCIN은 1970년대 스텐포드 대학교 의과대학에서 개발된 시스템인데 질병의 진단과 처방결과가 그 분야 상위 의료 전문가와 비슷하였다. MYCIN은 지식표현을 위하여 확신인자와 함께 규칙을 사용하였다. 그리고 추론 방식은 후향추론(Backward Chaining) 방식을 사용하였다. 또한 MYCIN은 설명(Explanation)기능이 있어서 필요에 따라 사용자에게 추론결과를 설명해 줄 수 있으며 대화형 인터페이스를 갖추고 있어 사용자가 쉽게 시스템을 이용할 수 있다.

DELTA는 GE에서 개발한 디젤 전기 기관차 엔진 검진용 전문가 시스템이다. DELTA의 개발로 GE는 엔진 검진 기술자의 양성에 필요한 시간적 경제적 비용을 절감할 수 있게 되었고, DELTA의 설명기능을 활용하여 DELTA를 엔진 검진 기술자 양성을 위한 교사처럼 활용할 수도 있었다. XCON은 DEC에서 개발한 전문가 시스템으로 사용자의 요구에 따라 컴퓨터 사양을 결정해 주는 시스템이다. XCON의 개발이전에는 다양한 사용자의 요구에 따라 컴퓨터의 부품을 선택하여 사양을 결정하는 일에 많은 전문가가 필요하였다. XCON이 개발된 후 DEC은 이러한 일을 하는 전문가들을 다른 일을 하게 하여 많은 경비를 절감하였다. XCON과 함께 쓰이는 또 다른 전문가 시스템으로 XSEL이 있는데 XSEL은 구성된 모든 컴퓨터 부품들이 함께 작동할 수 있는지를 검사하는 시스템이다. 예를 들어 100볼트에서 작동하는 컴퓨터 부품과 200볼트 전력 입력장치는 서로 맞지 않는다.

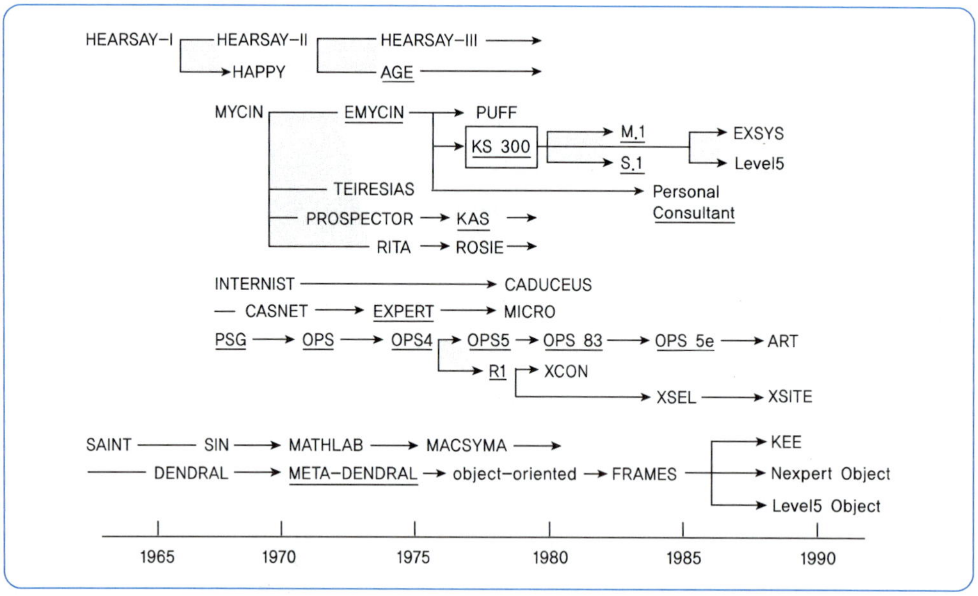

그림 9.2 전문가 시스템의 간단한 역사

9.2. 전문가 시스템의 구조

전문가 시스템의 가장 중요한 두 부분은 지식베이스(knowledge Base)와 추론엔진(Inference Engine) 이다. 이 밖에 지식 습득 모듈과 설명 모듈은 대부분의 전문가 시스템이 갖추고 있는 기본적인 요소이다. 일반적인 전문가 시스템의 구조는 다음 [그림 9.3]과 같다.

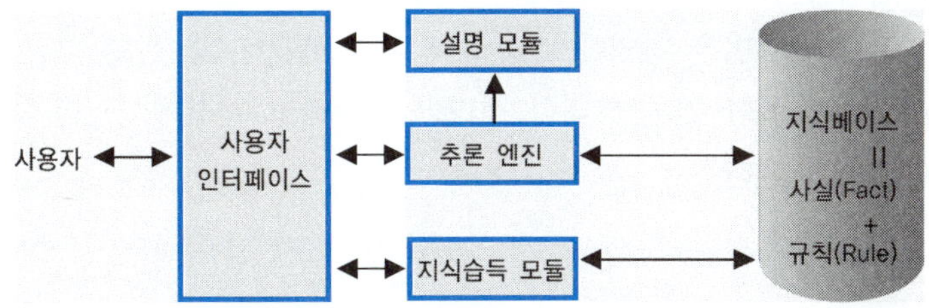

그림 9.3 전문가 시스템의 일반적인 구조

다음은 전문가 시스템의 네 가지 기본 요소들을 살펴보자.

❶ 지식베이스

지식베이스는 문제해결에 필요한 지식들을 가지고 있다. 지식은 2장에서 살펴본 것과 같은 여러 가지 지식 표현 언어로 표현될 수 있으며 대부분 지식은 다음 두 가지 기본적인 형태로 저장된다. 문제 영역의 이론이나 현상을 기술한 사실(Fact) 그리고 문제 해결을 수행하기 위해 필요한 휴리스틱 같은 규칙(Rule)이 그 두 가지 이다.

❷ 추론엔진

추론엔진은 전체적으로 규칙의 수행을 조절하여 결론을 찾는 전문가 시스템의 두뇌와 같은 요소이다. 추론엔진은 어떤 규칙을 수행하기 위하여 그 규칙수행에 필요한 조건을 만족하는 사실을 지식베이스를 탐색하여 찾고 그 규칙을 수행하여 새로운 사실을 얻어낸다. 이러한 추론(Inference)과 논증(Reasoning)에 대해서는 3장에서 자세히 설명하였다.

❸ 지식습득 모듈

지식습득(Knowledge Acquisition)은 문제해결에 필요한 지식을 전문가나 책 등의 지식원(Knowledge Source)으로부터 지식베이스로 옮기는 것이다. 지식습득 작업은 전문가 시스템 개발 과정 중 시간이 가장 많이 걸리는 작업으로 병목(Bottleneck)구간이라고도 한다. 이러한 작업의 능률을 높이기 위하여 지식습득 모듈(Knowledge

Acquisition Module)을 사용한다. 지식습득 작업을 수행하는 사람을 지식공학자(Knowledge Engineer)라 한다. 지식공학자는 특정 영역의 문제해결에 효과적인 지식 표현 방법을 선택하고 전체적인 전문가 시스템 개발 작업에 관여한다.

❹ 설명 모듈

설명(Explanation) 모듈은 결과를 보여주고 왜 그런 데이터가 필요하고 어떻게 그런 결론에 도달했는지 설명해준다. 설명은 사용자의 수준에 맞게 이루어져야 한다. 전문가들은 이해하는 설명을 초보자는 이해하지 못할 수 있다. 또한 설명은 시스템의 논증(Reasoning)과정을 그 시스템의 영역 내에서 설명하여야 한다. 이는 일반적 논증기법은 영역에 비종속적 이기 때문이다. 설명 모듈이 있으면 사용자가 예상하지 못한 결론에 대한 설명이 가능하고 지식베이스의 부족한 부분을 찾는데도 도움이 된다.

9.3. 추론엔진

추론엔진(Inference Engine)은 지식베이스 내의 지식을 사용하여 결론을 찾아내는데 활용된다. 그리고 추론엔진은 지식베이스와 분리되어 있어 지식베이스 내에 어떤 영역의 지식이 저장되어 있더라도 그 지식을 활용할 수 있는 영역 독립적 추론 방식을 사용한다. 이러한 추론엔진은 조정 프로그램(Control Program) 또는 규칙해석기(Rule Interpreter)라고 부르기도 한다.

규칙기반 전문가 시스템에서 추론엔진은 어떤 규칙을 먼저 사용하여 추론을 진행시켜 나가야 되는지를 결정해야 한다. 이때 흔히 사용되는 방식으로 전향추론(Forward Chaining) 방식과 후향추론(Backward Chaining) 방식이 있다.

예를 들어 서울에서 부산까지 버스로 가려고 하는데 서울에서 부산까지 직접 가는 버스가 없다고 하자. 그러면 중간에 버스를 갈아타고 가야 한다. 이때 어느 버스를 어디에서 갈아타야 하는지를 찾는 방법에 두 가지가 있을 수 있다. 첫 번째 방식은 서울에서 출발하는 모든 버스를 알아보고 이들이 도착하는 도시가 어디인지를 조사한다. 그리고 각 도착지에서 출발하는 모든 버스를 또 조사하여 그들의 도착지를 알아낸다. 그렇게 하여 도착지가 부산인 버스노선을 찾아서 연결하면 서울에서부터 부산까지 연결되는 버스노선을 다 찾을 수 있다.

[그림 9.4]에서 보면 서울에서 출발하는 버스는 속초, 경주, 대전에 도착하고 다시 속초에서는 대구, 대전에서는 광주 그리고 경주에서는 대구와 광주로 가는 버스가 있다. 끝

으로 대구에서 부산가는 버스가 있다. 따라서 서울에서 부산까지 갈 수 있는 버스노선은 서울, 속초, 대구 부산으로 연결되는 것이다. 이처럼 출발지에서부터 시작하여 목적지 방향으로 체인을 형성하는 방식의 추론이 전향추론이다.

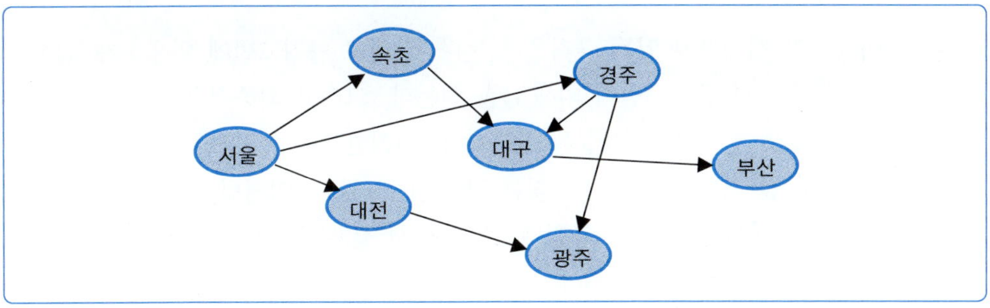

그림 9.4 서울에서 부산까지의 가장 버스 노선

두 번째 방식인 후향추론은 전향추론과 비슷하나 추론 방향이 반대이다. 즉 목적지인 부산에서부터 거꾸로 출발지인 서울로 찾아오는 방식이다. 따라서 목적지인 부산에 도착하는 모든 버스의 출발지를 찾고 그 출발지에 도착하는 모든 버스의 출발지를 또 찾는다. 이렇게 하여 최초의 출발지인 서울이 찾아질 때 까지 반복하여 결국에는 전향추론과 같은 서울, 속초, 대구, 부산으로 연결되는 버스노선을 찾는 것이다. 이러한 전향추론과 후향추론에 대하여 좀 더 자세히 살펴보기로 하자.

9.3.1 전향추론

전향추론은 데이터 지향(Data-Driven)방식 이라 한다. 즉 알고 있는 사실로 부터 결론을 얻어 새로운 추론에 사용한다. 예를 들어 다음과 같은 규칙이 있다고 하자.

- 규칙 1 : IF A and B THEN C
- 규칙 2 : IF C and B THEN F
- 규칙 3 : IF E and F THEN D
- 규칙 4 : IF E THEN B
- 규칙 5 : IF D THEN G

그리고 현재 우리가 알고 있는 사실은 A와 E가 '참'이다는 것이다. 이로부터 결론 G가 참이다는 사실을 알아내기 위해 전향추론 방식을 사용하면 먼저 우리가 알고 있는 사실을 가지고 규칙의 전제를 만족시킬 수 있는 규칙이 있는지를 찾는다. 이때 우리가 알고 있는 사실이 A와 E 두 가지 이므로 차례대로 (A먼저) 보기로 하자. 이제 A가 전제부에 오는 규칙을 먼저 찾는다. 규칙1의 전제 부에 A가 있다. 그러나 규칙 1의 결론인 C를 얻기 위해서는 B가 참이라는 사실도 알아야 한다. 하지만 현재 B가 참이라는 사실은 모르고 있다.

따라서 B를 결론부에 갖는 규칙이 있는지를 찾아본다. 규칙 4번이 결론부에 B를 가지고 있다. 그리고 규칙 4번의 전제부에 있는 E가 참이다 는 사실은 이미 알고 있다. 따라서 규칙 4번으로부터 B가 참임을 알게 되어 규칙 1번의 전제부인 A와 B가 '참'이다 는 것을 알게 되어 새로운 사실 C가 참이다 는 결론을 얻을 수 있다.

이제 C가 전제부에 있는 규칙을 찾는다. 그리고 규칙 2번에 의해 F가 '참'이다 는 사실을 알고, 다시 규칙 3번에 의해 D를 얻는다. 그리고 최종적으로 규칙 5번에 의해 최종 목표인 G가 참이다 는 사실을 알아낸다. 이러한 과정은 [그림 9.5]에서 보는 것처럼 규칙의 전제부를 먼저 보고 결론을 찾는 것을 알 수 있다. 이처럼 추론의 방향이 우리가 알고 있는 사실에서 시작하여, 규칙의 전제부에서 결론부로 연결되어, 최종결론에 이르는 추론 방식이 전향추론이다.

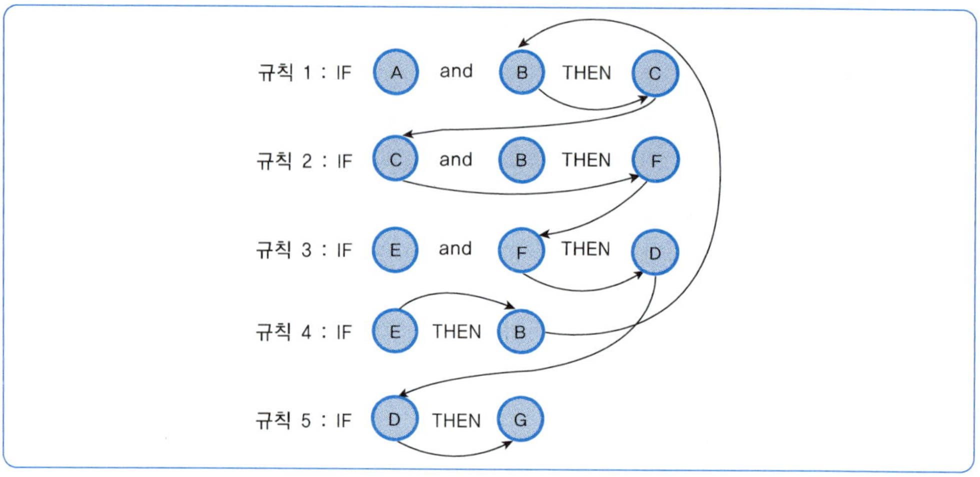

그림 9.5 전향추론 과정

9.3.2 후향추론

후향추론은 목적지향(Goal-Driven) 추론 방식이다. 즉, 우리가 원하는 결론부터 참이라고 가정하고 그 결론을 만족 시킬 수 있는 규칙의 전제부를 찾는다. 예를 들어 전향추론에서와 같은 규칙을 사용하고 처음에 알고 있는 사실도 A와 E로 같다고 하자. 그리고 최종 결론인 G가 참임을 후향추론에 의해 알아내는 과정을 살펴보자.

후향추론에서는 최종 결론인 G에서부터 추론을 시작한다. 따라서 G를 결론부에 갖고 있는 규칙을 찾는다. 그리고 규칙 5번에 의해 G를 생성하려면 D가 참인 사실을 알아야 한다. 하지만 우리는 아직 D가 참이다는 것을 알지 못 한다. 따라서 D를 결론부에 가지고 있는 규칙인 규칙 3번을 찾는다. 규칙 3번은 E와 F가 전제부에 있다. 그러나 현재 우리가 알고 있는 사실은 A와 E뿐이다. 따라서 F가 참임을 알아야 하고, 이를 위하여 규칙 2번을 사용한다. 규칙 2번은 C와 B를 알아야 F가 참이 다는 결론을 내릴 수 있다. C와 B는 규칙 1번과 규칙 4번의 결론부에 있다. 그리고 우리는 E가 참이라는 사실을 알고 있음으로 규칙 4번에 의해 B가 참이라는 사실을 알게 된다. 그러면 규칙 1번의 전제부를 만족시킬 수 있게 되어 C를 얻고 규칙 2번을 이용하여 F가 참이 다는 사실을 알게 된다. F가 참임을 알면 규칙 3번에서 D를 알게 되고 끝으로 규칙 5번의 전제부를 만족시킬 수 있게 되어 최종 결론인 G가 참임을 알 수 있게 된다.

이상에서 알 수 있듯이 전향추론은 추론과정에서 필요 없는 사실도 생성해 낼 가능성이 많다. 하지만 후향추론은 추론에 필요한 사실만을 요구하기 때문에 필요 없는 사실은 생성하지 않아도 된다. 예를 들어 의사가 환자를 진찰할 때 환자의 질병치료에 필요한 것만 물어보고 그 환자의 질병과 관련이 없는 사실들은 묻지 않는 것과 같다. 따라서 추론의 방향은 문제의 성격에 따라 달리 선택하여야 하지만 대부분 결론이 여러 가지로 많은 경우에는 전향추론이 좋고 결론이 소수인 경우에는 후향추론이 더 효율적이다. 다음은 또 다른 형태의 추론을 이용하는 모델기반 논증과 사례기반 논증에 대하여 간단히 알아보기로 한다.

9.3.3 모델 기반 논증

모델 기반 논증(Model-Based Reasoning)은 전문가 시스템을 적용할 대상의 구조나 행동에 관한 지식을 기반으로 이루어진다. 따라서 모델 기반 논증은 장치(Equipment)의 고장진단에 효과적으로 사용될 수 있다. 즉, 어떤 장치의 구조나 행동이 모델로 만들어져 있으면 현 상태에 대한 진단을 모델로부터 신속히 알아낼 수 있다. NASA에서 우주왕복선의 고장진단에 모델기반 전문가 시스템을 사용하였다[Fulton&Pepe90]. 이 시스템은 우주왕복선에 부착된 여러 개의 센서로부터 정보를 받아 모델에 의한 시뮬레이션을 수행하여 즉각적인 예상 결과를 보여준다. 모델 기반 논증은 규칙으로 표현되는 전문가의 지식보다는 모델로 표현되는 대상의 구조나 행동을 이용하여 논증을 수행한다. 따라서 이러한 작업은 규칙기반 시스템이 수행하기 어려운 작업이다.

9.3.4 사례 기반 논증

사례 기반 논증(Case-Based Reasoning)은 새로운 문제를 해결하는데 예전의 사례를 활용하는 논증 기법이다. 예를 들어 판사들이 판결을 내릴 때 기존의 판례를 참고하는 것과 같은 것이다. 따라서 컴퓨터에 수 많은 사례를 어떻게 효율적으로 저장하고 유사한 사례를 신속하게 검색 하는 것인지 중요한 문제이다.

사례는 여러 가지 방식으로 표현될 수 있다. 2장에서 살펴본 프레임, 개념그래프, 스크립트 등도 사례를 표현하는데 유용하게 사용될 수 있다. 예를 들어 식당 스크립트가 있으면 식당 안에서 일어나는 일들을 일일이 추론하지 않아도 식당 스크립트에서 바로 알아낼 수 있다. 따라서 시스템 내에 스크립트가 많으면 많을수록 시스템은 추론을 적게 수행하고도 필요한 내용은 쉽게 알아낼 수 있다.

사례기반 논증은 영역지식을 규칙으로 형식화하기 어렵거나 영역지식의 변화가 빈번할 때 또는 과거의 경험이나 자료가 문제 해결에 크게 도움이 될 때 사용하면 효과적이다. 사례기반 논증을 사용하면 지식베이스를 쉽고 간단하게 구축할 수 있으며 완벽하게 형식화된 영역 지식을 필요로 하지 않는다. 또한 사례를 이용하면 여러 규칙을 사용하는 것보다 (설명 모듈에서)설명을 쉽게 할 수 있는 등의 장점이 있다.

9.4. 전문가 시스템의 개발 절차

전문가 시스템도 일종의 소프트웨어이므로 전문가 시스템 개발 과정을 소프트웨어 개발과정과 유사하게 생각할 수 있다. 이러한 개발 과정을 거치는 것은 정해진 비용과 시간 내에서 원하는 시스템을 체계적으로 개발해 내기 위한 것이다. 개발 하고자 하는 전문가 시스템이 복잡한 것인가 또는 간단한 것인가에 따라 거치는 개발 과정이 달라질 수는 있다. 여기서는 일반적인 전문가 시스템 개발 과정을 설명한다[그림 9.6].

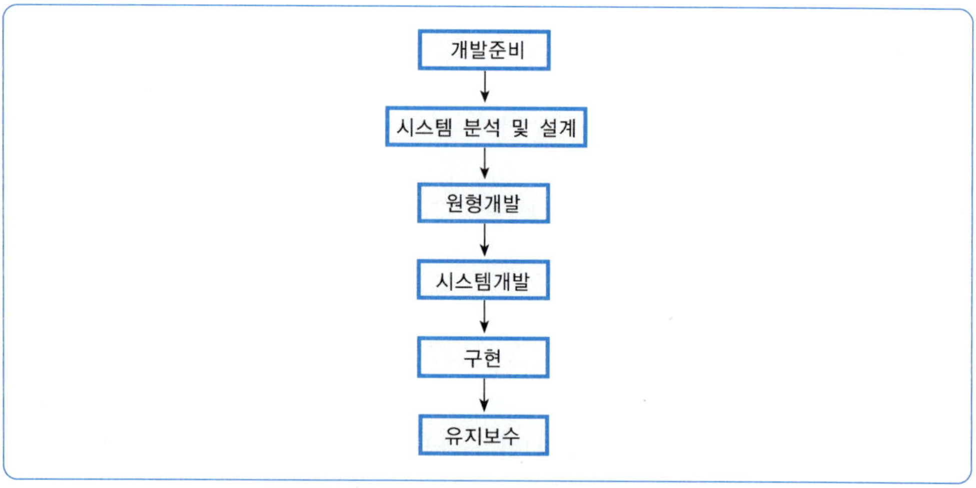

그림 9.6 일반적인 전문가 시스템 개발 과정

9.4.1 개발 준비 단계

개발 준비 단계에서는 문제를 정의하고, 현재 필요한 것이 무엇인지를 명확히 하고, 전문가 시스템이 아닌 다른 방법으로 현재의 문제를 해결할 수 있는 방법이 있는지 알아본다. 그리고 현재의 문제가 전문가 시스템 개발을 통해서 해결 되어야만 되는 이유를 밝히고 전문가 시스템의 개발이나 관리에 필요한 여러 가지 사항(e.g., 개발자금 조달, 개발되는 시스템의 법적 저촉여부 등)을 검토한다. 개발 준비 단계의 가장 중요한 결과는 전문가 시스템의 개발 승인을 얻어 내는 것이다. 전문가 시스템 개발을 정당화하기 위해서는 다음 사항 중 하나 이상을 만족 하여야 한다.

- 전문가 시스템을 사용하면 현재보다 비용을 크게 줄일 수 있다.
- 전문가가 여러 곳에서 필요하다.
- 작업환경이 위험하여 사람이 작업을 수행하기에 부적절하다.
- 전문가 시스템을 만들면 그 분야 소수의 전문가들이 가지고 있는 전문지식을 보존할 수 있다.
- 전문가 시스템을 사용하면 작업능률이나 질이 향상된다.
- 개발되는 전문가 시스템을 교육용으로 사용할 수 있다.
- 개발되는 전문가 시스템이 사람보다 작업을 빨리 수행한다.
- 개발되는 전문가 시스템이 사람보다 정확하고 일관성 있게 작업을 수행한다.

그리고 Waterman은 전문가 시스템은 문제가 기호로 표현될 수 있고, 문제해결을 위한 휴리스틱이 존재하여야 하며, 사람에게 너무 쉽거나 너무 어렵지 않아야 하며, 실용적 가치가 있을 때 개발하는 것이 좋다고 지적하였다[Waterman85].

9.4.2 시스템 분석 및 설계 단계

시스템 분석 및 설계 단계에서는 전문가 시스템을 만들기 위한 실제 작업을 시작한다. 즉, 어떤 시스템을 만들 것인지에 대한 개념적인 설계를 하고 개발 전략을 수립한다. 그리고 컴퓨터 자원이나 지식의 조달문제 등을 점검하고 경제적, 기술적 구현 타당성을 살펴본다. 또한 전문가 시스템을 만드는 것이 경제적으로 이득이 되는지도 검토한다.

개념적 설계(Conceptual Design)는 집을 지을 때 어떤 구조로 지을지 구조적 스케치를 하는 것과 같다. 따라서 개념적 설계를 끝내고 나면 개발되는 전문가 시스템이 어떤 구조를 가지고 어떻게 작동할 지에 대한 윤곽을 파악할 수 있게 된다. 전문가 시스템 개발에 사용할 지식은 크게 구분하여 문서화된 지식(Documented Knowledge)과 문서화되지 않은 지식으로 나눌 수 있다. 문서화된 지식은 책이나 데이터베이스 그리고 그림이나 영화, 녹음이나 녹화기록 등에 있는 지식을 말하여 문서화되지 않은 지식은 전문가(Human

Expert)들로부터 얻을 수 있다.

전문가 시스템 개발에 사용될 컴퓨터 하드웨어와 소프트웨어도 결정하여야 한다. 하드웨어는 메인 프레임(Mainframe) 시스템을 사용할 것인지 아니면 개인용 컴퓨터를 사용할 것인지 또는 LISP 기계와 같은 특수 컴퓨터를 사용할 것인지를 결정한다. 또한 소프트웨어는 프로그래밍 언어를 사용하여 개발할 것인지 아니면 전문가 시스템 개발도구를 사용할 것인지도 결정한다. 전문가 시스템의 개발은 이를 사용하고자 하는 조직에서 스스로 개발할 수 도 있고 외부개발자로 하여금 개발하게 할 수도 있다. 또한, 대학이나 연구소에 용역을 맡기거나 전문가 시스템 개발회사에 투자하여 함께 개발하는 방법이 있다.

타당성 조사에는 경제적 타당성과 기술적 타당성 그리고 전문가 시스템이 개발된 후 잘 운영될 수 있을 것인지에 대한 검토를 한다. 즉, 시스템 개발과 유지보수에 소요되는 비용은 어떻게 조달할 것이며 개발 후 이익은 어느 정도 인지를 알아본다. 기술적으로는 어떤 인터페이스를 요구하는지(e.g., 자연어를 이용한 대화), 필요한 하드웨어나 소프트웨어 그리고 지식은 사용 가능한지 등을 알아본다. 끝으로 시스템 개발 후 유지보수나 운영상 문제점은 없는지도 검토한다. 이때는 사용자가 속해 있는 조직이나 환경 등도 고려한다.

9.4.3 원형 개발 단계

원형(Prototype)은 기본적인 기능만을 갖춘 간단한 시스템이다. 규칙 기반 시스템인 경우 원형 시스템은 적은 수의 규칙만을 갖고 있을 수 있다. 이러한 원형은 전문가 시스템 개발도구를 가지고 단 시간 내에 만들어서 최종 시스템의 형태를 미리 보고 발생 가능한 오류나 문제점 등을 예측해 보는데 유용하게 활용된다. [그림 9.7]은 일반적인 원형 개발 과정을 보인 것이다.

[그림 9.7]에서 보듯이 원형 시스템 설계와 실험용 지식 베이스 구축이 끝나면 모의 사례를 이용하여 시스템을 시험해 본다. 시험 결과는 전문가들이나 최종적으로 개발될 시스템을 사용할 사용자들에 의해 검토된다. 검토 결과 개선할 점이 있으면 시스템 개선 후 다시 평가를 수행한다. 이러한 과정은 반복되다가 더 이상 개선이 필요 없으면 원형 시스템을 완성한다. 전문가 시스템을 개발 할 때 원형을 사용하면 얻을 수 있는 장점 몇 가지를 살펴보면 다음과 같다.

- 원형을 이용하여 시연을 보이면 관리자나 시스템 발주자들의 관심을 끌 수 있다.
- 원형을 이용하여 지식 표현이나 지식 베이스 구축의 효율성을 시험해 볼 수 있다.
- 최종적으로 개발 될 시스템의 형태를 사용자에게 미리 보여 줄 수 있다.
- 사용자, 전문가, 관리자 등 관련된 사람들의 의견을 최종 시스템 개발에 미리 반영

할 수 있다.

- 전문가 시스템의 성능을 미리 보여 줄 수 있다.
- 원형을 이용하여 시스템 작동 여부를 시험해 볼 수 있다.

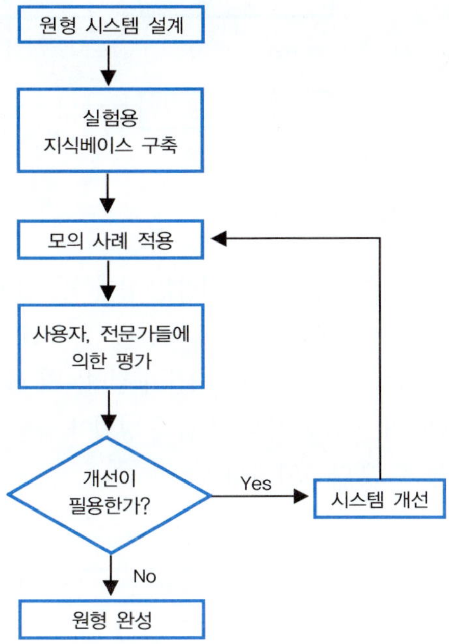

그림 9.7 일반적인 원형 개발 과정

9.4.4 시스템 개발 단계

시스템 개발 단계에서는 지식베이스를 구축하고 실험과 평가를 거쳐 개선하여 간다. 그리고 지식베이스 인터페이스나 사용자 인터페이스를 만들고 여러 구성 요소를 통합하여 완전한 시스템을 구성한다. 지식베이스를 구축하기 위해서는 전문가나 문서와 같은 지식원으로 부터 지식을 습득하여 적절한 형태로 컴퓨터에 저장하여야 한다. 여러 가지 지식표현 기법은 2장에서 설명하였다. [그림 9.8]은 지식베이스를 구축하는 간단한 과정을 보인 것이다.

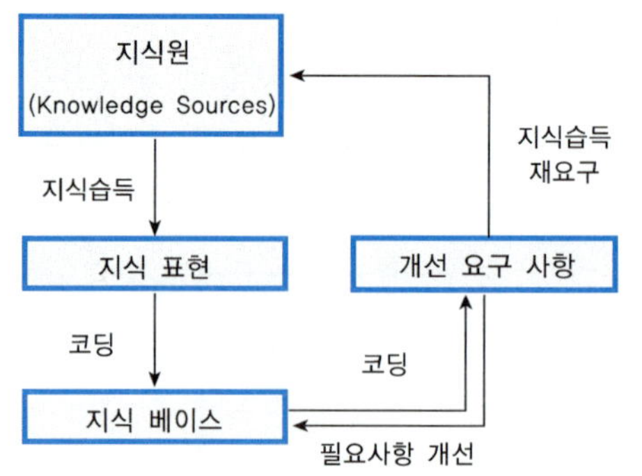

그림 9.8 간단한 지식베이스 구축 과정

전문가로부터 지식을 습득하는 것은 사람을 상대하는 일 이므로 여러 가지 어려운 점이 많다. 또한 문서로부터 지식을 습득하는 것도 시간이 많이 걸리는 일이다. (의학 전문가가 아닌 사람이 의학 지식을 습득하는데 얼마나 시간이 걸리는지 상상해보자.) 이러한 지식 습득의 어려움을 해결하기 위하여 여러 가지 지식 습득 방법이 사용되고 있으며 다음과 같은 세 가지 방법으로 크게 나눌 수 있다[그림 9.9].

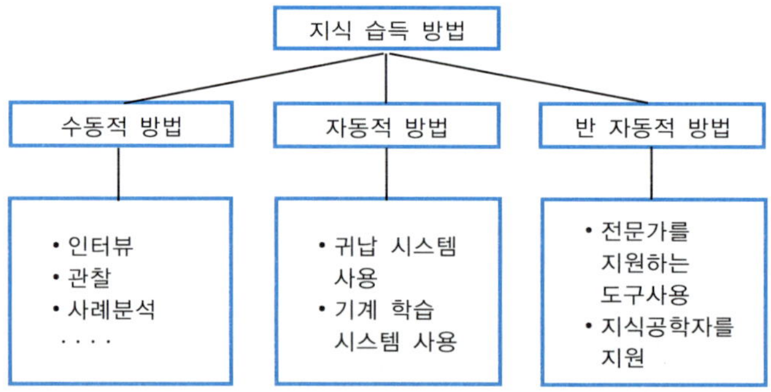

그림 9.9 지식 습득 방법

수동적 지식 습득 방법은 지식 공학자(Knowledge Engineer)가 지식원으로부터 지식을 습득하여 지식베이스를 구축한다. 이러한 방법으로는 전문가와 인터뷰를 통하여 지식을 습득하는 방법, 전문가의 작업을 관찰하여 지식을 습득하는 방법, 사례분석을 통하여 지식을 습득하는 방법 등 여러 가지가 있다. 자동적 지식 습득 방법은 지식공학자나 전문가가 관여하지 않고 지식 습득 시스템이 과거의 데이터나 예제로부터 자동적으로 지식을 습득하는 방법(e.g., 데이터로부터 규칙의 자동생성)이다. 반 자동적 지식습득 방법은 전문가나 지식 공학자가 여러 가지 도구(e.g., 지식베이스 에디터)의 도움을 받아 지식베이스를 구축하는 방법이다.

9.4.5 구현 단계

9

구현(Implementation) 단계에서는 개발된 시스템을 사용할 조직에 들여와서 잘 운영되도록 하는데 관련된 여러 작업을 수행한다. 따라서 구현이 성공적으로 끝나야 전문가 시스템 개발의 효과가 나타나는 것이다. 우선 구현이 잘 되려면 사용자가 개발된 시스템을 받아들여야 한다. 시스템이 잘 개발된(만들어진)것과 사용자가 받아들이는 것은 별개일 수 있다. 이는 새로운 시스템이 어떤 조직에 도입될 때는 기술적 요인 외에 심리적 요인 등 다른 여러 가지 요인들이 개입될 수 있기 때문이다. 시연을 행하여 사용자로 하여금 신뢰감을 갖을 수 있도록 하는 것은 사용자로 하여금 새로운 시스템을 안심하고 받아들이도록 하는 좋은 방법이다.

구현 과정에서 현장검증(Field Test)은 필수적이다. 이는 시스템을 개발한 환경과 실제 시스템이 사용될 환경은 다르기 때문이다. 먼저 네트워크나 하드웨어가 다를 수 있다. 하드웨어가 다르면 처리속도나 기억용량 등이 달라 시스템 성능에 영향을 미칠 수 있다. 또한 시스템을 실제로 사용하는 사람이 다르다. 실험실에서 개발자가 시스템을 사용할 때와 현장에서 사용자가 시스템을 사용할 때 서로 다른 사람의 특성 때문에 시스템의 효율이 달라 질 수 있다. 그리고 실제로 사용하는 사례가 다를 수 있다. 실험실에서 테스트용 사례 데이터를 사용하는 것과 현장에서 실제 업무를 수행하는 것은 큰 차이가 있을 수 있다. 이러한 것들을 감안하여 현장에 시스템 구현이 끝나기 전에 반드시 현장검증을 완료 하여야 한다. 현장 검증 후에도 즉 시스템 구현이 끝난 다음에도 약 6개월 정도는 기존의 방법과 병행하여 개발된 시스템을 함께 사용하는 것이 좋다.

개발된 시스템이 독립적으로 운영될 것인지, 다른 시스템과 함께 통합되어 사용될 것인지, 베치모드로 사용되는지 아니면 대화식으로 사용되는지, 24시간 서비스 되어야 하는지 등 여러 가지가 구현 단계에서 고려되어야 한다. 이러한 여러 가지 조건에 따라 개발자는 사용자에게 시스템을 설명하고 필요한 교육을 시행하여야 한다.

시스템 관련 사항을 문서화(Documentation)하는 것은 구현 단계의 중요한 작업 중의 하나이다. 문서화는 온라인이나 오프라인(메뉴얼)으로 할 수 있으며 사용자를 위한 것과 시스템 관리자를 위한 것 등 여러 등급으로 만들 수 있다. 이 밖에도 시스템 보안 문제 등 여러 가지를 고려하여 개발된 전문가 시스템이 조직 내에서 잘 받아들여지고 잘 운영될 수 있도록 하여야 한다.

9.4.6 유지보수 단계

유지보수 단계에서는 시스템 운영, 시스템 관리, 시스템 평가 및 보수(확장) 등의 작업을 수행하게 된다. 시스템 운영을 위해서는 운영 팀이 구성 되어야 하고 적절한 교육이 이루어져야 한다. 시스템 관리는 운영상의 문제점을 해결하는 것 외에도 지식베이스의 내용이 바뀌는 것에도 신속히 대응할 수 있어야 한다. 시스템 확장은 관리자나 사용자 그리고 개발자 등에 의해 가능하다.

시스템 평가는 주기적으로 이루어져야 할 필요가 있다. 시스템 평가 시에는 시스템이 모든 사용자에게 제공되고 있는지, 사용자들이 좋아하고 있는지, 시스템 사용으로 얻은 이득이 시스템 유지비용 보다 큰지, 지식베이스 내용이 항상 최신 내용을 유지하고 있는지 등을 잘 확인하여야 한다.

9.5. 전문가 시스템의 실행 예

본 절에서는 간단한 전문가 시스템의 실행 예를 보인다. 예로 사용하는 전문가 시스템은 EXSYS라는 전문가 시스템 개발 도구를 사용하여 만든 규칙기반(Rule-Based) 전문가 시스템으로 중고 자동차를 구매할 때 자동차에 관한 지식이 없는 사람이 도움을 받을 수 있는 시스템이다. 다음 [그림 9.10]은 전문가 시스템의 첫 번째 질문(차를 사는데 사용할 수 있는 최대 비용은 얼마인가?)에 답하는 것을 보여준다.

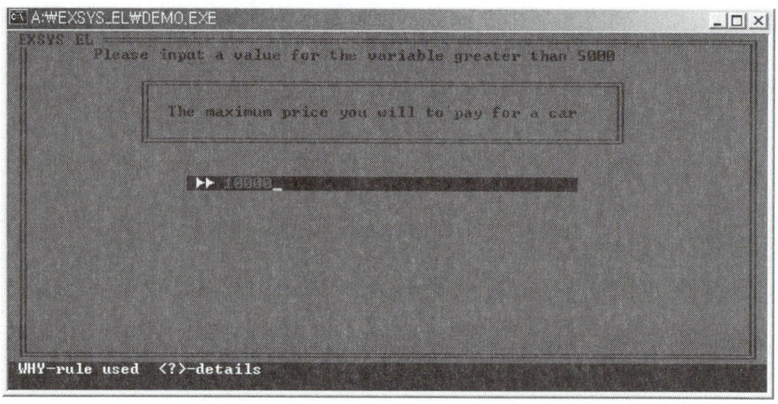

그림 9.10 첫 번째 질문

[그림 9.11]은 사용자가 전문가 시스템에게 WHY라는 질문을 했을 때 시스템 내에 있는 규칙을 보여 주어 그 이유를 설명해 주는 예이다. 즉, 사용자가 지불할 수 있는 최대 비용이 자동차(여기서는 SABB) 값 보다 작으면 그 자동차를 살 수 없는 것이다.

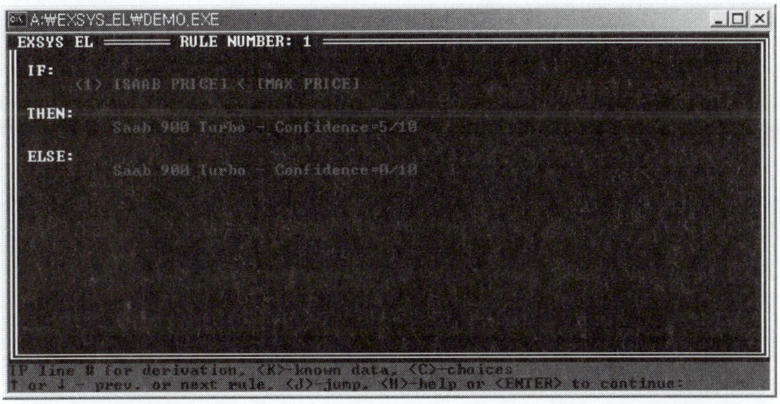

그림 9.11 사용자 질문에 대한 시스템의 설명

[그림 9.12]는 전문가 시스템의 또 다른 질문(안전장치의 필요성 여부를 물음)에 답하는 것을 보여준다.

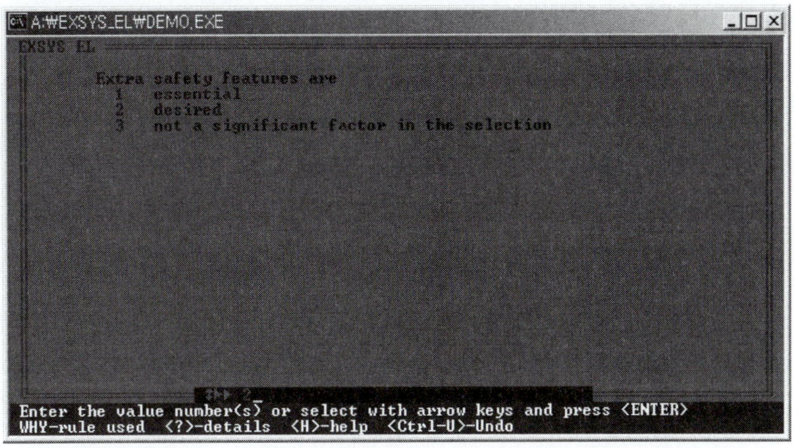

그림 9.12 안전장치의 필요성 여부에 대한 질문

이와 같이 하여 필요한 질문에 대한 답을 다 얻으면 시스템은 최종적으로 사용자의 요구조건에 가장 적당한 자동차를 [그림 9.13]과 같이 선택하여 준다.

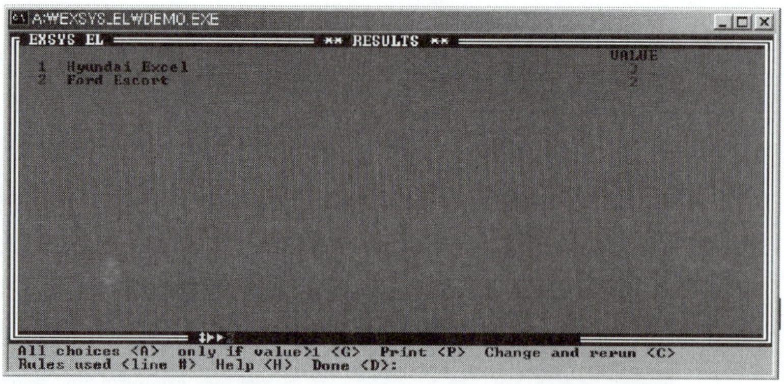

그림 9.13 시스템의 최종 결론

이때 값(Value)이 3으로 가장 높은 것(HYUNDAI EXCEL)이 순위가 가장 높게 제시된 것을 알 수 있다. [그림 9.14]는 [그림 9.13]과 같은 결론을 내리기 위하여 사용자로부터 얻은 정보를 모두 보여주는 화면이다. 이러한 내용을 보고 필요에 따라 사용자는 특정 번호를 지정하여 그 내용을 수정할 수도 있다.

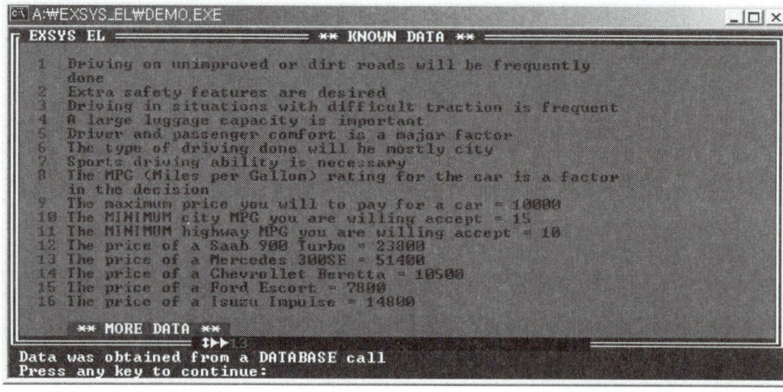

그림 9.14 시스템이 사용자로부터 습득한 정보

9.6. 전문가 시스템의 특성 및 개발 도구

본 장에서는 전문가 시스템이 전통적인 프로그램과 어떻게 다른지 그 특성과 장점을 알아보고 전문가 시스템 개발 도구에는 어떤 것들이 있는지 살펴본다.

9.6.1 전문가 시스템의 특성

다음은 전문가 시스템이 전통적인 프로그램에 비하여 가지고 있는 특성 몇 가지를 나열한 것이다.

- 지식베이스와 추론엔진이 분리되어 있다.
  전통적인 컴퓨터 프로그램은 데이터와 프로그램이 하나로 구성되어 있어서 프로그램의 수정이 불편하지만 전문가 시스템을 새로운 지식의 추가 시 추론엔진 부분은 수정하지 않아도 된다.
- 설명 기능이 있다.
  전문가 시스템이 내린 결론에 대하여 사용자가 그 이유를 물으면 결과의 추론 과정을 보여준다.
- 부족한 정보나 지식을 가지고도 작동할 수 있다.
  충분한 데이터 없이도 어떤 결과를 도출한다. 전통적인 컴퓨터 프로그램은 완전한 데이터가 다 있어야 수행된다.
- 주로 휴리스틱을 많이 사용한다.
  전통적인 프로그램이 데이터를 주로 사용하는데 반하여 전문가 시스템은 지식을 주로 사용한다.
- 전문가 시스템은 다음과 같은 장점을 가지고
  - 전문가 시스템은 사람보다 일의 속도가 빠르다.
  - 전문가 시스템은 오류 없이 작업을 수행하여 작업의 질을 높일 수 있다.
  - 시스템을 감시하고 사전에 조치를 취할 수 있게 하여 시스템이 멈추는 시간을 줄일 수 있다.
  - 특정 전문가의 지식(Know-how)을 잘 보존할 수 있다.
    (전문가가 퇴직하면 그가 보유한 전문지식도 함께 없어질 수 있다.)
  - 위험한 지역이나 산간벽지에서도 일할 수 있다.
    (핵발전소의 오작동 검사 시스템이나 산간벽지의 의료진단 시스템 등)
  - 신뢰성이 높다.
    (컴퓨터는 지루해 하거나 피곤해 하지 않고 24시간 일할 수 있다. 또한 감정이 개입되지도 않고 비밀 누설의 염려도 없다.)
  - 여러 곳에서 일할 수 있다. 복사가 쉽다.
    (한 번 개발된 시스템은 단시간 내에 복사되어 여러 곳에서 동시에 일 할 수 있다.)
  - 비용을 절감할 수 있다.
    (위에 열거한 모든 장점들로 인하여 전문가 시스템을 사용하는 기관의 경비를 대 폭 절감할 수 있다.)

- 설명 기능이 있다.
  (추론 과정에 대한 설명이 가능하여 결론에 대한 신뢰성을 증가시킨다. 또한 설명 기능을 이용하여 교사와 같은 기능을 할 수 있다.)

9.6.2 전문가 시스템의 개발 도구

전문가 시스템 개발에 사용되는 도구(Tool)에는 여러 가지가 있다. 여기서는 이러한 도구를 프로그래밍 언어, 지원 도구(Support Tool), 쉘(Shell) 세 가지로 세분하여 설명한다. 이들의 구분이 모호하기도 하지만 다음과 같이 구분한다.

- **프로그래밍 언어**

  우리가 일반적으로 알고 있는 프로그래밍 언어를 말한다. 전문가 시스템은 다른 프로그램과 같이 프로그래밍 언어만으로 구축할 수 있다. 여러 가지 프로그래밍 언어 중 어떤 것을 선택하느냐에 따라 개발시간, 편리성, 효율 등이 달라진다. 인공지능 시스템 개발에는 LISP이나 PROLOG등이 많이 사용되고 요즘에는 C나 C++등 다른 언어도 사용되고 있다.

- **지원 도구**(Support Tool)

  지원 도구는 언어보다는 전문가 시스템 개발에 도움이 되는 유틸리티 프로그램(Utility Program)을 말한다. 전문가 시스템 개발 도구(지원 도구)는 디버거, 그래픽 편집기, 파일 관리기 등 여러 가지가 있으며 전문가 시스템의 여러 구성 요소(e.g., 지식베이스)들을 만드는데 활용될 수 있다. 또한 지식 습득 및 검증이나 다른 소프트웨어와의 인터페이스 구축 등에도 유용하게 사용할 수 있다. 지원 도구에는 AGE, TEIRESIAS, ROGET, SEEK 등이 있다.

- **쉘**(Shell)

  쉘은 특수형태의 전문가 시스템 개발 도구라고 할 수 있다. 쉘을 간단히 말하면 완전한 전문가 시스템에서 지식 베이스 내용만이 없는 것을 말한다. 즉 쉘을 사용하여 전문가 시스템을 구축하려면 지식 베이스만 만들어 주면 된다. EMYCIN(Empty MYCIN)은 하나의 좋은 예이다. EMYCIN은 전문가 시스템인 MYCIN에서 의학 지식 베이스를 제거한 것인데 여기에 다른 지식 베이스를 넣어 주면 또 다른 전문가 시스템이 만들어 진다. 따라서 쉘을 사용하면 일반적인 전문가 시스템의 구성 요소인 인터페이스나 추론엔진 등을 다시 만들지 않아도 된다. 규칙기반 쉘의 예로 EXSYS, VP, Expert, Level 5, Guru, NEXPERT, ESE, ADS, TIMM 등 여러 가지가 있다.

제 작 사	제 품
Computer Associate	CA-DB:Expert/VAX, CA-DB Expert/Voice
Computer-Aided KE Systems	Knowledge Analysis Tool Knowledge Quest
Emerald Intelligence	Diagnostic Advisor, Mahogany Helpdesk, Magellan
Expert Systems International	ESP Frame Engine
Experteligence	Action
Exsys, Inc	EXSYS EL, EXSYS Professional
Firstmark Technologies	Knowledge Seeker
Gensym Corp.	G2
Ginesys Corp.	K-Base Corporate, K-Base Builder, K-Induction
Gold Hill, Inc	GoldWorks II
The Haley Enterprise	Eclipse DOS Developer's Edition, Eclipse Toolkit
IBM Corp	TIRS, ESE, AD/Cycl
Inference Engine Technologies	Sienna OPS
Inference Corp	ART, ART-IM, CBR Express, Xi Plus
Information Engineering System	USER:Expert System, IE-Expert
Information Builders	Level5, Level5 Object
Integrated Systems	RT/Expert
IntelliCorp	KEE, ProKappa, Kappa P
Intelligence Ware, Inc	IXL, Auto-Intelligence
Intelligent Environments, Inc	CRYSTAL, CRYSTAL Induction
Intellipro, Inc	OPS-2000
Jordan-Webb Info Systems	EXSYS
KDS Corp	KDS, KDS/VOX
Knowledge Garden	KnowledgePro
Logicware, Inc	Twaice
M.I.S. International	Consult-I
Micro Data Base System	Guru, Guru Solver
Mystech Assoc	AURORA
Neuron Dat	Nexpert Object, NEXTRA
Norrad	NetLink+
Oxko	Inducprl, Maingen
Paperback Software	VP Expert
Park Row Software, Inc	Easy Exper

그림 9.15 몇 가지 전문가 시스템 개발 도구들

이 밖에도 ART, KEE, KBMS, Nexpert Object, Level 5 Object, Keystone 등 여러 가지 도구가 있으며 이들은 위에서 설명한 프로그래밍 언어나 지원도구 그리고 쉘의 특성을 두 가지 이상 가지고 있는 도구들이다. [그림 9.15]는 전문가 시스템 개발에 활용할 수 있는 대표적인 도구들을 몇 개 나열한 것이다.

전문가 시스템을 프로그래밍 언어만 가지고 처음부터 개발한다면 어려운 점이 많을 것이다. 하지만 지원도구나 쉘을 사용하더라도 모든 전문가 시스템을 쉽게 만들 수 있는 것은 아니다. 이런 지원 도구나 쉘은 일반적으로 표준이 없으며 특정의 전문가 시스템을 만들 때는 잘 맞지 않은 경우도 많다. 따라서 앞에서 설명한 세 가지 종류의 도구를 적절히 혼합하여 사용하는 것도 좋은 방법이다.

연습문제

1 전문가 시스템의 응용분야를 세 가지 선정하여 자세히 설명하시오.

2 전문가 시스템의 일반적인 구조를 설명하시오.

3 사례기반 논증의 장점을 말하시오.

4 후향추론이 전향추론보다 효율적인 경우의 예를 들어 설명하시오.

5 일반적인 전문가 시스템의 개발절차를 설명하시오.

6 원형(Prototype)을 개발하는 이유를 설명하시오.

7 지식 습득 방법을 크게 세 가지로 나누고 각각의 예를 하나씩 들어 설명하시오.

8 전문가 시스템의 특성을 세 가지 이상 설명하시오.

9 전문가 시스템의 장점을 다섯 가지 이상 설명하시오.

10 전문가 시스템의 개발 도구를 세 가지로 나누어 설명하시오.

11 여행안내 전문가 시스템을 개발하려고 한다. 여행을 안내하는 일이 전문가 시스템으로 만들어 수행하기에 적당한 문제인지 논의하시오. 그리고 전문가 시스템을 만든다면 필요한 전문지식을 어떻게 수집할 것인지 논의하시오.

12 우리의 생활 주변에서 전문가 시스템을 만들어 사용하면 좋을 것 같은 문제를 찾아보시오.

13 학교에서 사용할 수 있는 전문가 시스템을 하나 만드시오.

14 실제 사용되고 있는 전문가 시스템 세 가지를 찾아 그들의 운영 상황을 조사하시오.

10 자연어 처리

증기기관이 인간의 손과 발을 대신하던 산업사회와는 달리 컴퓨터가 인간의 두뇌를 대신하는 정보사회에서는 경제적 기반도 예전의 상품생산이나 판매에서 지식과 정보의 보급으로 옮겨가고 있다. 그리고 다량의 지식과 정보를 모으고 처리하기 위해서는 컴퓨터가 필수 불가결하다. 이런 상황 하에서 많은 정보가 자연어에 의해 교환되고 처리되고 있기 때문에 컴퓨터가 자연어를 인식 할 수 있도록 하는 자연어 처리에 대한 연구의 중요성은 매우 크다고 할 수 있다.

언어를 [그림 10.1]처럼 크게 두 가지로 나누면 자연어(Natural Language)와 인공언어(Artificial Language)로 나눌 수 있다. 자연어는 주로 사람들 간에 의사소통을 하기 위하여 사용하는 언어로 한국어, 영어, 불어, 중국어 등 다양하다. 인공언어에는 컴퓨터언어, 수화, 모르스부호 등 여러 가지가 있다. 이들 간에는 한 가지 큰 차이점이 있다.

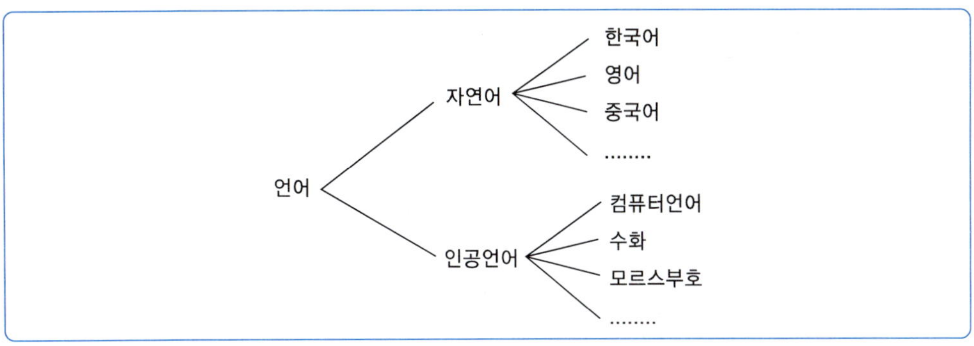

그림 10.1 언어의 두 종류

규칙이 만들어지고 난 다음에 사용이 시작된 인공언어에는 모호성이 없지만, 규칙이 만들어지기 전부터 사용이 시작된 자연어에는 모호성이 많다는 것이다. 자연어를 컴퓨터로 처리하는데 모호성은 많은 문제를 야기한다. 이러한 문제들을 해결하기 위해서는 컴퓨터 과학뿐만 아니라 언어학, 논리학, 전자공학 등 여러 학문 분야의 지식이 필요하다.

컴퓨터를 이용한 자연어 처리 시스템을 만드는 이유는 크게 보아 인간의 언어처리에 관련된 이론을 고찰하기 위한 것과 자연어를 효과적으로 처리할 수 있는 시스템을 만들어 우리들의 생활 속에서 실제로 사용하기 위한 것이 있다. 본 장에서는 두 번째 이유에 초점을 맞추어 설명하기로 한다.

10.1. 자연어 처리의 응용분야

자연어 처리의 응용분야는 크게 다음과 같은 세 가지로 요약할 수 있다.

10.1.1 기계번역

1950년대부터 시작된 기계번역은 영어로 쓰인 텍스트를 한국어 텍스트로 번역하든지 한국어로 쓰인 텍스트를 일본어 텍스트로 번역하는 것처럼 하나의 자연어 텍스트를 다른 자연어텍스트로 컴퓨터를 이용하여 바꾸어 주는 작업이다. 초창기에는 기계번역이 쉽게 이루어질 수 있을 것으로 생각하였으나 1960년대 복잡한 언어학적 처리 없이는 불가능하다는 것을 알고 연구가 주춤하기도 하였다. 잘 알려진 예로, 컴퓨터 프로그램을 이용하여 영어문장 "The spirit is willing but the flesh is weak."를 러시아어로 번역하고, 다시 번역된 러시아어 문장을 영어로 번역하였더니 "The vodka is good but the meat is rotten."이라는 문장이 된 경우가 있었다. 이처럼 기계번역은 사전(Dictionary)적 정보와 구문(Syntactic) 정보만으로 완성될 수 없고 의미(Semantic) 정보와 그 외의 세상지식까지도 이용하여야 더욱 자연스러운 번역과 신뢰도 높은 기계번역이 가능한 것이다. 요즘에는 통계나 기계학습 그리고 빅데이터를 기계번역에 활용하기도 한다.

여러 연구자들의 노력으로 오늘날에는 상업용 기계번역 시스템이 탄생하기에 이르렀다. 하지만 아직도 번역의 질과 신뢰도 면에서 부족한 점이 많다. 그러나 이러한

시스템도 초벌 번역이나 특정 전문 분야에서는 유용하게 활용될 수 있다. 최근에는 휴대전화를 이용하여 여행자들이 사용할 수 있는 기계번역 시스템이 실용화 된 상태이다(e.g.,지니 톡(GenieTalk)).

10.1.2 정보검색

정보의 홍수! 이것은 컴퓨터 관련 기술이 정보의 대량 생산 및 유통을 촉진시켜 만들어 낸 이 시대의 골치 아픈 문제 중의 하나이다. 따라서 현대와 같은 정보사회에서는 정보의 습득 보다는 습득된 정보 중에서 꼭 필요한 정보를 추출해 내는 것이 중요한 문제로 대두 되었다. 오늘날의 정보는 화상이나 음성으로 기록되기도 하여 이들에 대한 검색 기술도 중요성이 더해가고 있어 멀티미디어 정보검색기술 발전도 중요한 시기가 되었다. 또한 오늘날 수 많은 정보들이 자연어로 기록되어 있고 전자 문서는 매일 늘어나고 있다. 따라서 원하는 정보를 정확하고 빠르게 찾는 것은 점점 더 중요시 되어가고 있다. 이를 위하여 정보검색, 텍스트 요약, 정보추출, 정보분류 등 여러 관련 기술 들이 필요하다.

정보검색 시스템의 성능 평가 시 흔히 사용하는 척도는 정확도(Precision)와 재현율(Recall)이며 이들은 다음과 같은 식으로 나타낼 수 있다.

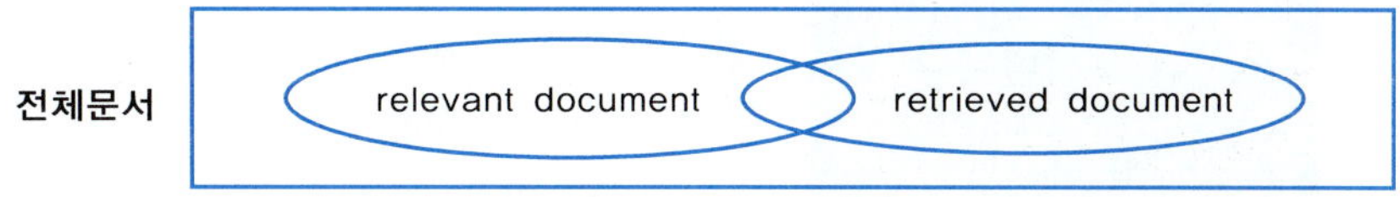

$$precision = \frac{|\{relevant\ documents\} \cap \{retrieved\ documents\}|}{|\{retrieved\ documents\}|}$$

$$recall = \frac{|\{relevant\ documents\} \cap \{retrieved\ documents\}|}{|\{relevanr\ documents\}|}$$

정보검색 동향을 정보검색의 기술적 측면에서 보면 많은 정보검색 시스템들이 키워드기반의 부울리언(Boolean) 모델을 이용하는 정보검색 시스템에서 벡터(Vector-Space) 모델을 이용하는 시스템으로 변화하고 있다. 벡터 모델을 사용하면 문서들 간의 유사도를 계산하기 용이하여 부울리언 모델 보다 더 효율적인 정보검색 시스템 구현이 가능하다. 또한 정보검색 시스템의 효율을 높이기 위하여 어휘분석, 구문분석, 의미분석 등의 자연어 처리 기술을 활용하는 시스템들이 연구/개발되고 있다.

10.1.3 자연어 인터페이스

여러 가지 기계시스템과 사람사이에 자연어로 교신이 가능하다면 전문가가 아닌 일반 사용자들도 기계를 쉽게 사용할 수 있을 것이다. 사람과 기계사이의 인터페이스에서 사용하는 자연어 문장은 기계번역이나 정보검색에서 다루는 문장보다 훨씬 간단한 것들이 많다. 따라서 자연어 인터페이스 시스템의 성공확률은 높다. 예를 들어 데이터베이스 질의어를 자연어로 하는 시스템, 전화로 은행 업무를 보는 텔레뱅킹 시스템 등이 있다.

일반적으로 데이터베이스를 검색하기 위해서는 질의어(Query language)라는 복잡한 프로그래밍언어를 사용하여야한다. 이러 한 불편을 재거하기 위하여 자연어를 사용하여 데이터베이스를 검색할 수 있는 시스템 개발이 1970년대에 시도 되었다. NASA에서 개발된 LUNAR가 그 첫 번째 시스템이다[Woods1973]. CHAT 시스템은 1980년대 개발된 시스템으로 다음과 같은 질문과 답이 가능하였다[Pereira1983].

Question : What are the countries from which a river flows into the Black sea?
Answer : Romania, Soviet Union
Question : What is the ocean that borders African countries and that borders Asian countries?
Answer : Indian Ocean

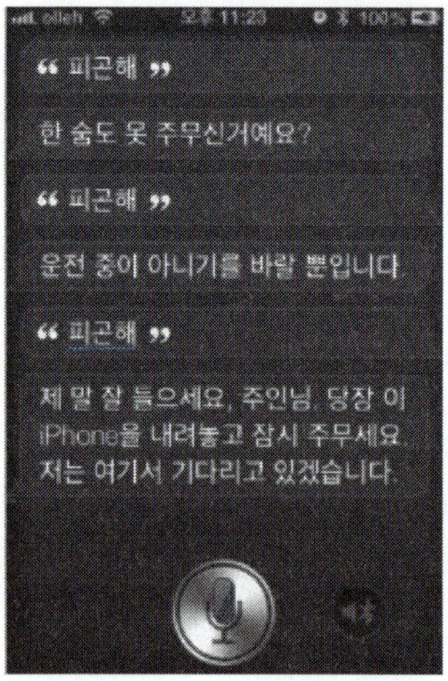

이처럼 데이터베이스 검색을 자연어로 할 수 있다면 사용자는 매우 편리할 것이다. 하지만 시스템이 사용자의 질문을 모두 이해하기는 매우 어렵다(e.g., 시스템이 알지 못하는 단어를 사용자가 사용할 때). 이러한 데이터베이스 검색을 위한 자연어 인터페이스 시스템은 계속 발전하여 1990년대에는 상업용 시스템도 등장하였다. 오늘날에는 휴대전화에서 사용할 수 있는 자연어 질의응답 시스템도 등장 하였다(e.g., 시리(Siri)). 좌측에 보이는 사진은 시리에게 한국어로 '피곤해'라고 말했을 때 시리의 반응을 보여준 것이다. 이처럼 시리는 답을 찾아주는 기능만 있는 것이 아니라 간단한 일상적인 대화도 가능하다.

10.2. 관련지식 및 처리절차

자연어 처리(Natural Language Processing) 과정은 크게 자연어 이해(Natural Language Understanding)와 자연어 생성(Natural Language Generation)으로 나눌 수 있다. 자연어 처리에 필요한 기본적인 지식으로는 다음과 같은 것들을 들 수 있다.

- **음운에 관한 지식**
  단어가 어떻게 음성으로 표현되는지에 관한 정보
- **형태소에 관한 지식**
  언어에서 의미를 갖는 가장 작은 단위인 형태소에 관한 지식으로 어떤 규칙에 의해 형태소가 모여 단어를 이루는 지에 대한 지식 등
- **구문에 관한 지식**
  단어들이 어떤 순서로 조합되어 올바른 문장을 이루는지에 대한 지식
- **의미에 관한 지식**
  단어들이 무엇을 의미하는지, 단어가 모인 문장을 어떤 뜻을 가지고 있는지 등에 관한 지식
- **상황에 관한 지식**
  상황에 따라 문장의 의미가 어떻게 달라지는지 또는 발음을 어떻게 하느냐에 따라 같은 문장이라도 의미가 어떻게 달라지는지 등에 관한 지식
- **대화에 관한 지식**
  앞 문장이 뒤에 오는 문장에 어떤 영향을 미치는지에 관한 지식(이는 특히 대명사 처리 등에 많이 이용된다.)
- **세상에 관한 지식**
  대화를 위하여 상호간에 일반적으로 알고 있어야 할 세상에 대한 상식

이 밖에도 웹 문서와 코퍼스 등을 이용한 언어자원에 대한 통계정보와 빅데이터 등이 자연어 처리에 활용되기도 한다. 위와 같은 지식을 사용하여 자연어 처리 시스템을 만든 후, 만들어진 시스템이 실제로 텍스트를 이해하는지를 어떻게 알 수 있을까? 이 질문에 대한 답으로 한 가지 가능한 것은 자연어로 질문을 하여 시스템이 올바른 답이나 행동을 하는가를 보는 것이다. Winograd는 1972년 여러 모양과 색깔을 갖는 블록들을 로봇 팔이 우리가(자연어로/영어로) 지시 하는 대로 움직이는 프로그램인 SHRDLU를 개발하였다. 다음은 [그림 10.2]와 같은 블록들을 대상으로 SHRDLU와 사람이 대화한 예이다[Winograd72].

그림 10.2 블록 세상

```
Human : What is sitting on the green block?
SHRDLU : THE RED PYRAMID.
Human : Pick it up.
SHRDLU : RED PYRAMID를 집어올림.
Human : Grasp the pyramid.
SHRDLU : I DON'T UNDERSTAND WHICH PYRAMID YOU MEAN.
```

위의 예에서 보듯이 SHRDLU는 영어로 한 질문이나 명령에 반응하였다. 이때 대명사(e.g., pick it up)도 인식하고 생략현상(Ellipsis)도 처리 할 수 있음을 보여 주었다.

위와 같은 자연어 처리를 위해서는 다음과 같은 일반적인 처리 단계들이 필요하다. (음성인식은 별도로 설명하기로 한다.)

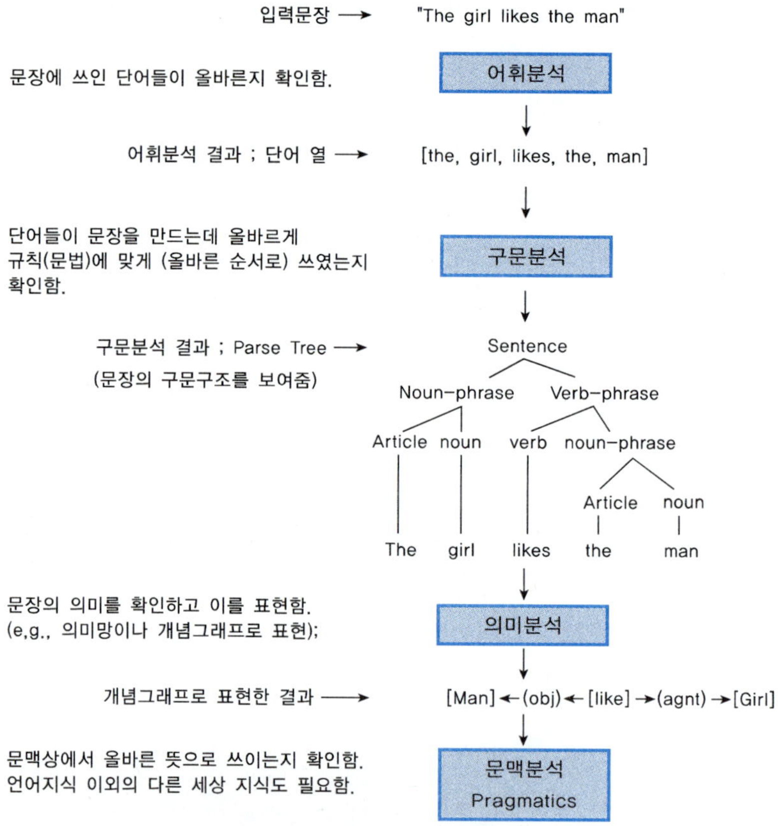

10.3. 구문분석

문장에 사용된 단어들이 어떤 것들 인지가 밝혀지면 이 단어들이 문장 내에서 구문규칙에 맞게 구성이 되었는지를 알아보는 작업이 필요한데 이를 구문분석(Syntactic Analysis)이라 한다. 구문규칙은 문장 내 단어들이 어떻게 조합이 되어야 옳은지를 나타낸다. 이는 문장의 구조를 밝히고 뜻을 이해하는데 도움을 준다. 이러한 규칙들은 간단한 것도 있지만 생각보다 복잡한 것도 있다. 예를 들어 다음 문장에서 사랑을 받는 대상은 '철수'이다.

```
(1) 영희가 철수를 사랑한다.
```

따라서 '두 번째 명사는 사랑 받은 대상이다'와 같은 간단한 규칙을 생각해 볼 수 있다. 하지만 아래와 같은 또 다른 문장을 고려하면 위에서 생각했던 간단한 규칙은 적용할 수 없다는 것을 알 수 있다.

```
(2) 철수가 영희에게 사랑 받는다.
```

문장내의 단어들은 여러 그룹(e.g.,명사구, 동사구)으로 나눌 수 있다. 어떤 문장은 그룹들이 한 가지로 정해지지만 그렇지 않은 문장들도 많다. 예를 들어 영어문장 "Time flies like an arrow"라는 문장은 (3)과 같이 두 그룹으로 나눌 수도 있고

```
(3) (Time flies) (like an arrow.)
```

(4)와 같이 나눌 수도 있다.

```
(4)와 같이 나눌 수도 있다.
```

(3)번은 '시간파리가 화살을 좋아한다.'로 해석되고 (4)번은 '시간은 화살처럼 난다'로 해석된다. 따라서 단어들의 그룹을 어떻게 만드느냐에 따라 그 뜻이 다르게 해석된다. 어떤 언어의 문법에 의해 같은 문장을 서로 다른 단어그룹으로 나눌 수 있다면 그 문장은 구문적으로 모호한 문장이라고 말한다. 이러한 구문적 모호성은 의미적 지식이나 상식

등을 이용하여 해결할 수 있다. 구문분석은 사용 가능한 단어그룹을 생성하여 주어진 문장의 의미를 이해하는데 큰 도움을 준다. 그러면 이러한 구문분석이 어떻게 수행되는지 살펴보자.

10.3.1 문법

구문분석을 위해서는 문법이 필요하다. 간단한 문법부터 살펴보기로 하자. [그림 10.3]의 문법은 다음 문장들을 인식한다.

```
1. Tom ate the cake.
2. The lion ate the meat.
3. The lion kissed Tom.
```

그러나 다음과 같은 틀린 문장은 인식하지 못한다.

```
1. Ate Tom cake the.
2. Teacher the Lion the ate.
3. Cake lion kiss.
```

```
1) 문장 ::= 명사구  동사구
2) 명사구 ::= 고유명사 | 관사  명사
3) 동사구 ::= 동사  명사구
4) 고유명사 ::= Tom | Grace
5) 명사 ::= Meat | Lion | Cake
6) 동사 ::= Ate | Kissed
7) 관사 ::= The
```

그림 10.3 간단한 문법

[그림 10.3]의 문법 표현은 BNF(Backus Normal Form)형태로 나타내었다. 첫 번째 1)번 규칙은 문장을 생성하는 규칙으로 문장은 명사구가 앞에 오고 뒤에 동사구가 따라 나오는 형태로 구성된다는 것을 나타내고 있다. 두 번째 규칙은 명사구는 고유명사만으로 이루어질 수도 있고 관사와 명사가 차례로 연결되어 명사구를 이룰 수 도 있다는 것을 나타낸다. 4), 5), 6), 7)번 규칙들은 사전에 있는 단어들로 볼 수 있는데 위의 문법은 간단한 것이라 문장 구성에 사용할 수 있는 명사는 Meat, Lion, Cake 밖에 없음을 알 수 있다.

[그림 10.3]의 문법은 완벽한 영어 문법이 아니다. 예를 들어 'Tom eats the delicious lion'과 같은 문장을 분석할 때, 'ate'가 아닌 'eats'도 동사로 인식할 수 있어야 하고 형용사

(delicious)도 처리 할 수 있도록 하여야 한다. 또한 'Lion'을 먹는다는 것은 의미적으로 맞지 않다. 이러한 여러 가지 문제점들을 해결하기 위해서 [그림 10.4]와 같이 문법을 확장한다.

```
문장 ::= 명사구(Num)  동사구(Num)
명사구(Num) ::= 고유명사(Num) | 관사(Num)  명사(Num)
동사구(Num) ::= 동사(Num)  명사구( )
고유명사 ::= Tom | Grace
명사(S) ::= Lion | Teacher | Cake
명사(P) ::= Lions | Teachers | Cakes
관사 ::= The
동사(S) ::= Eats
동사(P) ::= Eat
```

그림 10.4 확장된 문법

확장된 문법은 'I am ...'은 맞으나 'We am ...'은 맞지 않는 것과 같은 주어와 동사간의 수의 일치(Subject-Verb Agreement)를 확인할 수 있도록 'Num'이라는 정보를 추가하였다. 따라서 첫 번째 규칙은 명사구 다음에 동사구가 나와 문장을 이룬다는 점은 이전의 문법에서와 같으나 명사구와 동사구의 수(Num)가 단수(Singular)이던지 또는 복수(Plural)로 일치 하여야 온전한 문장이 만들어 진다는 것을 나타낸다. 확장된 문법에서 동사나 명사 옆에 붙은 'S'는 단수를 그리고 'P'는 복수를 나타낸다. 형용사의 인식을 위해서는 명사구에 관한 규칙을 다음과 같이 변경하면 된다.

```
명사구(Num) ::= 관사(Num)  다중형용사  명사(Num)
다중형용사 ::= 형용사 다중형용사 | ε
형용사 ::= Delicious | Ugly |  ...
```

형용사는 문장 내에 여러 개가 연속적으로 나올 수도 있으므로 '다중형용사'라는 비단말 기호(Nonterminal Symbol)를 사용하여 재귀적으로 정의하였다. ε은 빈스트링(Empty String)을 나타내고 문장 내에 형용사가 없을 때나 형용사의 연속이 중단 될 때('다중형용사'가 ε 으로 변하여)사용된다. 이 밖에도 여러 가지(전치사구, 관계대명사 등) 문제를 해결해야 완전한 영어 문법이 될 수 있으나 여기서는 생략하기로 한다. 또한 'Lion'을 먹는다는 것과 같은 의미적 오류에 대해서는 10.4절에서 설명한다.

10.3.2 파싱

지금까지는 문장의 구문분석을 위하여 필요한 문법에 대하여 간단히 살펴보았다. 문법을 사용하여 구문분석을 수행하는 작업을 파싱(Parsing)이라고 하며 파싱은 문장의 구조를 밝히고 의미를 분석하는데 도움을 준다. 파싱을 위한 알고리즘은 여러 가지가 있으나 크게 상향식(Bottom-Up)과 하향식(Top-down)방식이 있다. 하향식 파싱은 파싱 결과로 파스트리(Parse Tree)의 뿌리노드(Root Node)부터 시작하여 마지막 단말 노드(Terminal Node)까지 생성해 나간다. 문장 'Tom ate the cake'라는 문장을 [그림 10.3]의 간단한 문법을 이용하여 하향식 파싱을 수행하는 과정은 다음과 같다.

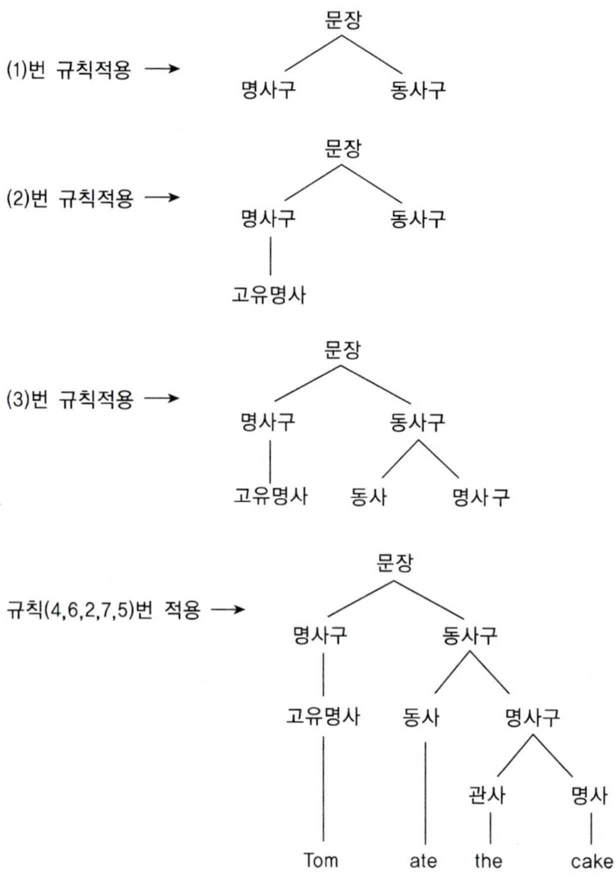

앞에서 보는 것처럼 하향식 파싱은 파스트리를 위에서부터 아래로 내려오면서 만들어 간다. 즉 문법에서 시작노드(여기서는 '문장')를 바꾸는 규칙을 먼저 적용하고 다음에 새로이 생성되는 비단말 노드(Nonterminal Node) (e.g., 명사구, 동사구)를 바꾸는 규칙을 적용하는 순서로 파싱을 수행한다.

상향식 파싱은 하향식 파싱과는 달리 파스트리의 단말 노드에서 시작하여 뿌리노드인 '문장'

까지 생성할 수 있는 규칙들을 찾아 간다. 따라서 문법내의 규칙을 오른쪽에서 왼쪽으로 적용시켜야 한다. 즉 5)번 규칙인 '명사 ::= cake'를 cake가 명사로 바뀔 수 있는 규칙으로 보는 것이다. 따라서 파스트리는 다음과 같은 순서로 만들어 진다.

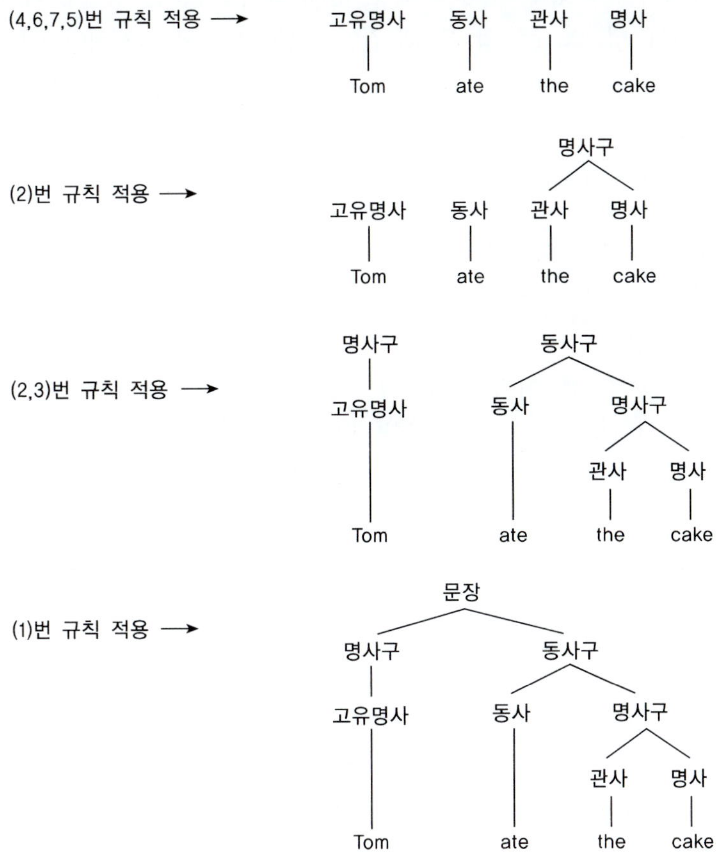

이처럼 파스트리를 만드는 방향이 어느 쪽이냐에 따라 상향식과 하향식 파싱방식으로 구분하였다. 어떤 파싱 프로그램(Parser)은 양쪽 방향에서 동시에 파싱을 시작하는 것도 있다.

10.3.3 구문분석기 구현

구문분석기(또는 파서(Parser))를 구현하는 방법에는 여러 가지가 있으나 본 장에서는 ATN(Augmented Transition Network)을 이용한 방법을 설명하기로 한다. ATN은 Woods가 문법의 표현방법으로 1960년대 초에 발표한 것인데 자연어 이해 시스템과 질의응답 시스템 등에서 널리 사용되었다. ATN의 개념은 유한상태 네트워크(Finite State Network)에서부터 발전된 것이므로 이 장에서는 유한상태 네트워크에서 ATN까지를 순서적으로 살펴보기로 한다.

10.3.3.1 네트워크의 필요성

'Fat giraffes cavort and wooly bears love strictly honey'와 같은 문장의 구조를 나타내는데 '형, 명, 동' 그리고 '형, 명, 동, 부, 명'과 같이 두 개의 구분된 형식을 사용할 수 있다. (여기서 '형'은 형용사 '동'은 동사 그리고 '명'은 명사를 나타낸다.) 여기에 괄호를 도입하여 '형, 명, 동 {형, 명}'과 같이 표현하면 더욱 경제적인 표현이 될 것이다. 그러나 다음과 같은 경우는 문장 내에서 서로 다른 형식이 요구 된다.

(i) 명
(ii) 형, 명
(iii) 형, 형, 명
(iv) 형, 형, 형, 명

이때는 반복부분 처리를 위해서 '*'를 사용하면 서로 다른 형식을 사용할 필요 없이 (i), (ii), (iii), (iv) 표현을 '형*명'의 한 표현으로 나타낼 수 있다. ('*'가 붙은 부분은 한 번도 쓰이지 않거나 여러 번 쓰일 수 있다.) 이와 같이 자연어의 문장구조를 형식적으로 표현하기 위한 대수적 방법이 발전되었다. 이 표현법에 의하면

(명 ∨ 형*명)) 동 { (대 ∨ (형*명)) }

등 여러 형태의 문장 구조를 용이하게 표현할 수 있다. 그러나 문장 생성이나 구문분석 프로그램(파서)을 작성할 때는 이런 표현은 복잡하여 부적당하다. 따라서 프로그램을 작성하는데 보다 더 효율적인 표현법이 요구되는데 이러한 요구를 만족시켜주는 것이 네트워크이다. 네트워크는 다이아그램으로 표현되므로 쉽게 볼 수 있으며 문법을 컴퓨터 프로그램으로 옮길 때 거치는 중간 매체로서 좋은 도구가 된다.

10.3.3.2 유한상태 네트워크

유한상태 네트워크(Finite State Network)는 원으로 표현되는 상태(State)와 화살표로 표현되는 아크(Arc)로 구성되는데, 아크는 두 상태간의 이동을 나타낸다. 유한상태 네트워크는 Transition Network라고도 하고 정규문법(Regular Grammar)을 표현할 수 있다. 다음은 하나의 간단한 정규문법이다.

```
TS        ::=     bte        IV
IV        ::=     biv/te     TE
IV        ::=     biv
TE        ::=     bte
```

위와 같은 정규문법을 유한상태 네트워크로 표현해 보면 다음과 같다.

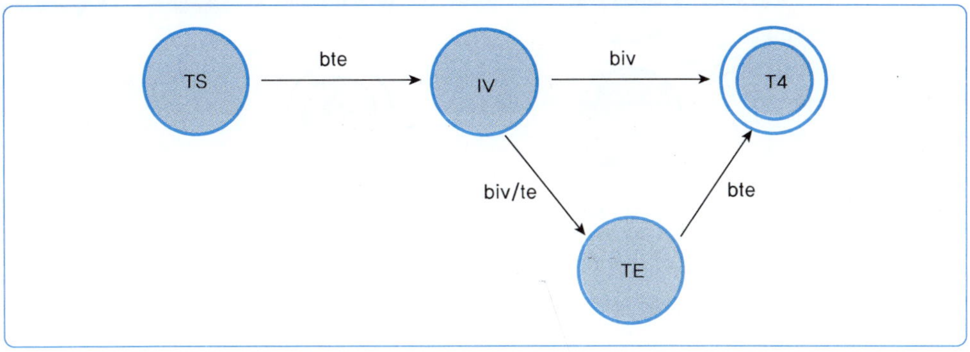

그림 10.5 간단한 유한상태 네트워크

[그림 10.5]에서 입력 아크가 없는 것은 초기 상태(Initial State)이고 출력 아크가 없는 것은 최종상태(Final State)이다. 특히 최종상태는 쉽게 알아볼 수 있도록 이중원을 사용한다. 이때 아크에는 단말 기호(Terminal Symbol)만 상태에는 비단말 기호(Nonterminal Symbol)만 사용이 가능하다. (대문자로 표현된 것은 비단말 기호이고 소문자로 표현된 것은 단말 기호이다.)유한상태 네트워크나 앞으로 설명하게 될 네트워크는 문장내의 한 단어씩 아크에 대응시켜 초기 상태에서 최종상태까지 진행하면서 문장의 인식이나 생성을 수행하게 된다.

10.3.3.3 반복전이 네트워크

반복전인 네트워크(RTN : Recursive Transition Network)는 문맥무관 언어(Context Free Language)를 정의할 수 있는 형식구조로서 유한상태 네트워크의 표현능력을 향상시키기 위하여 아크에 비단말 기호의 사용을 허용하여 네트워크의 일부분을 반복 사용 가능하게 한다. 아크에서 사용되는 비단말 기호는 하위 네트워크의 초기 상태가 되는데 이를 이용하여 문장 내에서 형식이 반복되는 부분의 처리를 간단히 할 수 있다.

```
( i )   Ts    ::=   bte      T1
(ii)    T1    ::=   IV       T4
(iii)   IV    ::=   biv      IV3
(iv)    IV    ::=   biv/te   IV2
( v )   IV2   ::=   bte      IV3
```

위와 같은 문법을 RTN으로 표현해 보면 다음 [그림 10.6]과 같이 표현할 수 있다.

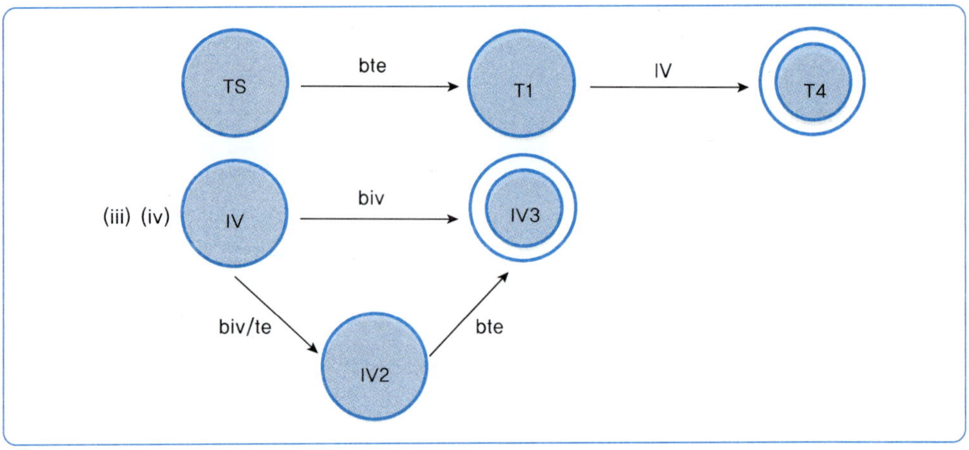

그림 10.6 간단한 RTN

여기서 알 수 있듯 이 (문맥무관)문법의 생성규칙에서는 문법 규칙 (iii)과 (iv)의 오른쪽 부분이 서로 다르지만 하나의 네트워크로 모은다. 이렇게 하여 서로 다른 규칙에서 공유 할 수 있게 한다. 반복전이 네트워크는 문맥무관 문법을 표현할 수 있지만 자연어는 문맥무관 문법만으로 전부 표현할 수 없으므로 이를 더 확장할 필요가 있다.

10.3.3.4 확장전이 네트워크

확장전이 네트워크(ATN : Augmented Transition Network)는 RTN과 구성이 같으나 문맥무관 문법뿐만 아니라 더욱 복잡한 문법을 표현하기 위해 Condition과 Action 그리고 이들이 사용하는 레지스터(Register)가 추가된다. Action은 문장 분석의 결과에 의해 문장의 구문 구조를 만드는 역할을 하고 Condition과 다른 아크에서 사용할 수 있는 임시정보를 제공해 준다. Condition은 문장을 분석하는데 필요 없는 분석을 하지 않도록 하는 강력한 선택기능이 있다. 이를 이용하면 두 개의 규칙이 공통부분을 가질 때 첫 번째 규칙이 수행되어 결과를 얻어 놓으면 두 번째 규칙은 이미 얻어놓은 정보를 이용할 수 있어 공통부분에 대해서는 반복 수행할 필요가 없다. Action과 Condition은 다 같이 레지스터를 사용하는데 Action이 만드는 구문구조의 일부를 저장하기도 하고 Condition이 사용하는 Flag나 Indicators를 저장하기도 한다. 또한 ATN은 아크에 프로시듀어를 첨가하여 문장의 판별(문장이 문법에 맞는지의 여부를) 뿐만 아니라 파스트리를 만들고 문맥유관 문법(context Sensitive Grammar)도 표현할 수 있다. ATN을 표현하기 위한 언어를 살펴보면 다음과 같다.

```
<Transition Network>  → (<arc set><arc set>*)
<arc set>  → (<state><arc>*)
<arc>       → (CAT<category name><test><action>*<terminal action>) |
        (PUSH<state><test><action>*<terminal action>)|
        (POP<form><test>
<action>     → (SETR<register><form>)
<terminal action>  →  (To<state>) | (JUMP<state>)
<form>    →  (GETR <register>) | * |
        (BUILDQ<fragment><register>*) | (LIST<form>*) |
        (APPEND<form><form>) |
        (QUOTE<arbitrary structure>)
```

위에서 〈form〉에 나오는 *는 현재상태를 나타내고 Category는 범주를 나타내며 CAT, PUSH, POP, SETR 등 대문자로 표현된 것은 프로그램에서 정의된 명령어들이다. 이 장에서 살펴본 바와 같이 ATN은 가장 복잡하면서도 가장 강력한 기능을 갖는다. 다음은 간단한 ATN이다.

위의 네트워크는 ATN의 간단한 예로 TS에서 시작하여 T4에서 끝나게 된다.

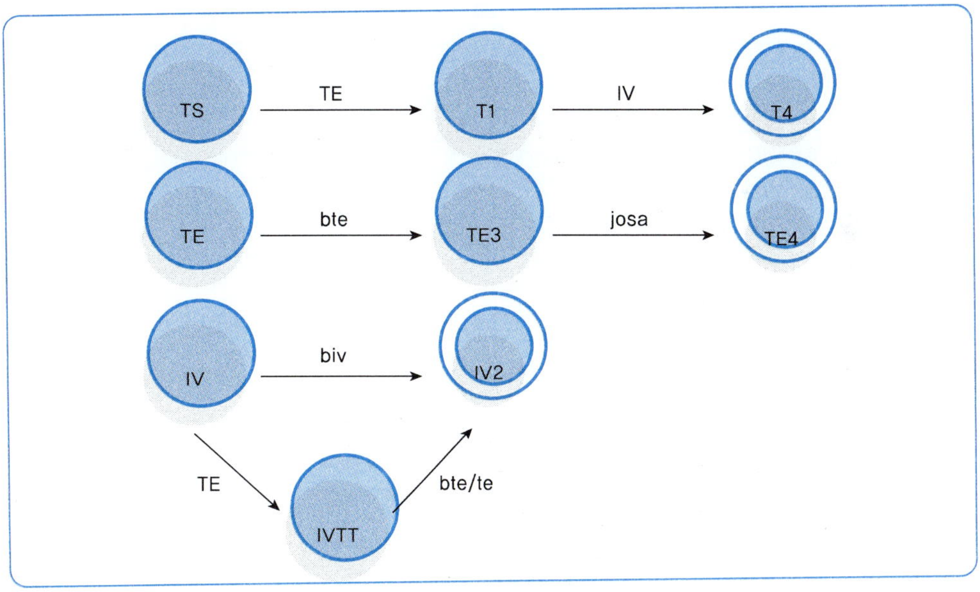

그림 10.7 간단한 ATN

10.3.4 상향식 구문분석기 구현

다음은 실험용 상향식 구문분석기를 LISP을 이용하여 작성한 것이다. 본 프로그램은 실험용으로 상향식 파싱의 실행 예를 보여주기 위한 것으로 간단한 영어 문법을 사용하고 XLISP에서 실행될 수 있으며 LISP의 재귀적 문장 등 어려운 문장을 배제하고 작성된 것이다.

다음은 프로그램(구문분석기)에서 사용하는 전역변수 들을 정의한 것이다.

```
(SETQ GRAMMAR NIL)
(SETQ PARSE_RESULT NIL)
(SETQ C_PARSE NIL)
(SETQ PCP NIL)
```

다음은 문법을 정의하기 위해 필요한 함수이다.

```
(DEFUN DEFINE_GRAMMAR (L  R)
(SETQ GRAMMAR  (APPEND GRAMMAR (LIST (LIST R L))))
```

아래와 같이 위에 정의된 함수를 이용하여 문법을 정의한다.

```
(DEFINE_GRAMMAR 'S'(NP VP) )
(DEFINE_GRAMMAR 'NP'(NP PP) )
(DEFINE_GRAMMAR 'NP'(D N) )
(DEFINE_GRAMMAR 'VP'(V AV) )
(DEFINE_GRAMMAR 'VP'(V) )
```

다음은 구현하는 구문분석기가 사용할 사전을 정의한 것이다. 구문분석기가 사용할 수 있는 단어와 이들의 품사 정보를 정의한 것으로 분석할 수 있는 문장에 사용될 수 있는 단어들이다. 각각의 품사에 단어들이 추가될 수 있다.

```
(DEFINE_GRAMMAR 'N'(MAN) )
(DEFINE_GRAMMAR 'D'(THE) )
(DEFINE_GRAMMAR 'V'(RAN) )
(DEFINE_GRAMMAR 'AV'(FAST) )
(DEFINE_GRAMMAR 'PP'(OVER) )
(DEFINE_GRAMMAR 'PP'(THERE) )
```

PARSE 함수는 분석할 문장(SENTENCE)을 입력받아 구문분석을 시작한다.

```
(DEFUN PARSE (SENTENCE)
    (SETQ PARSE_RESULT (MAPCAR 'FIND_N SENTENCE))
    (SETQ C_PARSE (MAPCAR 'CAR  PARSE_RESULT))
    (PRIN1 'TERMINAL-NODE-PARSE_RESULT=) (PRINT PARSE_RESULT)
    (PARSE2  C_PARSE) )

(DEFUN PARSE2 (C_PARSE)
   (PROG (Y Z  X)
LOOP (IF  (NULL C_PARSE) (GO LOOP3))
      (COND((NULL (CDR C_PARSE))
            (SETQ Y (FIND_N (LIST (CAR C_PARSE))))
            (GO LOOP2)) )
           (SETQ Y (FIND_N (LIST (CAR C_PARSE)(CADR C_PARSE))))
LOOP2 (COND((EQUAL (CAR C_PARSE) 'S)
                (PRINT '============)
                (PRINT 'PARSE-SUCCESS!!!) (RETURN  PARSE_RESULT)))
        (COND ((NULL Y) (SETQ PCP (CONS (CAR C_PARSE) PCP) )
                  (SETQ  C_PARSE   (CDR C_PARSE))
                  (GO LOOP) )
                    (T (SETQ PARSE_RESULT (CONS Y  PARSE_RESULT))
                     (SETQ C_PARSE (CONS (CAR Y) (CDDR C_PARSE)))
                ) )
       (PRIN1 'P-RULE= ) (PRINT (LIST (CAR Y) '=> (CDR Y)))
       (PRIN1 'INTERMEDIATE-PARSE_RESULT=) (PRINT PARSE_RESULT)
LOOP3 (SETQ  C_PARSE  (APPEND  PCP  C_PARSE)) (SETQ PCP NIL)
    (GO LOOP)
   )
)

(DEFUN FIND_N (W)
   (PROG (T_GRAMMAR  L  R  TEMP_PD)
      (SETQ T_GRAMMAR GRAMMAR)
LOOP (IF (NULL T_GRAMMAR)(RETURN TEMP_PD))
        (SETQ L (CDAR T_GRAMMAR)) (SETQ R (CAAR T_GRAMMAR))
       (IF (OR (EQUAL (CAR R)  W) (EQUAL R W))
            (SETQ TEMP_PD (APPEND L R)) )
            (SETQ T_GRAMMAR (CDR T_GRAMMAR))
        (GO LOOP)
     )
)
```

위와 같이 구현한 구문분석기는 아래와 같이 실행된다.

```
> (PARSE '(THE MAN RAN))
```

이의 실행결과는 다음과 같다. P-RULE은 각각의 단계에서 적용된 문법규칙이다.

```
> (PARSE '(THE MAN RAN))

TERMINAL-NODE-PARSE_RESULT=((D THE) (N MAN) (V RAN))
P-RULE=(NP => (D N))
INTERMEDIATE-PARSE_RESULT=((NP D N) (D THE) (N MAN) (V RAN))
P-RULE=(VP => (V))
INTERMEDIATE-PARSE_RESULT=((VP V) (NP D N) (D THE) (N MAN) (V RAN))
P-RULE=(S => (NP VP))
INTERMEDIATE-PARSE_RESULT=((S NP VP) (VP V) (NP D N) (D THE) (N MAN) (V RAN))
============
PARSE-SUCCESS!!!
((S NP VP) (VP V) (NP D N) (D THE) (N MAN) (V RAN))
```

구문분석의 최종결과인 ((S NP VP) (VP V) (NP D N) (D THE) (N MAN) (V RAN))는 트리 형태로 구성하면 다음과 같다.

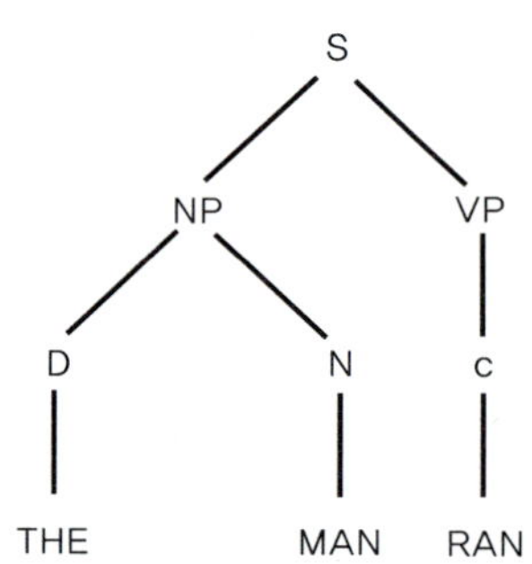

다음은 또 다른 문장 'THE MAN OVER THERE RAN FAST'를 분석한 예이다.

```
> (PARSE '(THE MAN OVER THERE RAN FAST))
TERMINAL-NODE-PARSE_RESULT=((D THE) (N MAN) (PP OVER) (PP THERE) (V RAN) (AV FAST))
P-RULE =(NP => (D N))
INTERMEDIATE-PARSE_RESULT=((NP D N) (D THE) (N MAN) (PP OVER) (PP THERE) (V RAN) (AV FAST))
P-RULE =(NP => (NP PP))
INTERMEDIATE-PARSE_RESULT=((NP NP PP) (NP D N) (D THE) (N MAN) (PP OVER) (PP THERE)
(V RAN) AV FAST))
```

```
P-RULE = (NP => (NP PP))
INTERMEDIATE-PARSE_RESULT = ((NP NP PP) (NP NP PP) (NP D N) (D THE) (N MAN) (PP OVER) (PP
THERE) V RAN) (AV FAST))
P-RULE = (VP => (V AV))
INTERMEDIATE-PARSE_RESULT = ((VP V AV) (NP NP PP) (NP NP PP) (NP D N) (D THE)
(N MAN) (PP OVER) PP THERE) (V RAN) (AV FAST))
P-RULE = (S => (NP VP))
INTERMEDIATE-PARSE_RESULT = ((S NP VP) (VP V AV) (NP NP PP) (NP NP PP)
(NP D N) (D THE) (N MAN) PP OVER) (PP THERE) (V RAN) (AV FAST))
=============
PARSE-SUCCESS!!!
((S NP VP) (VP V AV) (NP NP PP) (NP NP PP) (NP D N) (D THE) (N MAN) (PP OVER)
(PP THERE) (V RAN) (AV FAST))
```

10.4. 의미분석

문장의 의미를 밝히는 의미처리(Semantic Interpretation)는 파싱 결과로 생성된 파스트리를 바탕으로 문장의 의미구조(Semantic Structure)를 만들어 내는 작업이다. 문장의 의미를 표현하기 위해 필요한 언어는 여러 가지가 있으나 여기서는 4장에서 설명한 개념 그래프를 의미 표현 언어로 사용한다. 예를 들어 문장 'Tom ate the cake'를 파싱하는 결과로 10.3.2절의 파스트리를 얻은 다음 문장의 의미를 나타내는 개념 그래프 형태로 바꾸어 준다. 4장에서 설명한 바와 같이 개념 그래프는 각 개념을 표현하는 개념노드와 그들 간의 관계를 표현하는 관계노드로 구성된다. 이러한 개념그래프를 구성하기 위해서 먼저 문장내의 동사를 표현하는 규범그래프(Canonical Graph)를 찾는다.

각 개념노드에 선택제약을 부과하여 생성된 개념그래프를 규범그래프라 한다. 규범그래프는 각 개념을 정의할 때 기본적으로 주어진 규범그래프가 있고 새로운 규범그래프는 규범그래프 형성 규칙(Canonical Formation Rule)에 의해 생성될 수 있다. (자세한 사항은 2장을 참조하기 바란다.)

앞 절에서 예를 들어 파싱을 수행한 'Tom ate the cake'라는 문장의 의미를 개념그래프로 표현해 보자. 파싱 결과로 얻어진 정보를 활용하여 문장 내에 있는 동사를 찾고 그 동사에 해당하는 규범그래프를 사전에서 가져온다.

```
[EAT] -
        (AGNT)→[ANIMATE]
        (OBJ)→[FOOD]
```

위의 규범그래프는 'Eat'의 주체(AGNT)는 생명체(ANIMATE)만이 될 수 있고 'Eat'의 대상물(OBJ)은 음식(FOOD)만이 될 수 있음을 나타내고 있다. 하지만 먹을 수 있는 것이 꼭 음식만 되는 것이 아닐 수도 있다. 따라서 그 범위를 정하는 것은 중요하며 어려운 작업이기도 하다.

동사에 대한 규범그래프를 가져온 다음에는 'Eat'의 주체(AGNT)가 무엇인지 대상물(OBJ)은 무엇인지 등을 찾아야 한다. 파싱 결과로 얻어진 정보 중 주체가 될 수 있는 개념은 무엇이고(여기서는 Tom) 이 개념이 유형계층 내에서 ANIMATE에 속하는 것인지 등을 알아본다. OBJ에 대한 것도 같은 과정을 거쳐 Cake가 대상물이다 라는 것을 밝히고 이들을 통합하면 다음과 같은 'Tom ate the cake'라는 문장의 최종 의미표현을 만들어 낼 수 있다.

```
[EAT] -
        (AGNT)→[Tom]
        (OBJ)→[Cake]
```

이러한 의미분석 과정에서 '철수가 책상을 먹는다.'와 같이 구문적으로는 맞으나 의미상 옳지 않은 문장은 찾아낼 수 있다.

10.5. 상황분석

언어를 이해하는 데는 앞에서 보았던 단어나 구문을 분석하고 이해하는 것도 중요하나 그것들만으로는 충분하지 않다. 같은 문장이라 하더라도 어떤 상황에서 사용되었느냐에 따라 뜻이 달라질 수 있다. 이러한 문맥상 어용론적 분석과 세상지식을 통한 상황설정 등을 모두 합하여 상황분석이라 하자. 예를 들어 '당신은 참 똑똑하다.'라는 말도 싸우는 중에 하게 되면 욕이 될 수 있다. 영어문장 'Can you close the window?'는 직역하면 창문을 닫을 수 있느냐고 묻는 것이지만 창문을 닫아 주기 바란다는 의미로 주로 쓰인다. 'Do you have the time?'도 '시간을 가지고 있느냐?'가 아니라 몇 시 인지 알고 싶을 때 하는 말이다. 또한 '지금이 몇 시 인줄 아느냐?'하는 말도 모임에 늦어서 도착한 사람에게 하는 경우에는 늦었다고 꾸중하는 말이 된다.

또한 대명사를 어떻게 해결할 것인가 하는 것도 문제이다. 예를 들어 '영희는 철수에게 책을 주었다.' '그는 그녀에게서 받은 책을 읽었다.'라는 문장에서 처음의 '그'는 철수를 가리키는 것임을 그리고 '그녀'는 영희임을 쉽게 알 수 있다. 이는 영희가 여자이고 철수가 남자임을 알고 바로 앞문장를 보면 쉽게 해결된다. 하지만 대명사가 바로 앞 문장의 단어를 가리키지 않으면 문제는 더 복잡해진다.

예를 들어 "철수는 새로운 망원경을 샀다. 그는 멀리 영희가 있는 것을 보았다. 그는 그것으로 그녀를 보았다"라는 문장들이 있을 때 '그녀'는 영희를 나타낸다는 것은 쉽게 알 수 있다. 하지만 세 번째 문장의 '그것'은 바로 앞 문장에는 나오지 않은 망원경을 뜻한다. 어떻게 '그것'이 '망원경'을 뜻하는지를 알게 할 것인가? 이러한 문제들은 많은 자연어 처리 시스템에서 다루어지는 것들이다.

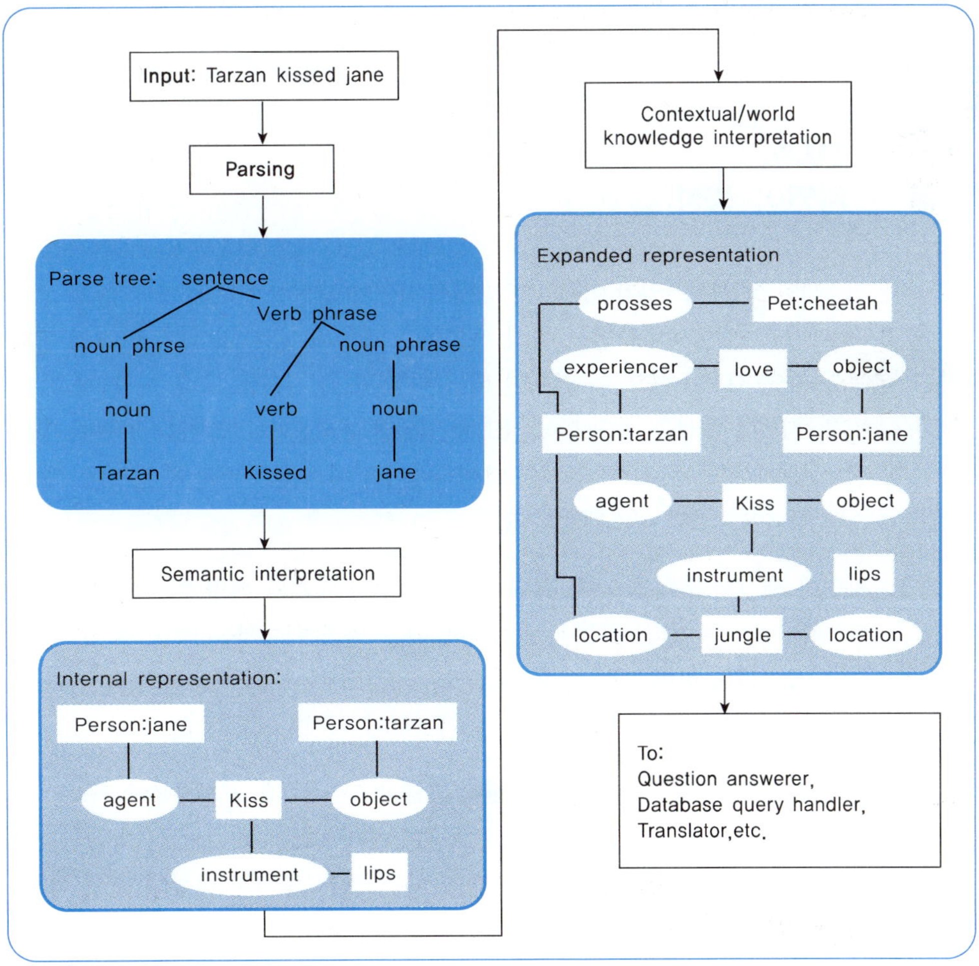

그림 10.8 문장의 내부표현 생성단계(from [Luger02])

이처럼 문장의 숨은 뜻은 구문이나 의미분석만으로 밝혀지지 않는 경우가 많다. 이럴 때에는 하나의 문장이 아니라 그 문장이 쓰인 문맥의 내용이나 세상지식(World knowledge)을 활용하여야 그 문장의 정확한 뜻을 찾을 수 있다. 이처럼 문맥상 정확한 문장의 뜻을 해석하는데 관련된 이론을 어용론(Pragmatics)이라 한다. 컴퓨터가 사람처럼 자연어를 자유롭게 사용하려면 어용론적 문제도 해결되어야 한다.

[그림 10.8]은 'Tarzan kissed Jane.'이라는 문장의 구문과 의미 그리고 상황을 분석하여 컴퓨터 내부표현(여기서는 개념그래프)으로 바꾸는 과정을 보여주고 있다. 여기서 알 수 있듯이 구문분석 과정에서는 알 수 없었던 내용이 의미분석과 상황분석을 거치면서 추가된다. 이때 추가된 정보는 문장의 모호성을 해소하는데 사용될 수 있으며 실세계의 문제해결에 크게 도움이 된다. 의미분석 후 추가된 내용은 kiss는 lips로 한다는 내용이다. 이는 구문분석 결과에는 나타나 있지 않은 내용이다. 또한, 상황분석을 거치면 보다 많은 내용이 추가 된다. 여기에는 'kiss는 사랑하는 사람들이 한다.'는 내용과 'Tarzan과 Jane은 정글에 있으며 Tarzan은 Cheetah를 가지고 있다'는 내용들이 있다.

10.6. 자연어 생성

지금까지 살펴본 자연어 이해와는 반대로 자연어 생성(Natural Language Generation)은 컴퓨터가 가지고 있는 의미표현을 특정 자연어로 표현해 내는 것이다. 따라서 컴퓨터내의 정보를 자연어로 표현할 수 있으면 비전문가들도 컴퓨터를 보다 더 쉽게 이용할 수 있게 된다. 자연어 생성을 필요로 하는(또는 있으면 편리한) 시스템에는 자연어 질의응답 시스템, 전문가 시스템, CAI 시스템, 데이터베이스 시스템, 기계번역 시스템, 텍스트 요약 시스템 등 여러 가지 시스템들이 있다.

자연어 생성은 무엇을 말할 것인가를 결정하는 단계와 어떻게 말할 것인가를 결정하는 단계로 나눌 수 있다. 무엇을 말할 것인가를 결정하는 것을 때로 텍스트 작성 계획(Text Planning)이라고 한다. 텍스트 작성 계획은 말하고자 하는 목표를 정하고 그 목표를 달성하기 위해 필요한 문장들을 찾아 나감으로써 완성할 수 있다.

말하고자 하는 것이 결정되면 어떻게 말해야 하는 지를 결정하여야 한다. 예를 들어 개념그래프로 표현된 [Tom] ← (AGNT) ← [EAT] → (OBJ) → [Cake]를 문장으로 표현할 때 '톰이 케이크를 먹었다'고 할 수도 있고 '케이크는 톰에게 먹혔다'고 할 수도 있을 것이다. 이처럼 문장 생성 시 화자의 의도나 상황도 중요한 고려 대상이다. 또한 여러 문장을 생성할 경우는 더욱 복잡해진다. 예를 들어 '광주발 서울행 비행기 출발시간이 7:00와

9:00에 있는데 7:00 비행기는 대한항공 이고 9:00 비행기는 아시아나 항공이다'라는 정보를 '대한항공의 광주발 서울행 비행기 출발시간은 7:00이고 아시아나 항공의 광주발 서울행 비행기 출발시간은 9:00이다' 라고 쓸 수도 있다.

즉, 표현하고자 하는 정보를 어떻게 나누느냐에 따라 문장의 표현이 달라지는 것을 알 수 있다. 어떻든 적절한 문장을 생성하기 위해서는 단어나 대명사의 선택이 적절하여야 함은 물론이고 말하는 의도나 상황 등도 고려하여야 한다. 이러한 복잡한 문제를 피하기 위하여 특정한 응용분야에서는 준비된 문장(Canned Text)를 이용하기도 하고 정해진 틀(Template)에 특정 단어를 채워 넣는 식으로 문장을 생성하여 쓰기도 한다. 하지만 이러한 방식으로는 다양한 문장의 생성이 어렵고, 복잡하고 동적인 상황의 설명을 위한 문장의 생성은 더욱 어렵다.

다음은 자연어 생성 과정 중 구문생성, 형태소 생성, 그리고 텍스트 생성 등에 대하여 알아보자. 구문생성 단계에서는 문장의 술어와 그 밖의 인자간의 관계를 이용하여 어순을 결정한다. 예를 들어 문장이 능동태로 표현될 것인지 수동태로 표현될 것인지에 따라 구문구조가 다르게 생성된다. 형태소 생성 단계에서는 문법기능과 어휘정보 그리고 음운환경 등에 따라 형태소 첨가와 형태소 합성이 이루어진다.

형태소의 종류에는 상(Aspect), 양상(Modal), 부정(Negation), 접미사(Suffix), 어말어미(Final Ending), 선어말 어미(Prefinal Ending), 조사(Postposition), 보조사(Auxiliary Postposition) 등이 있다. 이러한 형태소 정보에 따라 동사나 형용사 등에 형태소가 첨가된다. 하지만 이러한 형태소들의 단순한 결합만으로는 자연스러운 문장을 생성하기 어렵다. 이는 각 형태소들이 음운 환경에 따라 변하기 때문이다. 음운변동 규칙에는 모음조화(Vowel Harmony), 용언활용(Inflection), 조음소삽입(Epenthesis), 이형태(Allomorph), 활음화(Glide Formation), 대명사 교체(Pronoun Alternation), 탈락(Elision) 등이 있다. 다음은 형태소 첨가와 음운 변동에 의한 어절 생성 과정을 보여준다.

```
" 설명하 " + PAST + DECL
" 설명하 " + " 었 " + " 다 "
" 설명해 " + " ㅆ " + " 다 "
" 설명했다 "
```

텍스트 생성은 개별 문장들의 집합 이상의 의미를 갖는다. 예를 들어 식당에 대한 스크립트(Script)에 의해 생성된 다음과 같은 문장들이 있다고 하자[Grishman86].

```
1. Henry entered the restaurant.
2. Henry ordered a cold pheasant.
3. A cold pheasant arrived.
4. Henry ate the cold pheasant.
5. Henry paid the bill.
6. Henry left the restaurant.
```

앞의 문장들을 나열하여 놓아도 어떤 일이 일어났는지에 대한 내용은 이해하지만 다음과 같은 텍스트 보다는 이해하기 쉽지 않고 자연스럽지 못하다.

```
Before Henry ordered a cold pheasant, he entered the restaurant. After it arrived, Henry ate the cold pheasant. The bill was paid by Henry and he left the restaurant.
```

이처럼 문장들을 연결 하는데 대명사, 접속사, 수동태 등을 사용하면 보다 더 자연스럽고 이해하기 쉬운 텍스트가 된다. 따라서 개별 문장 생성뿐만 아니라 이들을 조합하여 자연스러운 텍스트를 생성하는 것도 자연어 생성에 있어서 중요한 연구 분야중의 하나이다.

10.7. 음성인식

자연어는 소리를 통하여 나타낼 수 있고 글로 써서 나타낼 수도 있다. 컴퓨터가 우리가 말하는 것을 직접 이해할 수 있다면 우리는 지금처럼 키보드를 이용하여 글을 입력하는 것보다 편하게 컴퓨터와 대화 할 수 있을 것이다. 이처럼 컴퓨터가 말소리를 이해하기 위해서는 음성인식(Speech Recognition)이 가능하여야 한다. 음성인식은 음성신호를 분석하여 어떤 단어들이 말하여 졌는지를 알아내는 작업이다. 음성인식이 된 다음에는 무엇이 말하여 졌는지를 알아내기 위한 작업까지를 더하면 전체적으로 음성이해(Speech Understanding)라고 한다.

음성인식을 위해서는 먼저 마이크를 통해 들어온 아날로그 신호를 디지털화하여 처리하여야 한다. 소리는 음의 높낮이를 나타내는 주파수(Frequency), 음의 크기를 나타내는 진폭(Amplitude), 그리고 각 음의 특성을 나타내는 음색(Tone color)의 세 가지 요소로 구성된다. 이러한 소리가 마이크를 통하여 들어오면 아날로그 신호로 변하고, 이는 다시 표본화와 양자화를 거쳐 디지털 신호로 변한다[그림 10.9].

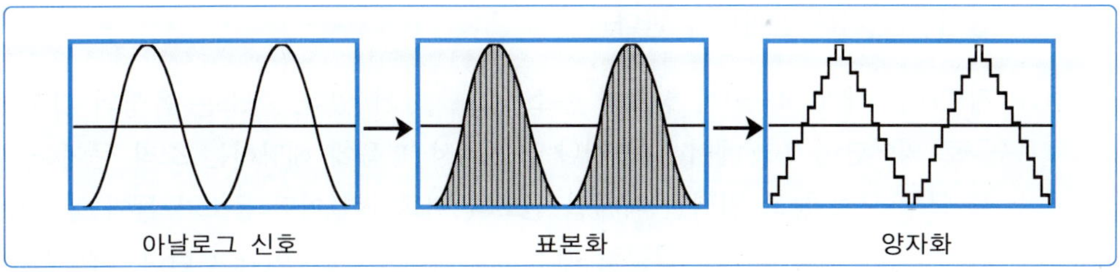

그림 10.9 음성신호

표본화(Sampling)란 아날로그 신호를 디지털신호로 바꾸기 위하여 표본을 취하는 것이며 표본화율(Sampling Rate)은 1초안에 몇 번 표본을 추출하는가를 말한다. 표본화율이 높으면 원음에 가깝지만 데이터의 양이 많아진다. [그림 10.9]에서 보는 바와 같이 아날로그신호가 디지털신호로 변환되면 [그림 10.10]과 같은 계단형의 근사파형이 된다. 이러한 근사파형의 생성을 양자화(Quantizing)라 한다. 양자화된 파형은 [그림 10.10]에서와 같이 원래 파형과 근사한 오차를 갖고 있다. 오차에 의한 잡음을 양자화 잡음이라 하며 이 잡음을 줄이기 위해서는 표본화 주기를 짧게 하여 계단의 간격을 좁히면 된다. 전화의 경우 보통 128계단을 사용 한다. 양자화란 표본화한 값을 얼마나 정확하게 표현할 것인가를 결정한다. 따라서 양자화는 음의 해상도를 결정하며 표본화한 값을 나타내는데 필요한 비트수와도 관련이 있다. 높은 양자화는 하나의 표본화된 값을 표현하는데 더 많은 수의 비트가 필요하다. 그러므로 8비트 양자화를 하면 256단계로 표본화 값을 표현할 수 있고 16비트 양자화를 하면 65,536단계로 표본화 값을 표현할 수 있다. [그림 10.10]은 표본화 주기의 정도를 비교한 것이다.

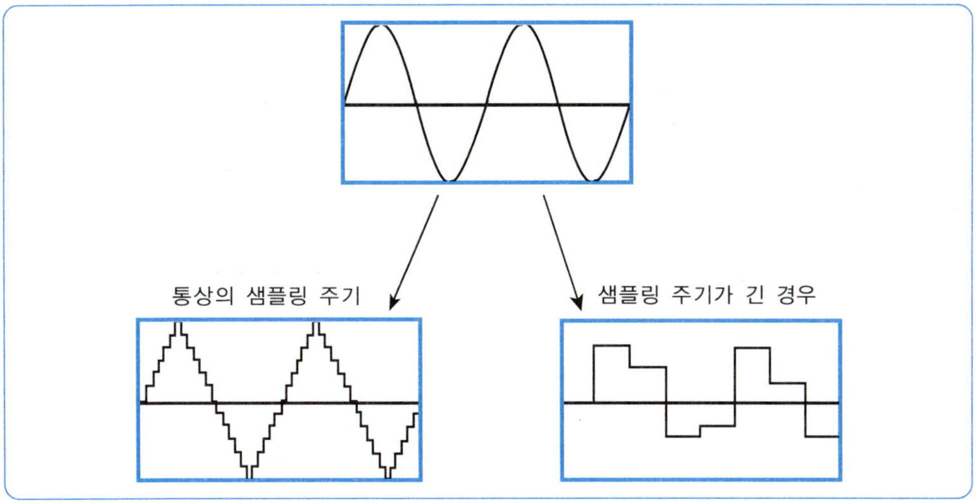

그림 10.10 표본화 주기의 크기 비교

[그림 10.10]에서 보듯이 높은 표본화와 양자화를 이용하면 원음에 더 가까운 디지털 신호를 얻을 수 있다. 디지털 신호가 얻어지면 그 신호 안에 어떤 단어가(말하여 졌는지) 들어 있는지를 알아내야 한다.

자연어는 대개 40~50개 정도의 음소(Phonemes) 가 있다. 음소는 음성의 가장 작은 단위들로 영어단어 'Big'에서 'B'음이나 'Pig'에서 'P'음에 해당하는 소리 등이다. 이들 음소를 모두 모아 놓고 입력된 디지털 신호와 비교하여 어떤 음소가 들어 있는지를 밝혀낸다. 이러한 매칭 과정을 템플릿 매칭(Template Matching) 이라고 한다. (같은 단어라 하더라도 느리게 말하여 질 때와 빨리 말하여 질 때 차이가 나는데 이러한 속도를 감안하여 인식할 수 있는 방법을 Dynamic Time Warping이라고 한다.)

입력된 음소가 모두 밝혀지면 다음에는 이 음소들이 어떤 단어를 이루고 있는지를 알아내야 한다. 예를 들어 음소 'b', 'i', 'g'를 모아 'Big'이라는 단어를 구성할 수 있다. 이처럼 음성인식 과정이 간단해 보이는 실제 음성인식을 수행하는 과정에는 많은 문제가 따른다. 같은 단어라 하더라도 여러 가지 요인에 의해 (사람에 따라 시간에 따라)다르게 발음될 수 있다. 같은 발음을 갖는 여러 단어가 있을 수도 있고,(e.g., bear와 bare), 또는 문장 내에서 한 단어의 끝과 시작이 어디인지를 구분하기도 쉽지 않다. 예를 들어 '아버지가 방에 들어가신다.'를 '아버지 가방에 들어가신다.'로 인식할 수도 있다는 것이다. 주위의 잡음 또한 음성인식을 어렵게 만드는 요인이고 전화 통화음은 높은 주파수대의 음이 소거되어 인식에 어려움을 준다.

위와 같은 여러 가지 어려움을 극복하기 위해 확률을 사용하기도 한다. 예를 들어 어떤 음소가 'th'와 'f'같을 때 'th'일 확률을 50% 그리고 'f'일 확률을 30%로 적용한다. 등의 통계정보를 사용하기도 한다. 또한 실생활에 사용될 수 있는 음성인식기를 만들기 위해서는 여러 가지를 단순화 시켜 인식의 정확도를 증가시켜야 한다. 이를 위하여 여러 사람의 음성을 다 인식하는 것이 아니라 한 사람의 음성만을 인식할 수 있는 시스템을 개발하고 사용자는 자신의 목소리로 시스템을 훈련시켜 사용한다. 그리고 연속음을 인식하는 연속음성 인식기(Continuance Speech Recognizer)보다 개별단어 인식기(Individual Word Recognizer)가 구현하기 쉬우므로 좀 불편하더라도 개별단어 인식기를 사용하기도 한다. 실생활에서는 'YES'와 'NO' 그리고 0 부터 9까지의 숫자만을 인식하는 시스템을 사용하기도 한다.

지금까지 설명한 음성인식의 결과는 입력된 음성신호에 어떤 단어들이 들어 있는지를 밝혀내는 것이었다. 다음 단계는 이렇게 얻어진 단어들이 무엇을 의미하는지를 알아내야 하는 것이다. 이를 위해서는 앞에서 설명한 자연어 이해(Nature Language Understanding) 과정을 거쳐야 한다.

연습문제

1 자연어 처리 응용분야를 크게 세 가지로 나누어 설명하시오.

2 자연어 처리에 필요한 지식에는 어떤 것들이 있는지 설명하시오

3 일반적인 자연어 처리 단계를 설명하시오.

4 다음 문장을 인식할 수 있는 문법을 만들고 각 문장의 파스트리를 구성하시오.

a. Tom ate the cake.

b. The lion ate the teacher.

c. The lion kissed Tom.

5 4번 문제에 있는 문장을 인식할 수 있도록 ATN을 작성하시오.

6 다음 문장을 이해하기 위해 필요한 지식은 무엇인지 말하고 이들 문장을 개념그래프로 표현하시오.

a. The brown dog ate the bone

b. Mary watered the plants

c. Tom ate the delicious cake

7 ATN 인터프리터를 구현하시오.

8 간단한 분법을 작성하고 이를 이용한 상향식 파서를 구현하시오.

9 간단한 분법을 작성하고 이를 이용한 하향식 파서를 구현하시오.

11 컴퓨터 시각

사람의 오감(시각, 청각, 미각, 촉각, 후각) 중 시각(Vision)이 가장 중요한 역할을 한다고 할 수 있다. 시각은 많은 양의 정보를 단시간에 받아들일 수 있는 효율적인 입력 수단이다. 따라서 컴퓨터가 시각을 가지면 할 수 있는 일들이 많아지고 작업의 능률도 높일 수 있는 것이다. 이러한 컴퓨터 시각 기능은 기계 작업의 감시, 침입탐지, 로봇 시각은 물론이고 군사나 의료분야 그리고 생체인식이나 인공위성에 까지 그 응용 영역은 다양하다.

컴퓨터 시각은 대부분 다음과 같은 네 단계를 통해 이루어진다.

❶ 영상 획득(Image Acquisition)

컴퓨터 시각 시스템에서 사람의 눈과 같은 역할을 하는 것은 비디오카메라이다. 비디오카메라는 영상을 전기적 신호로 바꾼다. 그리고 전기적 아날로그신호는 디지털신호로 바뀐다. 이처럼 카메라를 통해 들어온 영상신호를 컴퓨터가 처리할 수 있는 디지털신호로 바꾸어주는 작업을 영상 획득이라 한다.

❷ 영상 처리(Image Processing)

영상 처리 단계에서는 저장된 디지털정보를 가공하여(e.g., 잡음 제거나 명암 조절 등) 습득된 영상의 질을 높인다. 사진을 찍은 다음 필름을 손질하여 더 선명한 사진을 얻는 것과 같은 원리이다.

❸ 영상 분석(Image Analysis)

영상 분석 단계에서는 받아들인 영상의 내용이 무엇인지 밝혀내기 위해 영상 내에 있는 개체들의 경계를 검출하고 음영이나 질감 등의 정보를 분석한다. 즉 개체의 윤곽을 그리고 각 면의 음영이나 질감을 알아내는 것이다. 하지만 영상 분석 결과만으로는 아직 각 개체들이 무엇인지 밝힐 수는 없다.

❹ 영상 이해(Image Understanding)

영상 이해 단계에서는 받아들인 영상의 내용이 무엇인지를 알아낸다. 이를 위하여 미리 저장된 영상 정보와 입력된 영상 정보를 비교하여 매칭이 되는 것이 있는지를 찾아 입력된 영상의 내용이 무엇인지를 밝힌다. 이러한 작업을 위하여 탐색이나 패턴매칭 기술이 필요하다. 7장에서 설명한 인공 신경망을 이용하여 영상 이해의 효율을 높이기도 한다.

이제까지 컴퓨터 시각의 네 단계를 간단히 살펴보았다. 다음 절 부터는 이 네 단계를 좀 더 자세히 알아보기로 하자.

11.1. 영상 획득

영상 획득은 비디오카메라를 통해서 이루어진다. 카메라는 입사된 빛을 전기적 신호로 바꾸어 준다. 영상 획득을 위하여 주로 사용되는 카메라에는 비디콘(Vidicon)과 CCD(Charged Coupled Device)가 있다. 비디콘은 텔레비전 카메라로 많이 사용되고 컴퓨터 시각을 위해서는 CCD를 더 많이 사용한다. 이는 CCD가 비디콘보다 크기가 작고 감광력이 높으며 낮은 전력을 사용하기 때문이다.

비디콘은 [그림 11.1]과 같은 구조를 가지고 있으며, 비디콘의 중요한 요소만을 표시하였다.

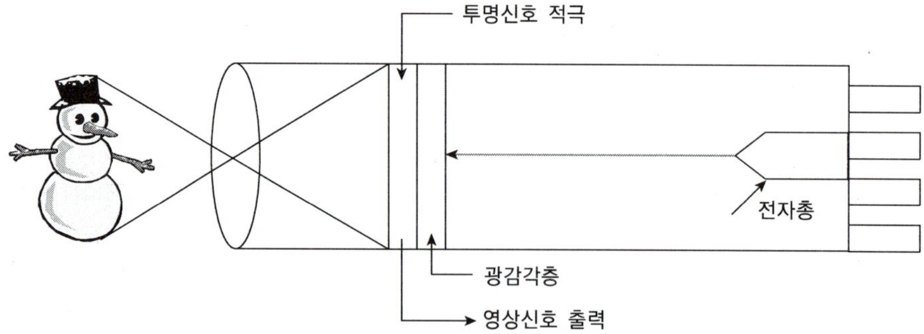

그림 11.1 비디콘의 구조

렌즈를 통해 들어온 빛이 광감각층(Photoconductive Target)에 닿으면 빛의 양에 따라 전하가 생성되고 이는 전자총(Electron Gun)에서 방출된 전자에 의해 중화 된다. 이때 광감각층의 어려 부분은 닿는 빛의 양에 따라 생성되는 전하의 양도 달라지고 이를 중화시키기 위한 전자의 양도 달라진다. 이러한 전자의 양 차이가 투명신호전극(Transparent Signal Electrode)에 포착되어 전기적 영상신호로 출력된다. 이 때 대개 전압이 0.7볼트 정도이면 흑색을 나타내고, 1.5볼트 정도이면 백색을 나타낸다. 그리고 그 사이 값으로는 여러 가지 명암을 나타낼 수 있다.

2차원 평면인 광감각층의 모든 부분에 들어오는 빛의 신호를 전기적 신호로 바꾸기 위하여 전자총은 2차원 평면을 여러 줄로 나누어 스캔한다[그림 11.2]. 스캔을 위하여 우리나라, 미국, 일본 등은 NTSC(National Television System Committee)방식을 사용하여 한 평면에 525개의 수평 주사선을 사용한다. 유럽에서는 PAL(Phase Alternating Line)방식을 사용하여 625개의 수평주사선으로 한 평면을 스캔한다.

그림 11.2 래스터 스캐닝

[그림 11.2]에서 실선은 전자빔에서 전자가 방출되어 이루는 주사선이고 점선은 주사선이 왼쪽에서 오른쪽으로 주사 되었다가 다시 다음 줄의 왼쪽으로 이동하는 것을 나타낸다. 이때점선은 전자가 방출되지 않는 것을 나타낸다. 마지막 주사선의 스캔이 끝나면 다시 화면의 첫 주사선의 시작점으로 이동하며 이때도 전자는 방출되지 않는다.

CCD는 빛에 민감하고 크기도 작고 낮은 전력으로 사용이 가능하며 가격도 비디콘 보다 저렴해서 컴퓨터 시각을 위해서는 CCD가 많이 사용된다. CCD는 렌즈를 통해 받아들인 빛을 [그림 11.3]과 같이 여러 개의 작은 축전기에 저장한다.

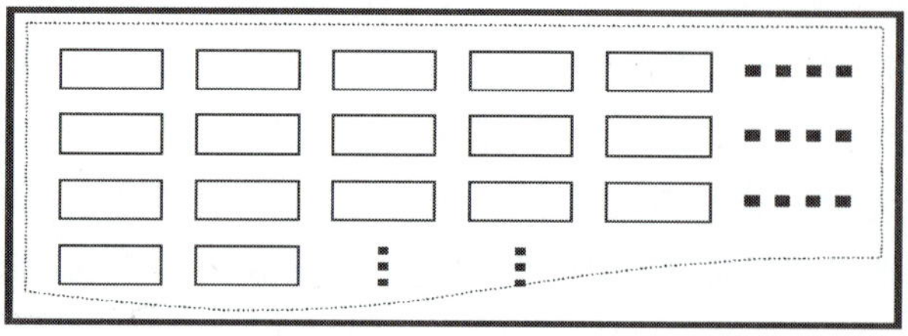

그림 11.3 CCD의 축전기 배열

CCD의 축전기판은 그 크기가 64*64, 244*190, 488*380 그리고 512*512 등 여러 가지가 있다. 하나의 판에 작은 축전기가 많이 있으면 많이 있을수록 입력된 영상의 해상도는 높다. 해상도가 높은 그림은 더 선명하게 보인다.

11.1.1 디지털 신호의 생성

카메라는 빛의 신호를 [그림 11.4]와 같이 전기적인 아날로그 신호로 바꾸어 준다. 이렇게 생성된 아날로그 신호는 컴퓨터에서 처리하기 위하여 디지털 신호로 바꾸어 주어야 하는데 이런 변환은 Analog-to-Digital Converter(ADC)가 수행한다. 이러한 변환 작업은 10장에서 설명한 소리신호처리 때와 같이 표본화와 양자화를 거쳐 수행한다.

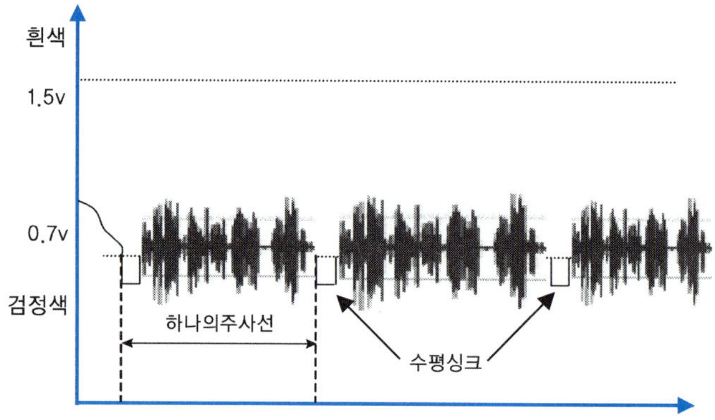

그림 11.4 카메라에서 출력된 영상 신호

픽셀(Pixel)은 화면상에 나타낼 수 있는 가장 작은 점이다. 하나의 픽셀을 표현 하는데 4비트를 사용하면 픽셀의 명암은 16가지로 표현할 수 있고 8비트를 사용하면 256가지의 서로 다른 명암을 나타낼 수 있다. 하나의 화면을 구성하는데 NTSC 방식에서는 525개의 주사선이 필요한데 하나의 주사선은 200~500개의 픽셀로 구성된다. 따라서 한 픽셀 당 8비트를 사용하고, 주사선 당 500개의 픽셀이 있고, 525개의 주사선으로 한 화면이 구성한다면 한 화면은 정보를 기억장치에 저장하기 위해서는 8∗500∗525 = 2,100,000비트(262,500바이트)가 필요하다. [그림 11.5]는 픽셀로 구성된 하나의 영상을 보여준다.

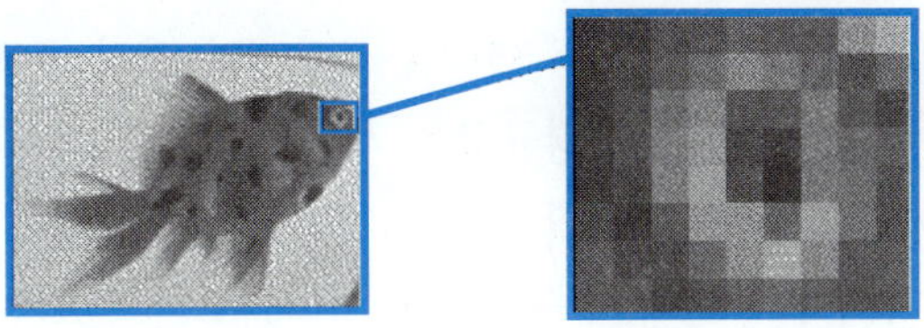

40	22	23	26	27	23	22	19	17
38	24	23	26	27	22	21	18	16
38	28	28	33	23	23	27	26	19
38	23	21	27	28	29	33	28	26
38	22	23	29	26	28	31	22	22
36	22	24	28	29	33	34	33	31
35	21	26	28	30	32	33	26	24
35	14	18	21	22	33	46	43	44

그림 11.5 픽셀로 구성된 화면

11.2. 영상 처리

앞 절에서 설명한 영상 획득 작업 후에 얻어진 디지털 신호 정보를 조작하여 영상의 질을 높이는 작업이 영상 처리(image processing) 작업이다. 영상 처리를 수행하고 나면 더욱 선명한 영상을 재생할 수 있는 정보를 갖게 되어 영상 분석(Image Analysis) 및 영상 이해(Image Understanding) 작업을 쉽게 할 수 있게 된다.

예를 들어 어둡거나 너무 밝은 곳에서 얻은 영상은 정확한 정보를 갖기 어렵고 카메라의 성능이 떨어져서 부정확한 영상 정보를 얻기도 한다. 이러한 문제들을 해결하기 위해 다음과 같은 영상 처리 작업을 수행한다.

11.2.1 잡음 제거

잡음 제거(Noise Elimination)는 획득된 영상 정보에 섞여 있는 잡음을 제거하거나 줄여주는 작업이다. 대부분 잡음은 주변 영상과 그 밝기가 크게 차이가 난다. 따라서 잡음 제거를 위해 연속된 픽셀들의 밝기값(앞으로는 픽셀값이라 한다)들의 평균값을 구하여 사용한다. 예를 들어 다음과 같은 연속된 픽셀의 값이 있다고 하자.

17	15	16	17	33	18	16	17

앞의 그림에서 우리는 왼쪽에서 다섯 번째 픽셀값이 주변의 픽셀값보다 크게 차이가 남을 알 수 있다. 따라서 그 픽셀값이 잡음에 의한 것이라고 생각하고 이를 제거하기

위해 네 개의 연속된 픽셀값의 평균으로 픽셀값을 재조정하면 다음과 같다.

16.25	20.25	21	21	21

즉, (17 + 15 + 16 + 17) / 4 = 16.25, (15 + 16 + 17 + 33) / 4 = 20.25와 같이 주변 픽셀과의 평균값을 그 픽셀값으로 갖는 것이다. 이처럼 평균값을 사용하면 각 픽셀값이 주변의 픽셀값과 비슷해짐을 알 수 있다. 평균값을 구할 때 몇 개의 (주변)픽셀에 대한 평균값을 구하느냐 하는 것을 결정하여야 하는데 이를 마스크(Mask) 또는 윈도우(Window)라 한다. 이러한 픽셀값의 평균화 작업을 평활화(Smoothining)라고 하며 평활화는 선형의 픽셀들에게만 적용할 수 있는 것이 아니고 2차원 평면에도 적용할 수 있다. [그림 11.6]은 2차원 영상에 3*3 마스크를 적용한 결과를 보여준다.

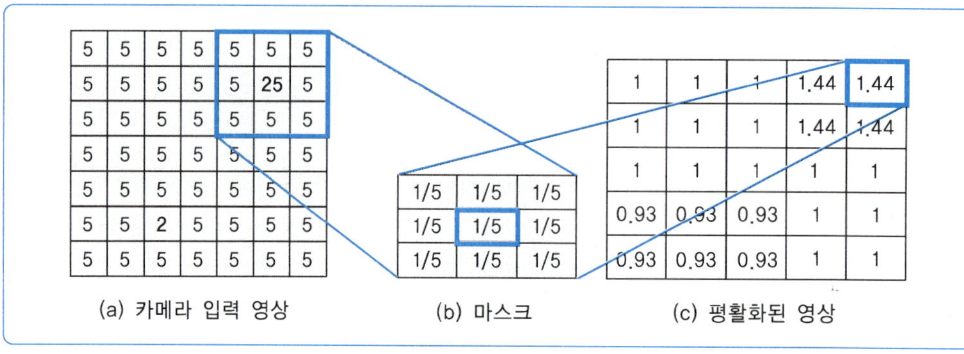

그림 11.6 2차원 영상의 평활화

[그림 11.6(a)]에서 굵은 선으로 표시된 부분의 픽셀값에 (b)의 마스크 값을 곱하여 얻은 평균이 평활화된 영상(c)의 오른쪽 맨 위의 픽셀 값이다. 즉 2차원 평면 마스크의 중앙에 있는 픽셀값이 계산되는 것이다. (5*1/5 + 5*1/5 + 5*1/5 + 5*1/5 + 5*1/5 + 5*1/5 + 5*1/5 + 5*1/5 + 25*1/5) / 9 = 1.44 그리고 마스크를 상하 좌우로 이동시켜서 평활화된 영상내의 모든 픽셀값을 같은 방법으로 계산한다. 이처럼 평활화된 영상에서는 픽셀 값이 주변의 픽셀값과 비슷하게 되어 주변과 급격히 달라지는 픽셀값(i.e., 잡음)이 사라지게 된다. 그리고 평활화된 영상의 크기가 카메라 입력 영상의 크기보다 줄어든 것을 알 수 있다. 이는 마스크의 중앙값 만이 평활화된 영상에 남기 때문이다. 이러한 영상의 크기는 또 다른 방법으로 복원 할 수 있지만 그 방법은 여기서 논하지 않는다.

마스크는 평균뿐만 아니라 중간값(Median)이나 다른 방법으로 사용할 수도 있고 마스크 내의 특정 픽셀값에 가중치를 부여하여 사용할 수 도 있다.

11.2.2 명암 척도 변환

영상 처리의 또 다른 방법으로 명암 척도 변환(Gray Scale Modification)이 있다. 예를 들어 가장 어두운 픽셀의 값을 0(8비트 이진수로 00000000)으로 표현하고 가장 밝은 픽셀값을 255(8비트 이진수로 11111111)로 그리고 그 중간값들을 명암 차에 따라 여러 가지 회색으로 표현 된다고 하자.

그러면 어두운 곳에서 얻은 영상 정보는 픽셀값들이 대부분 0에 가까운 낮은 값들을 가질 것이다. 이러한 영상의 픽셀값들에 일정값을 더해주면 [그림 11.7]처럼 영상이 전체적으로 밝아지게 할 수 있다.

그림 11.7 밝기 조절을 이용한 영상조작

이처럼 픽셀값을 조절하여 영상 내 명암의 크기를 변환시키는 방법을 명암 척도 변환이라 한다.

또한 한 영상 내의 가장 밝은 픽셀값과 가장 어두운 픽셀 의 차이를 크게 하여 명암의 대비를 더욱 선명하게 하는 방법이 있는데 이를 대비증진(Contrast Improvement)이라고 한다. 예를 들어 한 영상에 속한 모든 픽셀 중 가장 어두운 픽셀값이 70이고 가장 밝은 픽셀 값이 150일 때 이들은 0과 255로 놓고 다른 픽셀 값들을 이에 비례하여 조정하면 명암의 대비가 더욱 선명한 영상을 얻을 수 있다. 이처럼 영상 처리를 거친 영상 정보는 영상 분석 작업에 사용된다.

11.3. 영상 분석

영상 습득과 영상 처리 단계에서는 영상의 내용에는 관심이 없었고 영상 정보의 표현에 관심을 가졌었다. 영상 분석(Image Analysis) 단계에서는 영상을 구성하고 있는 개체들과 그들의 위치 등 영상의 내용물을 밝히기 위한 작업을 시작한다.

영상 분석은 좀 더 구체적으로 말해서 영상 내 물체의 영역과 경계를 밝히는 작업이다. 경계는 두 면이 만나는 곳이나 개체와 배경이 만나는 곳에서 생성되며 영역은 여러 경계들로 구분되고 대부분 비슷한 명암도(Intensity)를 갖는다. [그림 11.8]은 경계와 영역을 볼 수 있는 영상의 예이다.

그림 11.8 영상에서의 경계와 영역

11.3.1 경계 검출

영상을 구성하고 있는 여러 개의 픽셀들은 이진수로 저장되어 있는데 어떤 픽셀들이 경계를 표시하는 픽셀들인지 알아내는 작업이 경계 검출(Edge Detection)이다. 경계는 영상을 이해하는데 많은 정보를 제공해주기 때문에 경계 검출은 중요한 작업이다. 이러한 작업은 인접 픽셀값을 비교하여 차이가 크면 그 사이에 경계가 존재한다고 생각하고 수행한다. 픽셀값의 차이가 미미한 픽셀들은 같은 영역에 속하는 것으로 본다. 따라서 경계검출 프로그램은 사전에 픽셀값의 차이가 얼마 이상이면 경계로 볼 것 인가를 알고 있어야 한다. 이러한 차이를 임계치(Threshold)라고 한다.

예를 들어 다음과 같은 픽셀값의 1차원 배열이 있다면 왼쪽에서 세 번째 픽셀값과 네 번째 픽셀값의 차이가 큼을 알 수 있다.

15	17	16	31	37

따라서 세 번째와 네 번째 픽셀 사이에 경계가 있다고 볼 수 있다. 이러한 작업을 2차원 영상에 적용하려면 11.2.1절에서 잡음제거 시 사용 하였던 것과 같은 2차원 마스크를 사용한다.

[그림 11.9]에 보인 경계검출용 마스크는 크기가 3*3 마스크인 Sobel 연산자이다. 그러나 마스크의 크기에는 장·단점이 있다. 크기가 작은 마스크를 사용하면 세밀한 경계의 검출은 용이하지만 잡음에 민감하고 크기가 큰 마스크는 반대로 잡음이 많은 영상에는 효율적으로 사용할 수 있지만 세밀한 경계검출이 어렵다.

1	2	1
0	0	0
−1	−2	−1

(a) 수평 경계

1	0	−1
2	0	2
1	0	−1

(b) 수직 경계

2	1	0
1	0	−1
0	−1	−2

(c) 사선(/)경계

0	1	2
−1	0	1
−2	−1	0

(d) 사선(\ )경계

그림 11.9 경계검출용 마스크

경계검출 결과를 향상시키기 위해 수행하는 작업은 경계정밀화(Edge Refinement)와 떨어진 경계선을 연결하는 작업이 있다. 경계정밀화는 애매한 경계선의 굵기를 가늘게 하여 경계위치의 정확도를 높이는 작업이다. [그림 11.10]은 경계검출의 예를 보인 것이다.

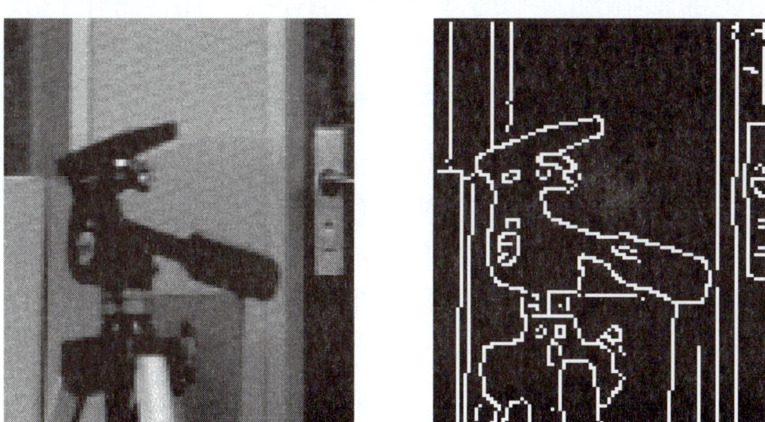

(a) 원본 사진 (b) 경계검출 결과

그림 11.10 경계검출의 예

11.3.2 경계선 다듬기와 영역 찾기

경계검출에 의해 얻어진 정보는 점(픽셀)들의 집합이다. 이러한 점들이 개체의 경계를 표시하는 경계선 위에 모여 있으며 더욱 유용한 정보가 된다. 따라서 삼각형은 세 개의 선으로 그 모양을 표시할 수 있다. 이처럼 경계선을 따라 물체의 모양을 파악하는 방법에는 하나의 모서리에서 시작하여 경계선을 따라서 다른 모서리를 찾아가는 방법이 있다. 그러나 경계선이 계속 연결되지 않고 끊어져 있을 때는 이런 방법은 효율적이지 못하다. 예를 들어 [그림 11.11]처럼 집 앞에 사람이 서 있으면 지붕의 경계선 하나는 두 분분으로 나뉘게 된다.

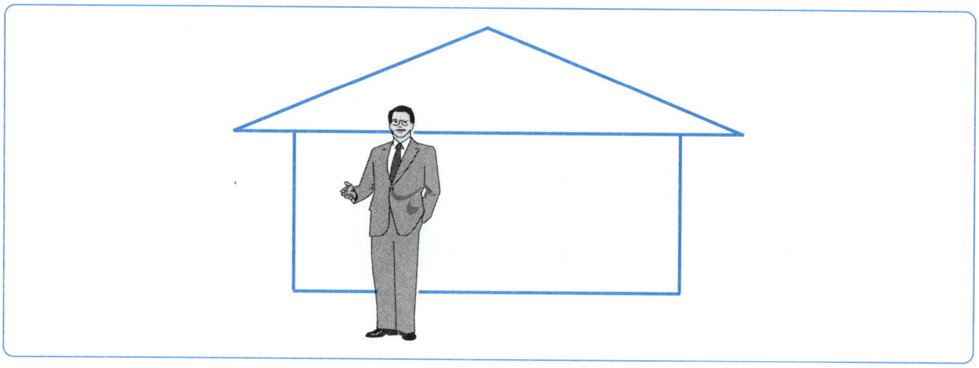

그림 11.11 집과 사람

이 때 사람에 가려서 둘로 나뉜 지붕의 경계선은 두 부분의 끝을 찾아 연결하여주면 된다. 하지만 곡선인 경우는 어떻게 할 것인가? 이는 곡선 방정식을 이용하여 해결할 수 있다. 이러한 해결 방법을 Hough Transform이라 한다.

영상 내 물체들의 경계선을 모두 찾은 다음에는 이를 이용하여 어떤 경계선들이 어떤 영역(Region)을 형성 하는지를 밝혀야 한다. 어떤 물체의 표면이나 배경 등의 영역을 바로 찾을 수 있으면 경계선을 찾을 필요도 없을 것이다.

영역을 찾기 위한 방법으로 영역 확장법(Region Growing)과 영역 분할법이 있다. 영역 확장법은 임의의 픽셀에서 시작하여 주위의 픽셀들이 유사한 값(특성)을 가지면 그들을 하나의 그룹으로 만들어 같은 영역을 구성하는 픽셀들로 본다. 동일 그룹에 있는 픽셀들은 같은 번호를 부여하여 다른 영역을 구성하는 픽셀들과 구분한다. 이처럼 유사성이 있는 픽셀들을 같은 그룹으로 추가하여 영역을 확장 시키면서 더 이상 유사성이 있는 픽셀이 없을 때까지 계속한다. 인접픽셀이 유사한 픽셀 값을 갖지 않으면 그곳에서부터 다른 영역이 시작된다고 볼 수 있다.

경계에서 개체와 개체사이의 경계도 있고 [그림 11.11]에서 지붕과 벽사이의 경계처럼 동일 개체에 존재하는 경계도 있다. 이러한 경계를 찾는 하나의 방법으로 경계선이 만나는 교차점을 보고 결정하는 방법이 있다. Waltz 알고리즘은 간단한 블록들의 경계검출 알고리즘인데 [그림 11.20]과 같은 교차점 정보를 이용한다.

11.3.3 입체 정보 분석

물체가 얼마나 멀리 떨어져 있는지 또는 어느 방향으로 향하고 있는지 등의 정보를 알면 그 물체가 무엇인지를 밝히는데 큰 도움이 된다. 경계나 영역이 밝혀지고 나면 물체에 대한 입체 정보를 얻는 작업을 수행한다. 본 절에서는 이러한 입체 정보를 얻기 위해서 사용하는 기법들을 살펴보기로 한다.

입체 시각(Stereo Vision)은 사람이 두 눈을 사용하여 거리감을 느끼는 것과 같이 두 대의 카메라를 사용하여 입체 정보를 획득하는 기법이다. 눈앞에 물체를 가까이 두고 보면 양 눈에 보이는 물체의 위치가 서로 다름을 알 수 있다. 실제로 두 눈을 따로따로 사용하여 보면서 실험 해 보기 바란다. 이때 물체의 거리가 멀어짐에 따라 두 눈에 보이는 물체의 위치도 가까워짐을 알 수 있다. 이러한 사실을 이용하여 카메라를 두 대 사용하면 거리 정보를 얻을 수 있다.

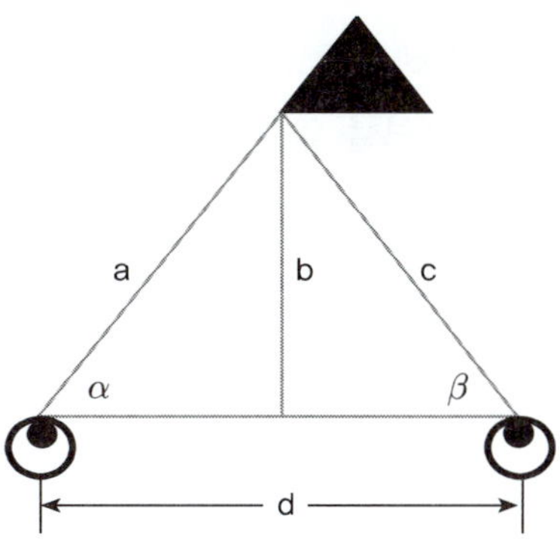

그림 11.12 입체 시각

[그림 11.12]에서 처럼 카메라 두 대를 사용하여 거리 b를 알아내는 수식은 다음과 같다.

$$\frac{a}{\sin\beta} = \frac{d}{\sin(180° - \alpha - \beta)}$$

여기서 $b = a \sin \alpha$ 이므로

$$b = \frac{d \sin \beta \sin \alpha}{\sin(180° - \alpha - \beta)}$$

이다. 따라서 두 카메라 사이의 거리 d를 알고 α와 β각도를 측정할 수 있으면 거리 b를 알아 낼 수 있다.

이제 두 카메라 사이의 정확한 거리와 두 각도 α와 β를 정확히 측정하여야 한다. 이때 여러 가지 사항(렌즈의 수차나 카메라의 위치 등)을 고려하여 카메라 보정(Calibration)을 수행한다[Tsai85]. 이러한 정밀한 보정은 이동 로봇이나 자동운전 자동차와 같이 정밀한 측정이 필요한 경우 더욱 중요하다. 여기서 한 가지 중요한 것은 두 카메라에 잡히는 영상 가운데 한 물체의 동일점이 어떤 것인지 어떻게 알아내느냐 하는 것이다. 즉 두 대의 카메라를 사용하기 때문에 한 물체에 대한 영상을 두 개 얻게 되는데, 이 두 개의 영상 중에서 어느 부분이 동일한 부분인지를 알아내는 것은 쉽지 않다. 이는 같은 물체라도 서로 다른 위치에서 얻은 영상이기 때문에 비슷하지만 똑같은 것은 아니다. 또한 한 영상에서는 나타나는 부분이 다른 영상에는 나타나지 않을 수도 있다. 이러한 작업을 입체부합(Stereo Matching)이라 하고 영역을 구분하여 수행하는 방식[Kuroe86]과 물체의 특징을 이용하는 방식이 있다.

화상을 구성하는 물체의 텍스처(Texture)와 명암(Shading)을 이용하여 물체의 위치와 놓인 방향(Orientation)에 대한 정보를 얻을 수 있다. 여기서 텍스처는 물체의 표면에 주기적으로 나타나는 패턴을 의미하는 표면결이다. [그림 11.13]에서 텍스처를 이용하여 원근감을 나타내고 패턴이 다른 부분이 서로 다른 물체임을 알게 해줌을 알 수 있다.

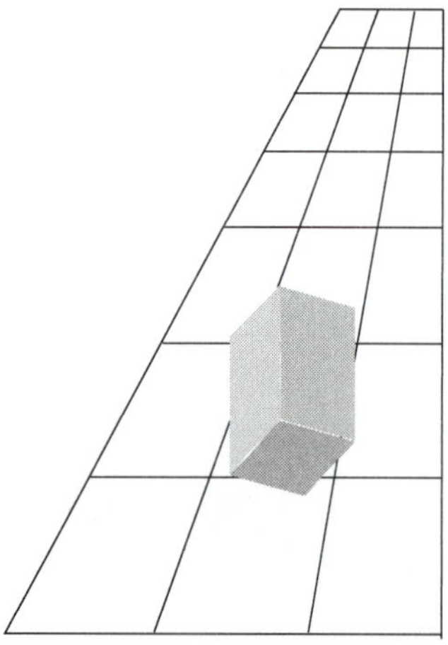

그림 11.13 텍스처의 이용

물체의 명암도 그 물체의 모양을 파악하는데 중요한 정보를 제공한다. 예를 들어 물체의 곡면에 나타나는 명암을 이용하면 물체의 모양을 효율적으로 알아낼 수 있다. [그림 11.14]는 물체의 명암을 보여주는 하나의 그림이다.

그림 11.14 물체의 명암

11.4. 영상 이해

지금까지 수행한 영상 획득, 영상 처리, 영상 분석 등의 작업을 수행하여 얻어진 영상정보를 가지고도 아직 컴퓨터는 그 영상의 내용물을 이해하지 못한다. 즉, 그 영상에 무엇이(어떤 물체가) 표현되어 있는지를 알지 못하고 있다. 영상 이해(Image Understanding)단계에서는 컴퓨터에 미리 저장해 놓은 알고 있는 물체들의 영상 정보와 입력된 영상 정보를 비교하여 영상의 내용물을 알아내는 작업을 수행한다. 이러한 작업은 주로 탐색과 패턴 매칭(Pattern Matching)에 의해 이루어진다.

11.4.1 원형 매칭

원형 매칭(Template Matching)은 영상 이해에 흔하게 사용되는 방법으로 미리 저장된 물체의 영상 정보(원형)와 입력된 영상 정보를 비교하여 그 물체가 무엇인지를 알아내는 방법이다. 즉 저장된 하나의 원형과 입력된 영상을 비교하여 보고 비슷하면 그 물체를 인식하고 그렇지 않으면 다음 원형과 비교한다.

모든 원형과의 매칭을 다 시도한 후에도 비슷한 것이 없으면 인식은 실패한다. 따라서 원형이 저장되지 않은 물체는 인식할 수 없다. 이는 간단하고 효과적인 방법이지만 어려운 점도 있다.

원형 매칭의 어려운 점은 저장된 원형이 크기나 모양이 고정 되어 있는 데서 온다. 예를 들어 자동차도 그 모양이 여러 가지이고 어느 방향에서 보느냐에 따라 같은 자동차라 하더라도 다르게 보인다[그림 11.15]. 따라서 저장된 원형과 입력된 영상이 보는 각도가 다르면 그 물체의 원형이 저장되어 있더라도 그 물체를 인식하지 못할 수 있다.

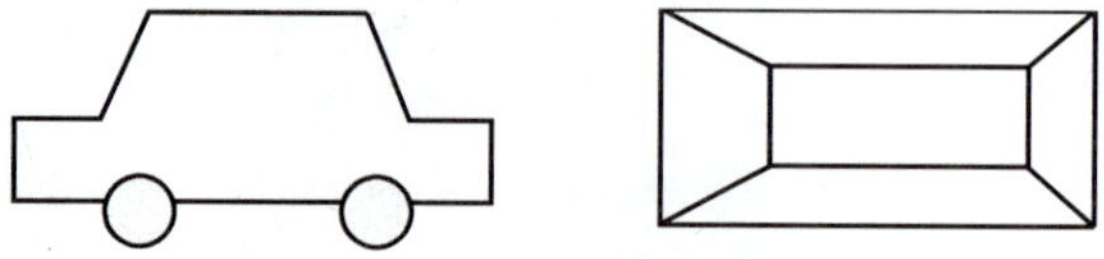

(a) 옆에서 본 자동차 (b) 위에서 본 자동차

그림 11.15 동일물체에 대한 서로 다른 원형

이러한 문제를 간단히 해결할 수 있는 방법은 하나의 물체에도 여러 가지 원형을 만들어 보관하는 것이다. 그렇다고 하더라도 어떤 물체에 대한 모든 모양을 다 원형으로 만들어 보관할 수는 없다. 따라서 소수의 원형을 만들어 보관하고 그것을 변형(크기나 방향 등) 할 수 있는 수학적 프로그램을 사용하는 것도 좋은 방법이다.

원형 매칭 방법은 문제점이 있기는 하지만 구분하여야 할 물체의 종류가 다양하지 않은 산업현장([그림 11.16])이나 군사용 시각 시스템에서는 효과적으로 사용될 수 있는 방법이다.

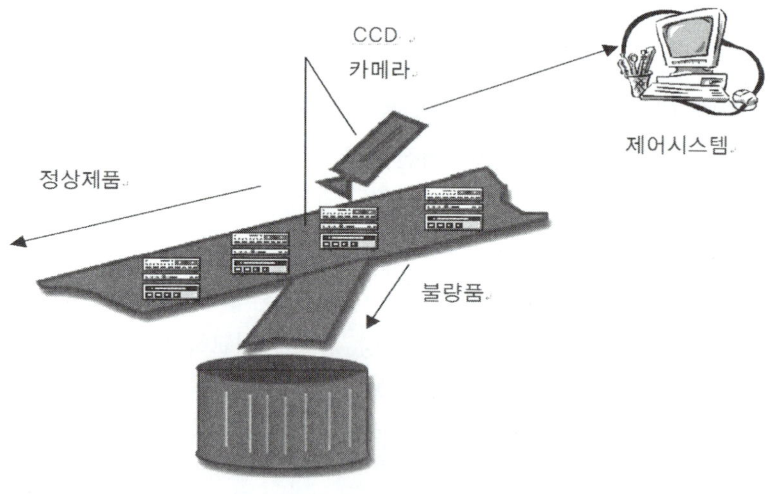

그림 11.16 생산라인에서 사용되는 시각 시스템의 예

11.4.2 특성 매칭

원형 매칭은 물체의 전체 모양을 저장하여 놓고 매칭에 사용하는 반면 특성 매칭에서는 물체의 부분 부분을 매칭에 의해 찾은 다음 이들을 조합하여 전체 모양을 알아내는 방법이다.

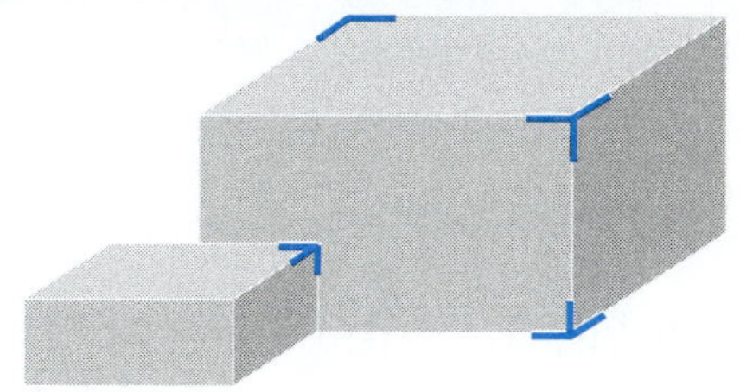

그림 11.17 여러 종류의 모서리

예를 들어 블록세계(Blocks world)에서 여러 개의 블록들이 놓여 있는 구조를 밝히는데 모서리 정보들을 획득하여 이를 조합함으로써 전체적인 블록들이 어떻게 놓여 있는지를 알아낼 수 있다[그림 11.17]. 즉 컴퓨터는 여러 가지 모서리에 대한 정보를 알고 있고 이들이 어떻게 조합될 수 있는지 그 조합에 따라 어떤 블록이 형성되는지에 대한 규칙을 가지고 있다. 이를 구체적으로 살펴보면 다음과 같다. 삼면체(Trihedral)를 구성하는 선의 종류를 [그림 11.18]과 같이 정의하자.

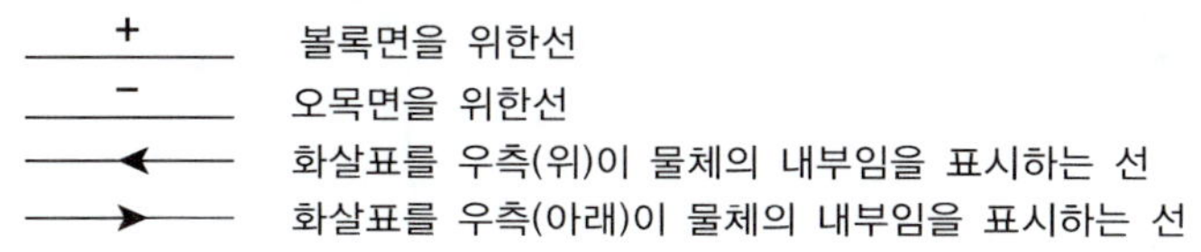

그림 11.18 삼면체를 구성하는 선의 종류

물체를 인식하기 위해 선의 종류를 [그림 11.18]과 같이 정의하면 어떤 물체를 구성하는 선이 N개라면 4^N 가지의 선의 조합이 가능하다. 이중 어느 조합이 그 물체를 표현하는데 정확한 조합인가를 찾기는 쉽지 않다.

[그림 11.19]는 간단한 삼면체를 [그림 11.18]에서 정의한 선들로 표현한 것이다.

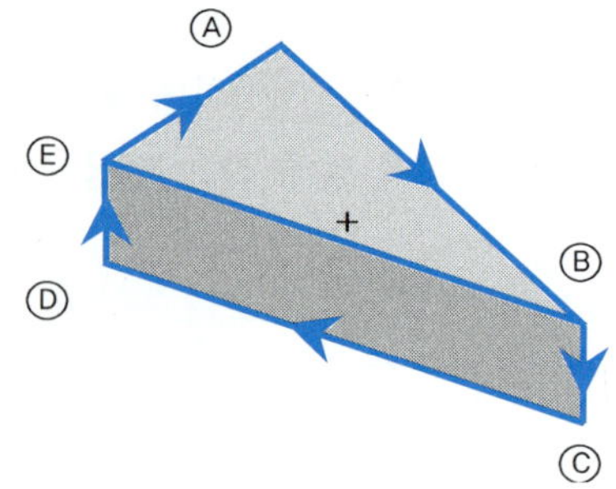

그림 11.19 삼삼면체 표현의 예

이러한 조합을 찾기 위해서는 선들이 만나는 각 꼭짓점을 어떻게 표현할 수 있는지 먼저 생각하여만 한다.

예를 들어 L자 모양 꼭짓점은 두 개의 선으로 이루어지므로 4^2= 16가지 선의 조합이 가능하다. 그리고 화살표 모양이나 포크모양 꼭짓점의 세 개의 선으로 이루어지므로 4^3= 64가지 선의 조합이 이론상으로 가능하다. 하지만 실제로 삼면체를 그릴 때는 이중 소수만이 조합 가능한 것이다. [그림 11.20]은 삼면체를 구성하는 네 가지 꼭짓점에 대해서 물리적으로 구성 가능한 경우를 보인 것이다.

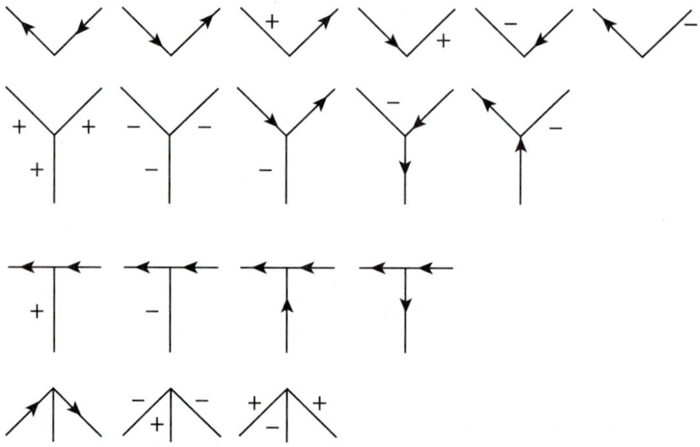

그림 11.20 물리적으로 조합 가능한 18가지 꼭짓점

다음은 이제까지 살펴본 내용들을 기반으로 [그림 11.19]의 삼면체를 표현하는 과정을 알아보자. 먼저 삼면체의 꼭짓점 중 하나를 선택하여 그 꼭짓점이 가질 수 있는 조합 가능성을 모두 찾아본다. 예를 들어 [그림 11.19]에서 꼭짓점Ⓐ는 L자 모양 꼭짓점으로 여섯 가지의 가능한 경우가 있다. 한 꼭짓점에서 가능한 선의 조합을 모두 찾았으면 그

옆의 꼭짓점으로 이동한다. (e.g., 꼭짓점) 그리고 또 같은 작업을 수행하여 꼭짓점Ⓑ의 구성이 가능한 선의 조합을 모두 찾는다. 그러면 꼭짓점Ⓐ와 꼭짓점Ⓑ는 공유하는 선이 있으므로 두 꼭짓점 모두를 만족시키는 선의 조합은 줄어들 것이다. 이렇게 하여 삼면체의 모든 꼭짓점에 대한 작업을 마치고 나면 [그림 11.19]와 같은 삼면체의 표현이 완성된다. 이러한 표현이 얻어지면 그 물체가 어떠한 형태를 가졌는지를 이해할 수 있게 된다. 이와 같은 방법으로 영상을 이해하는 알고리즘을 Waltz 알고리즘이라고 한다 [Waltz75].

11.5. 컴퓨터 시각의 응용

실세계에는 물체의 종류도 사람, 자동차, 꽃, 건물 등 다양하고 구조가 복잡한 물체들이 많아 실세계에서 컴퓨터 시각을 이용하기는 어려운 점이 많다. 따라서 대부분의 컴퓨터 시각 시스템은 한정된 조건 하에서 사용되는 경우가 많다. 공장에서 불량품을 검사하는 시스템 [그림 11.16]의 경우 한정된 부품의 개수로 인해 인식이 용이하고 회로기판의 불량을 검사 하는 경우 기판의 색상과 그 위의 회로선의 색상의 구분이 쉽다. 이처럼 간단한 경우에는 인식에 있어서도 경계검출, 거리계산등을 하지 않는 간단한 인식 시스템만을 사용하여도 된다. 이처럼 컴퓨터 시각 시스템은 그 응용 영역에 따라 각기 다른 방식을 이용하여 효율을 높일 수 있다.

컴퓨터 시각 시스템은 수동적인 시스템과 능동적인 시스템으로 나누어 생각해 볼 수 있다. 사람은 새로운 물체를 관찰할 때 주위를 둘러보기도 하고 관심 있는 물체에 초점을 맞추어 보기도 한다. 이처럼 컴퓨터 시각 시스템도 이동 가능한 카메라를 사용하면 능동적인 시스템을 만들 수 있고 영상 인식도 더욱 효율적으로 할 수 있을 것이다. 능동적인 시각 시스템은 물체의 인식뿐만 아니라 로봇의 이동이나 무인자동차의 운행 등을 가능하게 한다.

컴퓨터 시각은 의료영상 시스템의 개발에도 활용된다. X-ray나 MRI를 사용하여 얻은 인체의 영상 정보를 전송([그림 11.21]) 하거나 해석하는데 활용되고 있으며 최근에는 맹인을 위한 인공 시각 시스템이 개발되기도 하였다.

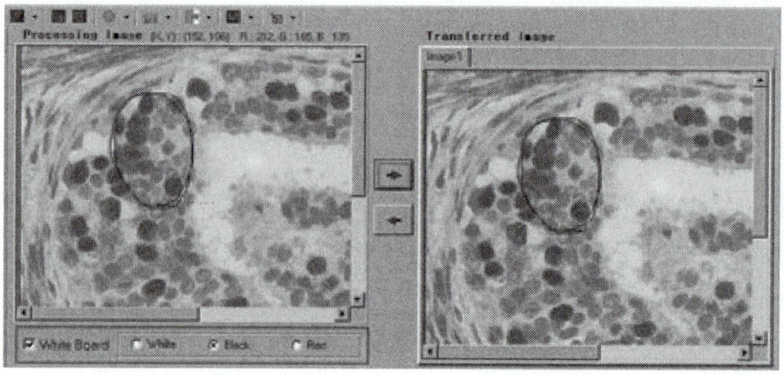

그림 11.21 원격병리진단 영상 전송의 예

의료영상도 [그림 11.22]에서 보는 것처럼 X-ray나 MRI영상은 물론이도 현미경 영상, 초음파 영상, 혈관조영 영상, 열상영상 등 다양한 영상들이 있으며 이들은 종양이나 동맥경화 등을 발견하는데 사용되기도 하고 장기의 크기나 구조를 진단하거나 혈류 검사 수행 등 다양하게 활용된다. 이때 이러한 영상의 잡음을 제거하거나 해상도를 높이는 것은 물론이고, 영상 데이터로부터 필요한 정보를 추출하는데 컴퓨터 시각 기술을 활용할 수 있다.

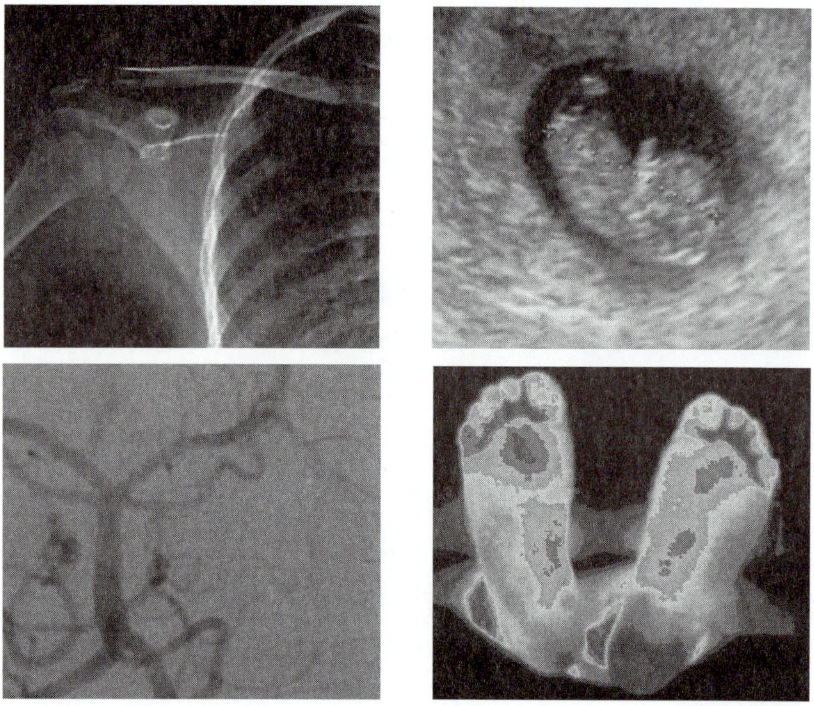

그림 11.22 다양한 의료 영상

또한 지문 인식이나 홍채 인식 등 생체인식 시스템을 개발하여 보안기술로 활용하기도 한다. 지문인식 시스템은 사용자의 지문을 전자적으로 읽어 미리 입력된 데이터와 비교해 본인여부를 판별하는 시스템이다. 지문인식 시스템의 기본적인 구조는 크게 입력부와 인증부로 이루어져 있는데, 입력부는 지문을 촬영하여 읽어오는 일을 하고, 인증부는 현재 사용자의 지문과 미리 입력하여 저장해 둔 지문 데이터들과 비교하여 본인여부를 결정한다. 이때 지문을 비교할 때는 지문 돌기의 분기점, 끝점, 끊어진 점 등으로 구성되는 특이점 들을 비교한다[그림 11.23].

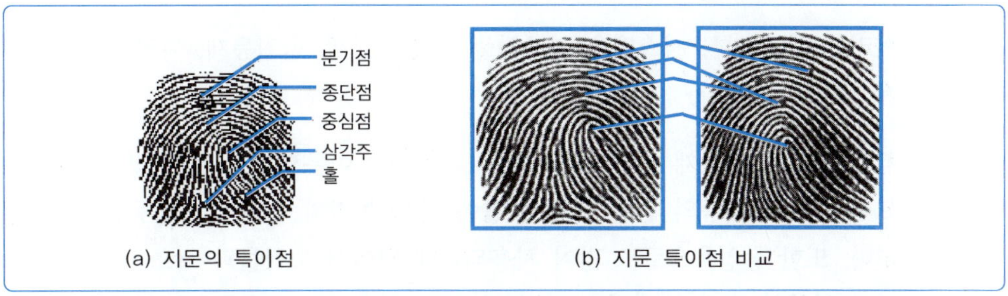

그림 11.23 지문의 특이점 및 특이점 비교

홍채 인식 시스템은 사람마다 고유한 눈동자의 망막 혈관과 홍채 패턴을 구별해 신분을 증명하는 시스템이다. 홍채 패턴은 개인 식별을 할 수 있는 특징점이 평생토록 변하지 않으며 좌우측도 서로 다르고 일란성 쌍둥이 일지라도 서로 다른 특징이 있다. 이러한 홍채 인식은 동공 및 홍채의 경계를 검출하여 홍채 특징코드로 만들어 서로 비교한다[그림 11.24].

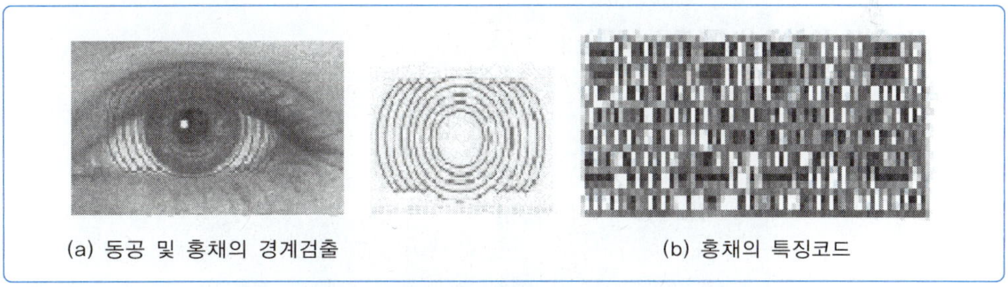

그림 11.24 동공 및 홍채의 경계와 홍채의 특징코드

정맥 인식 시스템은 손바닥이나 손목의 혈관을 대상으로 손등에 적외선을 조사해 반사된 영상을 소형의 CCD 카메라를 통해 디지털 영상으로 획득한 다음 정맥의 패턴을 추출하고 그 분포 패턴의 특성을 비교하여 개개인을 식별하는 시스템이다. 이는 복제가 거의 불가능하여 높은 보안성을 가지나, 하드웨어 구성이 복잡해지고 전체적인 시스템 비용이 매우 크다. [그림 11.25]는 정맥의 영상이다.

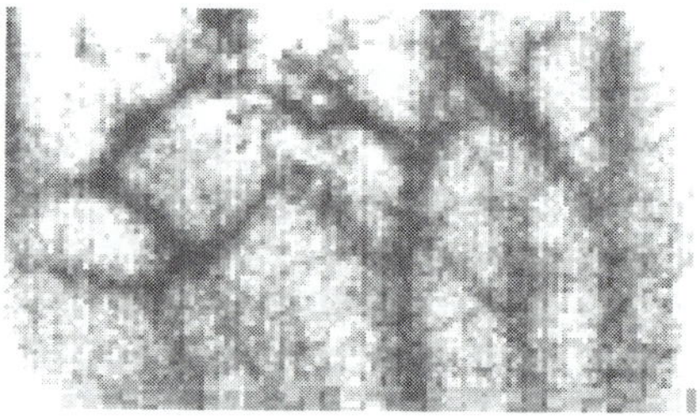

그림 11.25 정맥의 영상

이러한 생체 인식 시스템은 현금인출기, 전자결재, 출입통제, 여권검사 등 여러 분야에서 응용되고 있다.

컴퓨터 시각은 기계 시각(Machine Vision)이라는 이름으로 산업 현장에서도 응용되고 있으며 주로 완제품의 검사나 로봇 팔이 잡을 물건의 위치나 방향등을 알아내는데 사용된다. 또한 농업용으로도 많이 사용되는데 밭에서 농작물과 잡초를 구분하여 제거하거나 농작물의 크기나 색상을 선별하는데도 사용된다.

군사용으로 사용되는 컴퓨터 시각 기술도 다양하다. 적군이나 차량을 발견하기도 하고 미사일을 탐지하기도 한다. 또한 미사일이 일정 지점에 도달하여 정확한 목표물을 발견하는데 활용될 수 있다. 최근에는 자율주행 차량이나 무인 항공기, 무인 잠수함 등의 운행에도 활용된다. [그림 11.26]은 화성에서 활동하는 무인 로봇 로버(Rover)의 모습이다. 로버는 자율 주행을 위하여 상단에 두 개의 카메라를 가지고 있다.

그림 11.26 화성에서 활동하는 무인 로봇 로버

[그림 11.27]은 Google의 자율 주행 자동차가 고속도로에서 달리고 있는 모습이다.

그림 11.27 Google의 자율 주행 자동차

[그림 11.28]은 무인 항공기의 비행 모습이다. 무인 항공기는 군사적 목적으로 많이 개발되어 사용되고 있다.

그림 11.28 무인 항공기의 비행 모습

이 밖에도 인공위성에서 습득한 연상을 분석하여 농업, 광업, 수산업이나 군사용 목적으로 활용하기도 한다. [그림 11.29]는 인공위성에서 찍은 사진이다

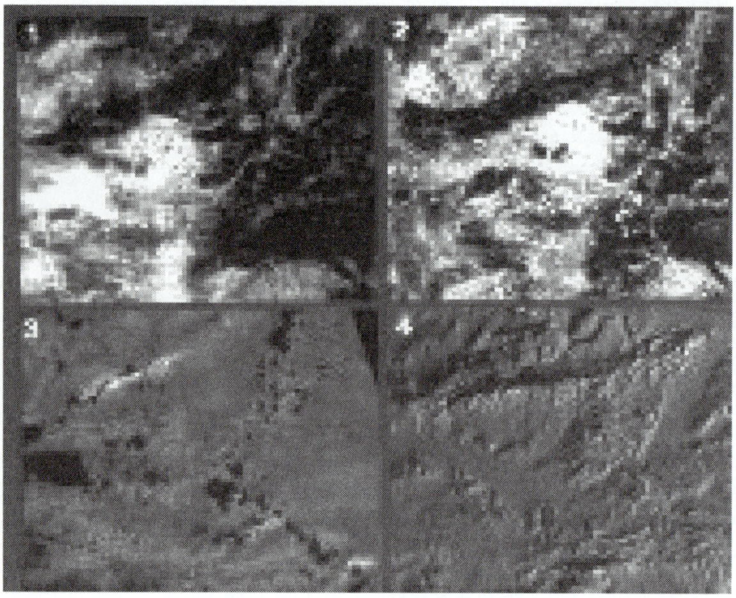

그림 11.29 인공위성에서 찍은 사진

이러한 컴퓨터 시각시스템은 사람처럼 피곤해 하지도 않고 실수를 하지도 않으며 위험한 곳에서 사람을 대신하여 작업을 수행한다. 그리고 생산 시스템의 생산성과 품질을 향상시키며 시간과 비용도 절감할 수 있게 하는 등의 장점이 있다.

연습문제

1 컴퓨터 시각의 기본적인 네 가지 처리단계는 무엇인가?

2 영상 처리 단계와 영상 분석 단계를 비교 설명하시오.

3 영상 습득 작업이란 무엇인가 설명하시오.

4 픽셀이란 무엇이며 어떻게 컴퓨터에 저장하는지 설명하시오.

5 영상 이해 작업에 사용되는 방법들을 설명하시오.

6 컴퓨터 시각 시스템의 장·단점을 기술하시오.

7 비디콘과 CCD의 차이를 설명하시오.

8 컴퓨터 시각 시스템이 메모리를 많이 필요로 하는 이유를 설명하시오.

9 영상에서 잡음을 제거하는 방법을 설명하시오.

10 컴퓨터 시각 시스템이 유용하게 활용될 수 있는 새로운 응용분야를 찾아보시오.

12 에이전트와 로봇

옥스포드 사전에 에이전트(Agent)는 'a person who acts for another in business, politics, etc(estate agent; insurance agent)'라고 정의 되어있다. 그러나 컴퓨터 분야에서는 에이전트에 대해 하나로 정해진 정의는 없다. 다음은 몇 사람이 에이전트에 대해 정의한 것이다.

- Russel and Norvong
  An agent is anything that can be viewed as perceiving its environment through sensors and acting upon that environment through effectors.
- Maes
  Autonomous agents are computational systems that inhibit some complex dynamic environment, sense and act autonomously in this environment, and by doing so realize a set of goals or tasks for which they are designed.
- Wooldridge and Jennings
  An Agent is a hardware or (more usually) software-based computer system that enjoys the following properties:
  - utonomy : agents operate without the direct intervention of humans or others, and have some kind of control over their actions and internal state;
  - social ability : agents interact with other agents (and possibly humans) via some kind of agent communication language;
  - reactivity : agents perceive their environment, (which may be the physical world, a user via a graphical interface, a collection of other agents, the Internet, or

perhaps all of these combined), and in respond in a timely fashion to changes that occur in it;

- pro-activeness : agents do not simply act in response to their environment, they are able to exhibit goal-directed behavior by taking the initiative.

• Franklin and Graesser

An autonomous agent is a system situated within and a part of an environment that senses that environment and acts on it, in pursuit of its own agenda and so as to effect what it senses in the future.

지능형 에이전트(Intelligent Agent)는 잘 정의된 목적을 가지고 사용자 입장에서 자율적으로 작업을 수행할 수 있다. 에이전트는 외부 환경으로부터 받아들인 정보를 이용하여 스스로 적응 할 수 있는 능력이 있다. 또한 다른 에이전트와 정보를 주고받을 수 있다.

여기서 하나의 에이전트가 하는 행동의 예를 보기로 하자. 예를 들어 빵을 사오는 에이전트가 있다고 하자. 이 에이전트의 처음 목적은 초코케익을 사오는 것이었다. 에이전트는 다른 에이전트(빵집 주인)와 의사를 교환할 수 있고 스스로 행동할 수 있다. 그리고 외부정보에 의해 계획이나 행동을 수정하기도 한다. 따라서 처음에는 초코케익을 사려고 빵집에 갔지만 빵집주인의 말을 듣고(또는 신선한 딸기케익이 있는 것을 보고) 생각을 바꾸어 딸기케익을 사기로 한다. 딸기케익을 사가지고 오는 도중에 땅에 떨어뜨렸다면 그대로 집에 오지 않고 다시 빵집에 가서 다른 딸기케익을 사온다.

이러한 지능형 에이전트를 만드는 데는 지금까지 앞장에서 설명한 모든 인공지능 기술들이 필요하다. 에이전트의 지식을 표현하기 위해 지식표현 언어가 필요하고, 특정문제를 해결하는데 전문가 시스템 구축 기법이 필요하며 행동의 계획을 수립하기 위해 계획 수립기법이 필요하다. 또한 사용자와 대화하기 위해서는 자연어 처리기술이 필요하고 에이전트의 성능을 향상시키고 환경에 적응할 수 있도록 하기 위해 학습기술도 필요하다. 지능형 에이전트를 만들기 위해서는 이 밖에도 고려할 사항들이 있다. 에이전트는 장시간에 걸쳐서 일을 수행하기 때문에 고정된 환경이 아니라 시간에 따라 에이전트의 환경도 변한다. 따라서 새로운 정보에 의해 여러 가지 우선순위가 바뀔 수 있다. 이러한 것들은 전통적인 인공지능 기법으로는 해결하기 어려운 점이 있다. 지능형 에이전트는 컴퓨터나 컴퓨터 네트워크상에서 일하는 소프트웨어 에이전트와 실세계에서 일하는 물리적 에이전트인 로봇으로 나눌 수 있다. 본 장에서는 두 가지 에이전트인 소프트웨어 에이전트와 로봇에 대하여 설명한다.

12.1. 소프트웨어 에이전트

소프트웨어 에이전트(Software Agent)는 컴퓨터 사용자를 도와줄 수 있는 독립적인 프로그램이다. 소프트웨어 에이전트(이하 에이전트라 함)는 사용자의 비서처럼 메일을 정리한다거나 관련 문서를 수집하고 쇼핑도 대신해줄 수 있다. 따라서 에이전트는 사용자의 목적을 알고 자율적으로 작업을 수행할 수 있어야 한다. 또한 에이전트는 다른 에이전트와 대화할 수 있어야 한다. 이는 환경으로부터 정보를 수집하기 위해서도 필요하고 여러 에이전트가 함께하는 공동 작업의 수행을 위해서도 필요하다. 다음은 에이전트의 분류에 대하여 알아본다.

12.1.1 에이전트의 분류

에이전트에 대한 정의가 다양한 만큼 에이전트의 분류도 다양하다. 본 절에서는 두 가지 서로 다른 에이전트의 분류에 대하여 살펴보기로 한다. 먼저 Nwana의 분류를 보기로 하자. Nwana는 에이전트를 다음과 같이 여덟 가지 유형으로 분류하였다[Nwana96].

❶ 협동 에이전트(Collaborative Agent) : 협동 에이전트의 특징은 자율성, 사회성, 능동성(Pro-Activeness) 등이 있으며 가장 중요한 것은 다른 에이전트와 함께 작업할 수 있는 능력이 있어야 하는 것이다.

❷ 인터페이스 에이전트(Interface Agent) : 인터페이스 에이전트의 역할은 사용자가 특정 응용시스템을 쉽게 배울 수 있도록 도와주는 것으로 주요 특징은 자율성과 학습 능력이다.

❸ 이동 에이전트(Mobile Agent) : 이동 에이전트는 네트워크상의 한 노드에서 다른 노드로 이동할 수 있는 능력이 있다.

❹ 정보/인터넷 에이전트(Information/Internet Agent) : 정보/인터넷 에이전트는 분산되어 있는 여러 가지 정보원(Information Resource)으로부터 정보를 습득, 관리 그리고 처리할 수 있는 에이전트이다. 네트워크가 클수록 이 에이전트의 필요성도 커진다. 인터넷과 같은 다양한 환경이 존재하는 곳에서 이러한 에이전트는 유용하게 활용할 수 있다.

❺ 반응 에이전트(Reactive Agent) : 반응 에이전트는 기본적인 상호 작용만이 가능한 간단한 에이전트이다. 이 에이전트는 자신의 내부 상태는 가지지 않고 단지 외부 자극에 대한 소극적 반응만을 보인다.

❻ 혼성 에이전트(Hybrid Agent) : 혼성 에이전트는 두 개 이상의 서로 다른 유형의 에

이전트 특성(또는 철학)이 하나의 에이전트에 나타난 에이전트이다. 따라서 협동-인터페이스 에이전트나 이동-반응 에이전트 등이 가능하다.

❼ 스마트 에이전트(Smart Agent) : 스마트 에이전트는 자율적이고 협동 작업이 가능하고 학습능력과 적응능력이 있는 미래형 에이전트이다.

❽ 이형 에이전트(Heterogenous Agent) : 이형 에이전트는 혼성 에이전트와는 달리 각 에이전트의 특성이나 철학만을 공유하는 것이 아니라 두 개 이상의 서로 다른 유형의 에이전트가 직접 통합되어 조립된 에이전트이다.

위에서 보듯이 Nwana는 에이전트의 특성에 따라 에이전트를 분류하였다.

Franklin과 Graesser는 보다 더 자연스러운 에이전트의 분류를 시도하였다[Franklin & Graesser96]. 이는 [그림 12.1]에서 보듯이 트리 형태로 구성할 수 있다.

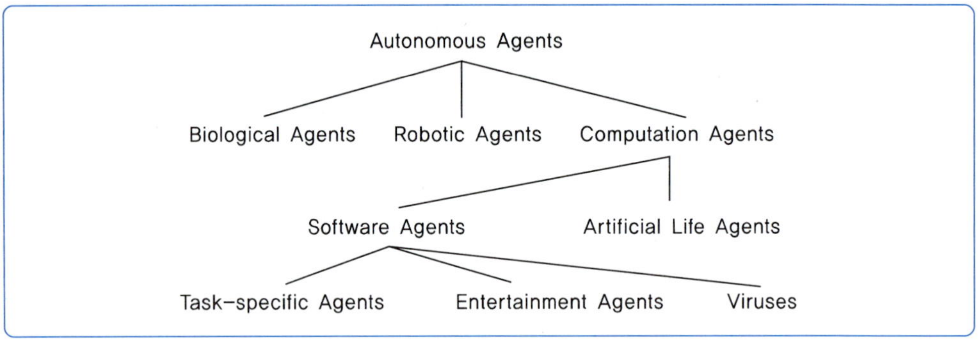

그림 12.1 자율 에이전트의 분류 (from [Franklin & Graesser96])

[그림 12.1]의 분류를 더 진행시키면 각각의 단말 노드 밑으로 [그림 12.2]와 같은 하부 트리를 얻을 수 있다.

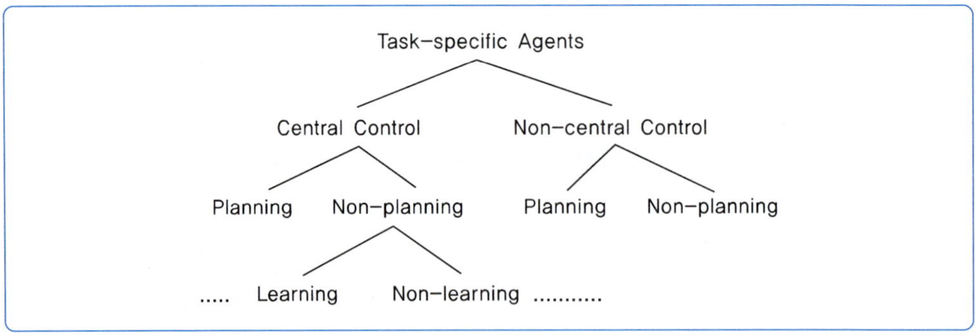

그림 12.2 에이전트 특성에 따른 하위 분류

Franklin과 Graesser의 분류는 에이전트의 성질(Nature)과 에이전트의 특성(Characteristic)을 모두 사용하여 분류가 정확하다고 할 수 있고 에이전트의 성질과 특성에 따른 새로운 요소를 추가할 수 있어 유연하다고 할 수 있다. 다음은 에이전트의 예를 몇 가지 보기로 하자.

12.1.2 에이전트의 예

먼저 우리가 흔히 사용하는 전자메일(E-mail)관리를 도와주는 에이전트에 대해 알아보자. 매일 수 많은 전자메일이 도착하는데 어떤 메일은 중요한 메일이고 어떤 메일은 광고와 같은 필요 없는 메일일 수 있다. 이러한 메일을 분류해주는 작업이나 어떤 회사에 도착한 전자메일을 적당한 사람(e.g., 구매담당자) 에게 보내주는 일도 전자메일관리 에이전트가 수행할 수 있다.

간단한 전자메일관리 에이전트이면 제목에 '회의'라는 단어가 있으면 중요도가 높은 메일로 분류하고, 만약 제목에 '판매가'라는 단어가 있으면 회사의 구매담당자에게 메일을 전달한다는 등의 간단한 규칙으로 작업을 수행할 수 있을 것이다. 하지만 좀 더 정확도를 높이기 위해서는 메일의 내용을 이해할 수 있어야 할 것이다. 이를 위해서 완전한 자연어 이해는 아니라도 주제를 파악할 수 있을 정도의 자연어 처리는 필요하다. 그러면 '회의'라는 단어가 제목에 없더라도 메일에 '중요한 내용을 결정하는 자리가 될 것이다.'라는 내용이 있으면 그 메일은 중요도가 높은 메일로 분류할 수 있을 것이다.

또한 전자메일 관리 에이전트는 사용자의 행동을 관찰하여 자신의 행동을 수정할 수도 있을 것이다. 예를 들어 사용자가 철수로부터 받은 메일은 항상 읽지 않고 버리면 에이전트가 이를 학습하여 철수로부터 온 메일은 중요도가 낮은 메일로 분류할 수 있도록 할 수 있다. 따라서 이러한 전자메일 관리 에이전트를 구현하기 위해서는 전문가 시스템, 자연어처리, 기계 학습 등의 관련 기술이 필요하다.

다른 예로 정보 에이전트를 보자. 요즘에는 인터넷상에 너무 많은 정보들이 있다. 따라서 자기에게 필요한 정보들을 필요할 때 신속히 찾아내는 일도 힘들게 되었다. 이러한 일을 정보 에이전트가 대신 수행해 줄 수 있다. 정보 에이전트는 사용자의 관심사를 알 수 있는 개인 프로파일 정보를 가지고 그 사용자가 다른 작업을 하는 동안에 사용자 대신 에이전트가 필요한 정보를 찾아 준다.

인터페이스 에이전트는 사용자와 대화할 수 있는 기능이 있다. 예를 들어 건강관리 시스템의 인터페이스 화면에 의사의 얼굴이 있고 그 의사와 사용자가 대화할 수 있으면 사용자는 훨씬 더 쉽게 시스템을 사용할 수 있을 것이다. 인터페이스 에이전트가 다른 에이전트들과 대화할 수 있으면 사용자는 더욱 편리하게 시스템을 사용할 수 있다. 예를 들어 인터페이스에서 작업하는 중에 정보 에이전트에게 필요한 정보를 찾아 주도록 요구하여 이를 작업수행에 활용할 수 있을 것이다.

12.1.3 에이전트의 특성

앞에서 살펴본 에이전트의 정의와 분류를 기반으로 하여 살펴보면 에이전트는 다음과 같은 특성을 가지고 있음을 알 수 있다. 다음에 열거한 에이전트의 특성들은 중요한 것들만을 열거한 것이고 하나의 에이전트가 이 모든 특성을 다 가질 필요는 없다.

- **자율성**(Autonomous)
  외부의 간섭 없이 스스로 판단한다.
- **반응성**(Reactive)
  외부 환경의 변화에 시간상 적절히 반응한다.
- **능동성**(Proactive)
  질의나 명령에 응답만 하는 것이 아니라 필요에 따라 먼저 질문하고 행동한다.
- **상호작용성**(Communicative)
  사용자나 다른 에이전트와 대화(e.g., 정보교환)할 수 있다.
- **적응성**(Adaptive)
  사용자나 환경에 적응하여 간다.
- **이동성**(Mobile)
  작업을 한곳의 컴퓨터에서만 수행하는 것이 아니라 네트워크상의 어느 컴퓨터에서든지 필요에 따라 작업을 수행한다.

12.1.4 다중 에이전트 시스템

에이전트에 있어서 협력(Cooperation)은 매우 중요한 것이다. 에이전트가 단독으로 작업을 수행하면 새로운 입력은 사용자에게서만 받을 수 있다. 하지만 다른 에이전트와 정보를 주고 받을 수 있다면 상호협력이 가능해진다. 이처럼 상호협력이 가능하면 서로의 지식을 공유할 수 있고 하나의 에이전트만으로는 수행 불가능한 일도 처리할 수 있게 된다. 이러한 에이전트 시스템을 다중 에이전트 시스템(Multi Agent System : MAS)이라고 한다.

다중 에이전트 시스템에서 에이전트간의 의사소통은 특정 프로그래밍 언어나 특정의 운영체제에 비종속적인 고급 언어(High Level Language)로 이루어 질 수 있다. 이러한 언어를 에이전트 통신 언어(Agent Communication Language : ACL)라 한다. 다중 에이전트 시스템에서 에이전트들은 동료 에이전트에게 필요한 정보를 요구하기도 하고 변화된 사항을 알려 주기도 한다.

에이전트 통신 언어(Agent Communication Language)는 정의나 가정 같은 선언문을 기반으로 하는 선언적 언어(Declarative Language)와 프로시듀어를 주고받는 절차적 언어(Procedual Language)로 구분할 수 있다. 절차적 언어는 상대방이 어떤 정보를 알고 있는지 미리 알아야 하는 불편함이 있고 여러 곳에서 받은 프로시듀어를 병합하여 동시에 수행하기 어려운 점이 있다.

[그림 12.3]은 하나의 간단한 다중 에이전트 시스템을 예로 보인 것이다.

사용자 에이전트는 사용자로부터 입력을 받는다. 그리고 여행사 에이전트에게 출발지와 목적지 등을 알려주고 여행일정을 받는다. 여행사 에이전트는 여러 항공사 에이전트에게 그 항공사 비행관련 정보를 얻어서 가장 좋은 조건을 사용자 에이전트에게 알려준다.

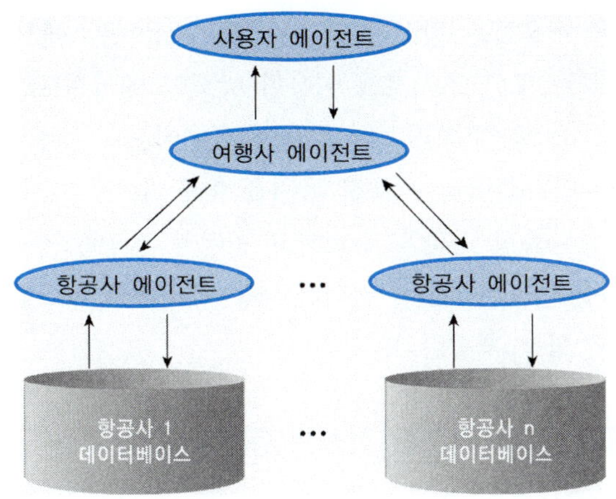

그림 12.3 간단한 다중 에이전트 시스템

에이전트간의 협력은 직접 통신(Direct Communication)을 이용하는 방식이나 조력자(Facilitator)를 이용하는 방식으로 이루어진다[Genesereth&Ketchpel94]. 직접 통신을 이용하는 방식에는 협력이 필요한 에이전트가 요구사항을 다른 에이전트들에게 보내면 요구를 받은 에이전트들이 각자의 조건을 제시한다. 그러면 처음에 요구사항을 보냈던 에이전트가 가장 좋은 조건을 제시한 에이전트와 계약을 맺는 방식과, 각각의 에이전트들이 각자의 능력과 필요한 사항을 공개하고 이렇게 공개된 정보를 이용하여 각자 협력을 시도하는 방식이 있다.

조력자를 이용하는 방식(Assisted Co-ordination)에서는 에이전트간의 통신을 중간에 있는 조력자(Facilitator)가 대신해 준다. [그림 12.4]에서 보듯이 조력자는 같은 기계에 있는 모든 에이전트로부터 요구를 적당한 에이전트가 있는 다른 조력자에게 보낸다. 따라서 조력자는 일단의 에이전트 대표라고 생각할 수 있다.

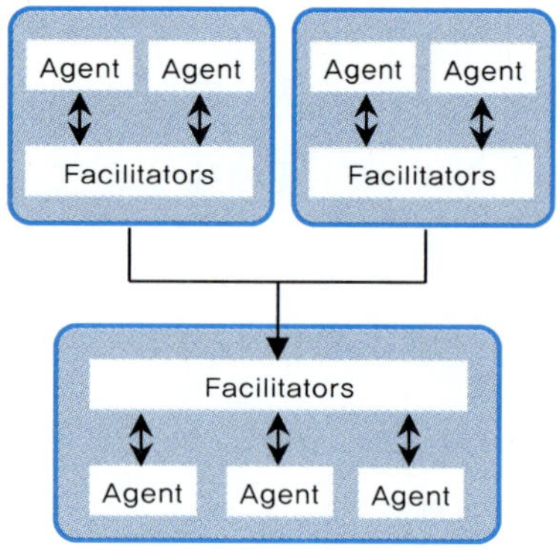

그림 12.4 조력자를 이용한 다중 에이전트 시스템

직접 통신을 이용하는 방식은 네트워크를 이용하는 메시지 숫자가 조력자를 이용하는 방식보다 많다. 또한 조력자를 이용한 방식이 에이전트간 비호환성을 다루기 쉽다. 다중에이전트 시스템은 여러 에이전트들이 에이전트 통신언어를 이용하여 요구사항이나 정보를 교환하고 협력하여 특정 목적을 이룰 수 있는 시스템이다. 이때 협력에 참여한 각 에이전트는 특정 역할을 수행하고 협력의 결과로 단독으로 작업을 수행할 때보다 더 나은 생산성을 얻을 수 있다. 이러한 다중 에이전트 시스템은 객체지향 프로그래밍 보다 더 높은 추상화를 제공한다.

12.1.5 에이전트를 이용한 시스템 통합

에이전트들은 고급 언어(High Level Language)를 이용하여 통신을 한다. 이러한 언어는 특정 컴퓨터 시스템으로부터 독립적이다. 그리고 에이전트들은 각각의 에이전트 작성자가 선택한 언어와 운영체제를 이용하여 구현된다. 그러나 이들 에이전트들이 에이전트 통신 언어의 명세(Specification)에 맞게 구현되었으면 상호 통신이 가능하다. 하지만 기존에 구현되어 있는 소프트웨어 시스템(i.e., Legacy System)들은 호환성이 없는 경우 상호 통신이 불가능하다. 이러한 경우 기존의 소프트웨어 시스템을 에이전트로 변환하여 시스템을 통합할 수 있다. 기존의 소프트웨어를 에이전트로 변환하는 에이전트화 방법에는 다음 세 가지가 있다[그림 12.5].

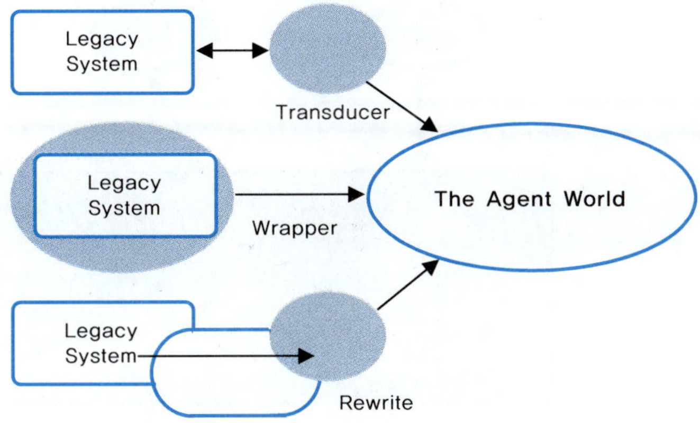

그림 12.5 세 가지 에이전트화 방법

❶ 변환기(Transducer)를 사용하는 방법

기존의 소프트웨어 시스템(프로그램)과 다른 에이전트 사이에 변환기를 두어 에이전트에서 오는 메시지를 기존 프로그램에서 사용하는 프로토콜로 변환하여 프로그램에 보내주고 프로그램에서 보내온 결과는 에이전트 통신 언어(ACL)로 바꾸어 다른 에이전트에 보내준다. 이처럼 변환기를 사용하면 기존의 프로그램을 바꾸지 않고도 다른 에이전트와 통합하여 사용할 수 있다.

❷ 랩퍼(Wrapper)를 사용하는 방법

기존의 프로그램에 에이전트 통신 언어(ACL)를 사용할 수 있는 기능을 갖도록 인터페이스를 수정하여 다시 포장(Wrapping)하는 방법이다. 이는 변환기를 거치는 방식보다 통신 메시지 수를 줄일 수 있어 효율적이지만 원시 프로그램(Source Code)이 존재하여야 한다.

❸ 프로그램을 재 작성하는 방법

기존의 프로그램의 기능을 할 수 있는 에이전트를 다시 구현하는 방법이다. 이 방법은 프로그램의 효율이나 능력을 증진시킬 수 있으나 에이전트를 새로 구현하는데 따르는 노력이 많이 든다.

위에서 살펴본 데로 기존 프로그램의 에이전트화는 이종 시스템(Heterogeneous System)간에 통신을 가능하게 한다. 이러한 에이전트를 이용한 시스템 통합과 에이전트의 상호협력 능력을 함께 사용하면 이종의 시스템 자원을 효율적으로 사용할 수 있는 다중 에이전트 시스템(MAS)이 된다[그림 12.6].

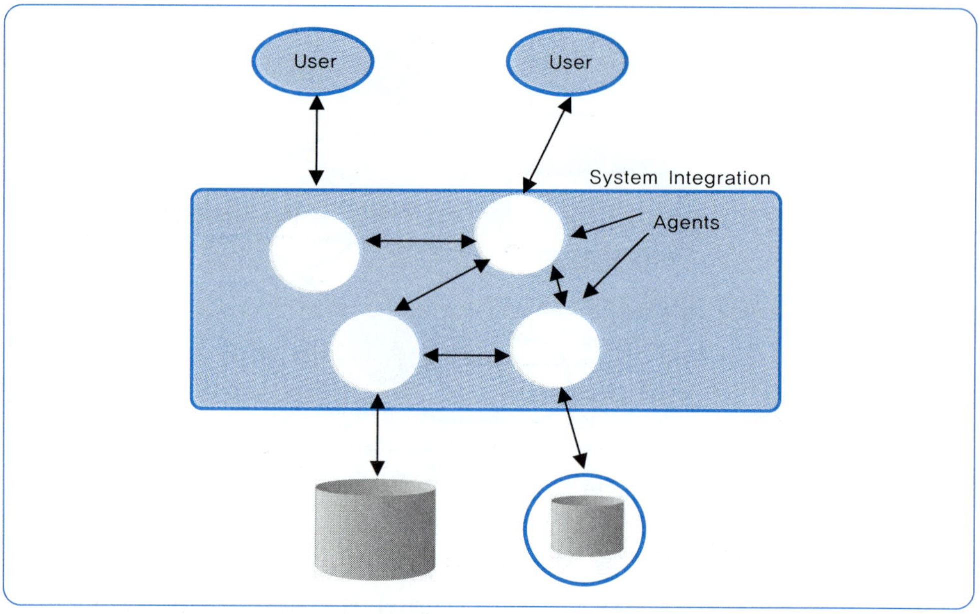

그림 12.6 에이전트를 이용한 시스템 통합

에이전트를 이용하여 시스템을 통합하면 통합 시스템의 확장이나 수정이 용이하다. 예를 들어 새로운 이종 자원(Heterogeneous Resource)을 추가할 경우 이를 에이전트화 하여 통합 시스템에 추가하면 다른 시스템은 수정하지 않아도 된다. 이는 에이전트 통신 언어(ACL)가 제공하는 추상성(Abstraction) 때문에 가능한 것이다.

12.2. 로봇

로봇(Robot)은 간단히 정의해서 인간의 육체적 기능을 한 가지 이상 수행할 수 있는 기계라고 말 할 수 있다. 여기에는 간단한 산업용 로봇에서부터 공상과학 소설에 등장하는 지능형 로봇까지 여러 가지가 있다. 여기서 지능형 로봇은 물리적 세계에서 작동하는 지능형 에이전트로 볼 수 있다. 지능형 로봇은 에이전트처럼 사람을 위해 일하지만 자신의 목적을 가지고 있으며 입력된 정보에 따라 행동을 바꿀 수 있다. 그리고 입력 정보는 여러 가지 물리적 센서(Sensor)에 의해 받아 들여 진다. 따라서 로봇과 소프트웨어 에이전트의 주된 차이점은 로봇이 물리적 세계에서 객체나 정보를 인지하고 물리적 객체를 조작할 수 있는데 있다. 본 절에서는 로봇에 대하여 구체적으로 알아보기로 한다.

12.2.1 산업용 로봇

로봇하면 영화나 텔레비전에서 많이 본 사람을 닮은 로봇을 흔히 생각할 수 있다. 이러한 로봇은 인조인간(Android) 이라고 한다. 영화 스타워즈의 R2D2나 영화 2001의 HAL 9000 같은 로봇이 이러한 예이다. 인조인간은 모든 부위가 기계적이거나 전기적으로 만들어 진 인간형 로봇이고 사이보그(Syborg) 는 신체의 일부를 기계로 교체한 인간을 말한다.

로봇(Robot) 이란 용어는 1921년 Karel Capek 의 연극에 처음 등장 하였고 체코어로 '강제 노역'이란 뜻이 있다. 로봇은 1950년대 까지 소설에 등장하다가 대학에서 연구를 시작하면서 소설 밖으로 나오기 시작 하였다. 초기에는 소설 속에서 주로 악마의 역할을 하였으나 1940년대 Isaac Asimov가 로봇을 유용한 것으로 묘사하기 시작하였다. Isaac Asimov는 우리가 인조인간을 만들게 된다면 이는 인간사회에 유용한 것이 되어야 하며 그러기 위해서 만들어진 인조인간은 다음과 같은 규칙을 따라야 한다고 하였다. 그 규칙들은 다음 세 가지이다. ❶ 로봇은 사람을 해치지 말아야 한다. ❷ 첫 번째 규칙과 충돌하지 않으면 사람의 명령에 복종하여야 한다. ❸ 앞의 두 규칙과 충돌하지 않으면 자신의 존재를 지켜야 한다. 완전한 인조인간을 만들 수 있다면 로봇에 대한 꿈은 이루어진다고 볼 수 있으나 현실적으로 어려운 점이 많다. 따라서 대부분의 로봇은 특수목적에 맞게 만들어 진다. 예를 들어 산업현장에서 짐을 나르거나 용접을 하는 로봇 등이 그러한 로봇들이다.

산업용 로봇은 크게 두 가지 형태가 있다. 하나는 한곳에 고정되어 있으면서 팔만 움직여 작업을 하는 고정 로봇이고 다른 하나는 로봇이 이동할 수 있는 이동 로봇이다. 고정 로봇은 [그림 12.7]에서 보는 바와 같이 팔은 움직일 수 있으나 전체가 이동할 수는 없다.

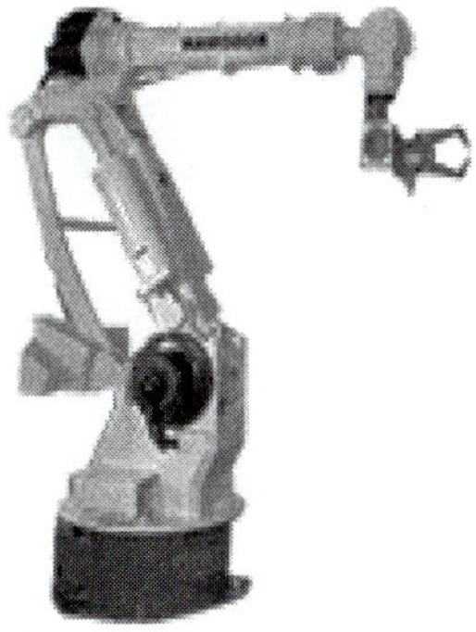

그림 12.7 하나의 고정 로봇

이에 반해 이동 로봇은 [그림 12.8]에서와 같이 다리나 바퀴 등을 이용해 로봇이 이동하면서 작업을 수행할 수 있다.

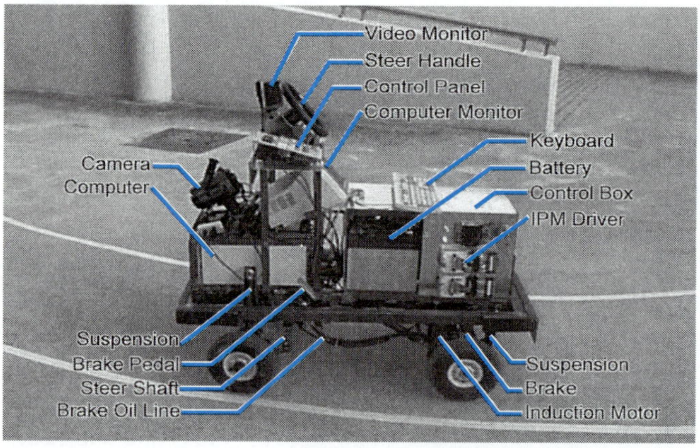

그림 12.8 이동 로봇

이러한 이동 로봇은 사람이 가기 어려운 곳(원자로, 화산지역, 우주탐사, 해저탐사 등)에서 사람대신 작업을 수행하는데 효율적으로 사용될 수 있다. 이동 로봇 중에서 처음부터 끝까지 혼자서 작업을 수행하는 로봇도 있지만 사람이 멀리서 유선이나 무선으로 조정하는 경우가 많다. 이를 위하여 주로 로봇에 카메라를 붙여 현지 정보를 습득한다.

다음은 구체적인 로봇의 구성 요소를 알아보자. 로봇의 작업 팔(Manipulator Arm)은 사람의 팔과 닮았는데 [그림 12.9]와 같이 연결부위(Joint)와 집게(Gripper)로 이루어져 있다.

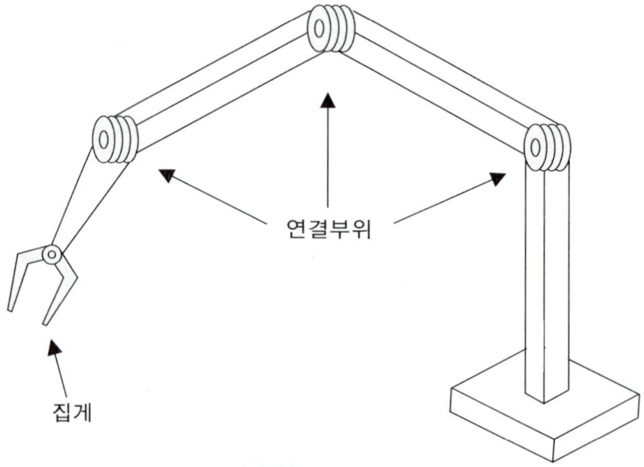

그림 12.9 기본적인 로봇 팔

12

로봇 팔은 3차원 공간상에서 행동을 할 수 있도록 하기 위하여 x, y, z축으로의 이동이 가능하여야 한다. 이러한 행동을 위한 팔은 여러 가지 형태로 디자인 할 수 있으며 [그림 12.7]에 보인 형태와 [그림 12.10]에 보인 두 가지 형태가 흔히 사용되는 것들이다.

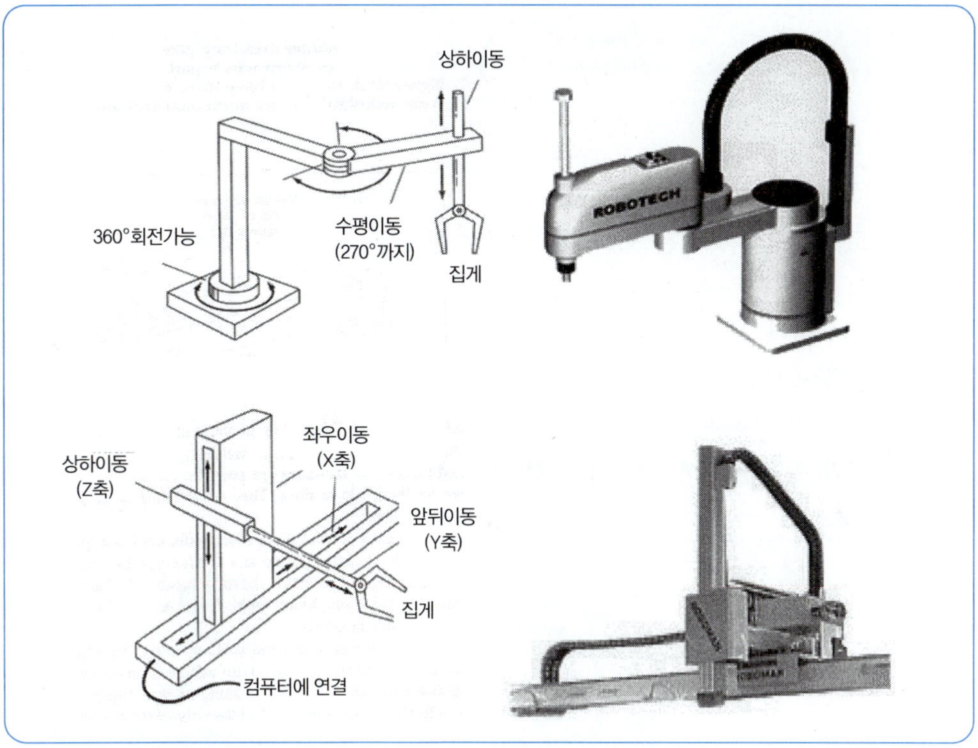

그림 12.10 로봇 팔의 형태

집게나 다른 작업도구가 있는 End Effector 부분([그림 12.11])은 여러 가지 도구를 바꾸어 달 수 있도록 하여야 여러 가지 작업을 수행할 수 있다. 가장 흔한 도구가 집게인데 손가락이 두 개인 집게도 있고 손가락이 여러 개인 집게도 있다. 산업용 로봇인 경우 여러 가지 공구를 끼워서 사용할 수 있도록 [그림 12.12]와 같은 형태의 것을 사용하기도 한다. 또한 집게는 자유롭게 움직일 필요가 있는데 얼마나 유연하게 움직일 수 있는가 하는 것을 자유도(Degrees of Freedom)로 나타낸다. 자유도는 로봇 팔에서 움직일 수 있는 부분의 수로 나타낸다. 그리고 자유도가 높을수록 유연하게 움직일 수 있다. 현대의 로봇은 자유도가 20이상인 것도 많다.

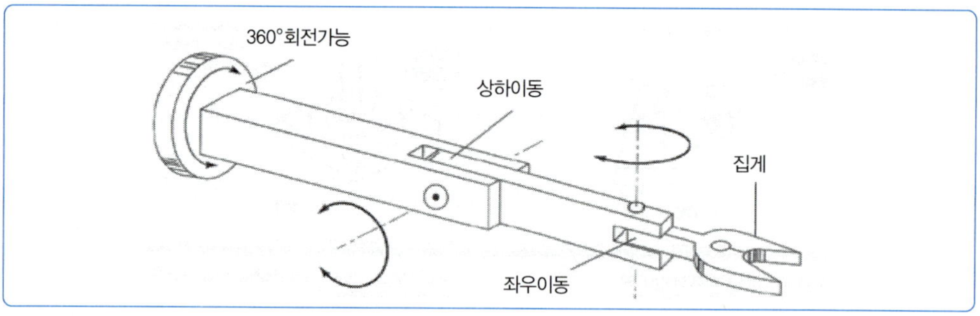

그림 12.11 집게 구조

로봇 팔을 움직이는 힘은 전력이나 수압 또는 공기압을 사용할 수 있다. 전기를 이용하여 로봇 팔을 움직이려면 모터와 기어 등이 필요하다. 이때 대부분은 하나의 연결부위(Joint)마다 하나의 모터를 사용한다. 수압을 이용하는 것도 흔히 사용되는 방식인데 큰 힘을 필요로 하는 곳에 사용하면 효과적이다. 어떤 경우에는 공기압을 사용하기도 하지만 힘이 약하여 많이 사용되지는 않는다. 요즘은 태양열을 사용하려는 시도도 있고 전기와 수압을 함께 사용하는 경우도 많다.

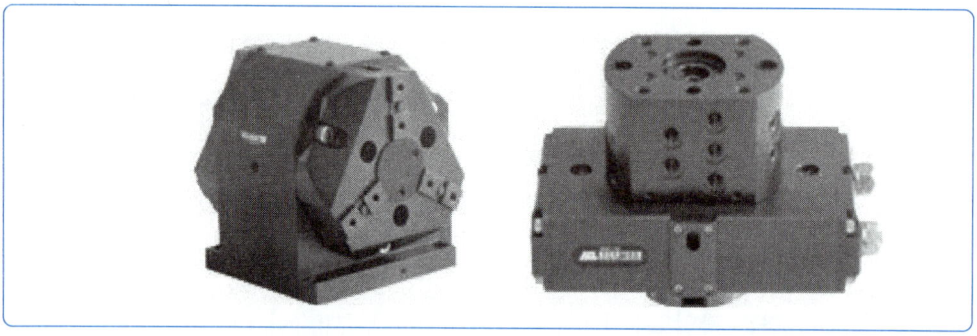

그림 12.12 산업용 로봇 팔의 집게

로봇 팔을 조절하는 조절기(Controller)는 팔을 이동시키는 위치를 지정해주고 행동의 순서를 일러주기도 한다. 간단한 형태의 조절기는 Open-Loop Controller라고도 하는데 (팔의 위치를 확인하는데 어떤 정보(Feedback)도 이용하지 않고)로봇 팔에 어떤 물체가 닿을 때까지 지정된 방향으로 움직이도록 하는 방식을 이용한다. 좀 더 영리한 방식은 Closed-Loop Controller인데 센서를 이용한 정보를 습득하여 로봇 팔 위치확인에 활용하는 방식이다. 즉 카메라에서 얻을 정보를 분석하여 물체에 조금 더 다가서거나 조금 물러날 수 있다. 또한 촉감을 이용할 수도 있다.

어떤 물체에 로봇 팔이 닿았는지 또는 어떤 물체를 집을 때 얼마만한 힘으로 집어야 하는 지들을 결정할 때 촉감은 중요한 역할을 한다. 청각정보는 현재 로봇에서 시각이나 촉각만큼 많이 활용되고 있지는 않지만 로봇이 활용할 수 있는 중요한 정보이다. 로봇이 사람의 말을 알아들을 수 있다면 사람은 로봇의 말로써 조정할 수 있게 된다. 예를 들어 '큰 나사못을 집어라'하면 로봇은 카메라를 이용하여 큰 나사못을 찾아 집어 든다. 또한 여러 가지 소리신호나 경고 등을 로봇의 활동에 활용하면 자율 로봇(Autonomous Robot)의 경우보다 더 효율적인 로봇 구축이 가능 할 것이다. 이 밖에도 후각이나 미각도 활용 가능하다.

12.2.2 자율 이동 로봇

앞에서 살펴본 산업용 로봇은 팔은 움직일 수 있으나 전체가 이동할 수는 없다. 하지만 짐을 옮긴다거나 화성을 탐사하는 등의 일을 수행할 때는 로봇이 이동할 수 있어야 한다. 이처럼 이동할 수 있는 로봇은 사람의 조작에 의해 이동하는 것과 자율적으로 이동할 수 있는 것으로 나눌 수 있다. 예를 들어 해저 탐사용 로봇에 카메라를 붙여 이를 통해 얻은 영상정보를 보면서 바다 위에서 사람이 로봇을 조정하며 탐사를 수행할 수

있다. 이러한 로봇은 사람의 끊임없는 관찰이 필요하여 사람에게 커다란 도움이 되지 못할 때가 많다. 예를 들어 짐을 옮기는 로봇을 이런 방식으로 사람이 조정한다고 하면 로봇은 단순히 짐을 들고 가는 도구에 불과할 것이다. 하지만 로봇이 스스로 길도 찾고 장애물이 생기면 피해갈수 있는 자율성을 가지고 있다면 사람이 관여하지 않아도 작업을 로봇 스스로 수행할 수 있을 것이다.

이러한 자율 이동 로봇(Autonomous Mobile Robot)은 주로 동적이고 예측 불가능한 환경에서 일하므로 스스로 목표달성을 위한 계획을 수립과 행동을 수행할 수 있어야 하며 불완전한 환경에 스스로 대처할 수 있어야 한다. 환경에 대처하기 위해서는 반응정보(Feedback Information)를 얻어서 활용하여야 한다. 반응정보는 여러 가지 센서를 통해서 얻어지며 로봇의 행동을 수정하는데 활용된다.

12.2.3 인간형 로봇

인간처럼 손, 발, 눈, 손가락들을 가지고 환경에 인간처럼 반응하는 로봇(휴먼로봇 이라고도 함)이 개발된다면 로봇이 인간을 위해 보다 많은 일을 할 수 있을 것이다. 또한 사람들이 다른 형태의 로봇보다 인간형 로봇과 상호작용하기에 편할 것이다. 이러한 인간형 로봇의 예로 MIT에서 개발한 Cog라는 로봇이 있다[그림 12.13].

그림 12.13 Cog와 개발자

Cog는 사람과 같은 팔이 있고 유연한 목과 두 눈을 가지고 있다. Cog는 실행과 오류(Trial and Error)에 의해 간단한 학습을 수행할 수 있고 Cog의 눈은 움직이는 물체를 추적할 수 있다. Cog의 팔은 물체가 닿으면 멈출 수 있는 반응기능이 있다. 그리고 압력을 느낄 수 있는 피부와 감정을 표현할 수 있는 얼굴 등이 연구되고 있다[그림 12.14].

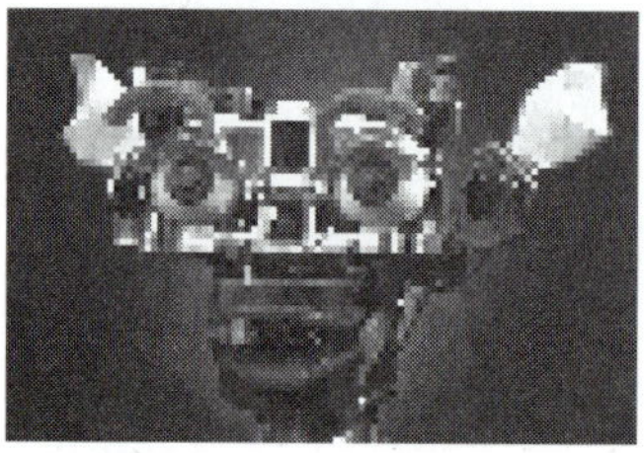

그림 12.14 로봇의 얼굴 표정

인간형 로봇으로 대표적인 한국의 KAIST와 일본의 혼다 회사에서 개발한 휴보와 아시모가 있다[그림 12.15]. 휴보와 아시모는 인간과 유사한 크기와 모양을 하고 있고 인간처럼 두 발로 걸을 수 있으며 사람을 알아보고 악수도 할 수 있다. KIST에서 개발된 미모트, 센토 그리고 KAIST에서 개발된 AMI(Artificial intelligence Media Interactive) [그림 12.16]등이 그동안 국내에서 개발된 인간형 로봇이다. AMI는 음성인식과 음성합성기술을 이용하여 사람과 대화할 수 있고 손에는 압력센서가 있어 물건을 적당한 힘으로 집을 수 있다. 또한 AMI는 장애물을 피해갈 수 있고 LCD 모니터를 이용해 얼굴 표정을 통한 감정 표현이 가능하다.

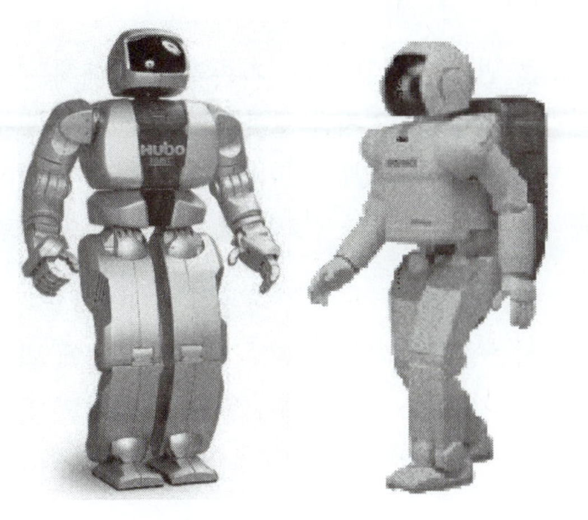

그림 12.15 휴보와 아시모

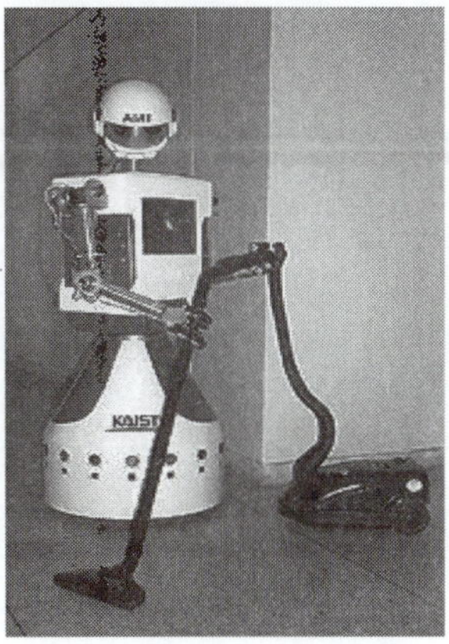

그림 12.16 AMI

12.2.4 그 밖의 로봇

대부분의 로봇은 개별적으로 행동하도록 만들어져 왔다. 하지만 어떤 작업은 하나의 로봇이 전부 수행할 수 없고 여러 로봇이 협력하여야 되는 작업이 있다. 이러한 작업을 위해서는 로봇들이 서로 의사전달을 하고 협력할 수 있어야 한다. 초보 수준 이지만 이러한 예로 로봇들이 팀을 이루어 축구를 하는 로봇 축구가 있다.

그림 12.17 로봇 축구

또한 로봇의 크기를 작게 하여 사람의 몸 안에서 행동할 수 있게 만든 로봇도 있다. 이러한 로봇은 몸 안에서 수술을 수행하는 의료용으로 사용할 수 있을 것이다. 이처럼 로봇이 몸 안에 들어가서 수술을 수행할 수 있으면 신체를 절제하지 않고도 수술이 가능하게 되어 환자의 부담을 줄이고 회복을 빠르게 할 수 있다.

로봇이 발달함에 따라 예술에도 큰 변화가 일고 있다. 기존의 예술 매체는 주로 관객이 작품을 감상하는 데 필요한 일방적인 것들이었지만 로봇 예술은 관객과 로봇이 상호작용을 할 수 있는 양방향 예술 매체가 될 수 있는 것이다. 이미 여러 공연에서 로봇과 인간이 함께 춤을 추고 공연을 하는 것을 보았다. [그림 12.18]은 로봇이 그림을 그리고 있는 장면이다.

이 밖에도 로봇은 애완용으로도 사용될 수 있다. 오늘날 사람의 행동에 반응하고 자기의 기분 상태를 표현할 수 있는 애완 로봇은 현대인에게 있어서 그리 낯설지 않은 기계가 되었다. [그림 12.19]는 강아지 형태의 애완 로봇이다.

그림 12.18 그림 그리는 로봇

그림 12.19 애완 로봇

[그림 12.20]은 아이와 놀아 주는 로봇과 춤추는 로봇이다. 이처럼 로봇은 엔터테인먼트용으로도 활용된다.

그림 12.20 엔터테인먼트용 로봇

[그림 12.21]과 [그림 12.22]는 수술용 로봇과 청소로봇이다. 수술용 로봇은 좁은 몸 안을 확대하여 보면서 더욱 정교한 수술을 할 수 있게 할 뿐만 아니라 통신기술을 활용하면 먼 곳에 있는 환자를 의사가 직접 가지 않고도 수술할 수 있도록 해준다. [그림 12.22]는 가정에서 흔히 사용하는 청소용 로봇이다. 청소용 로봇은 여러 센서를 사용하여 장애물을 피해가고 이미 청소한 곳과 하지 않은 곳을 구분하여 모든 영역을 효율적으로 청소할 수 있어야하는 일종의 자율주행 로봇이다.

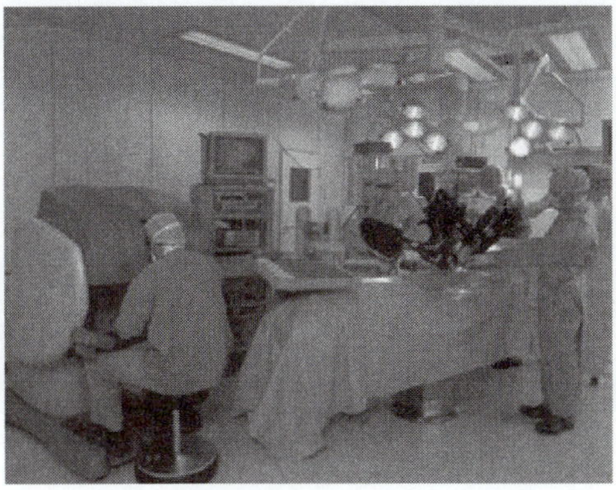

그림 12.21 수술용 로봇

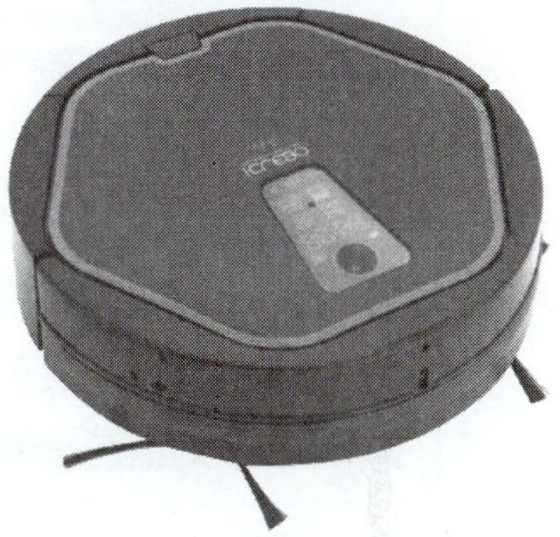

그림 12.22 청소 로봇

로봇은 군사용으로도 사용된다. [그림 12.23]은 무인 주행 하면서 사격과 정찰을 할 수 있는 군사용 로봇과, 무거운 짐을 지고 네발로 다닐 수 있는 로봇을 보여준다.

그림 12.23 군사용 로봇

[그림 12.24]는 그 밖의 로봇들로 자전거를 탈 수 있는 로봇과 험한 지역을 통과할 수 있는 로봇 그리고 수중에서 활동할 수 있는 물고기 로봇과 새처럼 날개를 움직여 날 수 있는 로봇새 등이 있다.

그림 12.24 그 밖의 로봇

물고기 로봇은 물속에서 물고기처럼 돌아다니면서 수중 생태를 감시 하거나 관상용으로 어항에서 활용할 수 있다. 로봇새는 날개를 움직여 날 수 있으며 실내나 실외에서 비행할 수 있고 잘 날 수 있고 떨어져도 사람이 다치지 않게 가볍게 만들어야한다. 초소형 로봇새는 잘 보이지 않아 비밀 정찰에 활용할 수 도 있다. 이처럼 로봇이 발전함에 따라 로봇의 활용 환경과 용도가 늘어나고 로봇은 인간에 더욱 가까워질 것이다.

연습문제

1 Android와 Cyborg를 비교 설명하시오.

2 로봇이란 무엇인지 정의하여 보시오.

3 학교 내에서 로봇을 사용하면 좋은 응용분야를 찾아보시오.

4 로봇의 자유도란 무엇을 말하는가?

5 로봇의 장·단점을 설명하시오.

6 소프트웨어 에이전트란 무엇인가?

7 소프트웨어 에이전트에는 어떤 종류가 있는지 조사하여 보시오.

8 소프트웨어 에이전트의 특성을 설명하시오.

9 다중 에이전트 시스템을 설명하시오.

10 다중 에이전트 시스템의 구성 방식을 설명하시오.

11 에이전트를 이용한 시스템통합 방식 세 가지를 설명하시오.

13 시맨틱 웹

우리의 일상생활의 일부가 되어버린 웹은 시맨틱 웹으로 한 번의 탈바꿈을 준비하고 있다. 웹상의 정보를 수집하고 처리하는데 더 이상의 인간의 전적인 개입을 요구하지 않겠다는 것이다. 시맨틱 웹을 통해서는 각종 자동화된 에이전트를 이용하여 정확한 정보검색, 새로운 지식의 생성, 최적의 서비스 제공 등이 가능하게 된다.

또한, 시맨틱 웹이 널리 사용되게 되면 전자상거래 시스템에도 일대 변혁이 일 것이다. 사용자는 더 쉽고 정확하게 상품에 대한 정보를 얻을 수 있을 것이고 판매자 입장에서는 꼭 필요한 정보만을 꼭 필요한 사람에게 제공해 줄 수 있게 된다. 이러한 맞춤 정보는 인터넷상에서 필요 없는 정보의 양을 줄여주고 자동화된 정보처리를 가능하게 하여 사회 / 경제적으로 큰 효과를 기대할 수 있게 된다. 본 장에서는 시맨틱 웹의 개념, 시맨틱 웹의 구조, 시맨틱 웹 응용 분야 및 관련 연구 등에 대하여 알아본다.

13.1. 시맨틱 웹이란 무엇인가?

오늘날 많은 문서들이 웹(Web)을 통하여 유통되고 있다. 그러나 현재의 웹은 대부분은 HTML이나 XML로 작성되어 있어 기계에 의한 내용의 처리는 불가능하고 단지 보여주는데 그치고 있다. 하지만 인터넷은 사람만이 사용하는 것이 아니라 여러 가지 소프트웨어에 의해서 사용되기도 한다. 이러한 소프트웨어들은 정보검색, 정보추출, 데이터 마이닝등 여러 가지 기능을 효율적으로 수행하는데 필수적인 소프트웨어이며, 앞으로는 이러한 소프트웨어에 의한 인터넷의 사용이 기하급수적으로 증가할 것이다. 따라서 이러한 소프트웨어들이 내용(의미)을 잘 이해할 수 있는 형태의 웹 표현이 필요하다. 이를 위하여 국제조직인 W3C에서는 기계가 의미를 쉽게 이해할 수 있도록 웹을 작성할 수 있는 표현 형태인 Resource Description Framework(RDF)를 표준으로 제안하였다. 이는 온톨로지와 메타데이터를 이용하여 개념을 표현하며 Uniform Resource Identifier (URI)를 이용한 Name Space에 의하여 모호성을 해소하고 있다. 이처럼 기계가 의미를 파악할 수 있는 형태로 작성된 웹을 시맨틱 웹(Semantic Web)이라 한다[Ber01]. 지금까지는 우리는 자연어, 그림, 소리 등 다양한 미디어를 이용하여 저장된 수 많은 정보를 저장하고 검색하여 이용하기 위하여 정보 시스템을 활용하였으며, 그 정보의 수가 보다 많고 다양하여 저감에 따라 정보 시스템을 보다 더 지능적으로 만들어 사용하려고 노력하였다. 하지만 [그림 13.1]에 나타나 있는 것처럼 시맨틱 웹 방식은 정보 시스템을 지능적으로 만들기보다 데이터를 지능적으로 만드는 방식을 택한 것이다. 이렇게 하여 시맨틱 웹은 기계가 처리 가능한 웹 데이터를 생성하고 기존 정보시스템의 한계를 극복할 수 있게 한 것이다.1)

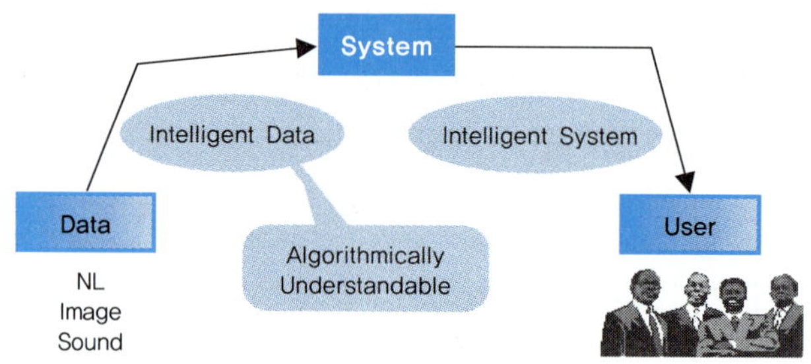

그림 13.1 시맨틱 웹의 접근방식

본 장은 양기철(2005) 시맨틱 웹과 그 응용. 「한국콘텐츠학회 2005 추계 종합학술대회 논문집」 3권 2호의 내용을 기반으로 하였다.

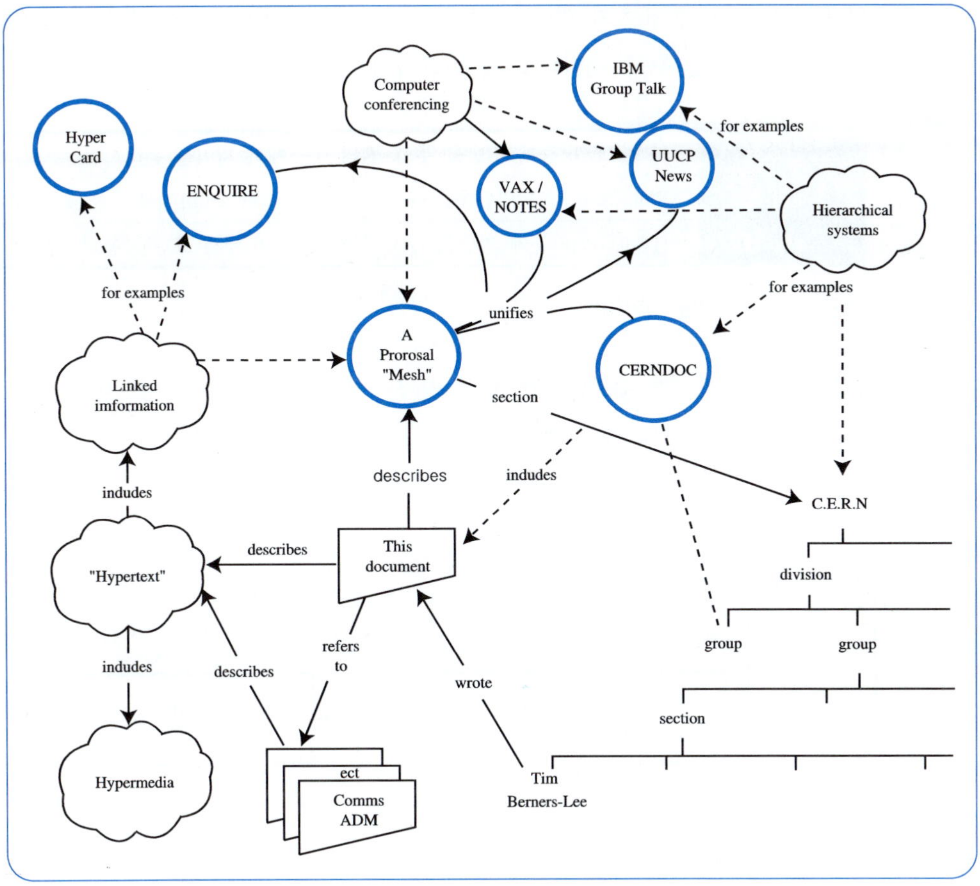

그림 13.2 시맨틱 웹에 대한 Tim Berners-Lee의 초기 제안

시맨틱 웹은 처음에 Tim Berners-Lee에 의해 그 아이디어가 제안 되었다[Berners89]. Tim Berners-Lee가 생각한 미래의 웹은 HTML이나 XML을 이용하는 웹 이상의 것을 포함하고 있다. 다음 [그림 13.2]에서 보듯이 정보(자원)간의 관계를 설명하는 'includes', 'describes'나 'wrote' 등은 기존의 웹에서는 볼 수 없는 것들이다. 이러한 관계를 나타내기 위해서는 별도의 데이터가 필요한데 이러한 메타데이터가 있으므로 해서 컴퓨터가 웹상의 정보를 이해하고 처리할 수 있게 된다. 이러한 메타데이터는 다음에 설명할 RDF(Resource Description Framework)를 이용하여 표현할 수 있으며, 웹상의 데이터를 보다 지능적으로 만든다.

웹을 세대별로 구분하여보면 시맨틱 웹은 3세대 웹 이라고 말할 수 있다. 1세대 웹은 1990년대 초 HTML에 기반한 웹으로 문서가 있는 위치에 관계없이 인터넷을 이용해 어디에서든지 같은 형태로 문서를 볼수 있게 하였다. 따라서 웹의 표현(Style)이 중요했다. 2세대 웹은 1990년대 후반 XML에 기반을 둔 웹으로 구조(Structure)를 중요시 했다. 따라서 같은 내용도 필요에 따라 표현이 다르게 보여 질 수 있다. 그리고 3세대 웹인 시맨틱 웹은 기계가 콘텐츠의 의미를 이해할 수 있게 의미정보를 추가하여 웹 데이터를 확장하는데 역점을 두고 개발되고 있다[그림 13.3].

3세대 웹	RDF, OWL 등에 기반을 두고 웹의 구조에서 의미를 분리시킴.
2세대 웹	XML, XSL 등에 기반을 두고 웹의 표현(Presentation)에서 구조를 분리시킴
1세대 웹	HTML, PDF 등에 기반을 두고 위치(Location)에서 표현을 분리시킴

그림 13.3 세대별 웹의 비교

[그림 13.4]에서 알 수 있듯이 웹의 발전 방향을 보여주고 있으며, 앞으로의 웹은 Iteroperability와 Machine Processability가 높은 유비쿼터스 웹으로 발전하여 언제 어디서나 쉽게 접근 가능하고 기계에 의한 자동 처리가 자유로워지는 그런 웹으로 발전할 것이다.

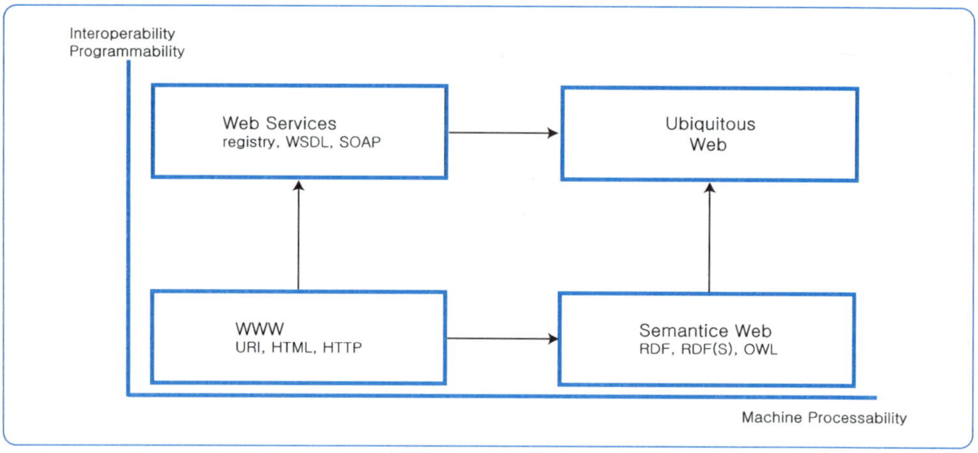

그림 13.4 웹의 발전 방향

다음은 시맨틱 웹의 구조를 계층적으로 살펴본다.

13.2. 시맨틱 웹의 구조

시맨틱 웹은 [그림 13.5]와 같은 구조로 이루어진다. Internet Level에서 코드는 Unicode를 사용하고 URI(Uniform Resource Identifier)를 사용하여 객체를 지칭한다. 웹내의 객체의 구조를 정의하는 Structure Level에서는 기본적으로 XML을 NS(Name Space)와 함께 사용한다. 그리고 객체간의 관계정의를 위하여 Meta Data Level에서 RDF(Resource Description

Framework)를 사용한다. 각 객체와 개념들의 정의를 위해서 Ontology가 필요하고 보다 다양한 객체간의 관계 정의를 위하여 Logic이 필요하다. 또한 추론의 결과를 얻기 위해 Proof가 필요하며 추론에 사용한 데이터의 신뢰성검증을 위하여 Trust Level이 필요하다.

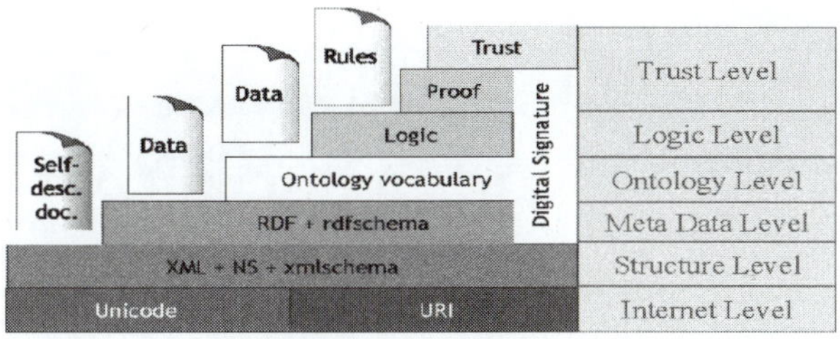

그림 13.5 W3C의 시맨틱 웹 레이어 모델과 개념적 계층

13.2.1 Internet Level

인터넷상에서 문자나 기호를 표현하기 위해서는 코드체계가 필요한데 시맨틱 웹에서는 유니코드(Unicode)를 사용한다. 유니코드는 90,000개 이상의 문자와 기호를 표현할 수 있어 한글 한자 등 다양한 국가의 언어를 표현할 수 있다. 하지만 한글의 경우 완성형 글자만 표현이 가능하다는 단점도 있다.

인터넷상에서 무엇에 대하여 기술하려면 그것을 인지하고 지칭할 수 있어야한다. 웹상에서는 이러한 인지와 지칭을 위하여 Identifier를 사용하며 일관된 체계를 유지하기 위하여 Uniform Identifier를 사용한다. 그런데 웹상의 모든 것들은 자원(Resource)이라 불리기 때문에 시맨틱 웹에서 사용하는 URI(Uniform Resource Identifier)라 한다. 따라서 URI를 사용하면 모호성이 없이 웹상의 모든 자원을 인지하고 지칭할 수 있다. 또한 웹상에서 모든 자원은 복사하여 가져오거나 중앙집중식으로 관리할 필요가 없고 필요할 때 링크를 이용하면 되기 때문에 URL(Uniform Resource Locator)이 아닌 URI(Uniform Resource Identifier)이다.

13.2.2 Structure Level

웹 상에서 객체들을 정의할 때 XML(eXtensible Markup Language)을 사용하면 다음과 같이 각 객체의 구조를 정의할 수 있다.

```
<ADDRESS>
        <NAME> TOM </NAME>
        <PHONE> 012 3456 </PHONE>
</ADDRESS>
```

하지만 XML로는 각 객체간의 관계를 정의할 수 없다. 또한 XML을 사용하면 사용하는 사람마다 다른 태그를 같은 용도로 사용할 수 있다. 예를 들어 하나의 웹 페이지는 컴퓨터 입장에서 보자면 다음과 같은 문서로 보일 것이다. 즉 이해할 수 없는 그림과 같은 것이다.

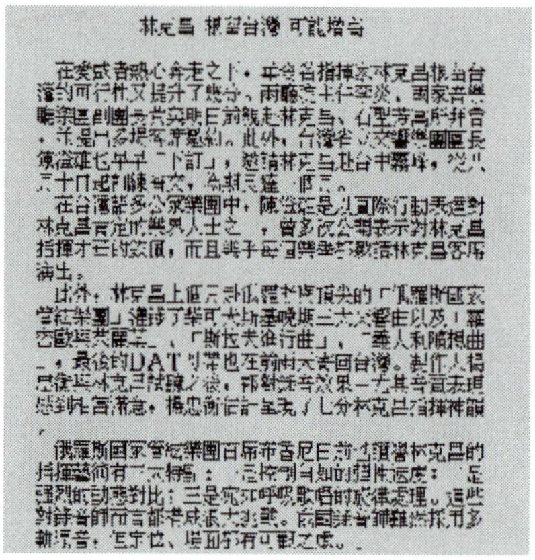

그림 13.6 태그 없는 웹 문서

하지만 [그림 13.7]처럼 XML과 같은 언어를 사용하여 의미 있는 태그를 붙이면 웹 페이지의 내용을 사람이 이해하는데 도움이 된다.

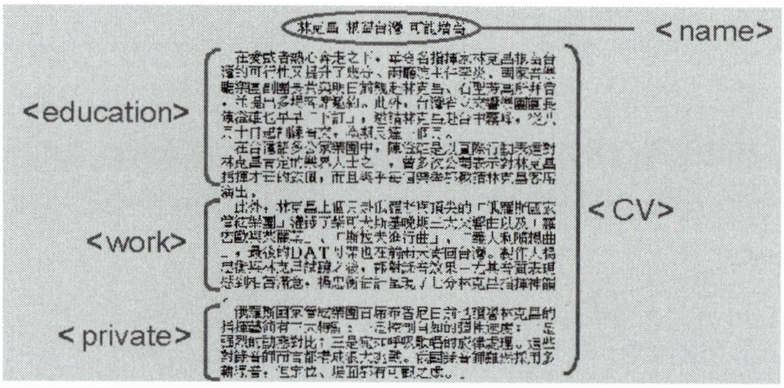

그림 13.7 태그가 붙은 웹 문서

하지만 XML을 사용하면 사람마다 서로 다른 형태의 태그를 사용하는 경우가 많으며 이는 태그의 의미를 이해하기 어렵게 만든다. 더욱이 컴퓨터는 이러한 태그의 의미를 이해할 수 없다.

13.2.3 Meta Data Level

컴퓨터가 문장의 의미를 이해하기 위해서는 추가적인 정보가 필요한데 이러한 정보가 Meta Data Level에 기술되고, 웹에서 의미기술을 위해 현재 가장 널리 알려진 언어가 RDF[Hjelm01, Lassila99]와 RDF Schma(RDFS) [Brickley00]이다. RDF는 [그림 13.8]에서 보는 것처럼 Subject, Predicate 그리고 Object라는 세 가지의 요소로 이루어진다. 이는 [그림 13.8]의 맨 아래에 나타나있는 그래프 형태로도 표현이 되며 중간에 있는 XML형태로 기술되기도 한다. RDF에 대한 좀더 자세한 내용은 다음 13.3절에서 다루기로 한다. 또한 Notation 3(N3) 라는 표기법을 사용하기도하지만 N3로 기술된 내용은 사람이 읽기는 용이하지만 일반적인 XML이나 RDF 파서로는 파싱이 되지 않는다.

RDF는 간단한 관계형 모델로 데이터를 Object-Attribute-Value(또는 Subject - Predicate - Object)의 트리플 형태로 표현한다. 그리고 트리플의 각각은 리터럴 심벌이거나 URI이다. 예를 들어 "철수는 음악 이야기의 저자이다"와 "음악이야기는 책이다"는 트리플로 다음과 같이 표현될 수 있다.

Triples of the Data Model

Number	Subject	Predicate	Object
1	http://www.w3.org/	http://purl.org/dc/elements/1.1/title	"World Wide Web Consortium"

The original RDF/XML document

```
1: <?xml version="1.0"?>
2: <rdf:RDF xmlns:rdf="http://www.w3.org/1999/02/22-rdf-syntax-ns#"
3:   xmlns:dc="http://purl.org/dc/elements/1.1/">
4:   <rdf:Description rdf:about="http://www.w3.org/">
5:     <dc:title>World Wide Web Consortium</dc:title>
6:   </rdf:Description>
7: </rdf:RDF>
8:
```

Graph of the data model

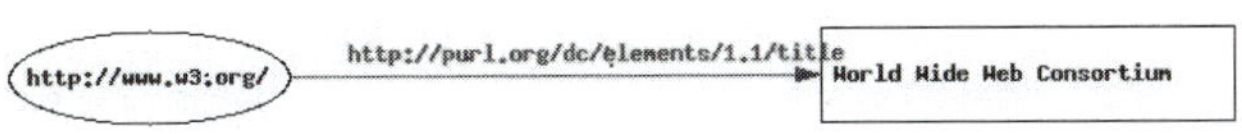

그림 13.8 RDF 표현 형태

Subject	Predicate	Object
<http://story.kr/book#Musicstory,	Creator	http://author.org/Chulsoo>
<http://story.kr/book#Musicstory,	Type	book>

RDF의 구문은 XML에 기반을 두고 있다. 따라서 이를 다시 XML 형태로 표현하면 다음과 같다.

```
<rdf:RDF xmlns:rdf="http://www.w3.drg/1999/02/22-rdf-syntax-ns#"
              xmlns:rdf="http://purl.org/dc/elements/1.1">
        <rdf:description rdf:about="http//story.kr/book#Musicstory">
              <dc:Author rdf:resource="http://author.org/Chulsoo">
              <rdf:type>book</rdf:type>
        </rdf:Description>
</rdf:RDF>
```

위에서 보는 바와 같이 RDF는 내용을 기술할 때 사용하는 용어(Vocabulary)의 정의는 하지 않는다. 예를 들어 위에서 사용한 "book"이라는 용어의 의미는 위의 RDF 기술에 나타나 있지 않다. 이러한 용어의 정의는 RDF Schema(RDFS) [Bri00]에 기록된다. RDFS는 RDF의 확장으로 다음과 같은 일을 할 수 있다.

- RDF 응용에서 사용하는 개념을 정의한다.
- 트리플에서 Object와 Value에 Type 제약을 설정한다.

RDFS는 객체지향 프로그래밍 개념을 웹에 도입한 것으로 볼 수 있다. 따라서 rdfs:Class 나 rdfs:subClass와 같은 기존의 객체들을 클래스 계층구조를 정의하는데 사용할 수 있다. 따라서 RDFS를 이용하면 RDF 데이터를 기술하는데 필요한 용어(Vocabulary)를 정의하여 간단한 온톨로지를 만들 수 있다. 그리고 RDFS에서는 클래스, 서브클래스, Subproperties를 나타낼 수 있고 Property에 Domain과 Range의 제약을 가할 수 있는 등 온톨로지 개발에 필요한 여러 가지 일들을 할 수 있다. 예를 들어, 하나의 RDF 객체는 Type Property를 이용하여 하나의 클래스 또는 여러 클래스의 인스턴스(Instance)로 정의 될 수 있는데, 실제로 subClassOf Property를 이용하여 클래스간의 계층적 구조를 다음과 같이 정의할 수 있다.

```
<rdfs:Class rdf:about="Book"/>

<rdfs:Class rdf:about="Hardcover">
  <rdfs:subClassOf  rdf:resource="#Book"/>
</rdfs:Class>

<Hardcover rdf:resource="http://www.books.org/ISBN00123"/>

Property는 Domain과 Range에 제약을 가하여 다음과 같이 정의할 수 있고
<rdfs:Property  rdf:about="hasPrice">
  <rdfs:domain  rdf:resource="#Book"/>
</rdfs:Property>
```

subPropertyOf를 이용하여 계층적으로 조직할 수 있다.

이처럼 RDFS는 객체지향적 모델을 따라 개념들의 Class간 상하관계를 설정한다. 이는 온톨로지의 구성을 가능하게하고 XML name space와 함께 사용하면 서로 다른 온톨로지간 상호 호환성을 갖을 수 있게 된다. 예로 Doubline Core[Dub]는 도서관 정보에 관련된 지식을 기술하는데 사용될 수 있는 온톨로지이다. 이는 같은 규칙에 따라 다른 곳에서 만들어진 다른 영역을 위한 온톨로지와 상호 호환성을 갖는다.

13.2.4 Ontology Level

온톨로지(Ontology)는 개념과 객체들을 계층적 관계로 정의하여 컴퓨터가 의미를 이해하는데 필요한 정보를 제공한다. [Gruber93]에 따르면 온톨로지는 다음과 같이 정의할 수 있다.

> An Ontology is a formal, explicit specification of a shared conceptualization.

위의 정의에서 보듯이 온톨로지는 'Formal'하고 'Explicit'하기 때문에 기계에 의한 개념의 자동 이해가 가능하고, 정보를 공유하는 특성을 갖는다.

이러한 온톨로지는 사용 목적이나 응용분야 등에 따라 다양한 형태로 만들어 질 수 있다[Fensel01]. 잘 알려진 온톨로지로는 WordNet, RosettaNet, CYC 등 이 있다. 또한 온톨로지를 구현할 때 사용하는 언어도 여러 가지가 있는데 OIL(Ontology Inference Layer), DAML(DARPA Agent Markup Language) 그리고 OIL과 DAML을 합한 DAML+OIL 등 이 있다. OIL과 DAML은 Description Logic에 기반을 둔 논리적 언어이다. DAML+OIL은 논리와 객체지향 개념 그리고 RDF(S)와 XML같은 웹 언어의 특성들이 합성되었다. 따라서 DAML+OIL과 같은 언어를 사용하면 웹상의 메타데이터를 더 쉽게 작성할 수 있다. 또한, OWL(Web Ontology Language)은 W3C(http://www.w3.org/2001 /sw/WebOnt/)에서 제안한 것으로 DAML+OIL에 이어 온톨로지 언어의 표준으로 자리 잡고 있다. 이러한 온톨로지를 구현하는 데는 여러 가지 도구를 사용할 수 있는데, [그림 13.9]에는 Protege라는 도구를 이용한 온톨로지 작성 과정을 보여주고 있다.

Protege는 프로젝트(Project)단위로 작업이 이루어지며 각 프로젝트는 해당 도메인 내의 지식베이스를 이룬다.

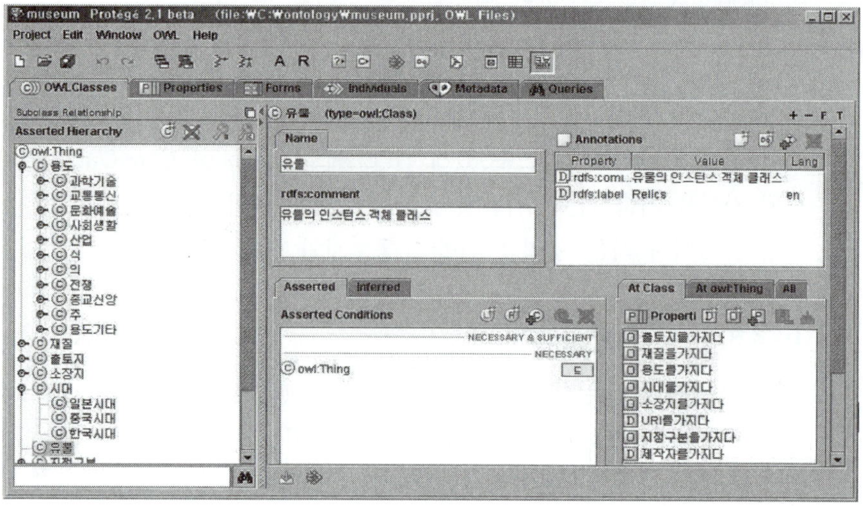

그림 13.9 Protege-2000을 이용한 온톨로지 작성

13.2.5 Logic & Trust Level

온톨로지는 개념과 객체들을 정의하지만 이들을 어떻게 사용해야 되는지는 알려주지 않는다. 예를 들어, 컴퓨터를 5대 사야 되는데 한 회사에서 3대를 사고 다른 회사에서 2대를 주문했으면 더 이상 주문이 필요 없다는 사실을 사용자에게 알려 주어야한다. 이러한 일은 온톨로지만 있어가지고 해결되는 것이 아니다. 이러한 결론을 도출하기 위해서는 절차적인 행동과 논리적인 추론이 있어야 가능하며, 이러한 작업들이 시맨틱 웹의 Logic Level에서 이루어진다.

또한, 논리적 추론의 결과가 참이다는 사실을 증명할 수 있어야 된다(Proof Level). 이때 추론 결과가 참이라는 것은 전제로 이용하는 웹데이터가 참이라는 가정 하에서 가능하다. 하지만 또 하나의 문제는 공개된 수 많은 웹 상의 자료들을 모두 믿을 수 있는가 하는 것이다. 따라서 웹 상의 자료의 신뢰도를 측정하고 보장할 수 있는 방법이 필요하다. 이러한 작업은 시맨틱 웹의 Trust Level에서 이루어진다. 한 가지 방법은 웹 사용자가 전자서명을 이용하여 각 사이트에 신뢰도를 평가하여 기록 하도록 하는 것이다.

13.3. 시맨틱 웹 개발 도구

본 장에서는 시맨틱 웹 개발을 위해 개발된 몇 가지 도구들에 대하여 알아본다.

Protégé

Protégé는 온톨로지 제작 도구와 지식베이스 프레임워크로 사용할 수 있는 Java기반 공개 소프트웨어이다(http://protege.stanford.edu/). 또한 Protégé는 온톨로지를 모델링 하는데 Protégé-Frames와 Protégé-OWL이라는 두 가지 방식을 지원한다[그림 13.10].

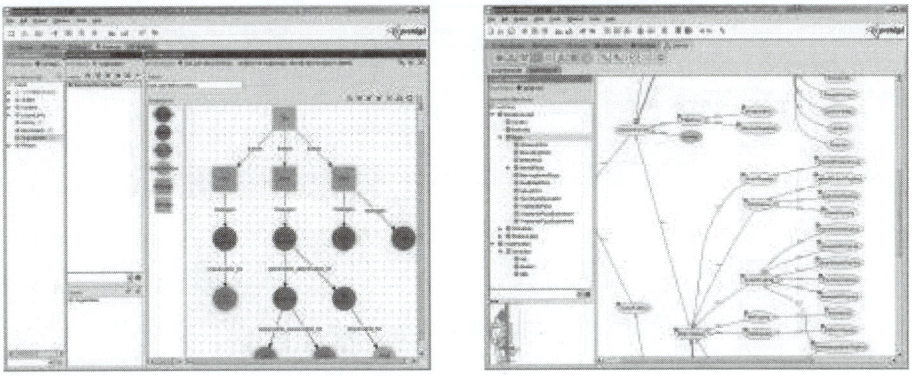

그림 13.10 Protégé-Frames와 Protégé-OWL

rotégé는 스탠포드 대학교에서 개발 되었으며 RDF문서 구성이 가능한 일종의 RDF 편집기이다. 상요자의 편의에 따라 확장이 용이하도록 Plug-and-Play 환경도 제공한다.

SiRPAC

SiRPAC(Simple RDF Parser and Compiler)는 RDF/XML 문서를 파싱할 수 있는 Java 프로그램이다(http://www.w3.org/RDF/Validator/). SiRPAC을 이용하면 RDF문서를 [그림 13.11]처럼 그래프 형태로 볼 수 있다. 그리고 [그림 13.11]은 SiRPAC을 서비스하는 웹 사이트의 홈페이지이다.

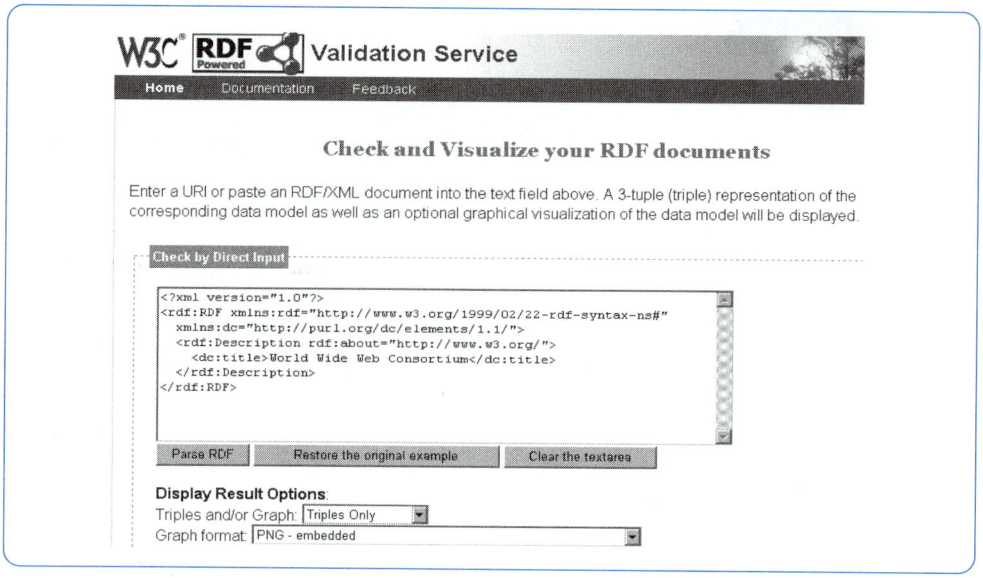

그림 13.11 SiRPAC을 서비스하는 웹 사이트

Jena

Jena는 RDF, RDFS, OWL 등을 위한 환경과 규칙기반 추론엔진을 제공하는 시맨틱 웹 응용 시스템 개발용 Java 프레임워크이며 다음을 포함하고 있다. (http://jena.sourceforge.net/)

- RDF API
- RDF / XML, N3 그리고 N-Triples 형태의 RDF 읽기와 쓰기
- OWL API
- RDQL : RDF 쿼리언어(Query Language)

SWI-Prolog/XPCE Semantic Web Library

SWI-Prolog / XPCE Semantic Web Library는 시맨틱 웹를 읽고, 저장하고, 질의하기 위한 프롤로그(Prolog) 패키지와 시각화와 편집 기능을 제공하는 XPCE 라이브러리로 구성되어있다. 프롤로그 라이브러리는 XPCE GUI 모듈이 없이도 사용이 가능하며, 일반 PC에서 2백만 개의 RDF 트리플을 다룰 수 있다. 또한 RDF / RDFS 그리고 OWL을 편집할 수 있는 그래픽 편집기인 'Triple20'이 개발되고 있다. (http://www.swi-prolog.org/)

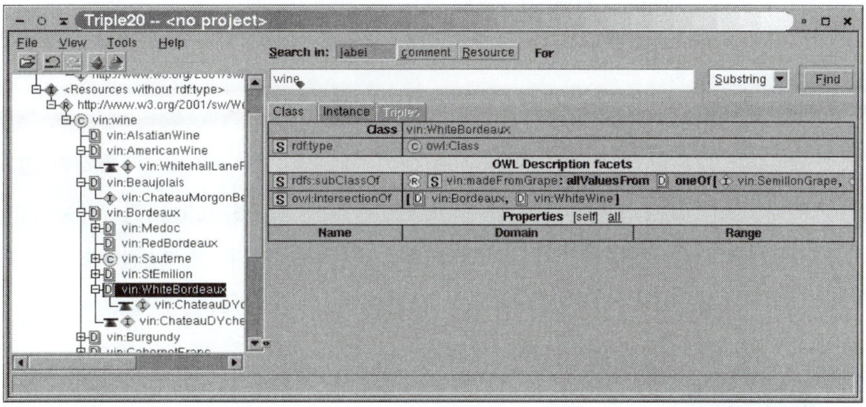

그림 13.12 Triple20

Triple20은 여러 파일로 존재하는 온톨로지를 읽어 들여 하나의 온톨로지로 보여 줄 수 있는 기능이 있다.

Algae

Algae는 W3C Annotea Server에서 사용되는 RDF 쿼리언어로 아래와 같은 RDF 그래프에 (http://www.w3.org/2004/05/06-Algae/)

```
<r:RDF xmlns:r="http://www.w3.org/1999/02/22-rdf-syntax-ns#" xmlns:a=
"http://www.w3.org/2000/10/annotation-ns#">
<r:Description r:about="http://example.com/things#Annot1">
<r:type r:resource="http://www.w3.org/2000/10/annotation-ns#Annotation"/>
</r:Description>
<a:Annotation r:about="http://example.com/things#Annot8" />
<r:RDF>
```

다음과 같은 쿼리를 적용하면

```
ns r=<http://www.w3.org/1999/02/22-rdf-syntax-ns#>
ns a=<http://www.w3.org/2000/10/annotation-ns#>
ask (?x rdf:type a:Annotation)
collect (?x)
```

?x는 〈http://example.com/things#Annot1〉와 〈http://example.com/things#Annot8〉로

바인딩 된 결과를 얻을 수 있다.

rdfDB

rdfDB는 SQL과 같은 쿼리언어로 검색이 가능한 DRF 데이터를 축적한 RDF 데이터베이스이다. rdfDB는 URL을 통하여 RDF 파일의 Load/Reload가 가능하며, RDF 스키마(Schema)와 수백만 개의 RDF 트리플을 다룰 수 있다. 또한 간단한 추론 기능이 있으며 C와 Perl을 이용한 데이터베이스 사용이 가능하다(http://www.guha.com/rdfdb/).

RDFPic

RDFPic은 사진 안에 RDF로 된 문장을 삽입하여 RDF 문장에 의한 사진의 검색이 가능하도록 하는 도구 이다. RDF 문장에 의한 사진의 검색이 가능하게 되면 수 많은 사진(디지털화된 사진)들 중에서 필요한 사진을(의미적으로)정확히 검색할 수 있게 되며, 기존의 텍스트 기반 검색 시스템에서는 불가능했던 웹 상의 그림이나 사진들의 검색도 RDF 메타데이터를 이용하여 가능하게 할 수 있다. [그림 13.13]은 RDFPic의 데이터 입력을 보여주는 예이다. 기타 시맨틱 웹 개발 관련 도구들은 http://www.w3.org/RDF/#developers를 참조하기 바란다.

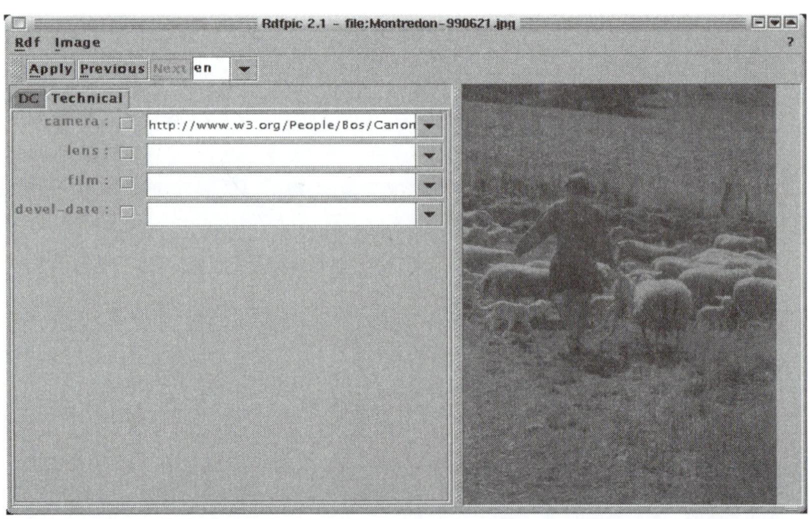

그림 13.13 RDFPic의 데이터 입력

13.4. 시맨틱 웹 응용 분야 및 관련 연구

본 장에서는 시맨틱 웹의 응용 분야와 관련 연구 동향을 간단히 알아본다.

13.4.1 응용 분야

메타데이터나 온톨로지 사용 기술 같은 시맨틱 웹 관련 기술은 다음과 같은 여러 분야에서 응용될 수 있다.

- **정보검색**

  웹 사용에 있어서 가장 큰 문제 중의 하나가 사용자가 필요한 정보나 서비스를 빨리 찾기가 어렵다는 것이다. 이는 인터넷 상의 정보가 너무 많을 뿐만 아니라 구조화 되어있지 않기 때문이다. 따라서 기존의 키워드를 이용한 방식보다 내용기반 정보검색이 가능하도록 하여야 한다. 이러한 시도를 한곳으로 Karlsruhe University AIFB Institute의 Semantic Portal[Maedche01]이 있다.

- **지식관리**

  최근 들어 기업이나 조직에서 자신들이 보유하고 있는 지식관리에 관심이 크다. 그러나 각 기관이 보유하고 있는 비정규적인 문서는 경쟁력 있고 효율적인 지식관리를 어렵게 만든다. 하지만 시맨틱 웹 기술을 사용하면 다음과 같은 장점이 있다.
  - 키워드가 아닌 내용기반 정보검색이 가능하다.
  - 열거된 정보를 단순히 보여 주는 것이 아니라 원하는 정보를 조직하여 만들어 낼 수 있다.
  - 이형의 시스템간 문서의 이동이나 교환이 쉽다. 따라서 서로 다른 병원의 데이터나 서로 다른 회사의 카탈로그, 박물관 자료의 통합 등이 가능해진다.

- **전자상거래**

  인터넷의 발달로 새로운 형태의 상거래 시스템이 형성되었다. 기업과 기업간 전자상거래인 B2B나 기업과 개인 간 전자상거래인 B2C를 위해 시맨틱 웹 기술은 유용하게 사용될 것이다. 전자상거래를 위한 국제표준으로 다음과 같은 것들이 시도 되었다.
  - ebXML : ebXML(Electronic Business XML)은 기업들의 전자상거래시 사용할 수 있는 XML 실행의 표준화를 시도하였다.
  - SOAP : SOAP(Simple Object Access Protocol)는 HTTP 프로토콜에 기반을 둔 표준 프로토콜로 시스템 간에 XML을 이용한 정보교환이 가능하다. 이 밖에도 에이전 트간 통신에 사용되는 언어로 KQML(Knowledge Query and Manipulation Language), FIFA

(Foundation for Intelligent Physical Agents) 그리고 OMG(Object Management Group) 등이 있다.

- Ontology : 전자상거래에 사용되는 온톨로지 중 RosettaNet은 IT와 전자제품 분야에서 가장 잘 알려진 표준이다.

위에서 본 것처럼 여러 분야에서 시맨틱 웹이 응용될 수 있으며 실제로 사용자가 시맨틱 웹을 이용하기 위해서는 웹 서비스를 활용하여야 한다. 시맨틱 웹 기반 웹 서비스의 활용에는 자동 웹 서비스 검색, 자동 웹 서비스 실행, 자동 웹 서비스 구성과 상호운용, 자동 웹 서비스 실행 모니터링 등 다양한 작업이 가능하다.

자동 웹 서비스 검색은 주어진 제약 사항을 만족 시키는 서비스를 제공하는 웹 서비스의 위치를 자동으로 찾아내 주는 것이다. 즉, 사용자가 원하는 웹 서비스를 제공하는 사이트의 위치를 사용자가 일일이 찾아다니지 않아도 자동으로 찾을 수 있는 것이다. 자동 웹 서비스 실행이란 컴퓨터나 에이전트가 찾아낸 웹 서비스를 자동으로 실행할 수 있게 해 주는 것이다. 예를 들어 현재는 웹상에서 치과병원에 예약을 하려고 하면 사용자가 직접 원하는 병원의 홈페이지에 접속하여 필요한 정보를 입력하고 실행버튼을 눌러 예약을 한다. 이러한 작업을 컴퓨터가 자동으로 해주는 것이다. 자동 웹 서비스 구성과 상호운용이란 하나의 목적을 이루는데 여러 가지 웹 서비스가 필요할 경우 필요한 기능이다. 기존의 웹에서는 이러한 작업을 사용자가 따로따로 수행하여 그 결과들을 조합하여야 가능하지만 시맨틱 웹상에서는 이러한 통합 작업이 자동으로 실행될 수 있다. 자동 웹 서비스 실행 모니터링 기능은 각각의 웹 서비스가 실행되는데 필요한 시간이나 진행 상황 등에 대한 정보를 알려줄 수 있는 기능이다. 이와 같이 시맨틱 웹 상에서는 여러 가지 웹 서비스가 자동으로 실행 가능하게 되어 기존의 웹에서는 할 수 없었던 일들의 자동 수행이 가능하게 된다.

13.4.2 관련 연구

시맨틱 웹에 관한 연구는 세계 도처에서 활발히 이루어지고 있다. W3C 산하에는 RDF Core Working Group(RDFCore)과 Web Ontology Working Group(WebOnt)이 있으며 Semantic Web Advanced Development(SWAD) 프로젝트가 진행되고 있다. SWAD 프로젝트에서는 다음과 같은 것들에 관련된 연구를 수행하고 있다.

- Developer's Tools
- Resource Description
- Annotation, Collaboration, and Web of Trust
- Access Control Rules
- Logic and Proof Calendaring and Schedcuring

- Work-flow and Dependency Tracking
- Integration with XML infrastructure

국내에서도 시맨틱 웹에 대한 활발한 연구가 시작 되었으며 그중 중요한 것으로 최근 전자통신 연구소(ETRI)에서 비즈니스 온톨로지 모델러인 온투모(OntoMo)와 이미 존재하는 시맨틱 웹 문서들을 결합하여 새로운 온톨로지를 짧은 시간 안에 구축할 수 있는 비즈니스 온톨로지 병합도구 모아(MoA)를 개발 하였다. 온톰모는 의미간의 관계성을 그래프의 형태로 표시하고 편집할 수 있는 GUI 기반의 편집환경을 제공함으로써 복잡한 의미관계를 손쉽게 파악하고 편집할 수 있게 하였다.

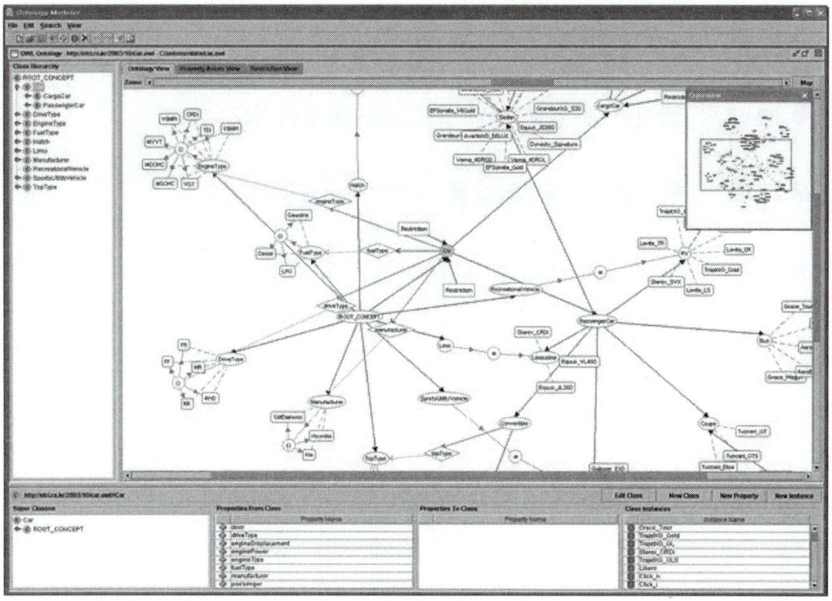

그림 13.14 온투모(OntoMo)

모아는 단어 사전에 기술된 단어의 의미 및 단어 간의 유사성을 근거로 하여 독립된 두 개의 온톨로지 문서를 병합하고 유사개념들을 어떻게 병합할 것인지 결정하고 병합을 수행할 수 있는 환경을 제공한다.

또한 ETRI에서는 온톨로지 기반의 추론엔진인 아울러(OWLer)와 규칙기반 추론엔진인 보쌈(BOSSAM)도 개발하였다. OWLer는 일차논리 기반의 정리증명기법을 활용하였고 BOSSAM은 자동 증명기 뿐만 아니라 에이전트에 지능을 부여하는데 필요한 추론규칙 작성기로도 활용될 수 있다.

연습문제

1 기존의 웹과 시맨틱 웹과의 차이점을 설명하시오.

2 웹의 발전을 세대별로 구분하시오.

3 유비쿼터스 웹이란 무엇인지 설명하시오.

4 시맨틱 웹의 구조를 설명하시오.

5 RDF란 무엇인지 설명하시오.

6 시맨틱 웹에서 온톨로지의 필요성을 설명하시오.

7 시맨틱 웹 개발 도구 하나를 선택하여 설명하시오.

8 시맨틱 웹의 응용 분야에 대하여 기술하시오.

14 4차 산업혁명과 인공지능

인공지능은 1950년대부터 시작해 2010년까지 부침을 반복하다 2016년 4차 산업혁명의 대두와 함께 그 핵심요소로 부각되면서 큰 관심을 받고 있다. 본 장에서는 산업혁명의 간략한 역사와 의미를 살펴보고 4차 산업혁명에서 인공지능이 차지하는 역할을 알아본다. 마지막으로 향후 수십 년 안에 인공지능이 가져 올 인류의 미래에 대처하기 위해 어떤 일들이 준비되고 있는지 알아본다.

14.1. 산업혁명의 역사

산업혁명은 [그림 14.1]에서 알 수 있듯이 증기기관으로 대표되는 1차 산업혁명, 전기, 에너지 기반의 대량생산이 가능해진 2차 산업혁명, 컴퓨터로 대표되는 3차 산업혁명까지 진행되었다. 이를 산업혁명의 의미, 지역, 용어, 주요 발명품과 사회적인 영향으로 나누어 살펴보면 다음과 같다(위키백과 참조).[2)]

제1차 산업혁명은 18세기 말에서 19세기까지 영국을 중심으로 발명된 기계가 인간의 단순 육체노동을 대체하면서 진행되었다. '1차 산업혁명'이라는 용어는 1881년 역사학자인 아놀드 토인비의 글에서 최초로 언급되었다. 대표적인 발명품으로는 1769년 면직물

본 장은 김명철, 양기철(2017) 4차 산업혁명과 인공지능, 「한국엔터테인먼트산업학회추계학술대회 논문집」의 내용을 기반으로 하였다.

대량 생산을 위해 영국의 아크라이트와 하그리브스가 발명한 방적기가 있으며, 1781년 제임스 와트가 발명한 증기기관이 있다. 증기 기관은 열 에너지를 운동 에너지로 바꾸는 기계로서 기차나 선박 등의 교통수단, 광산, 제철소에서 사용되었는데, 이전에는 인간의 수작업으로 이루어지던 육체 노동을 자동화하였다.

	제1차 산업혁명	제2차 산업혁명	제3차 산업혁명	제4차 산업혁명
시기	18세기	19~20세기 초	20세기 후반	21세기
특징	증기기관 기반의 '기계화 혁명'	전기 에너지 기반의 '대량생산 혁명'	컴퓨터와 인터넷 기반의 '디지털 혁명'	사물인터넷(IoT)과 빅데이터, 인공지능(AI) 기반의 '만물 초지능 혁명'
영향	수공업 시대에서 증기기관을 활용한 기계가 물건을 생산하는 기계화 시대로 변화	전기와 생산조립 라인의 출현으로 대량생산 체계 구축	반도체와 컴퓨터, 인터넷 혁명으로 정보의 생성·가공·공유를 가능케 하는 정보기술시대의 개막	사람, 사물, 공간을 연결하고 자동화·지능화되어 디지털·물리적·생물학적 영역의 경계가 사라지면서 기술이 융합되는 새로운 시대

자료 : 미래에셋대우 글로벌투자전략부

그림 14.1 산업혁명의 역사

1차 산업혁명의 사회적 영향으로는 이전까지 계급에 기반한 중세봉건 체계에서 기계를 가진 자본가와 이를 다룰 줄 아는 노동자 계급에 기반한 자본주의 체계로 이전하게 되었다. 이런 경제 구조의 변화가 정치 구조의 변화를 가져와 신흥 노동자 계급의 선거권 획득, 급격한 공업화에 따른 도시로의 인구 이동 등이 이루어졌다. 한편, 그 당시에도 기계에 의한 자동화가 인간의 일자리를 뺏어 감으로써 이에 위협을 느낀 노동자들이 기계를 파괴하는 '러다이트 운동(1811~1816)'이 일어나기도 했다.

그림 14.2 증기기관과 러다이트 운동

1차 산업혁명이 가져온 문제점으로는 공업화에 따른 환경 파괴, 노동자 인권 유린(장시간 노동, 건강 파괴), 아동 노동 등이 대두되었으며, 이에 대한 대응책으로 현대적인 복지 제도의 등장, 사회주의의 탄생 등이 뒤따랐다.

19세기 중반에서 20세기 초반까지 이루어진 2차 산업혁명은 1차 산업혁명으로 앞서 나가던 영국을 비롯해 산업화 후발국이던 독일, 프랑스, 미국 등이 화학, 전기, 석유 및 철강 산업 분야에서 다양한 제품을 발명해 대량 생산하게 되었다. 대표적인 발명품으로는 증기 동력을 이용한 인쇄기(독일 쾨니히 1818)가 발명됨으로써 지식의 보급이 쉽게 되었고 자동차(독일의 다임러 1890, 미국의 포드 1903)나 비행기(미국의 라이트 형제 1903)의 발명으로 공간 이동이 더 빨라졌으며, 전화(1849년 이탈리아의 안토니오 메우치, 1876년 미국의 알렉산더 그레이엄 벨)의 발명으로 장거리 통신이 가능하게 되었다. 또, 미국의 에디슨이 축음기(1877), 전구(1879)를 발명하고 프랑스의 뤼미에르 형제가 영화(1895)를 발명함으로써 문화적인 발전도 가능하게 되었다. 2차 산업혁명에 따른 사회적 변화는 인류 최초로 대량 생산, 소비의 풍요한 시대를 열게 되었지만, 반면 도시 노동자들이 공장에 속하게 되면서 현재도 심각한 사회적 문제인 저임금과 실업의 위험이 대두되었다. 이에 따라 노동조합의 힘이 강화되고 북유럽 중심으로 복지 국가를 기치로 한 수정 자본주의가 탄생되기도 하였다.

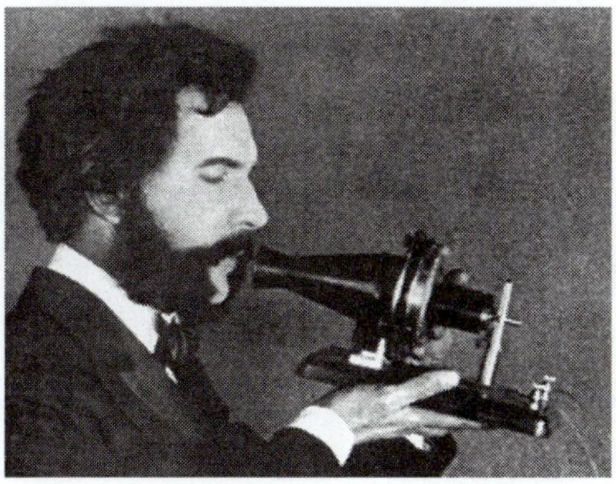

그림 14.3 알렉산더 그레이엄 벨(전화)과 에디슨(전구, 축음기)

20세기 중반부터 시작된 3차 산업혁명은 컴퓨터 발명을 필두로 한 디지털 정보 혁명을 일컫는데, 1, 2차 산업혁명이 인간의 육체노동을 기계로 대치한 것이라면 3차 산업혁명은 인간의 정신노동(계산 등)을 기계로 대치하기 시작했다는 점에서 구별된다. 3차 산업혁명이라는 용어는 미국의 제러미 리프킨(Jeremy Rifkin)이 처음 사용했으며, 앨빈 토플러의 '제3의 물결(1물결: 농업혁명, 2물결: 산업혁명, 3물결: 정보혁명)'로 잘 알려져 있다. 대표적인 발명품으로는 최초의 컴퓨터인 ENIAC(1943~1946, 미국 펜실베니아 대학, 모클리와 에커트)을 시작으로 1969년 미국 국방부에서 시작한 인터넷의 시조 ARPANET,

개인 누구나 컴퓨터를 가질 수 있게 된 애플 I PC(스티브 잡스, 워즈니악, 1976) 등이 있다.

그림 14.4 ENIAC과 애플 I

이후에 전 세계 컴퓨터를 연결한 월드와이드웹(WWW, 팀 버너스 리, 1989)과 웹 응용 제품인 검색(구글, 1998), 전자 상거래(아마존, 1994), 숙박(에어비엔비, 2008), 운송(우버, 2009) 등의 제품이 뒤따랐다. 여기에 이동하면서 이런 서비스를 사용할 수 있는 모바일 제품군인 스마트폰(아이폰/애플, 2007, 안드로이드폰/구글, 삼성 갤럭시, 2009)이 발명되면서 현재에 이르게 되었다.

그림 14.5 팀 버너스 리(WWW 발명)와 스마트폰

3차 산업혁명의 사회적 영향은 공장, 사무실, 홈 등 정신 노동이 필요한 모든 분야를 자동화하였고 누구나 정보(블로그, SNS 등)를 생산하고 소비하게 되었으며 언제 어디서나 이런 정보에 연결되는 모바일 세상이 가능하게 되었다. 반면, 정보의 불평등에 따른 정보 격차, 자동화에 따른 인력 수요 변화를 가져 왔다. [그림 14.6]은 1960년부터 2005년까지 한국의 산업구조 변화를 보여주는데, 서양에서 수백 년에 걸쳐 일어난 산업 구조 변화를 한국은 약 50년에 걸쳐 압축성장하면서 1차 산업(농업, 광업)에서 2차 산업(제조업)으로 다시 3차 산업(서비스업)으로 수요가 이동하는 것을 잘 보여주고 있다.

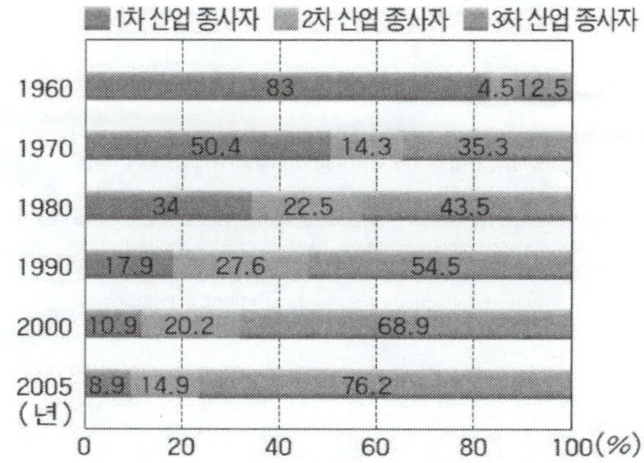

그림 14.6 한국의 산업구조 변화(출처 : 통계청, 2006)

14.2. 4차 산업혁명과 인공지능

4차 산업혁명(Industry 4.0)은 세계경제포럼의 창립자인 독일의 클라우스 슈밥(Klaus Schwab)이 2016년에 발간한 저서 '제4차 산업혁명'에서 비롯되었다. 4차 산업혁명의 기술적 구조는 [그림 14.7]과 같이 사물인터넷(IoT)을 통한 인지 고도화, 클라우드 컴퓨팅, SNS를 통한 대량의 학습데이터 확보와 이들 빅데이터를 인공지능(딥러닝) 기술이 중심이 되어 무인운송 수단, 로봇, 자동번역, 이미지 인식, 음성 인식, 음성 비서, 금융, 의료 서비스의 지능화를 이루고 있다. 또 출력 고도화로 3D 프린터, 가상현실(VR : Virtual Reality), 증강현실(AR : Augmented Reality)등이 실용화되고 있다. 즉, 4차 산업혁명은 사람, 사물, 공간을 초연결, 초지능화하여 산업구조와 사회시스템을 변화시킬 것으로 예상된다. 이는 지금까지 인류가 자동화시켜온 육체 노동(1, 2차 산업혁명)과 단순 정신 노동(3차 산업혁명)에 이어 고급 지적노동(의사, 변호사, 회계사, 운전사, 상담원 등)까지 기계가 대체할 것으로 예측되어, 또 다른 기대와 위협이 되고 있다. 이를 다시 인문사회학적으로 해석하면, 1차 산업혁명은 개인의 (육체적) 노동을 기계로 대체하고 2차 산업혁명은 인류(다수)의 노동을 대량생산으로 대체한 것이라고 볼 수 있다. 또, 3차 산업혁명은 개인의 사고(정신 노동)를 컴퓨터가 대신하게 되고, 현재 진행되고 있는 4차 산업혁명은 인류의 사고를 인공지능이 대체할 것으로 비유해 볼 수 있다.

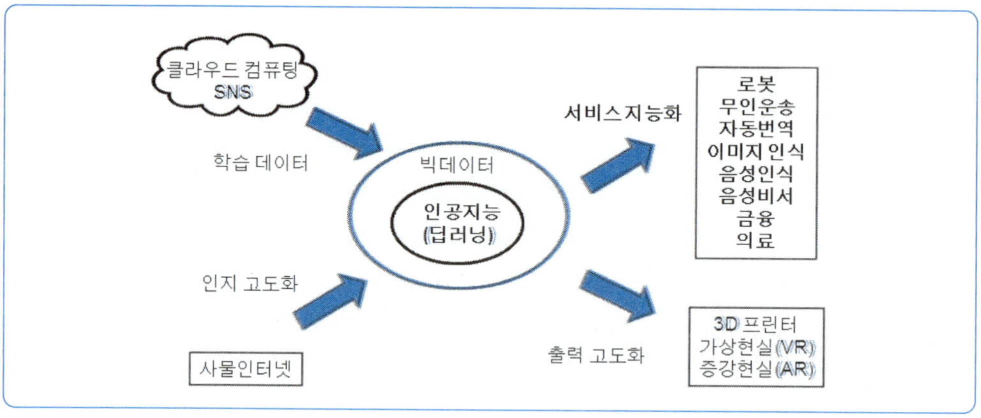

그림 14.7 4차 산업혁명의 기술적 구조

4차 산업혁명의 결과인 서비스 지능화가 이루어질 몇 분야에 대해 기대와 위협을 간략히 살펴보면 다음과 같다.

로봇의 경우, 이미 산업용으로 자동차, 전자제품 조립 로봇, 자동 운반 로봇이 널리 사용되고 있으며, 의료용인 수술 보조 로봇, 나노 로봇 등이 있다. 가정용으로는 로봇 청소기, 애완용 로봇, 간병 로봇 등이 있으며, 군사나 탐사용으로 우주 탐사선, 무인 정찰기, 폭발물 제거 로봇 등이 있다. 이들 로봇이 인공지능 기술에 의해 좀 더 지능화되면 인간의 삶이 더 편리해지긴 하겠지만, 사람의 일자리 대체, 군사용 킬링 로봇 등의 윤리적 문제가 더 심각해 질 것으로 예측되고 있다.

또 무인 서비스에서는 가장 관심이 고조되고 있는 무인 자율 주행 자동차를 비롯해 자율주행 드론 등에 의한 무인 택배, 무인 점포 등이 확산될 것으로 예측되고 있다. 무인 자동차의 경우, 2016년까지 구글의 자율운전차가 240만 킬로미터 주행을 달성하였는데, 이 중 발생한 14번의 사고 중 13번이 상대방 운전자의 실수로 알려져 있다. 또, 2016년 테슬라는 완전 자율운전 기능을 탑재하였고, 2017년부터 여러 나라(미국, 싱가폴, 일본 등)에서 무인 자동차가 시범적으로 도입되고 있다. 무인 자동차의 장점으로는 인간 운전자보다 적은 사고율로 더 안전하며 궁극적으로는 자동차 소유보다 공유를 통해 주차 공간, 대기 시간, 에너지 낭비를 줄일 수 있다. 반면 단점으로는 사고시 책임 소재가 제조사에 있는지 차량 동승자에 있는지가 불분명하고 해킹 가능성, 운전 관련 많은 직업이 사라질 것 등이 우려된다.

그림 14.8 구글 무인자동차와 제원

예를 들어, [그림 14.9]와 같이 무인 자율 주행차의 딜레마가 있는데, 무인 자동차 앞에 갑자기 다수의 사람이 나타났을 때, ①로 피하면 동승자(차 소유자)가 다칠 수 있고, ③으로 피하면 다른 한 사람이 위험하다면 알고리즘은 어떤 길을 택해야 할까? 사람이 운전할 경우, 모든 책임을 운전자가 지고 결정하게 되지만, 책임 소재가 불분명한 무인운전차 알고리즘의 경우는 쉽게 결정할 수 있는 문제가 아니다.

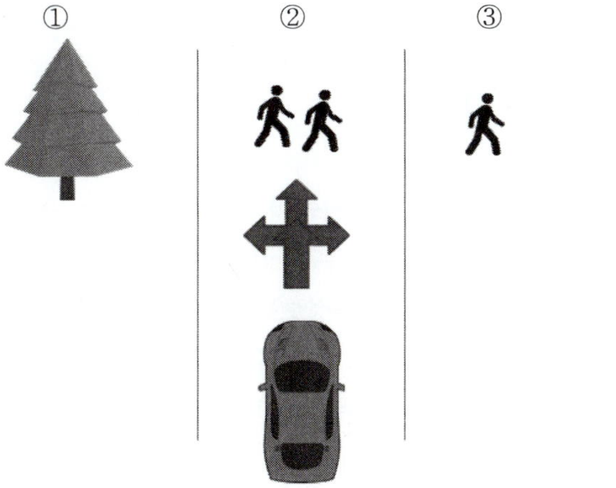

그림 14.9 무인 자율 주행차의 딜레마

그럼에도 불구하고 경제적 이유 때문에 공유차 서비스 업체인 우버는 무인 택시에 이런 무인 자동차를 도입하려 하고 있으며, 아마존은 자율주행 드론을 이용해 무인 택배를 하거나 상품을 들고 매장에서 나오면 자동 결제되는 무인 매장을 도입하려 하고 있다. 특히, 미국의 군용 무인 드론에 의한 폭격은 여러 전장에서 이미 시행되고 있으며 오폭에 의한 민간인 희생자가 늘어나는 등 이에 대한 대책이 요구되고 있다.

4차 산업혁명의 핵심인 인공지능 분야에서 앞서 가고 있는 글로벌 회사의 서비스와 전략을 살펴보면 [표 14.1]과 같다[딥러닝과 빅데이터 산업동향 2016 참조].

| 표 14-1 | 주요 기업의 인공지능 제품과 전략

회사명	제품과 서비스	전략
구글	구글 번역, 포토, 어시스턴트 알파고(바둑) 등	• 딥러닝 도구 텐서플로우 공개 • 무인자동차 운용
페이스북	얼굴인식 '딥페이스' 챗봇 서비스(쇼핑, 예약 등)	• 머신러닝 개발 환경 '토치', 하드웨어 '빅서'공개
아마존	알렉사(음성 대화용 스피커) 파이어리(이미지로 상품검색)	• 개발도구 '알렉사 스킬스 셋' 공개 • 무인 드론 택배, 무인 상점 시도
IBM	왓슨(퀴즈 풀이) 닥터 왓슨(AI 의사)	• 왓슨을 통해 의료, 금융, 교육 분야 서비스 확대
마이크로소프트	코타나(음성 비서)	• 윈도우 운영체제에 AI 적용 • 시각, 음성인식, 자연어처리 API 공개
애플	시리(음성 비서)	• 시리 고도화 • 무인운전차 개발

14.3. 인공지능의 미래

4차 산업혁명의 핵심인 인공지능이 가져올 미래는 유토피아와 같은 장밋빛 미래일 수도 있지만 인류의 위협이 될 수도 있다. 예를 들어, 가장 우려가 되는 인공지능, 로봇의 일자리 대체의 경우, 한국고용정보원의 2016년 조사에 따르면, 전체 종사자중 2020년까지 41.3%가 2025년에는 70.6%가 대체될 가능성이 있다고 나왔다. 이렇게 급격하게 일자리가 없어질 경우, 인공지능은 인류의 희망이 아니라 재앙이 될 수도 있을 것이다. 그 중에서도 자동화 대체율이 높은 직업으로는 단순 반복적이고 정교함이 떨어지는 동작을 하거나 사람들과 소통이 상대적으로 낮은 직업(텔레마케터, 회계사, 계산원, 속기사, 중계인, 단순 제조업 종사자, 운전사 등)을 들었다. 반면, 자동화로 대체하기 어려운 직업으로는 감성에 기초한 예술 관련 직업(배우, 화가, 작가, 가수, 디자이너 등)이 꼽혔다.

이런 불안한 미래에 대처하기 위해 유럽연합(EU) 의회는 2017년 2월 AI 로봇을 전자 인간으로 규정하는 로봇 시민법을 통과시켜 로봇의 법적 지위와 의무를 부여하였다. 이는 역사상 최초로 AI 로봇의 지위와 AI 로봇 개발 및 활용에 대한 가이드라인을 제시한 사

례가 되었다. 그 내용은 AI 로봇이 인류에 도움을 줄 수 있어야 한다는 대전제 아래 기술적, 윤리적 기준을 마련하였는데, 예를 들어, AI 로봇이 사고를 일으키면 정부가 개입하여 즉시 정지시킬 수 있는 소스코드 접근권한(킬스위치)을 의무화하였다. 또, 로봇을 다룬 13장에 소개한 아이작 아시모프의 공상과학 소설에 나오는 로봇 3원칙(1. 로봇은 사람을 해치지 말아야 한다. 2. 1에 위배되지 않는 한, 사람의 명령에 복종해야 한다. 3. 1, 2에 위배되지 않는 한, 자신을 지켜야 한다)이 기본 원칙으로 채택됨으로써 군용 킬링 로봇 생산을 금지시킬 수 있는 근거를 마련하였다. 반면, 일자리 문제에 대해서는 독일이 인공지능 개발 사업으로 2015년 한해 120억 유로(14조823억원)를 벌어들였지만 로봇 300개당 일자리 1만개가 사라진 예를 들어, EU 의회에선 로봇에 세금(로봇세)을 매기고, 모든 국민에게 돈을 지급하는 '기본소득' 도입 문제도 논의되었지만 부결되었다. 그렇지만 이 문제는 이후 유럽의 여러 대통령 후보들이 공약으로 제시하는 등 멀지 않은 미래에 도입될 것으로 예측되고 있다. 이 밖에 핵심 권고로 EU안에 AI 기술 윤리 기구를 신설하고 고용 모델 및 조세 시스템 개편을 연구하기로 하는 등 곧 다가 올 AI 로봇 시대를 착실하게 준비하고 있다.

또, 2017년 세계경제포럼(WEF)에서는 '인공지능과 로봇공학 기술이 인간의 통제를 벗어날 위험이 있다'고 지적하였는데, 특히 "군사용 로봇 개발 경쟁과 '초지능(superintelligence)'이 인류의 생존을 위협할 수 있다"고 우려하였다. 머신러닝의 위험성으로는 2016년 마이크로소프트의 '챗봇'(chatbot)이 온라인에서 배운 것을 바탕으로 인종차별적 메시지를 내보낸 사건에 주목하였다.

2017년 2월에는 미국 캘리포니아 아실로마에서 열린 국제회의에 인공지능 연구자들이 모여 AI 개발의 23개 원칙을 담은 '아실로마 AI 원칙'이 제정되었다. 이 원칙은 우리 사회가 인공지능을 다룰 때 유념해야 할 기본적인 가치와 태도를 환기시키고 있는데, 인공지능(AI)은 인간 존엄, 권리, 자유, 문화 다양성의 이상에 부합하도록 설계되고 만들어져야 한다고 전제하였다. 이 아실로마 원칙에 앨런 머스크(테슬라)를 비롯해 천체물리학자 스티븐 호킹, 데미스 허사비스 구글 딥마인드 CEO, 저명한 미래학자인 레이먼드 커즈와일 등 총 2000여 명의 과학·기술계 주요 인사가 지지 서명을 하였다. 총 23개 원칙은 연구 이슈에 관한 5개 원칙(1~5)과 윤리와 가치에 대한 13개 원칙(6~18), 장기적 이슈에 관한 5개 원칙(19~23)으로 이루어져 있으며 주요 원칙은 다음과 같다 [jinbo.net 참조, 원본 : https://futureofile.org/ai-principles/].

아실로마 AI 원칙 주요 내용

연구 이슈

1. 연구 목표 : AI의 연구 목표는 지향하는 바가 없는 지능이 아니라 유익한 지능을 창출해야 한다.
2. 연구비 지원 : AI에 대한 투자는 컴퓨터 과학, 경제, 법, 윤리 및 사회 연구 등을 포함해 유익한 사용을 보장하는 연구를 위한 기금이 동반되어야 한다.

윤리와 가치

6. 안전 : AI 시스템은 작동 수명 전반에 걸쳐 안전하고 안정적이어야 하며, 적용과 실현이 가능하다면 검증할 수 있어야 한다.
11. 인간의 가치 : AI 시스템은 인간의 존엄성, 권리, 자유 및 문화 다양성의 이상과 공존할 수 있도록 설계되고 운영되어야 한다.
15. 공동번영 : AI로 인한 경제적 풍요는 전 인류에게 이롭도록 널리 공유해야 한다(일자리 불안감 불식, 기본 소득 도입).
16. 인간 통제 : AI에 결정권을 이양하느냐는 인간이 결정한다. (인간의 주도권)
18. AI 무기 경쟁 : 살상 가능한 자율적 무기로 인한 군비 경쟁은 지양해야 한다.

장기적 이슈

21. 위험 요소 : AI로 인해 촉발될 수 있는 재앙적, 실존적 위험에 대응하기 위해 상응하는 완화 노력을 기울여야 한다.
22. 재귀적 자기개선 : 질과 양을 빠르게 증가시킬 수 있도록 스스로 개선 또는 복제할 수 있게 설계된 AI 시스템은 엄격한 안전 및 통제조치를 받아야 한다.
23. 공동 선 : 슈퍼 지능은 광범위하게 공유되는 윤리적 이상에만 충실하고 한 국가 또는 조직보다는 모든 인류의 이익을 위해 개발되어야 한다.

인공지능의 미래는 인공지능을 다룬 많은 영화에서 상상으로 그려지고 있는데, 대부분의 인공지능 관련 영화는 로봇과 인간의 대결이나 전쟁을 다룬 디스토피아(distopia)적 미래를 그리는 반면, 인간과 로봇의 공생을 다루는 유토피아적 영화도 소수 있다. 예를 들어, 디스토피아를 다룬 영화로는 2001 스페이스 오딧세이(1968), 터미네이터(1984), 매트릭스(1999), A.I.(2001), 아이로봇(2004), 엑스 마키나(2015) 등이 있으며 로봇을 긍정적으로 다룬 영화에는 바이센테니얼 맨(1999), 월-E(2008), Her(2013), 로봇 소리(2015) 등이 있다.

어느 시대에나 신기술이 개발되어 사회에 적용되기 위해서는 [그림 14-10]과 같은 적용 틀을 가정해볼 수 있다. 세로축은 법적 규범으로 아직 법이 미비한 상태와 합법과 불법, 조건부 합법 / 불법의 법체계로 나누어진다. 가로축은 도덕적 규범으로 인류 전체에게 좋은지 나쁜지, 또는 일부에게는 좋은데 다른 일부에게 좋지 않은 차선 / 차악으로 나눌 수 있으며 그 경계선은 시대나 국가, 개인에 따라 기준이 다를 수 있다. 모든 산업혁명에 중요한 역할을 한 신기술 개발은 법이 존재하지 않은 상태에서 개발되어 사용되다가 법제화되어 법체계 안으로 들어오는 과정을 거치는데, 오랜 시행착오를 거쳐 인류에게 좋은 면은 장려법등으로 합법화되고 해로운 면은 금지법으로 불법화되어 왔다. 물론 일부에게 이롭지만 다른 일부에게는 해로운 면은 예외를 인정한 조건부 합법 / 불법으로 합의를 도출해내기도 한다. 또 시대나 국가 상황에 따라 좋은 면이 불법화되기도 하고, 해로운 면이 합법화되는 등 부조리 법의 시대도 있었지만 역사의 진전에 따라 법 개정과 보완을 통해 발전되어 왔다.

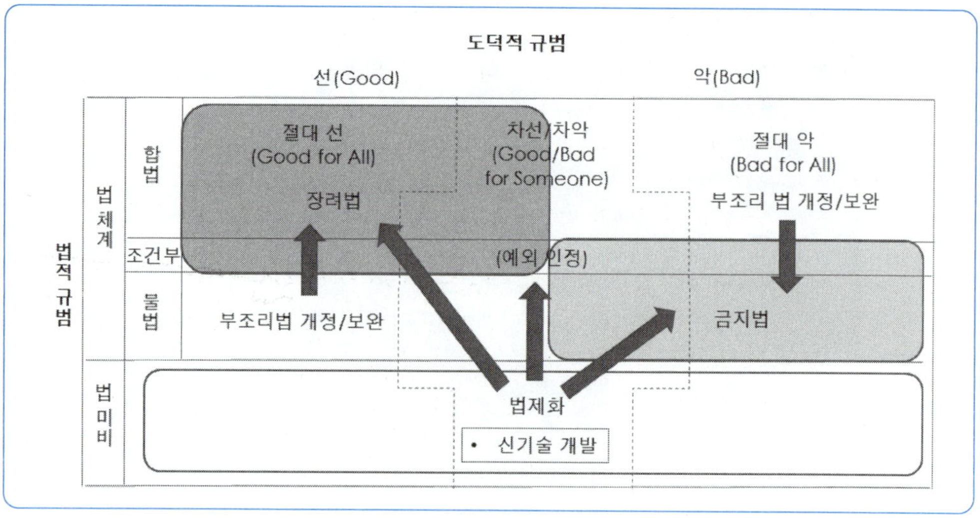

그림 14.10 신기술의 사회 적용 틀

예를 들어보면, [그림 14-11]과 같이 1/2/3차 산업 혁명을 통해 개발된 신기술 제품(증기기관, 대량생산, 컴퓨터 등)들이 인간의 육체 노동과 단순 정신노동을 대체하게 되면서 많은 일자리가 감소하였는데, 이에 따른 부작용으로 일시적이긴 하지만 기계파괴 운동인 '러다이트 운동'등의 부조리가 일어나기도 하였다. 그러나 역사가 진전됨에 따라 새롭게 생겨난 일자리가 없어진 일자리보다 더 많이 생겨나는 등 인류에게 좋은 쪽으로 발전되어 왔다. 또, 기계화, 산업화에 따른 실업이나 건강 위협, 저임금 문제 등도 노동조합을 구성하거나 복지 시스템을 법제화함으로써 지금의 복지 국가 모델이 탄생하기도 하였다. 더 극단적인 예로는 근대 이전의 노예 제도나 비인간적 무기(대량 살상용 화학 무기, 전투력을 감소시키기 위한 발목 지뢰 등)도 시대가 변함에 따라 불법화되었다. 반면, 지금도 진행 중인 3차 산업 혁명에 해당하는 정보기술에 대해서는 아직도 법제화가 불완전한 상태인데, 예를 들어 개인 정보 침해는 사생활 보호법에 따라 불법화되었지만, 테러 방지를 위해서는 정부기관이 테러 용의자의 정보를 살펴볼 수 있는 예외를 인정하여 조건부 불법 영역에 위치하고 있다. 정보화에 따라 새로 등장한 사이버 범죄(해킹, 바이러스, 랜섬웨어 등)는 법적으로 금지되었지만, 기술적 한계 때문에 근절되지 않고 있다. 또 온라인 컴퓨터 게임 중독을 예방하기 위해 16세 미만 청소년에게 자정부터 오전 6시까지 인터넷게임 제공을 금지한 청소년보호법인 한국의 셧다운 제도는 세계에서 유일하게 시행되고 있는데, 이를 빗대어 신데렐라법이라고도 한다. 이와 유사하게 중국에서는 18세 이하 청소년들이 3시간 이상 연속해서 온라인 게임을 하면 불이익을 주는 3시간 컷오프제도를 시행하고 있는데, 이들 법은 아무리 청소년이라 하더라도 개인의 자유를 침해한다는 면에서 아직도 논란이 되고 있다. 또, 최근 사회적 문제로 대두되는 스마트폰 중독이나 SNS 악플(악성 리플) 등의 문제는 아직 법제화되지 않고 사용자 계도를 통한 문화적 접근으로 해결하려 하지만, 그 피해가 점점 더 커지고 있어 일정 부분 법제화가 필요한 상황이다.

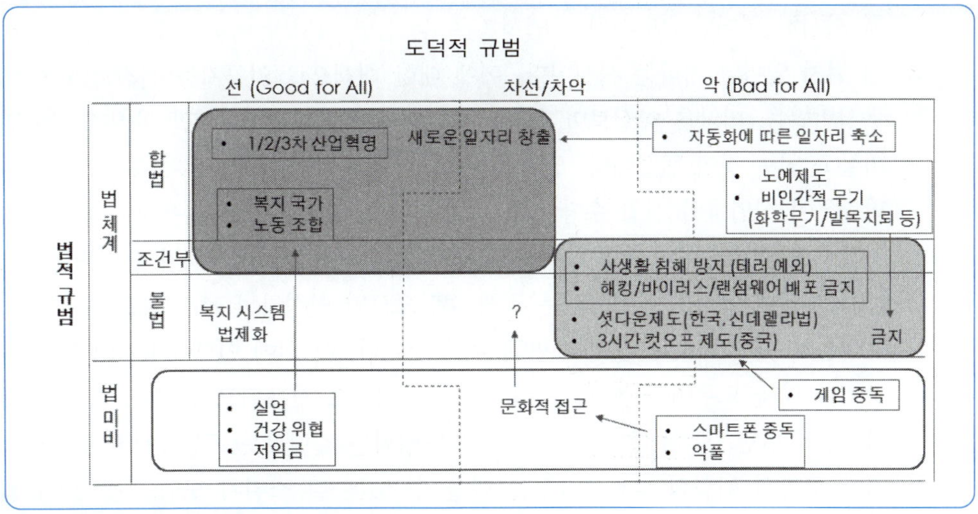

그림 14.11 신기술의 사회 적용 – 사례

이 틀에 현재 진행되고 있는 4차 산업혁명의 인공지능 신기술 중 로봇과 무인서비스에 대한 사회 적용을 나타내면 [그림 14-12]와 [그림 14-13]과 같다.

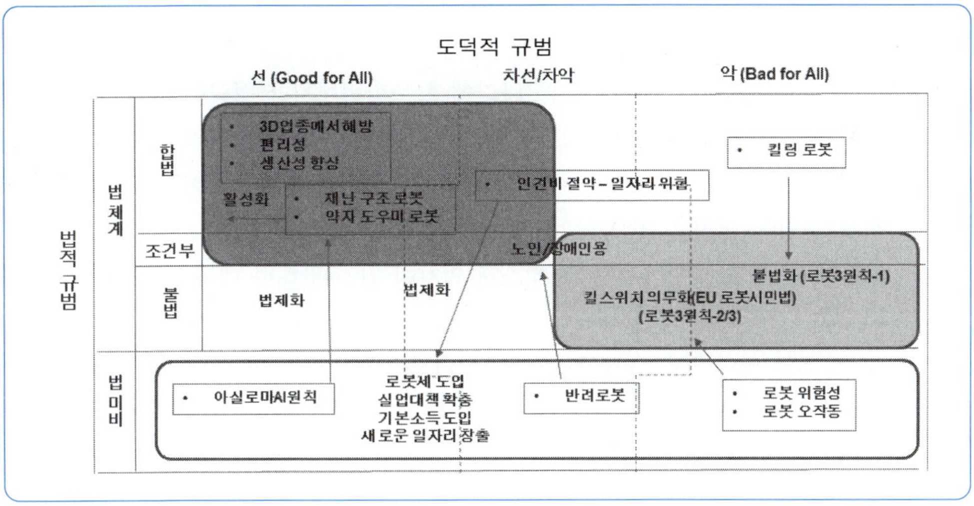

그림 14.12 인공지능의 사회 적용 – 로봇

로봇의 경우, 장점으로 부각되는 인간의 노동이 3D(Dirty, Difficult, Dangerous)업종에서 해방되거나, 편리성, 생산성 향상 등의 이유로 생산 현장에서 이미 널리 사용되고 있으며 더 확대되고 있다. 이는 경영자 측면에서 인건비 절약이라는 장점이 있지만, 반대로 노동자들에게는 일자리 위협이라는 대재앙으로 다가오고 있다. 더 심각한 문제는 일자리 위협이 새로운 일자리 대체로 옮겨가는 기간이 1/2/3차 산업 혁명에서는 수 백년에 걸쳐 서서히 일어났지만, 4차 산업혁명은 수 십년 사이의 비교적 짧은 기간에 사회 전반에 걸쳐 일어날 거라는 사실이다. 이에 대한 대책으로 인공지능 선진국인 EU에서는 로봇시민법을, 미국은 아실로마 원칙 등을 2017년에 제정하였지만 아직까지는 권장 선에 머물고 있는 것이 현실이다. 일자리 위협의 극복 방법으로는 로봇세를 도입하여 재원을 확충하여 실업자의 실업 수당이나 직업 전환 교육 비용으로 사용하거나 모든 시민에게 기본소득을 분배하는 방법 등이 제시되고 있다. 반면, 한국은 4차 산업혁명이나 인공지능을 차세대 먹거리 산업이라는 경제 수단으로만 인식하여 추진하고 있는데, 그 사회적 부작용에 대한 대책도 같이 고민해야 할 것이다. 이 외에 인류에게 이로운 재난구조 로봇이나 약자 도우미 로봇 등은 현재도 부분적으로 사용되고 있지만, 더 활성화될 필요가 있다. 반면, 로봇 3원칙에 정면으로 위배되는 킬링로봇(로봇 1원칙에 위배) 개발 금지나 로봇의 위험성이나 오작동을 막을 수 있는 킬 스위치 도입(로봇 2 / 3 원칙)등도 빨리 법제화되어야 할 것이다. 또, 아직 사회적 합의를 이루지 못한 반려로봇 등도 전면 금지를 할 것인지 또는 점점 늘어나는 독거 노인 / 장애인 등의 사회적 약자에게만 예외로 허용할 것인지에 대해서도 논의를 해나가야 할 것이다.

마지막으로 [그림 14-13]에 나와 있는 무인 서비스의 경우를 살펴본다. 현재 가장 가까운 미래에 실현 가능성이 큰 무인 자동차의 경우, 그 편리성과 안전성, 교통체증을 줄이고 주차공간을 줄이는 점 등이 장점으로 부각되고 있다. 또, 전에는 불가능했던 시각장애인용 자율주행차 서비스나 다른 나라에서는 합법이지만 한국에서는 불법인 공유자동차 서비스(우버 등)에 도입을 검토할 필요가 있다. 반면, 자율주행차 사고시 소유자(동승자)나 제조사 어느 쪽에 책임이 있는지의 법적 기준을 마련하기 전까지는 자율주행차의 실제 도입이 어려울 것으로 보인다. 또, 무인 자동차 도입에 따른 운전자의 일자리 감소나 무인 점포 도입에 따른 서비스직 일자리 감소에 대한 대책도 마련되어야 할 것이다. 이 외에 법적 제한이 없어 이미 사용되고 있는 폭격용 무인 드론이나 전쟁용 무인 탱크 개발 등은 비인간적 무기이거니와 로봇1 원칙에도 위배되므로 불법화해야 할 것이다.

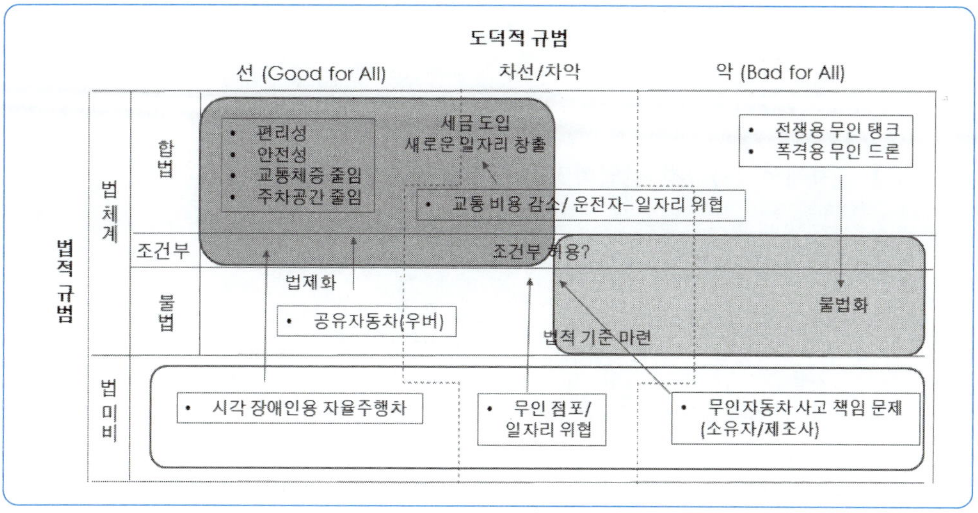

그림 14.13 인공지능의 사회 적용 – 무인서비스

이와 같이 인공지능의 미래가 어떨지는 아무도 알 수 없지만, 미래에 대한 앨빈 토플러의 말로 마무리하고자 한다.

> 미래는 예측하는 것이 아니라 (여러분이) 상상하는(만드는) 것이다. (앨빈 토플러)
> – The future cannot be predicted but future can be invented. (Alvin Toffler)

연습문제

1 1차에서 4차까지 산업혁명의 특징을 조사하시오.

2 러다이트 운동에 대해 조사하시오.

3 산업혁명에 따른 인력 수요 변화를 조사하시오.

4 4차 산업혁명의 기술적 구조를 그리고 설명하시오.

5 무인 자율 주행차의 딜레마를 설명하고 그 해결책을 생각하시오.

6 인공지능 회사를 하나 선택해서 어떤 제품과 서비스, 전략이 있는지 조사하시오.

7 유럽연합(EU) 의회의 로봇 시민법에 대해 조사하시오.

8 로봇에 세금을 매기는 로봇세 도입에 대해 토론하시오.

9 현재 개발되고 있는 AI 로봇을 하나 찾아 아실로마 AI 원칙을 준수하고 있는지 조사하시오.

10 AI 로봇을 다룬 영화를 한 편 골라 현재 인공지능 기술과 비교해 보시오.

11 1/2/3차 산업 혁명에서 문제가 되었던 기술을 한 가지씩 골라 사회 적용 틀에 위치시키고 그 해결 방향을 그리시오.

12 4차 산업혁명의 인공지능 개발에서 문제가 예측되는 기술 한 가지를 골라, 사회적용 틀에 위치시키고 그 해결 방향을 토론해서 제시하시오.

부록

LISP

인공지능 언어 중의 하나인 LISP(LISt Processing)은 오늘날 까지 널리 사용되고 있는 언어 중 FORTRAN 다음으로 오래된 언어이다. LISP은 프로그램의 정확성을 증명하는데 사용하기 위해 1950년대 John McCarthy에 의해 제안되었다[McCarthy60]. 그리고 Steve Russel에 의해 IBM704 컴퓨터에 최초로 구현 되었다. 초창기에 LISP은 주로 학교에서 교육용으로 많이 사용되었다. 1970년대에 들어서 MIT와 Xerox의 Palo Alto 연구소에서 LISP용 워크스테이션을 만들기 시작하면서 부터 오늘날 상업용 LISP 기계가 만들어 지기에 이르렀다. [그림 A.1]은 MIT 박물관에 있는 LISP Machine이다. LISP의 간단하고 일관된 구문구조와 인터프리터의 사용 그리고 실행시간에 새로운 자료구조를 만들 수 있는 능력 등 여러 가지 장점들은 LISP의 확산에 크게 기여하였다.

LISP은 수학적 재귀함수 이론에 기반을 두고 만들어진 함수형 언어(Functional Language)이다. 하지만 알고리즘을 어떻게 수행 하여야 하는지를 기술하는 절차적(Procedual)언어의 특성도 가지고 있다. 이는 프로그램을 선언적(Declarative)으로 기술하는 PROLOG와는 다른 점이다.

McCarthy는 처음에 LISP 표현으로 대괄호를 사용하는 M-Expression과 (e.g., [cdr [cons a b]]) S-Expression을 (e.g., (cdr (cons a b))) 사용하였으나 사용자들은 소괄호를 선호하여 오늘날은 S-Expression만이 주로 사용되고 있다. 본 장에서는 XLISP을 기반으로 간단한 LISP 프로그램을 작성할 수 있을 정도로 간략하게 LISP을 설명하기로 한다.

그림 A.1 LISP Machine(from Wikipedia)

LISP은 다음과 같은 장점이 있다.

- LISP은 재귀적(Recursive) 프로그램 작성이 용이하다.
- 자동적으로 가베지 콜렉션(Garbage Collection)을 수행하여 메모리 사용 효율을 높인다.
- 프로그램과 데이터의 표현이 동일하여 다음과 같은 작업은 쉽게 할 수 있다.
  - 하나의 프로그램이 다른 프로그램을 검사할 수 있다.
  - 프로그램의 수행으로 새로운 프로그램을 생성할 수 있다.
  - 프로그램이 수행되면서 프로그램 내용을 변경할 수 있다(학습가능).
  - 하나의 프로그램을 다른 프로그램의 데이터로 사용할 수 있다.
- 인터프리터와 컴파일러를 모두 사용할 수 있어 상호작용이 편한 프로그램 개발환경이 제공된다.

LISP은 어떤 분야에서도 사용가능 하나 특히 인공지능의 다음과 같은 분야에 많이 사용한다.

- 자연어 처리(기계번역)
- 추론
- 전문가 시스템
- 자동 프로그래밍

- 로보틱스
- 컴퓨터 시각
- 음성인식

LISP은 XLISP, Franz Lisp, MACLISP, Common Lisp, InterLisp, Scheme 등 여러 가지 변종 언어(Dialect)가 있다. 이들 중 오늘날 일반적인 목적으로 많이 쓰이는 것은 Common Lisp과 Scheme이다.

A.1 LISP 데이터

LISP에서 사용하는 기본적인 데이터에는 다음과 같은 것들이 있다.

- **심볼**(Symbol)
  심볼(Atom or Atomic Symbol)은 문자로 시작하며 30자 이내의 문자와 숫자의 조합으로 구성된다. SUM, A123, THISISALONGATOM 등은 모두 적법한 심볼이다. 그러나 5SUM은 적법한 심볼이 아니다.
- **숫자**(Number)
  숫자(Numeric Atom)는 정수나 실수 모두 사용할 수 있다.
- **문장**(S-Expression)
  LISP의 문장(Symbolic Expression)은 다음과 같이 재귀적으로 정의된다.
  - 하나의 심볼은 문장이다.
  - 만약 X1, X2,...,Xn이 문장이면, 이들을 리스트로 만든 (X1 X2···Xn)도 문장이다. 따라서 다음과 같은 것들은 모두 문장이다.

```
SUM
(THIS  SUM)
(* SUM  TOTAL)
(ADD  SUM (TOTAL X))
(APPEND (CDR X) (CAR Y))
(THE BOY RAN FAST)
( ) ;이는 빈 리스트로 NIL이라고도 표시한다.
( ( ) )
( ( ) ( ) )
( ( ( A ) B ) ( ) )
```

이러한 문장들을 다이아그램으로 그릴 수 있다. 다음은 문장의 구조를 다이아그램으로 그린 예이다.

(A B C)

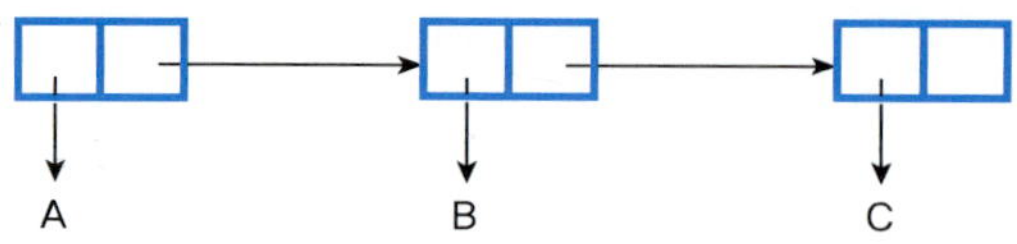

(SETQ (CAR X) (QUOTE Y))

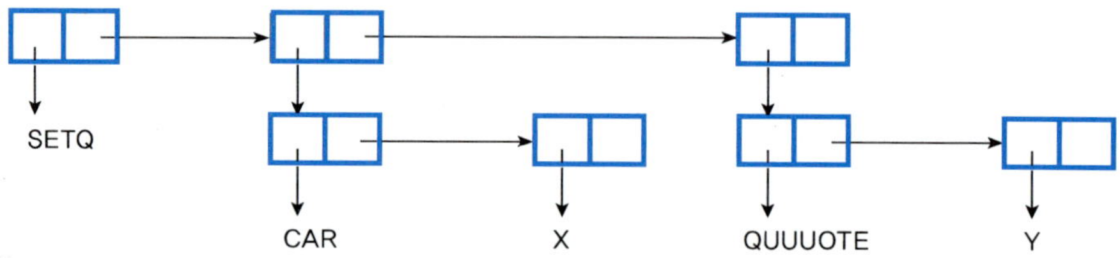

- **스트링**(String)

  트링은 큰따옴표(Double Quotes)로 시작하고 끝나는 Atom이다. 스트링은 숫자나 T 또는 NIL처럼 평가 값은 바로 자신이다. “SUM”, “123”, “ABCD” 등은 모두 스트링이다.

LISP에서는 소괄호를 사용하는데 이는 프로그램 작성 시 좌우 괄호의 쌍을 잘 맞추어 사용해야하는 어려운 점도 있으나, 프로그램과 데이터가 모두 소괄호를 사용하여 작성되므로 프로그램과 데이터의 표현이 동일하여 다른 프로그램을 조작할 수 있는 프로그램을 쉽게 작성할 수 있는 장점이 있다. 이는 소괄호의 사용이 주는 불편함을 감수하고도 남는 장점이다.

A.2 LISP에서의 계산

LISP에서의 계산은 모두 함수적용에 의하여 이루어진다. 함수는 연산자 역할을 하는 함수이름 뒤에 그 함수에서 필요로 하는 데이터(Operand/Argument)가 따라오는 리스트 구조(Prefix Notation)로 이루어진다. 함수가 수행되기 위해서는 그 함수의 데이터 값들이 먼저 계산되어야 한다. 다음은 간단한 함수의 예이다. 아래에서 ‘>’ 표시는 LISP의 프롬프트로 이 기호가 보이면 여기서 부터는 LISP 명령어만을 인식한다는 표시 이다. 또한 LISP에서 ;(세미콜론)은 Comment를 위한 기호이다. 따라서 ;뒤에 오는 것들은 LISP이 실행하지 않는다.

```
> (+  3  5) ; 3과 5를 더하여 8을 결과로 생성하는 함수.
> (+  3 (*  5  6)) ; 괄호가 중첩되면 안쪽 괄호부터 계산한다. 5와 6을 곱한 결과가
                     덧셈에 필요한 하나의 데이터이기 때문에 덧셈이 수행되기 전에
                     먼저 계산 되어야 한다.
```

모든 심볼은 값(Binding Value)을 가질 수 있다. 예를 들어 X에 3을 저장하면 X라는 심볼의 값은 3이 된다. (심볼에 값을 저장할 때는 SETQ라는 함수(명령어/연산자)를 사용한다.) 이때 X라는 하나의 심볼은 하나의 문장이 될 수 있고 이 문장을 수행 시키면 3이라는 값을 얻을 수 있다. 다음은 LISP 인터프리터를 이용한 문장 수행의 예이다. 아래에서 보이는 순서대로 LISP 명령어를 입력하여 보자.

```
> (SETQ  X  3) ; X라는 심볼에 3이라는 값을 저장(Binding) 함.
        ;LISP에서는 함수가 적용되기 전에 모든 인자들이 차례
        ;대로 계산되어 값을 얻지만 SETQ 함수의 첫 번째 인자는
        ;계산하지 않는다.
> X ; X라는 문장을 수행시킴.
        3 ; 3이라는 값을 x라는 문장의 수행 결과로 얻음.
        ; 즉, 현재 X 에 3이라는 값이 저장돼 있음을 알 수 있다.
> (+  X  5) ; X의 값과 5를 더하는 문장을 수행시킴.
        8 ; 위 덧셈의 수행결과로 8을 생성함.
> (SETQ  Y  7) ; Y라는 심볼에 7이라는 값을 저장(Binding) 함.
> (+  X  Y) ; X와 Y의 값을 더함.
10
> (+  (-  Y  5)  (+  X  Y)) ; Y-5에 X+Y값을 더함.
12
> (SETQ  X  (+  (+  9  2)  (-  8  5)))
14  ; X 값이 14가 됨.
> X  ; X 값을 확인 함.
14
```

이처럼 심볼을 바로 사용하면 그 심볼에 저장된 값이 문장의 수행에 사용된다. 하지만 어떤 문장 앞에 QUOTE를 붙이면 그 문장의 값은 계산되지 않는다. 다음 예를 보자.

```
> (SETQ  X  5)
> (PRINT  X) ; PRINT는 뒤에 오는 데이터(인자, Argument)의 값을 인쇄하는
5              ; 함수임.
5 ; 5가 두 번 보이는 것은 하나는 X의 값이고 다른 하나는 PRINT명령의
  ; 결과이다.
> (PRINT (QUOTE  X)) ; X값을 계산하지 않음.
X ; X값이 계산되지 않아서 5가 아닌 X가 그대로 나타남.
```

QUOTE는 '로 사용해도 된다. 따라서 (PRINT (QUOTE X))는 (PRINT 'X)와 같은 뜻이다.

```
> (QUOTE  (X Y))
(X Y)  ; 리스트 (X Y)가 그대로 반환됨.
> '(X Y)
(X Y)  ; 리스트 (X Y)가 그대로 반환됨.
> '(+  5  6)

    (+  5  6)  ; 리스트 (+  5  6)가 계산되지 않고 그대로 반환됨.
```

다음 [그림 A.2]는 일반적인 LISP 문장 수행 순서이다.

1. 만약 수행될 문장이 스트링, 숫자, T 또는 NIL 이면 문장의 값은 바로 자신이다.
2. 만약 문장 앞에 QUOTE가 붙어 있으면 문장의 값은 문장 자신이다.
   ; (QUOTE X)나 'X의 값은 X이다.
3. 만약 문장이 심볼이면 문장의 값은 심볼에 바인딩 되어있는 값이다.
   ; X에 3 이 들어 있으면 X의 값은 3이 된다.
4. 위의 세 경우가 아니면 문장 값은 다음과 같은 함수 수행 절차를 거쳐 찾아진다.
   a. 함수내의 모든 데이터(Operand)를 순서대로 계산한다.
   b. 계산된 데이터(Operand)를 가지고 함수를 수행한다.
   c. 함수 수행 결과 값이 문장의 값이 된다.

그림 A.2 일반적인 LISP 문장 수행 순서

앞에서 SETQ라는 함수(명령어)는 심볼에 값을 저장할 때 사용 한다고 하였다. 예를 들어 (SETQ X 3)이라는 문장을 수행하면 변수 X에 값 3이 저장된다. 그러나 [그림 A.2]에서 보듯이 어떤 함수(SETQ)가 수행되려면 그 함수에 딸린 데이터(X와 3)를 먼저 계산해야 된다. 하지만 X에는 아직 할당된 값이 없어서 오류(Error)가 발생할 수 있다. 그러나 SETQ는 SET 함수의 특별한 경우로 SETQ 함수의 첫 번째 데이터는 언제나

QUOTE가 붙은 것으로 간주한다. 즉, (SET 'X 3)과 (SETQ X 3)은 같은 결과를 얻는다. 따라서 (SET X 3)은 오류를 발생 하지만 (SETQ X 3)은 정상적으로 처리된다.

```
> (SET  'X  3)
3
```

다음은 SETF라는 함수에 대하여 알아보자. SETF는 첫 번째 인자를 평가하여 그 주소를 얻어 두 번째 인자 값을 그 주소에 넣는다.

```
> (SETF  X  '(1   2  3))
(1  2  3)
> X
(1  2  3)
> (SETF  (CAR  X)   'A)  ; SETF는 첫 번째 인자를 평가하여 그 주소(X의 첫
A            ; 번째 원소 자리)를 얻어 두 번째 인자 값(A)을 그 주소에 넣는다.
> X
(A  2  3)              ; SETF에 의해 (CAR  X)값이 변하였음.
> (SETF  (CDR  X )  '(B  C))
(B  C)
> X
(A  B  C)              ; SETF에 의해 (CDR  X)값이 변하였음.
```

A.3 기본적인 LISP의 함수들

LISP은 시스템에서 제공하는 기본적인 함수들을 이용하여 사용자가 필요로 하는 새로운 함수를 만들어 낼 수 있다. 이러한 함수들이 모여 보다 복잡한 LISP 프로그램을 생성한다. 본 장에서는 LISP 시스템에서 기본적으로 제공하는 LISP의 기본 함수들을 살펴본다.

• + : +는 LISP에서 더하기에 사용되는 함수이다.

```
> (+ 3 5) ; 3과 5를 더한다.
 8    ; 결과로 8을 인쇄한다.
```

• -, /, X 등도 빼기, 나누기, 곱하기 등에 사용되는 함수이다. 다음 예도 보자.

```
> (INTERSECTION '(A B C) '(B))  ;SET INTERSECTION
(B)
> (UNION '(A) '(B))             ;SET UNION
(A B)
> (SET-DIFFERENCE '(A B) '(A))  ;SET DIFFERENCE
(B)
```

• LIST

LIST는 원소들을 모아 새로운 리스트 구조를 생성해 내는 함수이다. 원소 X1 X2, X3를 리스트로 만들려면 (LIST X1 X2 X3) 라고 쓰면 된다. 이때 LIST 함수의 데이터인 X1, X2, X3는 QUOTE가 붙어 있지 않으면 값이 계산된다. 다음은 LIST 함수의 사용 예이다.

```
> (LIST 'X 'Y 'Z) ; 결과로 (X Y Z)를 생성함.
> (LIST (+ 3 5) (* 2 3)) ; 결과로 (8 6)을 생성함.
> (SETQ MAN 'ADAM)
> (SETQ WOMAN 'EVE)
> (LIST MAN 'LOVES WOMAN) ; 결과로 (ADAM LOVES EVE)를 생성함.
> (LIST (LIST 'X 'Y)(LIST 'U 'V) ); 결과로 ((X Y)(U V))를 생성함.
> (LIST 'X 'Y 'Z)
  (X Y Z)
```

• CAR

함수 CAR는 리스트의 첫 번째 원소를 가져온다. 따라서 CAR의 데이터는 리스트만이 될 수 있다. 다음은 CAR 함수의 사용 예이다.

```
> (CAR '(X Y Z)) ; 리스트 (X Y Z)의 첫 번째 원소인 X가 결과로 나옴.
> (CAR '((X) Y Z)) ; 리스트 ((X) Y Z)의 첫 번째 원소인 (X)가 결과로 나옴.
> (CAR (CAR '((X) Y Z)))
  ;(CAR '((X) Y Z))의 결과인 (X)에 다시 CAR를 적용하여 X가 결과로 나옴.
> (CAR 'X) ; X는 리스트가 아니므로 오류이다.
```

• CDR

함수 CDR는 리스트의 첫 번째 원소를 제외한 나머지를 결과로 생성한다. 따라서 CDR의 데이터도 리스트만이 될 수 있다. 다음은 CDR 함수의 사용 예이다.

```
> (CDR  '(X  Y  Z)) ; 리스트 (Y Z)가 결과로 나옴.
> (CDR  '((X)  Y  Z)) ; 첫 번째 원소인 (X)를 제외한 (Y Z)가 결과로 나옴.
> (CDR (CDR  '((X)  Y  Z))) ;(CDR  '((X) Y Z))의 결과인 (Y Z)에 다시
                                ; CDR를 적용하여 (Z)가 결과로 나옴.
> (CDR  'X) ; X는 리스트가 아니므로 오류이다.
```

위에서 설명한 CAR와 CDR는 자주 사용되고 이들은 서로 결합되어 쓸 수 도 있다. 예를 들어 (CAR (CDR X))는 (CADR X)와 같은 것이다. 같은 방식으로 (CAR (CDR (CDR X)))는 (CADDR X)와 같고 (CDR (CAR (CDR X)))는 (CDADR X)와 같다.

```
> (THIRD '(1 2 3 4))    ; RETURNS 3
3
> (THIRD NIL)         ; RETURNS NIL
NIL
> (SETQ KIDS '(JUNIE VICKIE CINDY CHRIS))
(JUNIE VICKIE CINDY CHRIS)
> (FIRST KIDS)
JUNIE
> (SECOND KIDS)
VICKIE
> (THIRD KIDS)
CINDY
> (FOURTH KIDS)
CHRIS
> (REST KIDS)
(VICKIE CINDY CHRIS)
```

- THIRD

  함수 THIRD는 리스트의 세 번째 원소를 반환한다. SECOND, FORTH, REST 등의 예도 함께 보자.

- NTH

  함수 NTH는 N 번째 원소를 반환한다.

```
> (NTH 4 '(0 1 2 3 4 5 6))  ; RETURNS 4
4
> (NTH 3 '(A B))            ; RETURNS NIL
NIL
> (NTH 4 'A)           ; 두 번째 인자는 리스트이어야 함
ERROR: BAD ARGUMENT TYPE - A
> (NTH 3 "ABC")        ; 두 번째 인자는 리스트이어야 함
ERROR: BAD ARGUMENT TYPE - "ABC"
```

- CONS

CONS는 기존의 리스트에 새로운 원소를 추가하여 리스트를 키워나갈 수 있는 함수이다. A가 리스트이면 (CONS B A)는 B를 리스트 A의 첫 번째 원소로 만든다.

```
> (CONS  'A  '(B)) ; 결과로 (A B)를 생성함.
> (CONS  'A  NIL) ; 결과로 (A)를 생성함.
> (CONS  'A  ( )) ; 결과로 (A)를 생성함.
> (CONS  '(A)  '(B)) ; 결과로((A) B)를 생성함.
> (CONS  'A  'B) ; B가 리스트가 아니므로 결과는 (A . B)를 생성함.
        ;(A . B)는 Dotted Pair라는 자료구조로 여기서는 설명을 생략한다.
```

CONS를 사용하여 리스트에 추가되는 내용은 항상 리스트의 맨 앞에 위치한다. 따라서 다음 두 경우는 항상 성립한다.

```
> (CAR (CONS X Y))는 X를 결과로 생성함.
> (CDR (CONS X Y))는 Y를 결과로 생성함.
```

처음에 비어 있는 리스트에 원소를 하나씩 추가하여 리스트를 키워나가는 작업을 CONS를 이용하여 수행할 수 있다. 이를 위하여 처음에 빈 리스트를 만든다. 이 빈 리스트의 이름을 BIN이라고 하자. 그러면 이 빈 리스트에 A, B, C를 차례로 넣는 예를 보자.

```
> (SETQ  BIN  '( )) ; BIN 이라는 이름의 빈 리스트를 만듬.
> (SETQ  BIN  (CONS  'A  BIN)) ; BIN은 (A)가 됨.
> (SETQ  BIN  (CONS  'B  BIN)) ; BIN은 (B A)가 됨.
> (SETQ  BIN  (CONS  'C  BIN)) ; BIN은 (C B A)가 됨.
> (SETQ  BIN  (REVERSE  BIN)) ; BIN은 (A B C)가 됨.
```

여기서 주의할 점은 SETQ 없이 CONS만 수행하면 결과가 저장되지 않는다는 점이다. 다음 예를 보자.

```
> (SETQ  BIN  '( )) ; BIN 이라는 이름의 빈 리스트를 만든다.
> (CONS  'A  BIN)
> BIN
NIL ; BIN은( )그대로 있음.
> (CONS  'B  BIN)
> BIN
NIL ; BIN은( )그대로 있음.
```

• **REVERSE**

주어진 리스트 안에 있는 원소의 순서를 거꾸로 바꾼다.

```
> (REVERSE  '(A  B))
(B  A) ; 결과로 B가 첫 번째 원소인 리스트가 생성됨.
> (REVERSE  '((A  B)(C  D)))
((C D)(A B)) ; 주어진 리스트의 원소 두 개의 순서만 바뀌고 원소내의
             ; 순서는 바뀌지 않음.
```

• **APPEND**

주어진 여러 개의 리스트들을 하나의 리스트로 만든다.

```
> (APPEND  '(A)  '(B))
(A B) ; 하나의 리스트 안에 A 와 B가 들어감.
> (APPEND '(A  B) '(C  D))
(A B C D) ; 리스트내의 원소의 순서도 중요함.
> (APPEND '(A) '(B) '(C))
(A B C)
```

• **LENGTH**

주어진 리스트 내의 원소 개수를 값으로 반환한다.

```
> (LENGTH '(A))
1 ; 주어진 리스트의 원소 개수는 A 하나이다.
> (LENGTH '(A B))
2 ; 주어진 리스트의 원소 개수는 A 와 B 두 개이다.
> (LENGTH '((A  B  C)))
1 ; 주어진 리스트의 원소 개수는 (A B C) 하나이다.
> (LENGTH '((A) B  C))
3
```

여기서 리스트 ((A B C))와 ((A) B C)의 구조가 다름을 알 수 있다.

• MEMBER

MEMBER는 주어진 리스트 내에 어떤 원소가 있는지 확인할 수 있는 함수이다. 만약 찾고자 하는 원소가 주어진 리스트 내에 있으면 그 원소부터 리스트 끝까지가 결과값으로 반환되고 찾고자 하는 원소가 주어진 리스트 내에 없으면 NIL이 반환된다.

```
> (SETQ  CLUB  '(TOM HARRY JOHN))
> (MEMBER  'HARRY  CLUB)
  (HARRY JOHN) ; 리스트 CLUB내의 원소 HARRY부터 그 리스트의
               ; 끝까지가 반환됨.
> (MEMBER  'MARY  CLUB)
  NIL ; CLUB에 MARY가 없음으로 NIL이 반환됨.
```

• ASSOC

ASSOC은 리스트를 원소로 갖는 리스트에서 원소 리스트의 첫 번째 원소를 데이터베이스에서의 KEY처럼 사용하여 원하는 리스트를 찾을 수 있는 함수이다. 작은 데이터베이스 구축에 용이하게 사용할 수 있는 함수이다.

```
> (ASSOC  'TWO  '((ONE  1)(TWO  2)(THREE  3)))
(TWO  2) ; 첫 번째 원소가 TWO인 리스트가 찾아짐.
> (SETQ  X  '((ONE  1)(TWO  2)(THREE  3)))
> (ASSOC  'THREE  X)
(THREE  3)
```

• REMOVE

REMOVE 함수는 첫 번째 인자를 두 번째 인자에서 찾아 모두 제거한다.

```
> (SETQ MYLIST '(A B C D IT E F))
(A B C D IT E F)
> (REMOVE 'IT MYLIST)
(A B C D E F)
> (PRINT MYLIST)
(A B C D IT E F)
(A B C D IT E F)
> (SETQ MYLIST '(A B C B D B))
(A B C B D B)
> (REMOVE 'B MYLIST)
(A C D)
> (SETQ ALIST '( (A) (B) (IT) (C)))
((A) (B) (IT) (C))
> (REMOVE '(IT) ALIST)
((A) (B) (C))
```

- **SUBST**

SUBST 함수는 세 번째 인자에서 두 번째 인자를 찾아 첫 번째 인자로 대치한다.

```
> (SUBST 'NEW 'OLD '(OLD MID DIF))
(NEW MID DIF)
> (SUBST '(A) 'OLD '(OLD MID DIF))
((A) MID DIF)
> (SUBST "A" 'OLD '(OLD MID DIF))
("A" MID DIF)
```

- **Predicate**

Predicate는 T(True) 또는 NIL(False)을 값으로 반환하는 함수이다. LISP에서 Predicate가 NIL을 반환하면 거짓(False)으로 인정하고 NIL이 아닌 다른 어떤 값을 반환하면 참(True)으로 인정한다. Predicate의 이름은 끝에 P가 붙은 것이 많다.

```
> (ATOM  X) ; X가 아톰(심볼)일 때만 참(True)을 반환함.
> (NULL  X) ; X가 NIL일 때만 참(True)을 반환함.
> (NUMBERP  X) ; X가 숫자일 때만 참(True)을 반환함.
> (ZEROP  X) ; X가 영(ZERO)일 때만 참(True)을 반환함. X가 숫자가 아니면 오류
  (Error)가 발생함.
> (MINUSP  X) ; X가 음수일 때만 참(True)을 반환함. X가 숫자가 아니면 오류
  (Error)가 발생함.
```

```
> (EQUAL  X  Y) ; X와 Y가 같으면 참(True)을 반환함.
> (<  X  Y) ; X < Y 이면 참(True)을 반환함.
> (>=  X   Y) ; X >= Y 이면 참(True)을 반환함.
> (STRINGP  X) ; X가 STRING일 때만 참(True)을 반환함.
> (STRINGP "A")
T
> (SETQ A "HI THERE")
> (stringp a)
T
> (stringp #\a)                    ; 문자
NIL
> (stringp '(a b c))   ; 리스트
NIL
> (stringp 1)          ; 숫자
NIL
> (stringp 1.2         ; 숫자
NIL
> (stringp 'a)         ; 심볼
NIL
> (stringp #(0 1 2))   ; 어레이
NIL
> (stringp nil)
NIL
```

- 논리 연산자

앞에서 설명한 Predicate는 논리 연산자 AND, OR, NOT으로 묶일 수 있다.

```
> (NOT  X) ; X가 NIL일 때만 참(T)을 반환하고 X가 NIL이 아닌 다른 것이면 NIL을 반환
  한다.
  따라서 NOT는 NULL 함수와 같다.
> (AND  X1  Xn) ; X1 부터 Xn 까지 차례로 값을 구해보고 어떤 Xi가 NIL값을 갖는 것이
  확인
  되면 그 뒤의 것(Xi+1  Xn)은 보지 않고 바로 NIL값을 반환한다. 그리고 X1 부터 Xn
  까지
  모두가 NIL값을 갖지 않으면 최종 AND 값은 Xn이 된다.
> (OR  X1 Xn) ; X1 부터 Xn 까지 차례로 값을 구해보고 어떤Xi가 NIL값을 갖지 않는
  것이
  확인되면 그 뒤의 것(Xi+1  Xn)은 보지 않고 바로 그 값을 반환한다. 그리고 X1 부터
  Xn
  까지 모두가 NIL값을 가지면 최종 OR 값은 NIL이 된다.
```

- **조건문(IF)**

IF 문장은 (IF THEN)형식을 갖는 것과 (IF THEN ELSE)형식을 갖는 문장이 있다. IF 다음에 오는 〈조건문〉 테스트 결과 NIL이 아닌 값이 나오면 THEN 다음의 〈수행문〉을 수행한다. 〈조건문〉 테스트 결과 NIL 값이 나오면 ELSE 자리에 오는 〈수행문〉을 수행한다. 이때 ELSE가 없는 IF 문에서는 아무런 일을 하지 않고 프로그램내의 다음 문장을 수행한다.

```
> (IF (> X 3)(PRINT X)) ; X값이 3보다 크면 X값이 프린트됨.
> (IF (> X 3)(PRINT X)(+ X 5)) ; X값이 3보다 크면 X값이 프린트되고
                               ; 그렇지 않으 면 X에 5를 더하게 됨.
```

따라서 IF 다음의 첫 번째 문장은 조건문이고 두 번째 문장은 조건이 맞을 때 수행하는 문장 그리고 세 번째 문장은 조건이 맞지 않을 때 수행하는 문장이다.

- **COND**

조건문 COND(ition)는 여러 개의 조건을 테스트할 수 있다. 이는 다른 언어의 Case 문장과 비슷하다. COND의 형식은 다음과 같다.

```
> (COND (<제 1조건문> <결과1>)
        (<제 2조건문> <결과2>)
        ...
        (<제 n조건문> <결과n>) )
```

COND 문이 수행되면 먼저 〈제 1조건문〉이 수행되고 결과가 참이면 그 뒤에 따라오는 문장들을 〈결과1〉문장까지 모두 수행한다. 그리고 COND 문은 〈결과1〉의 수행결과를 값으로 반환한다. 만약 〈제 1조건문〉의 수행결과가 참이 아니면 두 번째 문장의 〈제 2조건문〉을 수행한다. 이를 반복하여 마지막 〈제 n조건문〉까지 모두가 참이 아니면 COND 문장의 값은 NIL이 된다.

```
> (COND ( (> X 8)(PRINT 8) )
        ( (> X 6)(PRINT 6) )
        ( (> X 3)(PRINT 3) ) )
; X가 8보다 크면 8을 프린트하고, X가 6보다 크면 6을 프린트하고, X가 3보다 크면 3을
  프린트한다. 이때 X가 3보다 작으면 NIL이 반환된다.
```

- **GENSYM**

GENSYM 함수는 인자 없이 사용된다. GENSYM은 새로운 변수(Atomic Symbol)를 프로그램 내에서 생성할 수 있다. 새로이 생성된 변수는 Gn의 형태를 갖는다. 이때 n은 숫자이며 GENSYM이 수행된 횟수와 같다.

```
> (GENSYM)
G1
> (GENSYM)
G2
```

- **TERPRI**

ERPRI(TERminate PRInt) 함수는 출력 시 새로운 줄에서 출력을 시작하게 한다. 따라서

```
> (TERPRI) (TERPRI)
  처럼 두 번 수행하면 출력 시 2줄 아래에서 출력이 시작 된다.
```

- **READ**

READ는 외부로부터 입력을 받을 때 사용하는 함수이다.

```
> (READ) ; 인자 없이 사용.
> (SETQ X (READ)) ; 입력한 내용은 X에 저장됨.
> (A B C) ; 입력할 내용.
> X ; X에 입력된 내용을 확인하기 위하여 X를 수행시켜 값을 확인함.
  (A B C) ; 입력된 내용이 X에 바인딩 돼 있음을 확인.
```

- **PRINT**

인자 값을 새로운 줄에 인쇄하고 하나의 Blank Space를 인쇄한다.

```
> (PRINT 3)
3
```

- **PRIN1**

인자 값을 새로운 줄이 아닌 현재의 줄에 인쇄한다. PRIN1을 이용해 특수문자와 함께 출력한 내용은 READ 함수를 이용하여 다시 입력으로 받아들일 수 있다.

```
> (PRIN1 3) 3
```

A.4 새로운 함수 만들기

LISP에서는 기본적으로 제공해 주는 함수 이외에 새로운 함수를 만들 수 있다. 이때 사용하는 함수가 DEFUN(Define FUNction)이다. DEFUN을 사용하면 시스템에서 기본적으로 제공해 주는 함수도 새로이 정의할 수 있다. 하지만 시스템에서 기본적으로 제공해 주는 함수를 사용자가 다시 정의하는 일은 피하는 것이 좋다.

DEFUN 함수도 인자를 수행하지 않는다. 따라서 DEFUN의 인자에 QUOTE는 붙이지 않는다. DEFUN의 구조는 다음과 같이 DEFUN뒤에 함수 이름이 오고 그 다음에 함수가 필요로 하는 인자들을 괄호 안에 쓴다. 함수를 정의하는 내용은 〈수행문장〉부분에 온다.

```
(DEFUN   <함수이름>  (<인자들>)   ; 계속 연결하여 써도 되지만 가독성을
              <수행문장들>  )          ; 위하여 줄 바꿈.
```

다음은 THREEPLUS라는 세 수를 더하는 새로운 함수를 만드는 예이다. 세 수를 더하는 함수 이므로 THREEPLUS 함수는 세 개의 인자가 필요하다.

```
> (DEFUN  THREEPLUS  (X Y Z)
            (+ X (+ Y  Z)))
```

DEFUN을 써서 위와 같이 새로운 함수 THREEPLUS를 정의하고 나서 다음 문장을 수행해 보자.

```
> (THREEPLUS  5  (+  3  2)  (* 2  7))
> 24 ; 결과 값.
```

우리가 이미 알고 있듯이 LISP은 인자들을 차례로 수행하여 결과를 얻은 다음 최종 함수를 수행한다. 따라서 위의 함수 THREEPLUS는 세 개의 인자 (5와 (+ 3 2) 그리고 (* 2 7))를 갖고 있으므로 이들을 차례로 수행하여 5, 5, 14를 얻는다. 이들 세 인자 값은 THREEPLUS를 정의할 때 사용하였던 인자 X, Y, Z에 순서대로 바인딩 된다. 그리고 실행문장인 (+ X (+ Y Z))를 수행한다. 그러면 (+ 5 (+ 5 14))가 수행되어 최종결과로 24를 생성하게 된다.

위의 예에서 THREEPLUS를 정의할 때 사용한 인자(X Y Z)를 형식매개변수(formal Argument)라고 하고 THREEPLUS를 사용할 때의 인자(5 5 14)는 실매개변수(Actual Argument)라고 한다. 따라서 함수가 수행될 때에는 실매개변수 값이 형식매개변수에 바인딩되어 함수 정의에 포함된 수행문이 실행된다. 다음은 LENGTH 함수를 DEFUN을 써서 정의한 것이다.

```
> (DEFUN LENGTH (L)
      (PROG (COUNT)
         (SETQ  COUNT  0)
      LOOP (COND ((NULL  L)(RETURN  COUNT)))
         (SETQ  COUNT (+  COUNT  1))
         (SETQ  L (CDR  L))
         (GO  LOOP)  ))
```

위의 정의에서 사용된 LOOP는 레이블(Label)로 괄호 안에 들어가지 않고 위치만을 나타낸다. (GO LOOP) 문장은 LOOP가 있는 위치에 있는 문장을 다음에 수행할 수 있도록 컨트롤을 넘긴다. 이때 레이블은 GO 함수와 같은 PROG내에 있어야 한다. RETURN함수를 만나면 PROG 함수의 수행을 그 자리에서 멈추고 인자값을 반환한다(e.g., 현재의 COUNT 값). RETURN 문이 없이 PROG 문이 사용되었으면 PROG 문이 다 끝난 다음에는 NIL이 반환된다. PROG 대신 PROGN이 사용 되었으면 마지막 문장의 값이 반환된다. 그리고 첫 번째 문장의 값을 최종값으로 반환하고 싶으면 PROG1을 사용하면 된다. PROG 함수는 복수개의 문장이나 반복 문장들의 사용을 위해서 필요한 함수이다. PROG는 일반적으로 다음과 같은 구조를 갖는다.

```
(DEFUN  <함수이름> (L) ; 함수가 사용하는 인자를 L이라고 가정함.
          (PROG  (<PROG내에서 사용하는 변수>)
                  ..
                      PROG변수들의 초기화
                  ..
       LOOP       (COND  ((NULL  L)(RETURN  <결과>)))
     ..
             <PROG내에 필요한 문장들> ;주로 (CAR L)을 떼어내어 사용함.
     ..
     (SETQ  L  (CDR  L))
     (GO  LOOP)  ))
```

먼저 PROG내에서 사용할 지역변수(PROG 변수라고 함)들을 선언하고 이들을 초기화한다.

만약 이 변수들의 초기값을 따로 정해주지 않으면 NIL 값이 초기값으로 잡힌다. 위에 나오는 (SETQ L (CDR L)) 문장은 잊지 말고 써야 한다. 이는 무한 반복을 방지하기 위해서 꼭 필요하다.

LISP에서 반복을 수행하기 위하여 DO 문장을 사용하기도 한다. DO 문장의 형식은 다음과 같다.

```
> (DO (<변수정의>)
          (<종결테스트> <결과값>)
         (<반복문장1>)

         (<반복문장n>)  )
```

위에서 〈변수정의〉 부분은 (〈변수〉〈초기값〉〈변수갱신〉)과 같이 세 개의 원소를 갖는 리스트 형태로 되어 있다. 여기서 〈변수〉는 내부적으로 사용할 변수의 이름이고 〈초기값〉은 그 변수가 사용할 초기값이다. 그리고 〈변수갱신〉은 〈변수〉가 반복문장의 수행 때마다 갱신되는 방식을 나타낸다. 반복수행 중 〈종결테스트〉 결과가 참이면 〈결과값〉을 반환한다. 반복문장들이 있는 부분은 PROG에서와 같이 GO나 RETURN 문을 쓸 수 있고 레이블을 포함할 수 있다. 다음은 LENGTH 함수를 DO를 사용하여 정의한 것이다.

```
> (DEFUN  LENGTH (X)
        (DO ( (L  X  (CDR  L)) ) ; 변수 L의 초기 값은 X이고 매번 반복 때 마다 (CDR  L)
                                   값을 갖는다.
        (N  0  (+  N  1))  ) ; 변수 N의 초기 값은 0이고 매번 반복 때 마다 1증가한
                               값을 갖는다.
        ((NULL  L)  N)  ))  ; (NULL L)이 참이면 그 때의 N값을 반환한다.
```

앞의 정의에서 DO의 반복문장은 없다. 앞에서 정의한 LENGTH 함수는 다음과 같이 재귀적(Recursively)으로 정의할 수도 있다.

```
> (DEFUN LENGTH (L)
  (COND ((NULL  L) 0)
  (T (1+  (LENGTH  (CDR  L)) )) ))
```

재귀 프로그램(Recursive Program)은 자기 자신을 서브루틴처럼 사용하는 프로그램이다.

LISP에서 재귀기능을 사용하면 간단하고 효과적인 프로그램을 작성할 수 있다. 다음은 주어진 리스트의 맨 끝에 있는 원소를 반환하는 LAST 함수와 MEMBER, APPEND, REVERSE 함수를 재귀적으로 정의한 것이다.

```
> (DEFUN  LAST  (L)
    (COND  ((NULL  L)  NIL)
           ((NULL  (CDR  L))  L)
           (T  (LAST  (CDR  L)))  ))

> (DEFUN  MEMBER  (X  L)
      (COND  ((NULL  L) NIL)
             ((EQUAL  X  (CAR  L)) L)
             (T  (MEMBER  X (CDR  L)) )))

> (DEFUN  APPEND  (X  Y)
      (COND  ((NULL  X) Y)
              (T  (CONS  (CAR  X)
                  (APPEND  (CDR  X) Y))) ))

> (DEFUN  REVERSE  (L)
      (REVERSE1  NIL  L))

> (DEFUN  REVERSE1  (ANSWER  L)
       (COND  ((NULL  L) ANSWER)
              (T  (REVERSE1  (CONS  (CAR  L) ANSWER)
                                (CDR  L))) ))
```

다음은 지금까지 학습한 내용을 바탕으로 예제를 통하여 새로운 함수를 만드는 연습을 해 보자.

예제 1

양수와 음수가 섞여있는 리스트 내의 숫자 중에서 양수만을 가려내어 리스트로 만들어 주는 함수(Positive-List)를 만들어 보자.

해답

```
(DEFUN POSITIVE-LIST (X)
  (COND  ((NULL X) NIL)
         ((PLUSP (CAR X))(CONS (CAR  X)(POSITIVE-LIST (CDR X))))
```

```
        (T  (POSITIVE-LIST (CDR X)))))
```

사용 예는 다음과 같다.

```
> (POSITIVE-LIST '(3 -2 4 5 -7 8))
(3 4 5 8)
```

예제 2

앞에서 LENGTH 함수는 주어진 리스트 내의 최 상위레벨에서의 원소 개수를 값으로 반환하는 함수임을 보았다. 여기서는 주어진 리스트 내의 모든 레벨에서 찾을 수 있는 아톰의 개수를 반환하는 함수 MY-LENGHT를 작성하시오.

해답

```
(DEFUN MY-LENGTH (L)
  (IF (NULL L) 0
              (+ (IF (ATOM (CAR L)) 1
                       (MY-LENGTH (CAR L)) )
                 (MY-LENGTH (CDR L)))))
```

사용 예는 다음과 같다.

```
> (MY-LENGHT '(A B C))
3

> (MY-LENGHT '(A (B C) D (E F)))
6

> (MY-LENGHT '(A NIL (B C) D))
5
```

예제 3

앞에서 REVERSE 함수는 주어진 리스트 안에 있는 최 상위레벨 원소의 순서를 거꾸로 바꾸는 것이었다. 여기서는 주어진 모든 레벨에 있는 리스트 원소의 순서를 거꾸로 바꾸는 함수 MY-REVERSE를 작성하시오.

해답

```
(DEFUN MY-REVERSE (L)
```

```
    (REVERSE-2 L 'NIL))

(DEFUN REVERSE-2 (LL F)
    (IF (NULL LL) F
     (REVERSE-2 (CDR LL)
              (CONS (IF (ATOM (CAR LL))
                        (CAR LL)
                        (REVERSE-2 (CAR LL) 'NIL))
                    (F))))
```

사용 예는 다음과 같다.

```
> (MY-REVERSE '(A B C))
(C B A)

> (MY-REVERSE '((A B) C (D E)))
((E D) C (B A))

> (MY-REVERSE '((A (B C)) (D E)))
((E D) ((C B) A))
```

예제 4

NUMBER와 SYMBOL형식(Type)의 원소만을 갖는 하나의 리스트를 받아들여 그 안의 아톰들의 Type을 찾고 이들을 이용하여 받아들인 리스트 구조와 같은 구조의 리스트를 반환하는 함수 FIND-TYPE을 작성하시오.

해답

```
(DEFUN FIND-TYPE (L)
      (IF (ATOM L)
           (IF (NUMBERP L) 'NUMBER 'SYMBOL)
        (CONS (FIND-TYPE (CAR L))
             (IF (NULL (CDR L)) 'NIL (FIND-TYPE (CDR L))))))
```

사용 예는 다음과 같다.

```
> (FIND-TYPE '(A 3 B C))
(SYMBOL NUMBER SYMBOL SYMBOL)
> (FIND-TYPE '((A 3)(5 B C))
((SYMBOL NUMBER)(NUMBER SYMBOL SYMBOL))
```

다음에는 주어진 함수를 보고 무엇을 하는 함수인지를 알아내는 연습을 한다. 다음 주어진 함수들을 보고 어떻게 활용되고 어떤 결과를 반환하는지 설명하여보자.

부록

예제 5

```
(DEFUN INTERSECTION (L1 L2)
  (COND
   ((NULL L1) NIL)
   ((MEMBER (FIRST L1) L2)
    (CONS (FIRST L1) (INTERSECTION (REST L1) L2)))
   (T (INTERSECTION (REST L1) L2))))
```

설명

L1과 L2에 모두 들어있는 원소를 반환한다.

예제 6

```
(DEFUN POWER (B E)
  (IF (ZEROP E)1
    (* B (POWER B (- E 1)))))
```

설명

B에 대한 E의 계승을 계산한다.

예제 7

```
(DEFUN SUM (L)
  (IF (NULL L)0
    (+ (FIRST L) (SUM (REST L)))))
```

설명

L에 있는 모든 수를 더하여 반환한다.

예제 8

```
(DEFUN LLAST (L)
  (IF (NULL L) NIL
    (IF (NULL (REST L)) L
      (LLAST (REST L)))))
```

설명

L에 있는 마지막 CONS STRUCTURE를 반환한다.

예제 9

```
(DEFUN L-BUTLAST (L)
  (COND
   ((NULL L) NIL)
   ((NULL (REST L)) NIL)
   (T (CONS (FIRST L) (L-BUTLAST (REST L))))))
```

설명

L에 있는 마지막 원소만 제거하고 나머지를 반환한다.

예제 10

```
(DEFUN F-EVEN (L)
  (IF (NULL L)
      NIL
    (IF (EVENP (FIRST L))
        (FIRST L)
      (F-EVEN (REST L)))))
```

설명

L에 있는 맨 왼쪽의 짝수를 반환한다.

예제 11

```
(DEFUN R-EVEN (L)
  (IF (NULL L)
      NIL
    (IF (ZEROP (REM (FIRST L) 2))
        (R-EVEN (REST L))
      (CONS (FIRST L) (R-EVEN (REST L))))))
```

설명

L에 있는 모든 짝수를 제거한 후 나머지를 반환한다.

A.5 그 밖의 함수들

A.5에서는 지금까지 다루지 않았으나 LISP 프로그램을 작성할 때 유용하게 사용될 수 있는 몇 가지 함수들을 더 다루기로 한다.

- EVAL

EVAL 함수는 인자를 실행하여 값을 얻는다.

```
> (EVAL '(+ 2 2))       ; RETURNS 4
4
> (EVAL (CONS '+ '(2 2 2)))    ; RETURNS 6
6
> (EVAL (LIST '+ '2 '3 ))      ; RETURNS 5
5
> (SETQ A 10)
10
> (SETQ B 220)
220
> (EVAL (LIST '+ A B ))         ; RETURNS 230
230                             ;   (LIST '+ A B) => '(+ 10 220)
> (EVAL (LIST '+ 'A B))       ; RETURNS 230
230                            ; (LIST '+ 'A B) => '(+ A 220)
                             ; A 값은 10
```

• SETF

SETF는 두 개의 인자를 갖으며 첫 번째 인자를 평가하여 그 주소를 얻어 두 번째 인자 값을 그 자리에 넣는다.

```
> (SETF X '(1 2 3))
(1 2 3)
> X
(1 2 3)
> (SETF (CAR X) 'A) ; SETF는 첫 번째 인자를 평가하여 그 주소(X의 첫
A ; 번째 원소 자리)를 얻어 두 번째 인자 값(A)을 그 주소에 넣는다.
> X
(A 2 3) ; SETF에 의해 (CAR X)값이 변하였음.
> (SETF (CDR X ) '(B C))
(B C)
> X
(A B C) ; SETF에 의해 (CDR X)값이 변하였음.
```

다음은 SETF 사용 시 주의해야 될 내용이다.

```
> (SETF V (LIST 'A 'B 'C))
  (A B C)
> (SETF W (CONS 'TOM (CDR V)))
  (TOM B C)
```

위의 두 문장 실행 후 V 값은 (A B C)이고 W 값은 (TOM B C)이다. 다음을 실행해 보자.

```
> (SETF (CAR (CDR (CDR V))) 'TIGER)
  TIGER
```

위 문장에 의하여 V의 세 번째 원소가 C에서 TIGER로 바뀌었다. 따라서 V 값은 다음과 같이 (A B TIGER)가 된다.

```
> V
(A B TIGER)
```

하지만 W의 값은 어떤가? (SETF (CAR (CDR (CDR V))) 'TIGER)에 의하여 W의 값을 직접 변화 시키지 않았음에도 W 값은 다음과 같다.

```
> W
(TOM B TIGER)
```

W의 세 번째 원소값이 TIGER로 변화했다. 이는 두 LIST V와 W가 CONS에 의해 만들어진 두 리스트의 끝 부분인 (B C)의 기억장소 위치를 공유하고 있기 때문이다. 이는 종종 프로그래밍 시 에러를 유발하기도 함으로 주의가 필요하다.

• **EQ**

EQ는 두 개의 LISP 객체가 동일한 것인지를 비교하는 Predicate이다. 즉, EQ는 두 객체가 동일한 기억장소를 사용하여야 동일 객체로 인식한다.

```
> (SETQ X '(A 3.1))
(A 3.1)
> (SETQ Y '(A 3.1))
(A 3.1)
> (EQ X Y)
NIL
> (EQ X X)
T
> (EQ X (CAR (LIST X Y)))
T
```

심볼은 항상 자기 자신과 EQ로 동일시된다. 하지만 숫자는 같을 수도 아닐 수도 있는데 이는 LISP의 구현에 따라 다를 수 있기 때문이다. 다음 예는 좀 더 구체적인 내용을 보여준다.

```
> (SETQ X '(A B C))
(A B C)
> (SEQ Y '(D E F))
(D E F)
> (SETQ U (APPEND X Y))
(A B C D E F)
> (SETQ W (APPEND X Y))
(A B C D E F)
> (EQ U W)
NIL
> (EQ (CDR (CDR U)) (CDR (CDR W)))
NIL
> (EQ (CDR (CDR (CDR U))) (CDR (CDR (CDR W))))
T
```

위의 예에서 U와 W는 (A B C D E F)라는 리스트이다. 하지만 이들이 차지하는 기억장소는 다르다. 자세히 보면 U와 W는 리스트 중에서 마지막 세 개의 원소 D E F 만이 같은 기억장소를 차지하고 원소 A B C는 APPEND에 위해 복사되어 서로 다른 기억장소를 차지하고 있다. 이는 APPEND가 첫 번째 인자를 복사하여(복사하면 두 개의 객체가 되어 같은 기억장소를 차지 할 수 없다) 두 번째 인자에 붙여서 하나의 리스트로 만들기 때문이다. 따라서 APPEND에 의해 복사되지 않은 부분인 (D E F)는 같은 기억장소를 차지하고 있고 EQ에 의해 동일 객체로 인식된다. 다음을 보자.

```
> (EQ (CAR U) (CAR W))
T
> (EQ (CAR (CDR (CDR U))) (CAR (CDR (CDR W))))
T
```

위와 같은 결과가 나오는 이유는 위의 두 예제 모두 하나의 심볼을 비교하기 때문이다. 심볼은 항상 자기 자신과 EQ로 동일시된다고 하였다. 따라서 U와 W의 처음 세 개의 원소인 A B C를 EQ로 비교하여도 결과는 T가 되는 것이다.

- EQL

QL은 EQ보다 느슨한 비교를 수행한다. EQL은 두 개의 LISP 객체가 동일한 값과 동일한 TYPE을 갖는 숫자 인지 또는 같은 객체인지를 비교 하는 Predicate이다.

```
> (TYPE 'ABC 'SYMBOL)
T
> (TYPE '5 'SYMBOL)
NIL
> (TYPE 'ABC 'NUMBER)
NIL
> (TYPE '5 'NUMBER)
T
> (TYPE 'ABC 'ATOM)
T
> (TYPE '5 'ATOM)
T
> (EQL 'AB 'AB)
T
> (EQL 5  5)
T
> (EQL 5.5  (+ 0.7  4.8))
T
> (EQL 5  5.0)
NIL
```

위에서 TYPE은 두 개의 인자를 갖는데 첫 번째 인자의 TYPE이 두 번째 인자와 같은지를 비교하는 Predicae이다.

• **EQUAL**

QUAL은 TYPE이나 기억장소를 고려하지 않고 두 객체가 LISP에 의해 동일하게 인쇄되면 같은 객체로 인식하는 Predicate이다.

```
> (SETQ X '(A B C))
(A B C)
> (SETQ Y '(D E F))
(D E F)
> (EQ (APPEND X Y) (APPEND X Y))
NIL
> (EQL (APPEND X Y) (APPEND X Y))
NIL
> (EQUAL (APPEND X Y) (APPEND X Y))
T
> (EQ 5.5  (+ 0.7  4.8))
NIL
> (EQL 5.5  (+ 0.7  4.8))
T
> (EQUAL 5.5  (+ 0.7  4.8))
T
```

위에서 보듯이 EQUAL이 가장 느슨한 비교를 하고 EQ가 가장 정교한 비교를 한다. 하지만 EQUAL은 프로그램 수행 중 서로 다른 시간에 생성된 리스트를 비교할 수 있어 유용하게 사용된다.

• **RPLACA**

RPLACA는 두 개의 인자를 갖고, 첫 번째 인자의 위치를 찾아 첫 번째 인자의 CAR 값을 두 번째 인자값으로 바꾼다.

```
> (SETQ W '(A B C))
(A B C)
> (SETQ X '(D E F))
(D E F)
> (SETQ Y (APPEND W X))
(A B C D E F)
> (SETQ Z (APPEND W X))
(A B C D E F)
```

```
> (RPLACA X 'JOHN)
(JOHN E F)                  ;X의 CAR인 D가 JOHN으로 바뀌었다.
> Y
(A B C JOHN E F)
> Z
(A B C JOHN E F)

> (RPLACA Y 'TOM)
(TOM B C JOHN E F)    ; Y의 CAR인 A가 TOM으로 바뀌었다.
> Y
(TOM B C JOHN E F)    ; Y의 CAR인 A가 TOM으로 바뀌었다.
> Z
(A B C JOHN E F)      ; Z의 CAR인 A는 그대로이다.
```

이는 APPEND가 첫 번째 리스트를 복사하여 두 번째 LIST에 연결하기 때문에 두 번째 LIST인 (JOHN E F)는 같은 기억공간에 그대로 남아있지만 복사된 부분 (A B C)는 서로 다른 기억공간을 차지하기 때문이다.

- **RPLACD**

RPLACD는 두 개의 인자를 갖고, 첫 번째 인자의 위치를 찾아 첫 번째 인자의 CDR 값을 두 번째 인자값으로 바꾼다.

```
> (SETQ X '(A B))
(A B)
> (RPLACD X 'TOM)
(A • TOM)    ; Y의 CDR가 TOM으로 바뀌었다.
> (RPLACD X '(TOM))
(A TOM)    ; Y의 CDR가 (TOM)으로 바뀌었다.
```

- **MAPCAR**

MAPCAR 함수는 동일한 함수를 적용하고자 할 때 사용한다. 다음 예를 보자.

```
> (MAPCAR (FUNCTION (LAMBDA (X)(+ X 2))) '(1 2 3))
> (3 4 5) ; 각각의 원소가 2씩 증가하였다.
> (MAPCAR (FUNCTION NUMBERP) '(A 1 2 B C))
> (NIL T T NIL NIL) ; 숫자는 T 숫자가 아니면 NIL을 반환함.
```

위에서 사용된 LAMBDA는 이름이 없는 함수를 만들 때 사용된다. 위에서는 LAMBDA를 사용하여 변수 X에 2를 증가시키는 함수를 만들었다. 그리고 FUNCTION은 QUOTE처럼 사용되었다. 하지만 LAMBDA와 함께 사용될 때는 QUOTE대신 FUNCTION이 사용되어야 한다. 첫 번째 MAPCAR 함수는 리스트 내에 있는 각 원소 1, 2, 3에 2씩 증가시키는 함수를 차례로 적용한 결과를 리스트로 만들어 반환한다. 두 번째 MAPCAR는 기존에 존재하는 함수 NUMBERP를 뒤에 따라오는 리스트 (A 1 2 B C)에 적용하였다. 따라서 MAPCAR를 사용하면 반복문장을 만들지 않아도 같은 결과를 생성할 수 있다. MAPCAR와 유사한 함수에는 MAPC, MAPCAN, MAPL, MAPLIST, MAPCON 등이 있다.

- **FUNCALL**

  FUNCALL은 함수를 데이터처럼 사용할 수 있게 하는 함수이다. 다음 세 개의 예제는 모두 같은 결과를 보인다.

```
> (MEMBER 'X L)
> (FUNCALL (SYMBOL-FUNCTION 'MEMBER) 'X L)
> (FUNCALL #'MEMBER 'X L)
```

FUNCALL은 첫 번째 인자가 함수이고 그 함수에 적용되는 인자들이 뒤따른다.

- **APPLY**

  APPLY는 FUNCALL과 유사하나 전달되는 함수의 인자 개수가 고정 되어있지 않을 때 사용한다.

```
> (APPLY  #'+  '(1 2 3))
6
> (APPLY  #'+  '(1 2 3 4 5))
15
> (APPLY  #'LIST  'A 'B '(C D))
(A B C D)
```

- **PUTPROP**

  PUTPROP 함수는 속성을 정의 하는데 사용되는 함수이다. 실세계의 개체는 여러 가지의 속성을 갖을 수 있다. 예를 들어 '철수'는 3학년이고 남학생이며 국어 성적이 A 영어 성적이 B라고 하자. 이러한 객체에 대한 속성은 PUTPROP 함수에 의하여 다음과 같이 표현될 수 있다.

```
> (MEMBER 'X L)
> (FUNCALL (SYMBOL-FUNCTION 'MEMBER) 'X L)
> (FUNCALL #'MEMBER 'X L)
```

- **GET**

GET 함수는 개체에 할당된 속성이 무엇인지를 알아 볼 수 있는 함수이다.

```
> (GET  '철수  '학년)
 3
> (GET  '철수  '국어성적)
 A
```

- **SETF**

Common LISP에서 사용하는 PUTPROP과 같은 함수이다.

```
> (SETF  (GET  '철수  '영어성적)  'B)
```

SETF나 PUTPROP 함수는 간단한 데이터베이스를 편리하게 구축할 수 있으며 개체들 간의 관계도 쉽고 안전하게 형성하여 의미망(Semantic Network)을 구현하는 데에도 유용하게 활용될 수 있다.

- **TRACE**

TRACE 함수는 디버깅(Debugging)시 유용하게 사용될 수 있다. TRACE 함수는 함수가 호출될 때 함수 이름과 인자들이 프린트되고, 함수가 반환될 때 함수 이름과 반환되는 값이 프린트된다. TRACE 함수는 TRACE할 함수 이름과 함께 사용된다.

```
> (TRACE APPEND)
(APPEND)
> (APPEND  '(A  B) '(C  D))
Entering: APPEND, Argument list:  ((A B) (C D))
Exiting: APPEND, Value: (A B C D)
(A B C D)
```

TRACE를 멈추려면 UNTRACE를 사용한다.

```
> (UNTRACE APPEND)
```

함수의 이름과 함께 사용하지 않고 (UNTRACE)라고 하면 그동안 TRACE를 설정해 놓은 모든 함수의 TRACE를 멈춘다. 함수 이름 없이 (TRACE)라고 쓰면 지금까지 TRACE를 설정해 놓은 모든 함수들을 볼 수 있다.

TRACE의 또 다른 사용 예를 보기 위해서 FACTORIAL 값을 반환하는 재귀적인 함수 FACTORIAL을 다음과 같이 정의한다.

```
>  (DEFUN FACTORIAL (N)
       (IF (= N 1)  1  (* N (FACTORIAL (- N 1)))
       )
   )
FACTORIAL
```

TRACE 함수를 사용하여 TRACE할 함수명 'FACTORIAL'을 지정한다.

```
> (TRACE FACTORIAL)
(FACTORIAL)
```

숫자 5의 FACTORIAL 값을 찾기 위하여 (FACTORIAL 5)를 수행시킨다.

```
> (FACTORIAL 5)
Entering: FACTORIAL, Argument list: (5)       ;(FACTORIAL 5)를 실행
 Entering: FACTORIAL, Argument list: (4)      ;(FACTORIAL 4)를 실행
  Entering: FACTORIAL, Argument list: (3)     ;(FACTORIAL 3)를 실행
   Entering: FACTORIAL, Argument list: (2)    ;(FACTORIAL 2)를 실행
    Entering: FACTORIAL, Argument list: (1)   ;(FACTORIAL 1)를 실행
    Exiting: FACTORIAL, Value: 1              ;(FACTORIAL 1)의 값 반환
   Exiting: FACTORIAL, Value: 2               ;(FACTORIAL 2)의 값 반환
  Exiting: FACTORIAL, Value: 6                ;(FACTORIAL 3)의 값 반환
 Exiting: FACTORIAL, Value: 24                ;(FACTORIAL 4)의 값 반환
Exiting: FACTORIAL, Value: 120                ;(FACTORIAL 5)의 값 반환
120                                           ;(FACTORIAL 5)의 최종 값
>
```

위와 같이 FACTORIAL이 수행되는 과정을 순서대로 보여준다.

A.6 입력과 출력

본 절에서는 프로그램의 입력과 출력에 필요한 함수들에 대하여 알아본다. 지금까지 우리는 LISP의 출력은 LISP 문장의 실행결과를 통해서만 보았다. LISP은 복잡한 여러 가지의 계산을 하더라도 마지막 문장의 실행결과만을 보여주기 때문에 전체 계산과정에서 생성되는 여러 가지 중간 결과를 터미널이나 파일에 출력하기 위한 기능들이 필요하다. 본 장에서는 이러한 출력에 필요한 함수들과 상호작용적인 프로그램 작성에 필요한 입력 함수들에 대하여 알아본다.

A.6.1 입력에 필요한 함수

입력에 필요한 기본 함수는 앞에서 살펴본 READ이다. 함수 READ는 하나의 S-Expression이 완성될 때까지 지정된 입력원에서 문자들을 읽어 들인다. 그리고 아톰이나 리스트를 반환한다. 이때 READ는 괄호나 Space, Tab, Carriage return 등을 경계 기호로 인식한다. 함수 READ는 다음과 같은 형태를 갖는다.

```
(READ <입력원> <에러메시지> <파일 끝 표시>)
```

위에서 보는 것처럼 READ는 세 개의 인자(i.e., 〈입력원〉 〈에러메시지〉 〈파일 끝 표시〉)를 가질 수 있다. 이들 인자는 모두 선택사항이며 모두 사용하지 않을 때는 앞에서 살펴본 (READ)와 같이 사용된다. 첫 번째 인자 〈입력원〉은 READ가 읽어 들일 문자가 어디로부터 오는지를 나타낸다. 〈입력원〉을 지정하지 않으면 T로 인식하고 이는 터미널을 의미한다. 따라서 터미널로부터 입력을 원하면 READ의 인자는 필요하지 않다.

파일로부터 입력을 받아들이기를 원하면 〈입력원〉으로 파일을 지정하여 주어야한다. 파일은 읽기 전에 OPEN 하여야 함으로 〈입력원〉으로 파일을 지정하기 위해서는 아래와 같은 파일 OPEN 문장이 필요하다.

```
(OPEN  <파일이름>  :DIRECTION  :INPUT)
```

두 번째 인자인 〈에러메시지〉는 파일로부터 READ하는 도중 에러가 발생한 경우 보여주는 메시지로 사용자가 지정할 수 있으며 지정하지 않으면 T로 인식된다. 예로 READ 도중 파일이 끝나거나 하면 에러가 발생하는데 이때 미리 지정된 〈에러메시지〉가 출력된다. 세 번째 인자인 〈파일 끝 표시〉는 여러 데이터를 반복적으로 READ 할 때 파일이 언제 끝나는지를 표시해주는 표시자로 파일 중간에 나타나지 않는 것을 사용하여야 한다. 〈파일 끝 표시〉가 없으면 파일로부터 반복적인 READ를 수행하다가 파일이 끝나면 에러가 발생한다. 따라서 에러 없이 파일내의 모든 내용을 읽어 들이기 위해서는 〈파일 끝 표시〉가 필요하다.

- **GET-KEY**

읽어 들인 문자의 ASCII 코드 값을 10진수로 나타내주는 함수이다. 사용은 (GET-KEY)로 하고 키보드로부터 하나의 문자를 받아들인다.

```
> (SETQ X GET-KEY))
A                ; 사용자가 키보드에서 'A'를 입력함
65               ; 'A'의 ASCII 코드 값 65를 반환함.
> X
65
```

- **READ-CHAR**

하나의 문자를 읽어 들인다. 다음의 실행 예를 보자.

```
> (SETQ FP (OPEN "F" :DIRECTION :OUTPUT))    ; SET UP FILE
#<CHARACTER-OUTPUT-STREAM 9:"C:\USERS\YANG\DESKTOP
    \LISP\F">
> (PRINT 12.34 FP)
12.34
> (CLOSE FP)
T
> (SETQ FP (OPEN "F" :DIRECTION :INPUT)) ; NOW READ THE FILE
     #<CHARACTER-INPUT-STREAM 9:"C:\USERS\YANG\DESKTOP\LISP\F">
> (READ-CHAR FP)                          ; RETURNS #\1
#\1
> (READ-CHAR FP)                          ; RETURNS #\2
#\2
> (READ-CHAR FP)                          ; RETURNS #\.
#\.
> (READ-CHAR FP)                          ; RETURNS #\3
#\3
> (READ-CHAR FP)                          ; RETURNS #\4
#\4
> (READ-CHAR FP)                         ; RETURNS #\NEWLINE
#\NEWLINE
> (READ-CHAR FP)                        ; RETURNS NIL - EMPTY
ERROR: END OF FILE ON READ
> (CLOSE FP)
```

```
T
>
```

- WRITE-CHAR

하나의 문자를 WRITE한다. 다음의 예를 보자.

```
C
#\C
> (SETQ FP (OPEN "T" :DIRECTION :OUTPUT))  ; CREATE FILE
#<CHARACTER-OUTPUT-STREAM 9:"C:\USERS\YANG\DESKTOP
    \LISP\T">
> (WRITE-CHAR #\A FP)                       ; RETURNS #\A
#\A
> (WRITE-CHAR #\B FP)                       ; RETURNS #\B
#\B
> (WRITE-CHAR #\NEWLINE FP)                ; RETURNS #\NEWLINE
#\NEWLINE
> (CLOSE FP)                                ; RETURNS NIL
T
> (READ (OPEN "T" :DIRECTION :INPUT))       ; RETURNS AB
AB
>
```

이 밖에도 (READ-LINE), (READ-BYTE), (WRITE-BYTE) 등의 함수가 있다.

다음은 특수문자를 읽거나 인쇄할 때 필요한 '\'(Backslash)에 대하여 설명한다. 예를 들어 AB(CD를 읽어 들이려고 할 때 LISP은 AB다음에 나타나는 '('를 리스트의 시작으로 보고 리스트가 끝나는 오른쪽 괄호인 ')'를 기다릴 것이다. 하지만 '('가 데이터의 일부라면 어떻게 할 것인가? 이때 다음과 같이'\'를 사용한다.

```
AB\(CD
```

때로 Escape Character라고도 불리는 '\'는 일력 데이터로 인식되지는 않지만 바로 다음 문자는 무엇이던지 관계없이 실행하지 않고 바로 데이터로 인식하게 한다. 하나 이상의 특수문자를 받아들일 때는 아래와 같이 '\'를 여러 개 사용할 수도 있다.

```
AB\(\(\(DE
```

이는 AB(((CD를 데이터로 받아들일 수 있게 한다. 하지만 여러 개의 '\'를 사용하는 것이 번거로우면 다음과 같이 '|'(Vertical Bar)를 사용할 수 있다.

```
AB|(((|DE
```

이는 AB\(\(\(DE와 같은 효과를 나타낸다. 다음 예제를 참고로 하자.

```
> '|AB((DE|
         |AB((DE|
> 'AB\(DE
         |AB(DE|
```

A.6.2 출력에 필요한 함수

본 절에서는 기본적인 출력 함수와 출력 형태 조절에 필요한 FORMAT 함수 그리고 파일에 입·출력하는 방법을 알아본다.

A.6.2.1 기본적인 출력 함수

앞에서 함수 PRINT와 PRIN1에 대하여 간단히 알아보았다. 여기서 다시 한 번 정리하면 PRINT는 출력물을 새로운 줄에 인쇄하고, PRIN1과 PRINC는 출력물을 같은 줄에 인쇄한다. PRIN1과 PRINC의 차이는 스트링 출력 시 PRIN1은 큰 따옴표(i.e., ")를 함께 출력한다는 것이다. 큰따옴표를 함께 출력하는 것은 PRINT의 경우도 마찬가지이다. 하지만 PRINC는 큰따옴표 없이 스트링만 출력한다. 다음의 예를 보자.

```
> (PROGN (PRINT 'MOKPO)
         (PRINC "IS A GRATE CITY!")
         'OK)
MOKPO IS A GRATE CITY!
OK
> (PROGN (PRINT 'MOKPO)
         (PRINT "IS A GRATE CITY!")
         'OK)
          MOKPO
"IS A GRATE CITY!"
OK
> (PROGN (PRINT 'MOKPO)
         (PRIN1 "AND"
```

```
            (PRINC "SEOUL")
            (TERPRI)
            (PRINC "ARE GRATE CITIES!")
            'OK)
             MOKPO "AND" SEOUL

"ARE GRATE CITIES!"
OK
```

PRINT와 PRIN1 그리고 PRINC는 두 개의 인자까지 가질 수 있는데 첫 번째 인자는 출력할 객체이고, 두 번째 인자는 출력할 곳을 지정한다. 즉, 두 번째 인자는 터미널에 바로 보이게 할 것인지 특정 파일에 출력할 것인지를 결정할 때 사용한다. 두 번째 인자가 생략되면 두 번째 인자 값을 T로 인식하고 터미널에 출력물을 인쇄한다. 특정 파일에 출력할 때는 특정 파일 이름을 두 번째 인자로 사용하면 된다.

A.6.2.2 FORMAT

FORMAT은 출력 형태를 결정하는데 사용하는 함수이다. FORMAT을 사용하면 보다 더 읽기 쉬운 형태의 출력을 용이하게 할 수 있다. FORMAT의 일반적인 형태는 아래와 같다.

```
(FORMAT <출력원> <출력 대상> <인자1....인자n>)
```

여기서 〈출력원〉은 출력할 곳을 지정한다. 〈출력원〉이 T 이면 대상이 터미널에 인쇄되고 파일에 인쇄하고자하면 파일 이름을 지정한다. 〈출력 대상〉은 출력할 내용이고 〈인자1....인자n〉은 FORMAT 형태를 지시하는 지시자(Control Directive)에 의해 〈출력 대상〉과 함께 출력되는 일종의 데이터로 지시자의 순서에 대응하여 여러 개가 사용될 수 있다. 다음은 FORMAT 함수 사용 예제 들이다.

```
> (FORMAT  T  "MOKPO IS A GRATE CITY!")
MOKPO IS A GRATE CITY!
NIL
```

위의 예제는 두 개의 인자를 사용한 FORMAT 함수로 터미널에 스트링 MOKPO IS A GRATE CITY!를 인쇄하라는 것이다. 마지막 NIL은 FORMAT의 결과물로 반환되어 보인 것이다. FORMAT은 보통 NIL을 결과로 반환한다.

```
> (FORMAT  T  "MOKPO IS A GRATE CITY!")
MOKPO IS A GRATE CITY!
NIL
```

FORMAT에서 중요한 것은 〈출력 대상〉에 나타나는 지시자로 이 지시자는 FORMAT의 형태를 변경시킨다. 이 지시자는 ~(i.e.,Tilde)와 함께 사용하는데 ~%, ~S, ~A, ~~, ~ nT 등 여러 가지가 있다. 다음은 이러한 지시자를 사용한 예를 보기로 하자.

```
> (SETQ  X  '(SEOUL MOKPO))
(SEOUL MOKPO)
```

먼저 위와 같이 X에 리스트를 저장한다. 그리고 아래와 같은 FORMAT 문장을 실행해 본다.

```
> (FORMAT  T  "~S  CITIES ARE GRATE CITIES!" (LENGTH X))
2 CITIES ARE GRATE CITIES!
NIL
```

위의 예제는 FORMAT에 세 개의 인자를 사용하였는데 첫 번째 인자는 T로 터미널에 인쇄하라는 것이고, 두 번째 인자는 인쇄 대상이 되는 스트링이다. 그리고 세 번째 인자 (LENGTH X)는 인쇄 대상이 되는 스트링에 포함된 지시자가 사용하는 데이터로 실행 값이 2이다. 따라서 최종적으로 인쇄되는 스트링은 ~S에 의하여 2 CITIES ARE GRATE CITIES!가 되는 것이다. 이러한 지시자는 여러 개가 하나의 FORMAT 문장 안에 사용될 수 있다. 다음을 보자.

```
> (FORMAT T "~S CITIES ~S ARE ~%GRATE CITIES!" (LENGTH X) X)
2 CITIES (SEOUL MOKPO) ARE

GRATE CITIES!
NIL
```

위의 예제는 FORMAT에 여러 개의 지시자를 사용한 것이다. 첫 번째 ~S에 의하여 (LENGTH X) 값 2가 인쇄되고, 두 번째 ~S에 의하여 그 자리에 X 값 (SEOUL MOKPO)이 인쇄된다. 그리고 ~%에 의하여 새로운 줄로 바뀌고 출력 스트링의 마지막인 GRATE

CITIES!가 다음 줄에 인쇄된 것이다.

```
> (FORMAT T "~S ~12T AND ~A ~~ GRATE CITIES!"
                                        "SEOUL" "BUSAN")
"SEOUL"     AND BUSAN ~ GRATE CITIES!
NIL
```

위의 예제는 FORMAT 지시자 ~S와 ~A의 차이 그리고 ~12T와 ~~의 사용 예를 보인 것이다. ~S와 ~A의 차이는 큰따옴표가 인쇄되는지 아닌지에 있다. ~12T는 AND가 처음부터 시작하여 12번째 자리에서 인쇄가 시작 되도록 하는 것이다. 그리고 ~~는 ~만이 출력에 포함되도록 한다. 이밖에도 여러 가지 지시자가 FORMAT과 함께 사용되지만 여기서는 그 설명은 생략하기로 한다. 다음은 본 절에서 설명한 FORMAT 지시자들을 요약 설명한 것이다.

```
~%        새로운 줄에서 인쇄 시작.
~S        PRIN1을 사용하여 그 자리에 인자 값 인쇄.
~A        PRINC를 사용하여 그 자리에 인자 값 인쇄.
~~        Tilde (i.e. ~) 자체를 그 자리에 인쇄.
~nT       n개의 칸 이동 후 인쇄. 현재 위치가 n 이후이면
             하나의 스페이스(Space)만 추가 후 인쇄 시작.
```

A.6.2.3 파일 열기와 닫기

다음은 파일 열기와 닫기에 대하여 알아보자. 프로그램의 입·출력을 터미널이 아닌 파일을 통하여 하기 위해서는 파일을 열고 닫을 수 있어야 한다. 앞에서 살펴본 대로 FORMAT의 첫 번째 인자는 출력의 위치를 결정하였다. 즉 FORMAT의 첫 번째 인자 값이 T이면 터미널에 출력한다. 파일에 출력하기 위해서는 아래와 같이 OPEN 함수를 이용하여 파일을 생성하고 열어야 한다.

```
(OPEN  <파일이름>  :DIRECTION  :OUTPUT)
```

여기서 함수 OPEN의 첫 번째 인자인 〈파일이름〉은 스트링 형태의 파일 이름 이어야 하고, 두 번째 인자와 세 번째 인자는 키워드(Keyword)이다. 여기서 키워드에 대한 자세한 설명은 생략 하지만 :DIRECTION의 값으로 :OPEN과 :OUTPUT을 사용할 수 있으며 출력을 위한 OPEN일 경우에는 :DIRECTION의 값으로 :OUTPUT을 사용하면 된다. 입력을

위한 OPEN일 경우에는 :DIRECTION의 값으로 :INPUT을 사용한다. 다음은 FORMAT을 사용하여 파일에 출력물을 기록하는 예이다.

```
> (FORMAT (OPEN "FILE1" :DIRECTION :OUTPUT)
                  "Today's weather is : ~% ~S" "SUNNY"
                  (CLOSE (OPEN "FILE1" :DIRECTION :OUTPUT) ) )
```

위의 FORMAT 문장을 실행시키면 현재 디렉토리에 있는 "FILE1"이라는 이름의 파일에 다음과 같은 내용이 기록된다.

```
Today's weather is :

"SUNNY"
```

다음 예를 보자.

```
> (OPEN "PP.TXT")        ; 이미 존재하는 파일을 열 때
#<Character-Input-Stream 6:"c:\users\yang\desktop\lisp\pp.txt">
> (PRINT '(ASDF))
(ASDF)
(ASDF)
> (CLOSE (OPEN "PP.TXT"))     ; 작업 후 OPEN한 파일을 닫음
> (OPEN "PPFT" :DIRECTION :OUTPUT)
#<Character-Output-Stream 7:"c:\users\yang\desktop\lisp\ppft">
> (setq f (open 'mine :direction :output)) ; create file named MINE
#<Character-Output-Stream 9:"c:\users\yang\desktop\lisp\mine">
> (print "hi" f)                          ; returns "hi"
"hi"
> (close f)                               ; file contains "hi" <newline>
T
 > (setq f (open 'mine :direction :input))  ; open MYFILE for input
#<Character-Input-Stream 9:"c:\users\yang\desktop\lisp\mine">
> (read f)                                ; returns "hi"
 "hi"
> (close f)
 T
```

다음은 파일을 열어 내용을 읽어서 인쇄하는 프로그램이다.

```
> (DO* ((FP (OPEN "TEST.DAT" :DIRECTION :INPUT))
      (EX (READ FP) (READ FP)))
     ((NULL EX) NIL)
   (PRINT EX))
```

A.7 디버깅

본 장에서는 프로그램 개발과정에서 필요한 디버깅(Debugging)과 이에 필요한 함수에 대하여 알아본다. 프로그램의 에러를 수정하기 위해서는 디버깅 과정이 필요한데 LISP 프로그램의 디버깅 시 사용하면 편리한 몇 가지 함수들을 알아보자. 디버거가 내장되어있는 LISP에서는 여러 가지 디버깅 함수를 사용할 수 있지만 본 장에서는 XLISP 이나 다른 LISP에서 간단히 사용할 수 있는 함수 몇 가지를 살펴본다.

- TRACE

  TRACE는 사용자가 프로그램의 실행 과정을 단계별로 볼 수 있도록 해주는 특수 함수이다. TRACE의 사용 예를 보기 위해서 FACTORIAL 값을 반환하는 재귀적인 함수 FACTORIAL을 다음과 같이 정의한다.

```
>  (DEFUN FACTORIAL (N)
       (IF (= N 1)  1  (* N (FACTORIAL (- N 1)))
       )
   )
FACTORIAL
```

TRACE 함수를 사용하여 TRACE할 함수명 'FACTORIAL'을 지정한다.

```
> (TRACE FACTORIAL)
(FACTORIAL)
```

숫자 5의 FACTORIAL 값을 찾기 위하여 (FACTORIAL 5)를 수행시킨다.

```
> (FACTORIAL 5)
Entering: FACTORIAL, Argument list: (5)         ;(FACTORIAL 5)를 실행
 Entering: FACTORIAL, Argument list: (4)        ;(FACTORIAL 4)를 실행
  Entering: FACTORIAL, Argument list: (3)       ;(FACTORIAL 3)를 실행
   Entering: FACTORIAL, Argument list: (2)      ;(FACTORIAL 2)를 실행
    Entering: FACTORIAL, Argument list: (1)     ;(FACTORIAL 1)를 실행
    Exiting: FACTORIAL, Value: 1                ;(FACTORIAL 1)의 값 반환
   Exiting: FACTORIAL, Value: 2                 ;(FACTORIAL 2)의 값 반환
  Exiting: FACTORIAL, Value: 6                  ;(FACTORIAL 3)의 값 반환
 Exiting: FACTORIAL, Value: 24                  ;(FACTORIAL 4)의 값 반환
Exiting: FACTORIAL, Value: 120                  ;(FACTORIAL 5)의 값 반환
120                                             ;(FACTORIAL 5)의 최종 값
>
```

앞과 같이 FACTORIAL이 수행되는 과정을 순서대로 보여준다. 다음은 리스트의 길이를 구하는 함수 MY-LENGTH를 작성하고 TRACE를 실행하여 보자.

```
> (DEFUN MY-LENGTH (L)
     (IF (NULL L)  0  (1+ (MY-LENGTH (REST L)))
     )
   )
MY-LENGTH

> (TRACE MY-LENGTH)

 (MY-LENGTH FACTORIAL)
```

이제 TRACE할 수 있는 함수가 MY-LENGTH와 FACTORIAL 두 개가 지정되었음을 알 수 있다.

```
> (MY-LENGTH '(2 3 5 7))
ENTERING: MY-LENGTH, ARGUMENT LIST: ((2 3 5 7))
 ENTERING: MY-LENGTH, ARGUMENT LIST: ((3 5 7))
  ENTERING: MY-LENGTH, ARGUMENT LIST: ((5 7))
   ENTERING: MY-LENGTH, ARGUMENT LIST: ((7))
    ENTERING: MY-LENGTH, ARGUMENT LIST: (NIL)
    EXITING: MY-LENGTH, VALUE: 0
   EXITING: MY-LENGTH, VALUE: 1
  EXITING: MY-LENGTH, VALUE: 2
```

```
 EXITING: MY-LENGTH, VALUE: 3
EXITING: MY-LENGTH, VALUE: 4
4
>
```

이처럼 TRACE할 수 있는 함수들은 추가될 수 있으며 TRACE 가능한 함수 목록에서 특정 함수를 제거할 때는 아래와 같이 UNTRACE 함수를 사용하면 된다.

```
(UNTRACE FACTORIAL)
```

위의 UNTRACE 함수를 실행한 후에는 MY-LENGTH 함수만이 TRACE 가능한 함수로 남는다. TRACE 가능한 모든 함수를 한꺼번에 TRACE 가능하지 않도록 만들려면 UNTRACE 함수를 인자 없이 아래와 같이 사용하면 된다.

```
(UNTRACE)
```

다음은 뒷장에 나오는 깊이우선탐색 프로그램인 DF-SEARCH 안에 있는 FIND - PATH라는 함수에 대한 TRACE 예를 보기로 한다.

```
> (TRACE APPEND)
> (DF-SEARCH 'LIBRARY 'CHURCH)

Entering: APPEND, Argument list: ((HOSPITAL E-SCHOOL) NIL)
Exiting: APPEND, Value: (HOSPITAL E-SCHOOL)
Entering: APPEND, Argument list: ((PARK M-SCHOOL) (E-SCHOOL))
Exiting: APPEND, Value: (PARK M-SCHOOL E-SCHOOL)
Entering: APPEND, Argument list: (NIL (M-SCHOOL E-SCHOOL))
Exiting: APPEND, Value: (M-SCHOOL E-SCHOOL)
Entering: APPEND, Argument list: ((UNIVERSITY CHURCH) (E-SCHOOL))
Exiting: APPEND, Value: (UNIVERSITY CHURCH E-SCHOOL)
Entering: APPEND, Argument list: (NIL (CHURCH E-SCHOOL))
Exiting: APPEND, Value: (CHURCH E-SCHOOL)
Entering: FIND-PATH, Argument list: (CHURCH)
 Entering: FIND-PATH, Argument list: (M-SCHOOL)
  Entering: FIND-PATH, Argument list: (HOSPITAL)
   Entering: FIND-PATH, Argument list: (LIBRARY)
```

```
    Entering: FIND-PATH, Argument list: (NIL)
    Exiting: FIND-PATH, Value: NIL
    Entering: APPEND, Argument list: (NIL (LIBRARY))
    Exiting: APPEND, Value: (LIBRARY)
   Exiting: FIND-PATH, Value: (LIBRARY)
   Entering: APPEND, Argument list: ((LIBRARY) (HOSPITAL))
   Exiting: APPEND, Value: (LIBRARY HOSPITAL)
  Exiting: FIND-PATH, Value: (LIBRARY HOSPITAL)
  Entering: APPEND, Argument list: ((LIBRARY HOSPITAL) (M-SCHOOL))
  Exiting: APPEND, Value: (LIBRARY HOSPITAL M-SCHOOL)
 Exiting: FIND-PATH, Value: (LIBRARY HOSPITAL M-SCHOOL)
 Entering: APPEND, Argument list: ((LIBRARY HOSPITAL M-SCHOOL)
(CHURCH))
 Exiting: APPEND, Value: (LIBRARY HOSPITAL M-SCHOOL CHURCH)
Exiting: FIND-PATH, Value: (LIBRARY HOSPITAL M-SCHOOL CHURCH)

THE DF-SEARCH PATH IS ==> (LIBRARY HOSPITAL PARK M-SCHOOLUNIVERSITY CHURCH)

THE PATH IS ==> (LIBRARY HOSPITAL M-SCHOOL CHURCH)
NIL
>
```

다음은 APPEND 함수에 대한 TRACE이다.

• **DRIBBLE**

DRIBBLE 함수는 화면에 보이는 모든 것(사용자의 입력이나 프로그램 실행결과 등)을 지정한 파일에 출력하여 그 기록을 볼 수 있는 함수로 다음과 같이 사용할 수 있다.

```
> (DRIBBLE "DFILE.TXT")
.....
......          ;화면에 보이는 모든 것들은 DFILE.TXT 파일에 기록된다.

> (DRIBBLE) ; DRIBBEL의 끝을 나타내며 DFILE.TXT에 더 이상 기록하지 않는다.
```

다음은 실제 DRIBBLE을 사용한 예이다.

```
> (DRIBBLE "DFILE.TXT")

> (remove 'it mylist)
(A B C D E F)
> (print mylist)
(A B C D IT E F)
(A B C D IT E F)
> (setq mylist '(a b c b d b))
(A B C B D B)
> (remove 'b mylist)
(A C D)
> (setq alist '( (a) (b) (it) (c)))
((A) (B) (IT) (C))
> (remove '(it) alist)
((A) (B) (IT) (C))
> (remove '(it) alist :test 'equal)
((A) (B) (C))
>
(setq slist '( "a" "b" "it" "c"))
("a" "b" "it" "c")
> (remove "it" slist)
("a" "b" "it" "c")
> (remove "it" slist :test-not 'equal)
("it")
> (subst 'new 'old '(old mid dif))
(NEW MID DIF)
> (subst '(a) 'old '(old mid dif))
((A) MID DIF)
> (subst "a" 'old '(old mid dif))
("a" MID DIF)
> (nth 4 '(0 1 2 3 4 5 6))  ; returns 4
4
> (nth 3 '(a b))            ; returns NIL
NIL
> (DRIBBLE)
```

연습문제

1 LISP의 장점을 설명하시오.

2 다음 문장들의 수행결과를 보이시오.

```
(LIST (+ 3 5)(* 2 3))
(CAR (CAR '((X)Y Z)))
(CONS '(A) '(B))
(APPEND '(A B) '(C D))
```

3 세 개의 숫자를 받아들여 이들의 평균값을 구하는 LISP 함수를 작성하시오.

4 다음을 순서대로 실행하시오.

```
(CAR NIL)
(CDR NIL)
(SETQ COLORS '(RED YELLOW ((ORANGE) GREY)((BLUE) GREEN)))
(CAR COLORS)
(CDR COLORS)
(CADR COLORS)
(CADDR COLORS)
(CAR (CAADDR COLORS))
(CONS '(CAT MOUSE) NIL)
(SETQ ANIMALS '(CAT MOUSE))
ANIMALS
(CONS 'BEAR ANIMALS)
ANIMALS
(SETQ ANIMALS (CONS 'MOOSE ANIMALS))
(CAR ANIMALS)
(CONS '(BEAR LION) ANIMALS)
(APPEND ANIMALS '(TIGER GIRAFFE))
(REVERSE ANIMALS)
```

5 ((A) (B C (D)))의 구조를 다이아그램으로 그리시오.

6 두 리스트 내에 있는 원소 중 공통된 부분(Intersection)만을 찾아내는 프로그램을 작성하시오.

7 숫자와 문자가 섞여있는 리스트를 입력 받아 문자만을 가려내어 리스트로 만들어 주는 함수(Character-List)를 만드시오.

8 최고우선 탐색 알고리즘을 LISP으로 구현하시오.

참고문헌

- ACM SIGCHI, Curricula for Human-computer Interaction. ACM Special Interest Group on Computer-Human Interaction Curriculum Development Group, New York, 1992.
- Allen, J. 1987. Natural Language Understanding. Menlo Park, CA: Benjamin/Cummings.
- Allen, J., Hendler, J., and Tate, A. 1990. Readings in Planning. Los Altos, CA : Morgan Kaufmann.
- Appelt, D. 1985. Planning English Sentences. London : Cambridge University Press. Avron, B. & Feigenbaum, E. 1981. The Handbook of Artificial Intelligence, Vo.I, II. William Kaufmann Inc., California.
- Backus, J. 1978. Can programming be liberated from the Von Neumann style? A functional Style and its algebra of programs, Communications of the ACM, 21(8):613-641.
- Bareiss, E. R., Porter, B. W., and Weir, C. C. 1988. Protos: An exemplar-based learning Apprentice. International Journal of Man-Machine Studies, 29:549-561.
- Barker, V. E. and O'Connor, D.E. 1989. Expert Systems for configuration at DIGITAL : XCON and Beyond. Communications of the ACM, 32(3) : 298-318.
- Barkow, J. H., Cosmides, L., and Tooby, J. 1992. The Adapted Mind. New York : Oxford Univ. Press.
- Bateson, G. 1979. Mind and Nature : A Necessary Unity. New York : Dutton.
- Bechtel, W. 1988. Philosophy of Mind. Hillsdale, NJ: Lawrence Erlbaum.
- Bledsoe, W. 1977. Non-resolution theorem proving. Artificial Intelligence, 9.
- Bobrow, D. G. 1975. Dimensions of representation. Inn Bobrow and Collins(1975)
- Bobrow, D. G. & Collins A. eds. 1975, Representation and Understanding. NY : Academic Press.
- Boyer, R., & Moore, J. "Proof checking the RSA publickey encryption algorithm", American Mathematical Monthly 91, pp.181-189.
- Carbonell, J. G. 1983. Learning by analogy: Formulating and generalizing plans from past experience. In Michalski et al. (1983)
- Carbonell, J. G. 1986. Derivational analogy : A theory of reconstructive problem solving and expertise acquisition. In Michalski et al. (1986)
- Carbonell, J. G., Michalski, R. S., and Mitchell, T. M. 1983. An Overview of Machine Learning. In Michalski et al. (1983)
- Cawsey, A. 1998. The Essence of Artificial Intelligence, Prentice-Hall Europe.

- Chang, C. L. and Lee, R. C. T. 1973. Symbolic Logic and Mechanical Theorem Proving. New York: Academic Press.
- Charniak, E. 1993. Statistical Language Learing. Cambridge, MA : MIT press.
- Charniak, E. and McDermott, D. 1985. Introduction to Artificial Intelligence. Reading, MA : Addison-Wesley.
- Charniak, E., Riesbeck, C. K., McDermott, D. V., and Meehan, J. R. 1987. Artificial Intellingence Programming, 2nd ed. Hillsdale, NJ : Erlbaum.
- Chomsky, N. 1965. Aspects of the Theory of Syntax. Cambridge, MA : MIT Press.
- Chorafas, D. N. 1990. Knowledge Engineering. New York: Van Nostrand Reinhold.
- Davis. E. 1990. Representaions of Commonsense Knowledge. Los Altos, CA : Morgan Kaufmann.
- Davis, R. and Lenat, D. B. 1982. Knowledge-based Systems in Artificial Intelligence. New York : McGraw-Hill.
- Davis, R. and Hamscher, W. 1992. Model-based Reasoning: Trouble Shooting. In Hamscher et al. (1992)
- D. E. Rumelhart, G. E. Hinton, and R. J. Williams. Learning internal representations by error ropagation. Parallel distributed processing: explorations in the micro-structure of cognition, vol. 1: foundations, pages 318–362, 1986.
- DeJong, G. and Mooney, R. 1986. Explanation-based learning : An alternative view. Machine Learning, 1(2):145-176
- Falkenhainer, B. 1990. Explanation and theory formation. In Shrager and Langley (1990).
- Feigenbaum, E. A., and Feldman, J. eds. 1963. Computers and Thought. New York : McGraw-Hill.
- Fikes, R. & Nillson, N. 1971. STRIPS : A new approach to the application of theorem proving to artificial intelligence. Artificial Intelligence, 1(2).
- Fikes, R. E., Hart, P. E., and Nilsson, N. J. 1972. Learning and executing generalized robot plans. Artificial Intelligence, 3(4):251-88.
- Fisher, D. H. 1987. Knowledge acquisition via incremental conceptual clustering. Machine Learning, 2:139-172
- Ford. K. M. and Hayes, P. J. 1995. Turing Test Considered Harmful. Proceedings of International Joint Conference on Artificial Intelligence, Montreal.
- Franklin, S., and Graesser, A. 1997. It is an agent, or just a program : A taxonomy for autonomous agents, LNAI 1193, Springer-Verlag. 21-35.
- Fulton, F. & Pepe, C. 1990. "An Introduction to Model-Based Reasoning", AI Expert.

- Genesereth, M. and Nilsson, N. 1987. Logical Foundations of Artificial Intelligence. Los Altos, CA : Morgan Kaufmann.
- Genesereth, M. R. 1982. The role of plans in intelligent teaching systems. In Sleeman and Brown (1982).
- Genesereth, M. and Ketchpel, S., 1994. Software Agents, Communications of the ACM, 37, No. 7, pages 48-53, ().
- Gentner, D. 1983. Structure-mapping : A theoretical framework for analogy. Cognitive Science, 7:155-170.
- Giarratano, J. & Riley, G. 1994. Expert Systems : principles and Programming. International Thomson Publishing.
- Good, D., 1982 "The proof of a distributed system in Gypsy", Technical Report 30, Institute for Computing Science, University of Texas, Austin, TX.
- Grishman, R., 1986 Computational Linguistics An Introduction, Cambridge University Press.
- Harmon, P. and King, D. 1985. Expert Systems: Artificial Intelligence in Business. New York: Wiley.
- Harmon, P., Maus, R., and Morrissey, W. 1988. Expert Systems: Tools and applications. New York : Wiley.
- Harris, M. D. 1985. Introduction to Natural Language Processing. Reston, VA : Reston.
- Hart, P. E.; Nilsson, N. J.; Raphael, B. (1968). "A Formal Basis for the Heuristic Determi nation of Minimum Cost Paths". IEEE Transactions on Systems Science and Cybernetics SSC4 4 (2) : 100–107.
- Hasemer, T. and Domingue, J. 1989. Common LISP Programming for Artificial Intelligence. Reading, MA: Addison-Wesley.
- Hayes, P. J. 1979. The logic of frames. In Metzing
- Hayes-Roth, B., Pfleger, K., Morignot, P., and Lalanda, P. 1993. Plans and Behavior in Intelligent Agents. Technical Report, Knowledge Systems Laboratory (KSL-95-35)
- Hix D. and Hartson H.R., Developing User Interfaces : Ensuring Usability Through Product and Process. New York : John Wiley, 1993.
- Hopfield, J. J. 1982. Neural networks and physical systems with emergent collective computational abilities. Proceedings of the National Academy of Sciences 79.
- Hopfield, J. J. 1984. Neural networks and physical systems with emergent collective computational abilities. Proceedings of the National Academy of Sciences, 79:2554- 2558.
- Hopfield, J.J., Neural networks and physical systems with emergent collective computational abilities. Proceedings of the National Academy of Science of the USA, 79, 2554-

2558. 1982.

- Hunt, W. 1985 "FM8501 : a verified microprocessor", Technical Report 47, University of Texas, Austin, TX.
- Hunt, W. 1986 "The mechanical verification of a microprocessor", in From H.D.L. Descriptions to Guaranteed Correct Circuit Designs, North-Holland, New York.
- Jackson, P. 1986. Introduction to Expert Systems. Reading, MA: Addison-Wesley.
- Johnson, L. and Keravnow, E. T. 1985. Expert Systems Technology : A Guide. Cambiridge, MA : Abacus Press
- Julie A. Jacco & Andrew Sears, The Human-Computer Interaction Handbook, Lawrence Erlbaum Associate Publishers, 2003.
- Jackson, P. 1999. Introduction to Expert Systems, Third Edition, Addison-Wesley. Kaplan, S. V. 1984 "The Industrialization of Artificial Intelligence : From By-Line to Bottom-Line." AI Magazine.
- Knuth, D.E. & Moore, R. W. 1975. An analysis of alpha-beta pruning. Artificial Intelligence 6:293-3236.
- Korf, R.E., Search in Encyclopedia of Artificial Intelligence, New York, Wiley-Interscience, 1987.
- Kowalski, R. 1979. Logic for Problem Solving. Amstterdam : North-Holland.
- Koza, J.R., Genetic Programming : On the programming of the Computers by Means of Natural Selection. MIT Press, Cambridge, MA,, 1992.
- Lakoff, G. 1987. Women, Fire and Dangerous Things. Chicago : University of Chicago Press.
- Langley, P., Simon, H. A., Bradshaw, G. L., and Zytkow, j. M. 1987. Scientific Discovery : Computational Explorations of the Creative Processes. Cambridge, MA: MIT Press.
- Lenat, D. B. and Brown, J. S. 1984. Why AM and Eurisko appear to work. Artificial Intelligence, 23(3)
- Luger, G. F. 1995. Computation & Intelligence: Collected readings. CA : AAAI Press/MIT Press.
- Luger, G. 2002. "Artificial intelligence Structures and Strategies for Complex problem Solving" Fourth edition, Addison-Wesley.
- Maes, P. 1990. Designing Autonomous Agents. Cambridge, MA: MIT Press.
- Maes, P. 1994. Agents that reduce work and information overload CACM 37(7):37-41. McCarthy, J. 1960. "recursive functions of symbolic expressions and their computation by machine" CACM.

- McCarthy, J. 1968. Programs with common sense. In Minsky (1968), pp. 403-418.
- McCarthy, J. 1980. Circumscription A form of non-monotonic reasoning. Artificial Intelligence 13.
- McCarthy, J., & Hayes, P. 1969. Some philosophical problems from the stand points of artificial intelligence. In Meltzer and Michie(1969).
- Meltzer, B. and Michie, D. 1969. Machine Intelligence 4. Edinburgh: Edinburgh University Press.
- Micahalski, R. S. and Stepp, R. E. 1983. Learning from observation: conceptual clustering. In Michalski et al. (1983)
- Minsky, Marvin 1974. A Framework for Representing Knowledge, MIT-AI Laboratory Memo 306, June,
- Mitchell, T. M., Keller, R. M., and Kedar-Cabelli, S. T. 1986. Explanation-based generalization : A unifying view. Machine Learning, 1(1):47-80.
- Newell, A. and Simon, H. 1963. Empirical explorations with the Logic Theory Machine : a case study in heuristice. In Feigenbaum and Feldman
- Newell, A. and Simon, H. 1963. GPS : a program that simulates human thought. In Feigenbaum and Feldman
- Newell, A. & Simon, H., 1972. Human Problem Solving. Englewood Cliffs, N.J.: Prentice_ Hall.
- Newell, A. and Simon, H 1976. Computer science as empirical inquiry : symbols and search. Communications of the ACM, 19(3):113-126.
- Nwana H. S. 1996. Software agents: An overview. Knowledge Engineering Review, 11(3):205-244, October
- Nwana, H. S. & Ndumu, D. 1996. An introduction to agent technology,BT Technology Journal, volume 14, number 4, October
- P. Werbos. Beyond Regression: New Tools for Prediction and Analysis in the Behavioral Sciences. PhD thesis, Harvard University, Cambridge, MA, 1974.
- Quillian, M. R. 1967. Word concepts: A theory and simulation of some basic semantic capabilities. In Brachman and Levesque (1985).
- Quinlan, J. R. 1986. Induction of decision trees. Machine Learning, 1(1):81-106.
- Quinlan, J. R. 1986. The effect of noise on concept learning. In Michalski et al. (1986). Rich, E., 1983. "Artificial Intelligence" McGraw-Hill.
- Robinson, J. 1965. A machine-oriented logic based on the resolution principle. Journal of the ACM, 12:23-41.
- Rosenblatt, F., The Perception: a probabilistic model for information storage and organ

ization in the brain. Psychological Review, 65, 386-408. 1958.

- Rosch, E. 1978. Principles of categorization. In Rosch and Lloyd (1978).
- Rosson, M.B., Carroll, J.M., Cerra, D.D.(Editor), Usability Engineering : Scenario-Based Development of Human Computer Interaction, Morgan Kaufmann Publishers, 2001.
- Russell, S. J. and Norvig, P. 1995. Artificial Intelligence : Amodern Approach. Englewood Cliffs, NJ : Prentice-Hall.
- Russell, Stuart J.; Norvig, Peter (2003), Artificial Intelligence: A Modern Approach (2nd ed.), Upper Saddle River, New Jersey: Prentice Hall, ISBN 0-13-790395-2
- Sacerdoti, E. 1975. The Nonlinear Nature of Plans, in IJCAI 4.
- Schank, R. C. and Ablson, R. 1977. Scripts, Plans, Goals and Understanding. Hillsdale, NJ : Erlbaum.
- Schank, R. C. and Rieger, C. J. 1974. Inference and the computer understanding of natural language. Artificial Intelligence 5(4):373-412.
- Searle, John (1999), Mind, language and society, New York, NY : Basic Books, ISBN 0465045219,
- Searle, John (1980), "Minds, Brains and Programs", Behavioral and Brain Sciences 3 (3): 417–457
- Shannon, C. 1948. A mathematical theory of communication. Bell System Technical Journal.
- Shackel B., Human Factors and Usability. In Human-Computer Interaction: Selected Readings. Hemel Hempstead : Prentice-Hall, 1990.
- Simon, H.A. 1983. Why should machines learn? In Michalski et al. (1983)
- Sims, M. H. 1987. Empirical and analytic discovery in IL. Proceedings of the Fourth International Workshop on Machine Learning. Los Altos, CA : morgan Kaufmann.
- Sowa, J.F. 1984. Conceptual Structures : Information Processing in Mind and Machine. Reading, MA: Addison-Wesley.
- Stubblefield, W. A. 1995. Source Retrieval in Analogical Reasoning: An Interacionist Approach. PhD dissertation, Department of Computer Science, University of New Mexico.
- Tanimoto, S. 1987. The Elemints of Artificial Intelligence : An Introduction Using LISP, Computer Science Press.
- Tarski, A. 1944. The semantic conception of truth and the foundations of semantics. Philos. And Phenom. Res., 4:341-376.
- Touretzky, D. 1990. Common LISP A Gentle Introduction to Symbolic Computation, The Benjamin-Cummings Company.

- Tsai, R. 1985. A versatile camera calibration techniques for high accuracy 3d machine vision methodology usingoff-the shelf TV cameras and lenses, Research Report 51342, IBM T.J, Watson Research Center, Yorktown Heights, NY.
- Turban, E. 1992. Expert Systems and Applied Artificial Intelligence, Macmillan.
- Turing, A. A. 1950. Computing machinery and intelligence. Mind, 59:433-460.
- Waltz, D.L. 1975. "Understanding Line Drawing of Scenes with Shadows" in The Psychology of Computer Vision, P. Winston(Ed.), McGraw-Hill, New York,
- Waterman, D. 1985. A Guide to Expert Systems. Reading, Mass., Addison-Wesley, Willensky, R. 1986. Common LISPcraft, Norton & Company.
- Winker, S. & Wos, L. 1979. "Automated generation of medels and counterexamples and its application to open questions in ternary Boolean algebra" pp.251-256 in Procee dings of the Eigth International Symposium on Multiple Valued Logic, IEEE and ACM, Rosemont, IL.
- Winker, S. & Wos, L. 1981. "Semigroups, antiautomorphisms, and involutions : A computer solution to an open problem, I", Mathematics of Computation 37, pp.533-545.
- Winograd, T. 1972. Understanding Natural Language. New York : Academic Press.
- Winograd, T. 1983. Language as a Cognitive Process : Syntax. Reading, MA : Addison-Wesley.
- Winston, P. H. 1975a. Learning structural descriptions from examples. In Winston (1975b).
- Winston, P. H. ed. 1975b. The Psychology of Computer Vision. New York : cGraw- Hill.
- Winston, P. H. 1979. Artificial Intelligence, Addison-Wesley.
- Wittgenstein, L. 1953. Philosophical Investigations. New York : Macmillan.
- Wojciechowski, W. & Wojcik, A., 1983 "Automated design of multiple-valued logic circuits by automatic theorem proving techniques", IEEE Transactions on Computers C-32, pp.785-798.
- Wojik, A. 1983. "Formal design verificaion of digital systems", pp.228-234 in Procee dings of the Twentieth Design Automation Conference, IEEE.
- Wooldridge, M., and Jennings, N. R. 1995. Intelligent agerts : Theory and practice. knowledge Engineering Review 10(2) : 115-152.
- Wos, L. Winker, S., Veroff, R., Smith, B., & Henschen, L., 1983. "Questions concerning possible shortest single axioms in equivalential calculus: an application of automated theorem proving to infinite domains", Notre Dame Journal of Formal Logic 24, pp.205-223.
- Wos, L. Winker, S., Veroff, R., Smith, B., & Henschen, L., 1984. "A new use of an au

tomated reasoning assistan t: open questions in equivalential calculus and the study of infinite domains", Artificial Intelligence 22, pp.303-356.

- Wos, L. 1985. "Automated reasoning", American Mathematical Monthly 92, pp.85-92.
- Yang, G-C. 1993. Knowledge Acquisition and Retrieval Based on Conceptual Graphs, Symposium on Applied Computing, ACM, U.S.A.
- Yang, G-C. 1993. Three Dimensional Conceptual Graph for Document Retrieval, ICCCS93, Daegu, Korea.
- Yang, G-C., et. al. 1993. CGMA : A novel conceptual graph matching algorithm, Conceptual Structures : theory and implementation, Eds. H.D. Pfeiffer, T.E. Nagle, New York, LNAI754.
- Yang, G-C. 1994. 개념그래프 기반문서 인식 후 처리기법, 제6회 한국어정보처리학술대회, 한국정보과학회.
- Yang, G-C. 1994. 개념그래프 소개, 한국정보과학회지 12권 9호, 한국정보과학회
- Yang, G-C., et. al. 1995. One Way to Formalization of KADS Conceptual Model, ICAUTO'95, India
- Yang, G-C., et. al. 1995. Translating Korean Sentences into Conceptual Graphs, ICAUTO'95, India.
- Yang, G-C, & K. S. Choi 1995. Automatic Hypertext Link Generation Based on Conceptual Graphs, ICDAR'95, Canada.
- Yang, G-C, & K S. Choi 1996. Construction of a Knowledge Base by Using Korean Text, AAAI96-Fall Symposium, MIT, U.S.A.
- Yang, G-C, & E. Chon 1996. Expertise Model of KADS Based on Conceptual Graphs, ICCS'96, Sydney.
- Yang, G-C, & E. Kim 1996. 개념그래프를 이용한 의미사전의 개발에 관한 연구, 제8회 한글 및 한국어 정보처리학술대회, 한국정보과학회.
- Zadeh, L. 1965, Fuzzy Sets, Information and Control, pp.338-353.
  http://www.cs.unm.edu/~mccune/prover9/
- http://en.wikipedia.org/wiki/Chinese_Room#CITEREFSearle1999
- http://www.youtube.com/watch?v=MpjpVAB06O4&feature=player_embedded#at=86
- 김명철, 양기철, 4차 산업혁명과 인공지능, 한국엔터테인먼트산업학회2017년도 추계학술대회논문집, 2017
- 김성필, 딥러닝 첫걸음, 한빛미디어, 2016
- 김성훈, 모두를 위한 딥러닝 강좌 시즌 1, youtube, 2016
- 김재희, 인공지능의 기법과 응용 : 교학사, 1988
- 도용태 외 3인, 인공지능 개념 및 응용, 사이텍미디어, 2001

- 딥러닝과 빅데이터 산업동향, 하연출판, 2016
- 마쓰오 유타카, 박기원 역, 인공지능과 딥러닝 : 인공지능이 불러올 산업 구조의 변화와 혁신, 동아엠엔비, 2015
- 양기철(2005). 시맨틱 웹과 그 응용. 『한국콘텐츠학회 2005 추계 종합학술대회 논문집』 3권 2호, 398~403.
- 유신, '인공지능은 뇌를 닮아 가는가', 사이언스 갤러리 03, 컬처룩, 2014
- 이재규 외 5인, 전문가시스템 원리와 개발, 법영사; 1996.03.10
- 인지 심리학과 그 응용 : John R. Anderson 저서, 이영애 옮김, 이화여자대학교출판부, 2000 (원서 : Cognitive Psychology and Its Implication (4th ed), 1995).

찾아보기

1

1차 산업혁명 331

2

2차 산업혁명 333

3

3차 산업혁명 333

4

4차 산업혁명 331, 335

8

8-퍼즐 문제 54

A

A 알고리즘 60
A* 알고리즘 60
ABSTRIPS 147
AMI 306
Analog-to-Digital Converter(ADC) 270
ASSOC 358
ATN(Augmented Transition Network) 249

B

Backtracking 46
Bayes정리(Bayes Theorem) 104, 105
Binding Value 351
BNF(Backus Normal Form) 246
BOSSAM 329
Branching Factor 136

C

CAR 354
CCD(Charged Coupled Device) 268
CDR 354
CGIF 31
Closed-Loop Controller 304
CNN 207
COBWEB 178
Conceptual Graph Interchange Format(CGIF) 30
COND 361, 362, 371, 372, 373, 374, 375, 376, 377, 378, 381, 382
CONS 356

D

DAML(DARPA Agent Markup Language) 321
DEFUN(Define FUNction) 363
DELTA 218
DENDRAL 217
Display Form(DF) 30
DRIBBLE 391
Dynamic Programming 158

E

EQ 373
EQL 374
EVAL 371, 372, 373, 374, 375, 376, 377, 378, 381, 382
EXSYS 230

F

Filler 26
FORMAT 384

G

Gausian Mixture Model 158
GPS(General-purpose Problem Solver) 216

I

ID3 알고리즘 167
IMAGENET 206, 210
Inverted Pendulum 125

J

Jena(http://jena.sourceforge.net/) 324

K

K-Means Clustering 158
K-Means Clustering 알고리즘 175, 176
K-Nearest-Neighbors 158

L

Likert Scale 102
LISP(LISt Processing) 9, 347

M

M-Expression 347
MAPCAR 376
Markov Decision Process 158
Minimax 탐색 65
MoA 329
MYCIN 11, 109, 217

N

NOAH 149

O

O-Plan 149
Object-Attribute-Value 319
Open-Loop Controller 304
OWLer 329

P

PDA 141
PDA 표현법 140
Prefix Notation 350
Processing Element 195
PROG 364
Prover9 95

Q

QUOTE 352

R

RDF(Resource Description Framework) 315
rdfDB 326
RDFPic 326
ReLU 204
RNN 197, 208
RPLACA 375
RPLACD 376

S

S-Expression 347
SETF 353, 372
SETQ 352
SHRDLU 244
Siri 17
SiRPAC(Simple RDF Parser and Compiler) 323
Slot 26
STRIPS 137

T

Tautological Form 91
TERPRI 362, 371, 372, 373, 374, 375, 376, 377, 378, 381, 382
TRACE 378

U

URI(Uniform Resource Identifier) 317
upport Vector Machine 158

ㄱ

가장 넓은 세부화(Maximally Specific) 164
가장 넓은 일반적 개념 (Maximally General Concepts) 165
가장 일반화된 단일화 (Most General Unifier) 84
강 인공지능(Strong AI) 18
강화 학습 179
강화 학습 기법 158
개념공간 159, 162
개념그래프(Conceptual Graph) 29
개념노드(Concept Node) 29
개념스택 37
개념적 군집화 (Conceptual Clustering) 178
개별단어 인식기 (Individual Word Recognizer) 264
결정불가능(Undecidability) 81
결함허용성 193
결합(Conjunctive) 163
경계 정밀화(Edge Refinement) 275
경계검출(Edge Detection) 274
계산모델 19
계층적 계획 수립 147
계획(Planning)시스템 216
계획 수립(Planning) 131, 135
과적합 205
관계노드(Relation Node) 29
관찰에 의한 학습 (Learning by Observation) 178
교집합(Intersection) 114
교차(Crossover) 183
구문분석기 249
구문분석 245, 257, 258
구문생성 261
구문적 제약(Syntactic Constraints) 170
구조 매핑 이론 (Structure Mapping Theory) 172
군집화(Clustering) 158, 174
귀납적 편향(Inductive Biases) 157, 169, 170
귀납적 학습 160
규범그래프 형성 규칙 (Canonical Formation Rule) 34, 257
규칙(Production Rule) 40
규칙기반 전문가 시스템 220
그래디언트 소실 204
근사 추론(Approximate Reasoning) 123
기계번역 240
기계학습(Machine Learning) 157
기본문장(Atomic Sentence) 79
기본범주(Base-level Category) 177
깊이우선 탐색 46

ㄴ

너비우선 탐색 50
논리융합 반박(Resolution Refutation) 89, 139
논리융합 증명 프로시듀어 (Resolution Proof Procedure) 89
논리융합(Resolution) 87
논리융합을 위한 전략 91
논증(Reasoning) 86
농축(Concentration) 연산 113
뉴런 194

ㄷ

다중 지식표현 42
단위 절 93
단위기호(Atomic Symbol) 25
단일화 83
단조 증가성 64
대비증진(Contrast Improvement) 273
도메인규칙 171
돌연변이(Mutation) 183
드롭아웃 205
디버깅 388
디스토피아 340
딥러닝 12, 202

ㄹ

래스터 스캐닝 269
랩퍼(Wrapper) 299
러다이트 운동 332
로봇 3원칙 339
로봇 시민법 338
로봇 팔 303
로봇(Robot) 300, 336
로봇세 339
로젠블렛(Rosenblatt) 196
뢰브너상 10
리터럴(Literal) 87

ㅁ

마스크(Mask) 272
메타규칙(Metarule) 42
명암 척도 변환(Gray Scale Modification) 273
명제(Propositional) 75
명제기호(Propositional Symbol) 75
명제논리 25
모더스 포넌스(Modus Ponens) 82
모델 기반 논증(Model-Based Reasoning) 223
모라벡의 역설 19
모방 게임(Imitation Game) 5
목적지향(Goal-Driven) 추론 222
목표 상태 46
목표스택(Goal Stack) 141
무게 중심법(Centroid Method) 126
무인 서비스 336
무인 자동차 336
문맥무관 언어(Context Free Language) 251
문법 246
문장(S-Expression) 349
문제 해결(Problem Solving) 131
물고기 로봇 310

ㅂ

바인딩(Binding) 84
반 자동적 지식습득 방법 228
반복전이 네트워크(RTN : Recursive Transition Network) 251
반응 에이전트(Reactive Agent) 293
방문상인 문제 53
버전공간 탐색 164
버전공간(Version Space) 164
범주(Category) 177
벡터(Vector-Space) 241
변형 함수 196
(복합)문장 76
부울리언(Boolean) 241
분류(Classification) 158, 170
분할과 통합(Divide and Conquer)방식 136
불신의 척도 108
불확실성 101
비지도 학습(Unsupervised Learning) 164, 173, 198
비평(critic) 151

ㅅ

사례 기반 논증(Case-Based Reasoning) 223
사후확률(Posterior Probability) 105
산업용 로봇 301
삼각테이블(Triangle Table) 146
삼차원 개념그래프 37
상속관계 27
상수(Constant) 78, 79
상태 공간 46, 134
상향식 구문분석기 253
생채 인식 시스템 286
서스만 이상(Sussman Anomaly) 146
선택제약 257
선형분리(Linearly Separable)함수 201
선형표현(Linear Form:LF) 30
설명기반학습 172

세부화(Specialization) 35, 160
소속 함수(Membership Function) 111
수동적 지식 습득 방법 228
술어 심볼(Predicate Symbol) 79
술어논리(Predicate Calculus) 25, 78
술어논리의 구문 78
슈퍼 인공지능 18
스마트 에이전트(Smart Agent) 294
스콜렘 함수(Skolem Function) 83
스크립트(Script) 39
시계제한효과 66
시그모이드 함수(Sigmoid Function) 196
시냅스(Synapse) 195
시리(Siri) 242
시맨틱 웹 16, 313
신경망(Neural Network) 194
신뢰의 척도 108
심층 신경망 202
심층 신경망과 딥러닝 202

ㅇ

아실로마 AI 원칙 339
알파고 13, 207
알파베타 절단 기법 67
약 인공지능(Weak AI) 18
양자화(Quantizing) 263
언덕등반(Hill Climbing) 탐색 54
언어변수(Linguistic Variable) 113, 124
에이전트(Agent) 291
여집합(Complement) 114
역전파법 202
역퍼지화(Defuzzification) 124, 125
연결모델 19
연결자(Connective) 76, 79
연결주의(Connectionism)기법 193
연속음성 인식기(Continuance Speech Recognizer) 264
염색체(Chromosomes) 182
영상 분석(Image Analysis) 267
영상 이해(Image Understanding) 268, 279
영상 처리 267, 271, 274, 279
영상 획득(Image Acquisition) 267
영역 분할법 276
영역 확장법(Region Growing) 276
온톨로지(Ontology) 321
왓슨 12
우선순위큐 57
원형 매칭(Template Matching) 279
원형(Prototype) 226
유사도 측정 규준(Similarity Metric) 174
유사성기반 학습(Similarity-Based) 170
유전 알고리즘
유전 알고리즘(Genetic Algorithm) 182, 183, 187
유전 프로그래밍 187
유전 프로그래밍(Genetic Programming) 182
유추(Analogy)에 의한 학습 172, 173
유토피아 340
유한상태 네트워크(Finite State Network) 250
유형계층(Type Hierarchy) 31, 33, 163
은닉층(Hidden Layer) 197
음성이해(Speech Understanding) 262
음성인식(Speech Recognition) 262
음소(Phonemes) 264
응집성 군집화(Agglomerative Clustering) 174
의료영상도 284
의미망(Semantic Network) 28
의사결정트리 168
의사결정트리(Decision Tree) 158, 168
이동 로봇 302
이동 에이전트(Mobile Agent) 293
이접(Disjunction) 163
인간형 로봇 305

인공 신경망(Artificial Neural Network) 193, 202, 209
인공언어(Artificial Language) 239
인공지능(Artificial Intelligence) 3, 5
인자(Factor) 91
인자화(Factoring) 91
인조인간(Android) 301
인터페이스 에이전트(Interface Agent) 293
일라이저 10
일반 집합 111
일반화(Generalization) 35, 157, 162
입체 정보 분석 277
입체부합(Stereo Matching) 278
입체시각(Stereo Vision) 277

ㅈ

자동 인코더 205
자동 프로그래밍(Automatic Programming) 15
자동논증 시스템 95
자동논증(Automated Reasoning) 86
자동적 지식 습득 방법 228
자료 7, 8
자연어 생성 260
자연어 인터페이스 241
자연어 처리(Natural Language Processing) 과정 242
자연어(Natural Language) 239
자유도(Degrees of Freedom) 303
자율 이동 로봇 305
잡음제거(Noise Elimination) 271
재생산(Reproduction) 183, 184
재현율(Recall) 241
전문가 시스템(Expert System) 13, 14, 15
전체한정자 사례화(Universal Instantiation) 82
전체한정자(Universal Quantifier) 78
전향추론 221, 222
점진적 학습(Incremental Learning) 166
정리증명(Theorem Proving) 86
정보 7
정보/인터넷 에이전트(Information/Internet Agent) 293
정보검색 241
정보이론(Information Theory) 168
정형문장(Well-Formed Sentence) 79
정형식(WFF:Well-Formed Formula) 76
정확도(Precision) 241
제5세대 컴퓨터 프로젝트 12
조건확률 104
조건확률 P(H|E) 107
조직성원리(Systematicity Principle) 173
존재한정자(Existential Quantifier) 78
중국인의 방(Chinese room)문제 18
지능(Intelligence) 4, 8
지능형 에이전트(Intelligent Agent) 292
지도 학습 198
지문인식 시스템 285
지식 7, 8
지식기반(Knowledge-Based) 217
지식베이스(knowledge Base) 219
지식습득 모듈 219
지식표현언어(Knowledge Representation Language) 23
지역최고 56
지향(Data-Driven)방식 221
진화 전략(Evolution Strategy) 182
진화연산(Evolutionary Computation) 182
집단 지능 7
집합화(Aggregation) 36

ㅊ

참고지대(Referent Field) 31
초기 상태 46
최고우선 탐색 57
최단거리 탐색 60
최대-최소(max-min) 128
최소행동(Atomic action) 132
추론 엔진(Inference Engine) 220, 224

추론규칙(Inference Rule) 81
추론기반(Inference-Based) 217
추론엔진(Inference Engine) 219
추론을 위한 전략(Strategy) 86
추상화(Abstraction) 35

ㅋ

커넬(Kernel) 147
컴퓨터 시각(Computer Vision) 15
크리습(Crisp) 111
킬스위치 339

ㅌ

탐색(Search) 45
탐색공간 46, 48
텐서플로우 209
튜링 테스트 5
특이점 18

ㅍ

파스트리 249
파싱 248
팽창(Dilation) 연산 113
퍼셉트론(Perceptron) 193, 201, 196
퍼지관계(Fuzzy Relation) 120
퍼지논리(Fuzzy Logic) 123
퍼지 수(Fuzzy Number) 115
퍼지집합 110, 112
퍼지화(Fuzzification) 124
평가함수 54
평활화(Smoothining) 272
표본화(Sampling) 263
프레임 26
프레임 규칙(Frame Axiom) 137
프레임 문제(Frame Problem) 135
픽셀(Pixel) 270

ㅎ

하드리미터 함수 195, 197
학습예제(Training Example) 170
한정자(Quantifier) 25
함수식(Function Expression) 79
함수형 언어(Functional Language) 347
합집합(Union) 114
허용성 63
헤지 113
협동 에이전트(Collaborative Agent) 293
형태소 261
호프필드 네트워크(Hopfield Networks) 196
혼성 에이전트(Hybrid Agent) 293
홍채 인식 시스템 285
확률 103
확신인자 106
확장 원리(Extension Principle) 117
확장전이 네트워크(ATN:Augmented Transition Network) 252
후보제거 알고리즘(Candidate Elimination Algorithm) 164, 166
후향추론 222
휴리스틱 52
휴리스틱 탐색 160
휴보와 아시모 306